北京大学一流图书馆建设纪实

主　编：陈建龙　郑清文
副主编：别立谦　刘素清　童云海　姚晓霞　周春霞
编　委（按照姓氏笔画排序）：
　　　　王文清　王　旭　王　波　王怡玫　王　静
　　　　韦成府　艾春艳　冯　英　朱　玲　刘　丹
　　　　刘秀文　刘雅琼　杜晓峰　李晓东　李　峰
　　　　吴亚平　邹新明　张乃帅　张元俊　张丽静
　　　　张明东　张春红　张俊娥　张晓琳　张海舰
　　　　张慧丽　邵　燕　季　梵　周义刚　赵　飞
　　　　胡希琴　钟　迪　饶益波　黄　宁　黄　涛
　　　　曹红伟　崔海媛　梁南燕　喻爽爽　曾丽军
　　　　游　越

北京大学出版社
PEKING UNIVERSITY PRESS

图书在版编目(CIP)数据

北京大学一流图书馆建设纪实/陈建龙,郑清文主编. --北京:北京大学出版社,2024.11. --ISBN 978-7-301-35607-4

Ⅰ.G258.6

中国国家版本馆CIP数据核字第2024N1P160号

书　　　名	北京大学一流图书馆建设纪实 BEIJINGDAXUE YILIU TUSHUGUAN JIANSHE JISHI
著作责任者	陈建龙　郑清文　主编
责 任 编 辑	王　华
标 准 书 号	ISBN 978-7-301-35607-4
出 版 发 行	北京大学出版社
地　　　址	北京市海淀区成府路205号　100871
网　　　址	http://www.pup.cn　　新浪微博:@北京大学出版社
电 子 邮 箱	编辑部 lk1@pup.cn　　总编室 zpup@pup.cn
电　　　话	邮购部 010-62752015　发行部 010-62750672　编辑部 010-62745933
印 刷 者	北京虎彩文化传播有限公司
经 销 者	新华书店 720毫米×1020毫米　16开本　19.75印张　393千字 2024年11月第1版　2025年2月第2次印刷
定　　　价	68.00元

未经许可,不得以任何方式复制或抄袭本书之部分或全部内容。
版权所有,侵权必究
举报电话:010-62752024　电子邮箱:fd@pup.cn
图书如有印装质量问题,请与出版部联系,电话:010-62756370

序

图书馆是人类知识的宝库，也是传承文明、服务社会的载体，在弘扬优秀文化，满足人民群众精神文化需求方面具有不可缺的作用。2019年习近平总书记在给国家图书馆老专家回信中指出："图书馆是国家文化发展水平的重要标志，是滋养民族心灵、培育文化自信的重要场所"，为我们做好图书馆建设提供了根本遵循。高校图书馆是我国图书馆事业的重要组成部分，中华优秀传统文化、革命文化、社会主义先进文化在这里汇聚，思想文化、科学文化、信息文化在这里交融，对于推进文化育人、促进学术繁荣具有重要作用。

北京大学图书馆前身为京师大学堂藏书楼，始建于1898年，是中国最早的现代新型图书馆之一，其建立之初就明确提出"今设一大藏书楼，广集中西要籍，以供士林浏览，以广天下风气"的服务宗旨，成为推动中国现代教育和文化发展的进步力量。辛亥革命后，京师大学堂藏书楼改名为北京大学图书馆，成为北京大学建设世界一流大学的重要支撑。125年来，经过几代北大图书馆人的辛勤努力，北大图书馆已经建成宏大丰富、学科齐全、珍品荟萃的馆藏体系，成为亚洲第一大高校图书馆，是师生心中的一块圣地，具有悠久历史和光荣传统。中国共产主义运动的先驱李大钊同志和毛泽东同志都曾在北大图书馆工作过，北京共产主义小组也是在北大红楼的图书馆主任室成立的。正是在负责图书馆工作期间，李大钊同志积极引进马克思主义和各种进步文献，使图书馆成为传播新文化和马克思主义的重要阵地，并通过一系列改革推动北大图书馆转变成中国第一所新型的大学图书馆。

新时代以来，在党和国家领导人亲切关怀下，在社会各界的热心支持下，北大图书馆不断传承创新，积极融入国家图书馆事业发展大局，助力北大"双一流"建设，取得了一系列长足进步。特别是近五年来，北大图书馆坚持目标导向和问题导向相统一，制定了《北京大学图书馆2035年愿景与2019—2022年行动纲领》等发展纲要，并按照一年一个主题的模式推进重点工作，通过2019年"制度建设年"、2020年"队伍建设年"、2021年"馆风建设年"、2022年"能力建设年"和2023年"团队建设年"的持续建设，为服务学校高质量发展打下了坚实基础。在北京大学建校125周年之际，图书馆各位同仁计划将这些年在探索发展中形成好措施、好经验汇编成册，以期为我国高校图书馆建设乃至图书馆事业发展提供参考，是一件值得鼓励的好事。

近期,《北京大学一流图书馆建设纪实》书稿即将付梓,从中我们既看到了图书馆近年来团结奋进所取得的丰硕成果,也从字里行间充分感受到馆员老师们对图书馆事业的热爱和深情,读来令人备感温暖和亲切。我们欣喜地看到,北大图书馆已基本建成世界一流的综合性、创新型、智能化、标杆位的大学图书馆。在理论创新方面,北大图书馆以习近平新时代中国特色社会主义思想为指导,坚持边学习边实践、边总结边思考,既在制度建设、队伍建设、馆风建设、能力建设、团队建设等方面亮点突出、成效显著,又凝练出北大图书馆发展的基本理念和基本方针,并在图书馆现代化研究和高质量发展等方面积累了先进经验,深化了理论思考。在服务学校发展方面,北大图书馆主动融入学校发展大局,在服务立德树人、助力"双一流"建设、担当社会责任等方面发挥独特优势,取得了可喜成绩。在服务师生方面,北大图书馆涌现出了许多先进典型、身边榜样和创新案例,尤其是在抗击新冠疫情期间,北大图书馆组织馆员创新推出"送书到楼"服务,确保正常开馆,以线上与线下相结合的方式有效保障了全校师生的文献信息需求,得到了广泛好评,形成了具有行业示范性的宝贵经验。这本书里还有很多方方面面的经验,都凝铸着图书馆全体馆员对这份事业的心血和汗水,既是对北大图书馆近年来卓有成效工作的阶段性总结,也为建设世界顶级大学图书馆开启了新征程。

当前,在全面贯彻落实党的二十大精神和以中国式现代化全面推进中华民族伟大复兴之际,党和国家对高等教育发展提出了新的更高要求,我们要以习近平新时代中国特色社会主义思想为指导,加快推进建设中国特色世界一流大学新征程,以高等教育高质量发展全面服务支撑中国式现代化。希望北大图书馆以出版《北京大学一流图书馆建设纪实》为契机,不断深化对建设世界顶级大学图书馆的探索:一是继续发扬光荣传统,着力拓展丰富的文化育人载体,全力发挥图书馆文化传播与文化熏陶的作用,帮助新时代大学生夯实文化自信、塑造正确三观,在落实立德树人根本任务方面当好表率;二是不断优化图书馆资源品质,大力提升技术水准,扎实推进自身高质量发展,在为"加快建设中国特色、世界一流的大学和优势学科"服务中创造独特价值、提供有力支撑;三是紧密结合国家战略,深入挖掘和整理馆藏资源,为推动中华优秀传统文化创造性转化、创新性发展作出新贡献,不断谱写北大图书馆创新发展的崭新篇章!

郝平　龚旗煌

目　　录

上篇：独具价值的一流图书馆建设

第一章　文献中心 (3)
　第一节　普通文献资源服务 (4)
　第二节　古文献资源服务 (26)
　第三节　特色文献资源服务 (43)
　第四节　数字资源长期存取 (55)
　参考文献 (65)

第二章　育人平台 (67)
　第一节　知识资源服务 (67)
　第二节　信息素质教育与科学艺术文化交流服务 (80)
　第三节　用户参与管理和服务 (91)
　第四节　学校人才培养体系的组成部分 (102)
　参考文献 (103)

第三章　文化殿堂 (106)
　第一节　先进文化 (106)
　第二节　优秀传统文化 (115)
　第三节　革命文化 (133)
　第四节　国家文化繁荣的重要标志 (145)
　参考文献 (146)

第四章　服务圣地 (147)
　第一节　协同服务 (147)
　第二节　计算服务 (153)
　第三节　数据服务 (164)
　第四节　共享服务 (179)
　第五节　人类信息化生态的引领者 (193)
　参考文献 (194)

下篇：高效运行的一流图书馆建设

第五章　战略规划和管理 ……………………………………………… (199)
　　第一节　"铸鼎"战略 ……………………………………………… (199)
　　第二节　2019—2022 年行动纲领 ………………………………… (209)
　　第三节　"十四五"规划 …………………………………………… (214)
　　第四节　科学研究与寒暑假战略研讨会 ………………………… (222)
　　参考文献 …………………………………………………………… (229)

第六章　追求卓越和完美 ……………………………………………… (231)
　　第一节　专业馆员队伍 …………………………………………… (231)
　　第二节　创新体系 ………………………………………………… (241)
　　第三节　沟通交流机制 …………………………………………… (250)
　　第四节　安全管理体系 …………………………………………… (259)
　　参考文献 …………………………………………………………… (265)

第七章　保障有力和持续 ……………………………………………… (268)
　　第一节　党建和思想政治工作 …………………………………… (268)
　　第二节　治理制度 ………………………………………………… (274)
　　第三节　新技术应用 ……………………………………………… (281)
　　第四节　受赠与合作 ……………………………………………… (293)
　　第五节　文献保障和信息服务体系 ……………………………… (301)
　　参考文献 …………………………………………………………… (308)

后记 ……………………………………………………………………… (309)

上篇：独具价值的一流图书馆建设

第一章 文献中心

2021年初，时任北京大学校长的郝平教授在接受陈建龙馆长采访时，谈及图书馆在大学应该发挥什么作用，他开宗明义地讲："图书馆是一所大学的知识宝库……文献信息资源是图书馆的核心和基石。图书馆首先应当建设'文献宝库'，打造信息资源的枢纽。""当前和今后一段时期，是北京大学实现高质量发展、更好地服务国家战略的关键阶段。希望图书馆要始终坚持以世界一流为标准，发扬光荣传统，把握时代新机，努力建成一流的文献中心、一流的育人平台、一流的文化殿堂，在学校改革发展中发挥更加突出的引领作用。"[1]

一流的文献中心是首先要实现的。事实上，北京大学图书馆（以下简称北大图书馆）五年来也一直把文献资源建设与服务放在重中之重的位置。2017年底，陈建龙馆长在发给馆员的贺年邮件中，提出了包含"一个理念、两番事业、三重目标、四种风气、五层使命、六类任务、七项重点工程"的合称"一二三四五六七"交响乐的工作纲领。其中"五层使命"的第一条是："信息资源建设，做精通各类信息资源的专业能手。""六类任务"的第二条是："建立健全'统一规则、集中发布、分别典藏、合理共享'的信息资源体系。""七项重点工程"之一是："资源与服务发展一体化创新工程：优化业务流程和组织架构，强化服务，深挖资源，实现资源与服务一体化融合发展。"后来，陈馆长在图书馆形象化的"铸鼎"战略中（见图1.1），将"信息资源"作为鼎之一足，与其他三足"大学校园""专业馆员""历史因缘"并列。可以说，在办馆理念上，从多个方面强调了文献资源建设与服务的重要性。

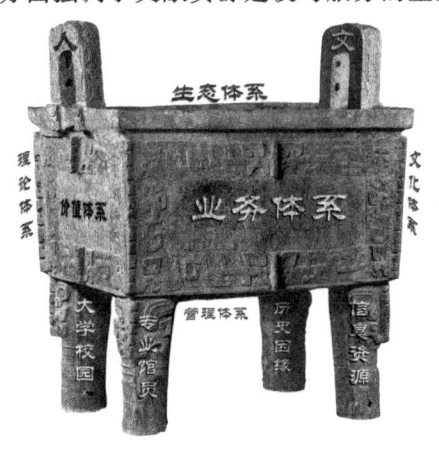

图1.1　北大图书馆的"铸鼎"战略

随后制定的《北京大学图书馆 2035 年愿景与 2019—2022 年行动纲领》(以下简称《行动纲领》),在"使命"部分提出了"信息资源保障,担当集成各类信息资源的行家里手。信息服务创新,担当融通师生履职尽责的专业助手。"在"2019—2022 年行动纲领总目标"部分提出了"建成信息集散地、服务共善地"等阶段性总目标。在"固本应变行动"部分提出了"全力加强信息资源按需采访""全力夯实信息资源基础,不断提升信息资源对学习、教学与科研的学术保障能力和长期保存能力""特色与古籍资源深度采访整理出版"等要求。文献资源建设与服务对图书馆的极端重要性,又通过不断完善规章制度加以强化。

第一节　普通文献资源服务

张璐　王静　张明东　张晓琳　艾春艳

文献资源是图书馆的核心和基石[1],作为信息资源的重要枢纽,125 年来,北大图书馆通过采访、交换、捐赠等多种方式的逐年积累,拥有了丰富的纸质文献资源和电子文献资源。五年来,在普通文献资源服务方面,北大图书馆坚持"用户导向,服务至上"基本理念,不断改革组织架构,2019 年将"资源建设中心"改名为"文献资源服务中心",2022 年将文献资源服务中心原有的"采访组""中文编目组""外文编目组"和"新书加工组"调整为"新书服务组""哲学人文文献采编组""社会科学文献采编组"和"理工综合文献采编组",将普通文献资源的采访与收登、编目与揭示、加工与组织、展示与推荐等业务融为一体,大力推进采访与编目(以下简称采编)业务、中文与外文文献资源、纸质与电子文献资源、资源与服务的一体化发展,完善中国特色一流图书馆文献资源保障体系,以支撑学校"双一流"建设,推动一流图书馆高质量发展。

1.1　建立文、理、医学学科资源全采访机制,支撑"双一流"建设

五年来,北大图书馆逐步深化从传统的学科采访模式向学科采访馆员模式的转型,以院系与学科需求为导向,覆盖文学、理学、工学、经济学、医学和交叉学科等学科门类,在学科采访馆员与各个学部及重点学科之间建立联系。建立采选与论证机制,提高特色资源采访质量;加强电子资源建设,增强电子资源保障能力;创新采访模式,提高文献资源采购效率,从而逐步建立起文、理、医学学科资源全采访机制,支撑学校"双一流"建设。

1. 以院系与学科需求为导向,深化学科采访馆员模式转型

纸质文献资源具有深层次的阅读价值、文化价值和长期保存价值,其学科分布的合理性和完整性直接影响图书馆的服务水平。近五年来,北大图书馆始终坚持以院系与学科需求为导向,建立"院系与学科-学科采访馆员-供应商"的协同机制,

逐步优化学科采访馆员配置,推进院系文献资源建设小组成立,提高中外文纸质文献资源采访质量,以有力支撑学校的"双一流"建设。在总经费缩减的情况下,确保纸质文献资源经费的投入,分别在《2020年中国高校图书馆基本统计数据分析》和《2021年中国高校图书馆基本统计数据分析》中位居第2[2]和第4[3]位。

(1) 持续优化学科采访馆员配置,保障一流学科建设

北大图书馆在面向2018年的行动计划实施过程中,明确提出实行学科资源建设与学科服务双轨制的学科馆员组织模式,自此开始学科采访馆员的转型。经过五年的努力,北大图书馆不断优化学科采访馆员配置,从按学科划分采访小组逐步实现按学部划分学科采访小组,与北京大学六大学部相对应,分别设立理学部、信息与工程科学部、人文学部、社会科学学部、经济与管理学部、交叉学科类学科采访馆员岗位,同时,医学部学科采访工作由医学部专业馆员完成,有力保障了一流学科文献资源建设。

2022年,经过组织机构调整,设置了三个学科采编小组,促使文献资源服务中心原有仅从事采访或者编目工作的馆员逐步学习并同时参与学科采编工作,至2023年共有17个人参与学科采编或采访工作。在学科采访任务分配方面,充分考虑了各学科的文献资源需求,参考《中国图书馆分类法》(以下简称《中图法》),结合馆员学科背景与工作经验,分配学科采访任务。做到学科采访馆员以学科为导向,围绕某一个或某几个学科进行文献资源采访工作。学科采访馆员将学科采访与学科服务相融合,及时把握学科需求,提供学科文献资源服务。

在此基础上,以学科为导向设立招标项目。为了打通学科采访的全流程,实现学科采访、采编一体化的真正转型,北大图书馆自2022年起,以学科为导向,按照人文学科类、社会科学及医学类、理工综合类来设置中外文图书资源建设供应商招标项目,不同学科的供应商与对应的学科采编小组对接,从而建立学科采访馆员与供应商之间的协同机制。

2018—2022年,北大图书馆共计采购中文图书280,657种、515,413册,外文图书87,943种、95,762册,平均每年采购中外文图书7万余种、12万余册,且呈逐年增长趋势,实现纸质图书资源的合理配置,保障一流学科文献资源建设。如表1.1、图1.2所示。

表1.1 2018—2022年纸质图书资源采购数量统计

类别	2018 数量(种)	2018 数量(册)	2019 数量(种)	2019 数量(册)	2020 数量(种)	2020 数量(册)	2021 数量(种)	2021 数量(册)	2022 数量(种)	2022 数量(册)
中文图书	44,353	80,944	51,939	94,988	50,032	93,473	72,903	134,495	61,430	111,513
外文图书	14,480	15,300	18,406	19,183	15,242	15,627	22,719	27,804	17,096	17,848

```
中文图书
外文图书
```

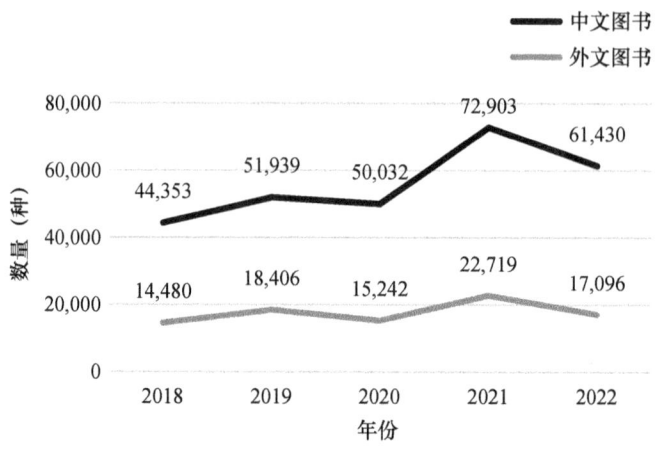

图 1.2　2018—2022 年纸质图书资源采购数量

（2）推进各院系文献资源建设小组工作，精准把握学科文献资源需求

五年来，在《北京大学文献保障与信息服务体系管理办法》的指导下，北大图书馆在总分馆体系建设的基础上，积极与分馆紧密协同，进一步贯彻落实"用户导向，服务至上"的基本理念，大力推进各院系成立文献资源建设小组。从 2020—2022 年底，全校已成立文献资源建设小组的院系达到了 16 个，包括：人文学部的外国语学院、中国语言文学系、历史学系、考古文博学院、哲学系（宗教学系）、对外汉语教育学院，理学部的数学科学学院、物理学院、化学与分子工程学院、城市与环境学院、建筑与景观设计学院，经济与管理学部的光华管理学院、人口所，社会科学学部的社会学系、教育学院，信息与工程科学部的环境科学与工程学院。图书馆与各院系文献资源建设小组深度协作，充分调动各院系文献资源建设小组的积极性，及时反馈学科的文献资源需求、组织本学科或特色文献资源采访的论证和决策、参与学科文献资源采选和评估等方面的工作。

同时，加强"学科采访"中的"访"，针对学校"双一流"建设学科，通过走访、微信、电话、邮件、问卷调查等多种方式联系院系、领域专家和重点读者，精准把握学科文献资源需求，其中包括：走访中国语言文学系、外国语学院、德国研究中心、日本研究中心、艺术学院、光华管理学院等院系（所）中心，了解院系文献资源建设需求；加强与重点读者的联系，如建立区域国别、西方古典学、日文资料、德文资料等多个专家微信群，电话或邮件访谈部分经常推荐资源的用户，开展文献资源需求调研等，拓宽用户参与文献资源建设渠道，使文献资源建设更加契合学科发展。

2. 建立采选论证机制，提高特色资源采访质量

北大图书馆馆藏资源丰富，包括了中外文报刊、大套图书等各类特色资源。五年来，针对纸质中外文报刊、大套图书、数据库等特色资源，北大图书馆改变原有的以学科采访馆员为主导的采选机制，逐步建立并完善包括多种方式的文献资源需求调研、书目初步筛选、院系文献资源建设小组进行书目的二次筛选、跨院系与跨

部门文献资源建设小组论证、清单发订确认等在内的严格的、规范的特色资源采选机制,提高特色资源采访质量。

其中,随着采访模式向学科采访的转型,结合院系文献资源建设小组的成立以及多种方式的文献资源需求调研,北京大学各个学科的师生真正参与到了普通文献资源的采选工作中。同时,北大图书馆文献资源服务中心推动成立了由文献资源服务中心、古籍资源服务中心、特藏资源服务中心、知识资源服务中心、数据服务中心等构成的跨部门文献资源建设小组,不同部门的馆员从不同视角出发对拟发订资源进行充分论证,以确保优中选优,优化馆藏资源。

(1) 顺应趋势发展,优化纸质报刊馆藏资源

在互联网快速发展和开放获取运动的推动下,中外文报刊向纸电融合的方向发展,越来越多的用户更倾向于使用电子报刊来开展学术研究。一方面,为确保馆藏报刊资源的连续性,保障重点学科的纸质报刊需求,北大图书馆每年仍坚持投入经费订购大量的中外文纸质报刊资源,2023年图书馆订购的纸质报刊仍有2,797种,在高校图书馆纸质报刊订购量中名列前茅,如表1.2所示。另一方面,顺应时代潮流,以纸电联合保障、需求导向、谨慎停订为原则,结合核心期刊目录收录情况、电子资源订购情况、开放获取状态、用户使用情况,确定纸制报刊资源初步删减参考清单;从学术性、必要性、价格等多方面对拟订购的纸质报刊资源进行充分论证,做进一步的删减,形成最优订购方案,如中文期刊由2019年的2,884种缩减至2023年的1,914种,外文报刊由2019年的1,141种缩减至2023年的819种,不断探索报刊资源的纸电一体化发展道路。

表1.2 2019—2023年纸质报刊订购数量统计

订购年份	2018	2019	2020	2021	2022
中文期刊(种)	2,920	2,893	2,855	2,343	2,229
中文报纸(种)	149	147	121	105	101
外文报刊(种)	1,166	1,147	1,131	919	882

(2) 深化院系协同,加强大套图书论证

大套图书一般以收录文献为主,具有规模宏大、学术价值高、价格昂贵等特点。为做好年度大套图书采购工作,北大图书馆文献资源服务中心每年通过供应商、用户推荐、院系推荐等多种方式搜集近年国内出版的3,000余种大套图书书目,经过去重和初步筛选后选中近1,000种待选书目,发给人文学部和社会科学学部等的相关院系的文献资源建设小组进行二次筛选。随后,成立由中国语言文学系、历史学系、哲学系、社会学系等院系文献资源建设小组选派的专家代表和文献资源服务中心、古籍资源服务中心、特藏资源服务中心资深馆员等组成的跨院系与跨部门文献资源建设小组,每年召开"北大图书馆大套图书采选论证会",对待选书目进行反

复论证和筛选,最终按照优先级排序,确定当年度订购优先级最高的品种。经过严格论证,北大图书馆每年购入了大批各学科师生迫切需要的、具有较高学术价值和研究价值的珍贵文献,如《复兴文库》《中华民族抗日战争军事资料集》《昆曲艺术大典》《近代女性史研究资料汇编》等。

3. 加强电子资源建设,增强资源保障能力

随着信息技术的快速发展,电子资源已经成为高校教学与科研、学科建设乃至现代化强国建设必不可少的文献资源。五年来,北大图书馆持续加强电子资源建设,增强电子资源保障能力和长期保存能力,促进纸电一体化发展。

(1) 健全电子资源采购规范,深化数据库管理

五年来,北大图书馆在"可知、可信、可靠、可用、可测"(以下简称"五可")理念指导下,依据学校一流学科的文献资源需求,不断健全完善电子资源采购规范,优化"自主采购"数据库流程,牵头并参与大量电子资源联盟项目,以最优方案为各学科提供全面的电子资源服务。截至2022年底,订购数据库总计469个,其中,原始档案数据库最多,共185个,其次是电子期刊和电子图书数据库,分别为106个和104个,数据库覆盖中文、英文、日文、俄文等多个语种。电子资源类型包括期刊、图书、报纸、学位论文、会议录等,并通过未名学术搜索、数据库资源导航、电子图书与电子期刊导航等平台为用户提供电子资源检索与导航服务,如表1.3所示。

表1.3 北大图书馆各类型电子资源统计

资源类型	中文		外文		合计	
	数量(种)	数量(册)	数量(种)	数量(册)	数量(种)	数量(册)
期刊	45,771	936,742	66,084	2,328,777	111,855	3,265,509
图书	4,273,750+	4,273,750+	565,317	565,317	4,839,067+	4,839,067+
报纸	1,494	27,248	1,657	36,960	3,151	64,208
学位论文	11,581,585	11,581,585	6,969,619	6,969,619	18,551,204	18,551,204
会议录	87,054	87,054	61,595	61,595	148,649	148,649

注:数据来源为2022年北大图书馆电子资源统计材料。根据教育部文件《关于做好2017年教育事业统计工作的补充通知》,电子图书1种算1册,中文电子期刊每种每年算1册,外文电子期刊每种每年算2册,学位论文1种算1册,数据为估算且未去重。

为了更好地选择优质数据库资源,加强电子资源管理,北大图书馆逐步健全并落实电子资源采购、揭示与服务规范。其中包括:完善并落实电子资源采购流程,包括前期评估、试用、二次评估、谈判、决策订购、审议与签订合同、付款、开通服务与发布、数据库验收登账、后评估、续订等;推行电子资源单一来源文献资源的采购公示制度,即20万元以上的数据库续订均需依据续订金额大小按要求在不同平台上公示;建立"自主采购"数据库续订谈判与评估制度,即续订数据库时须按要求进行集体谈判,且所有"自主采购"数据库均需完成续订评估报告,依据资源内容、使

用量、使用成本等进行综合评估；完善数据库论证制度，对 100 万元以上的数据库和新增数据库进行严格的单一来源论证，明确数据库的可用性和可靠性；定期开展电子资源统计，了解不同数据库的资源总量、内容范围以及使用情况，并加强电子资源的归档和长期保存；建立学科采访馆员负责制，为院系师生提供电子资源服务与维护工作，及时解决电子资源需求问题等。

五年来，北大图书馆为不同院系和学科有针对性地订购了大量数据库资源。比如，为满足区域与国别领域研究，经过用户推荐与专家论证，集中采购 AMD(Adam Matthew Digital)历史与文化珍稀史料数据库、Readex 全球研究数字化典藏、ProQuest 美国研究与国际研究专题资源等；为外国语学院订购 MLA International Bibliography 数据库等；为数学科学学院和北京国际数学研究中心订购了 SIAM 电子图书数据库等。同时，北大图书馆牵头并参与了包括高校图书馆数字资源采购联盟(Digital Resource Acquisition Alliance of Chinese Academic Libraries，DRAA)、中国高校人文社会科学文献中心(China Academic Humanities and Social Sciences Library，CASHL)、地区组团等在内的数据库集团采购，以最优方案采购最全面的数据库资源，尤其是 Web of Science、ProQuest、Springer 等综合性大型数据库。目前，续订的数据库当中，有 60% 是通过集团采购订购的。

(2) 主导电子资源联盟项目，实现共建共享共赢

作为核心成员馆，北大图书馆主导包括 DRAA、CASHL、国家数字科技文献资源长期保存体系(National Digital Preservation Program，NDPP)等多个电子资源联盟项目，带领全国高校图书馆逐步实现电子资源的共建共享共赢。

在数据库采购谈判方面，在 DRAA 理事会的领导下，北大图书馆牵头 DRAA 集团采购了 38 个数据库，是牵头集团采购数据库最多的高校图书馆之一。在 DRAA 理事会合作共赢的倡议书的指导下，北大图书馆积极开展续订方案及补充方案的谈判工作。2018—2022 年，累计牵头谈判续订方案及补充方案 66 份。通过争取零涨幅方案，在最大程度上控制续订价格上涨，降低成员馆费用，并积极探索具有长远规划、持续绩效的优惠方案。

2021 年，根据 CASHL 总体规划，并配合 CASHL 的"十四五"规划及电子资源保障任务，由北大图书馆牵头，电子资源专家组讨论制定了《CASHL 电子资源战略保障调整建议与实施方案》。根据电子资源调整目标，进一步制订电子资源保障数据库遴选规则、保障体系构建与实施细则。通过统筹规划、全局部署，逐步实施电子资源"学科分布、联合典藏"的保障方式，力求实现 CASHL 全面、系统地收藏权威的人文社科电子资源的建设目标。电子资源作为核心资源，与纸质资源共同建设"纸电联合保障"的国家哲学社科文献资源保障体系。2021 年度 CASHL 电子资源保障布局调整，既保持了以往 CASHL 电子资源的延续性，又新增重点人文社科数据库的收藏，初步构建起国家哲学社科文献资源保障体系，为"十四五"规划的发展奠定坚实基础。

2018—2022年,北大图书馆在NDPP项目方面也取得了突破性进展。比如,2019年底和2020年7月,分别与Elsevier出版社及Taylor & Francis出版社签署了长期保存协议,使得NDPP项目在"十三五"规划建设期间,实现对Springer Nature、Wiley、Elsevier和Taylor & Francis四大重要商业出版社资源长期保存的全面覆盖。随着对Elsevier、Taylor & Francis和PQDT学位论文等重要资源长期保存的实施,使得北大图书馆在资源保存权益谈判、技术实施等方面积累了丰富的经验。2021—2022年,积极拓展保存范围,将洛克菲勒大学出版社(RUP)、德古意特出版社(De Gruyter)等一批学术出版社资源列入重点保存范围。

4. 创新采访模式,提升文献资源采购效率

为适应新时代学科需求变化,北大图书馆不断探索以用户为导向的文献资源采访模式,在学科采访基础上,创新并拓展了包括学科采访、"出版社-图书馆"单采、用户荐购、捐赠、大套图书与方志和年鉴专项采购、日俄文小语种专项采购等在内的多种采访模式,通过专家论证、自主荐购、需求反馈等多种方式促使师生广泛参与文献资源采访过程,提升文献资源采购效率,提高用户满意度。

(1)"出版社-图书馆"单采模式成效显著

作为图书采访的创新实践,从2019年下半年起,北大图书馆先后与北京大学出版社、社会科学文献出版社、中国社会科学出版社、中华书局、商务印书馆合作,建立单一来源采购(以下简称单采)模式,即与馆配商脱钩,直接从出版社购入其最新出版的学术资源,并建立单采图书编目加工的"绿色通道",实现快速上架。2020—2022年,北大图书馆累计从5家单采出版社采购13,894种图书,如表1.4所示。

表1.4 单采出版社采购图书数量统计

出版社名称	2020—2022年采购数量(种)
北京大学出版社	2,341
中国社会科学出版社	4,818
社会科学文献出版社	3,284
商务印书馆	2,378
中华书局	1,073

单采模式从出版社直接购买图书资源,不仅大大节省了文献资源采购经费,更有利于图书资源的快速到馆和上架服务,使用户能在最短时间内获取最新文献资源。据统计,北大图书馆通过单采模式入藏的图书上架时间均明显早于馆配商发货时间或是图书在当当网、京东商城等的上架时间。比如,中华书局在2022年10月20日开放订购后,图书馆第一时间从中华书局正式下单采购《复兴文库》系列丛书,经过快速编目加工等工作,于2022年10月31日顺利完成编目,11月13日加

工完毕正式在"大钊阅览室"上架展出,是国内最快上架该套丛书的高校图书馆。单采出版社图书上架后用户也积极借阅,北京大学出版社、中国社会科学出版社和社会科学文献出版社的图书总体使用量均超过6万次,每家出版社图书的平均使用量均在5次以上,具体使用情况如图1.3、1.4所示。

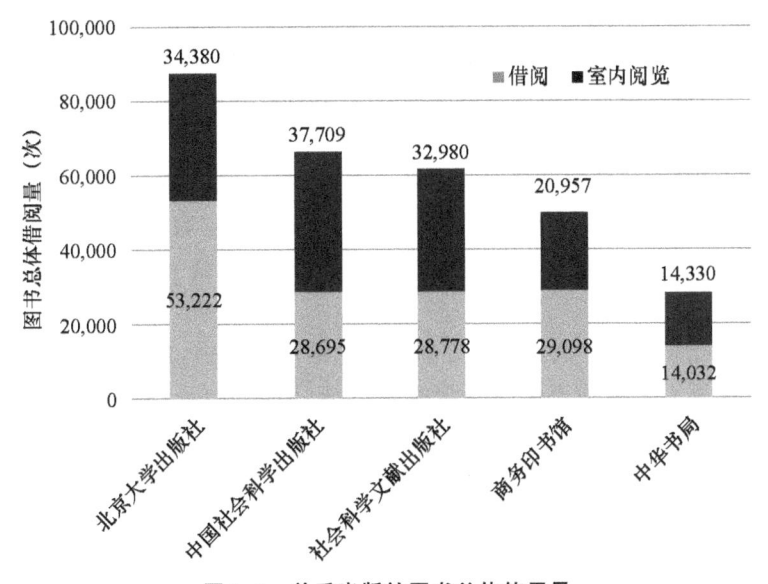

图 1.3 单采出版社图书总体使用量

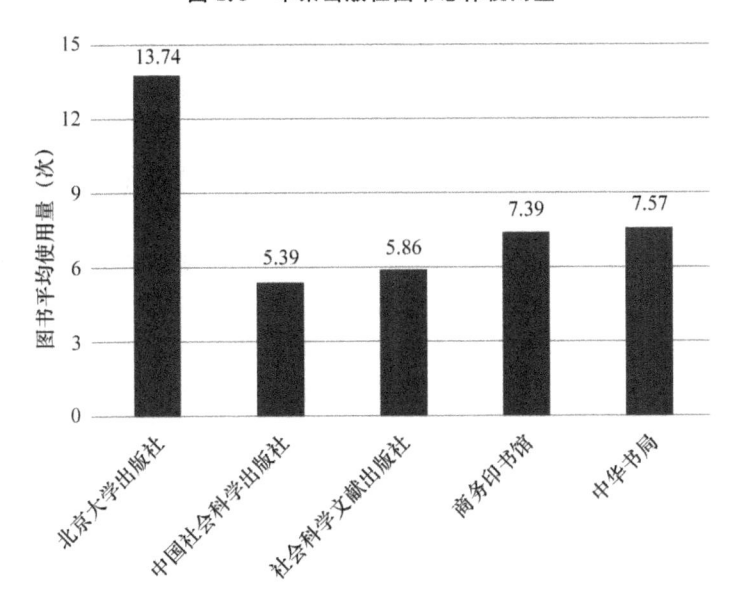

图 1.4 单采出版社图书平均使用量

单采模式在图书馆与出版社之间建立起便捷的沟通渠道,从而快速地满足用户需求,并实现及时补藏,尤其是多年前出版的缺货图书。比如2022年单采采访馆员发现了开展单采模式之前漏采的《心理健康蓝皮书：中国国民心理健康发展报告(2017—2018)》一书，通过与出版社主编的沟通，拿到了社内仅剩的最后一本存书；院系师生荐购的即将出版的《赵元任日记》《沉默的句法：截省、孤岛条件和省略理论》等图书，通过与出版社联系一经出版即快速入藏，及时满足了院系师生的荐购需求。单采模式也得到了国内兄弟院校图书馆的广泛关注。2019年北大图书馆与社会科学文献出版社合作开展单采模式，随后2022年，中国人民大学图书馆也与该出版社建立了单采合作关系。

(2) 捐赠数量和质量实现双提升

北大图书馆丰富的馆藏资源与多样的空间，离不开海内外各界人士、北京大学师生、员工和校友的慷慨捐赠。2018—2022年，通过主动联系，积极拓宽馆藏资源补充渠道，实现捐赠数量和质量的双提升，共入藏中文赠书37,423册、外文赠书14,488册。

五年来，陆续接受了大批海内外知名人士的珍贵藏书，包括：美国历史学会前主席、哥伦比亚大学美国史研究资深教授方纳(Eric Foner)的专业藏书2,000余册，是"全亚洲最好的美国史研究专著收藏"；德国知名古典学家梅塔(Adelheid Mette)教授赠书；著名翻译家、中国社会科学院终身荣誉学部委员柳鸣九先生赠书；著名历史地理学家、中国科学院院士侯仁之先生藏书；燕大校友会捐赠燕大校史资料31种79件；北京大学国家发展研究院杨壮老师捐赠的特藏资料1,209份等等。

其中，2021年接受的泰康人寿捐赠司徒雷登文献248件，与之前接受的傅海澜女士捐赠的司徒雷登文献一起，奠定了北大图书馆在司徒雷登研究文献收藏方面的特色地位；邓小南教授捐赠的邓广铭先生藏书353种6,458册，版本种类丰富，涵盖抄本、刻本、校样本、校雠本等，亦不乏名人的题跋和印记，其中善本55种507册[4]。

北大图书馆也接受了大量学术价值非常高的大套图书的捐赠，比如《八闽文库》第一辑《福建文献集成初编》200册、《四川历代方志集成》108册、《重庆历代方志集成》100册、《闽台历代方志集成：福建省志辑》98册、《常熟文库》100册、《大仓文库粹编》228册、《百部红色经典：长篇小说精选》142册、《中国泉州南音集成》101册等。接受1987级600多名校友回馈母校个人捐资，设立"北京大学图书馆1987校友捐赠项目"，用于建设新书展阅厅以及文献资源采购和服务等相关工作[5]。

在此过程中，文献捐赠与业务交流模式也从"坐等别人上门捐赠"转变为"主动联系和征集"，并注重和社会团体建立长期固定的捐赠关系，如中国国家画院、北京人民艺术剧院等单位持续向北大图书馆捐赠他们的出版物。还不断加强与国家图书馆、清华大学图书馆等兄弟馆捐赠馆员的联系，互相分享捐赠信息，促进业务交流。

(3) 以用户为导向推进用户荐购

"用户荐购"是以用户需求为中心,让用户参与图书馆文献资源建设工作的有效方式。最初,用户主要通过线下沟通、手写卡片或者邮件等方式向图书馆反馈荐购需求。随后北大图书馆主要通过 Symphony 系统来接收用户的荐购请求。2018 年,为了规范用户荐购工作流程,提高荐购效率,北大图书馆以全方位满足师生学习、教学与科研的文献需求为目标,开发并正式上线荐购系统,包括用户端和馆员端。

一方面,新上线的"图书馆荐购系统"(见图 1.5)更便捷地满足了用户的荐购需求。学校师生登录"图书馆荐购系统用户端",可以直接通过"ISBN/题名/作者"检索相关图书资源,自动填写图书相关信息并提交中、英、德、法、日等多语种图书荐购,节省了大量填写时间;也可随时荐购期刊、数据库等其他类型的文献资源。同时,新系统加强了师生与馆员间的协同配合。学科采访馆员在"图书馆荐购系统馆员端"对荐购需求进行及时的审核、处理和发订,在此期间,用户在发订和到馆两个阶段均会收到邮件提醒,也可根据用户意愿为其自动预约其荐购的资源。

另一方面,新上线的"图书馆荐购系统"打破了原有 Symphony 系统对用户荐购数量的限制,师生可以随时荐购更多文献资源。2013—2017 年,在原有 Symphony 系统中,共收到 7,477 条用户荐购,其中图书推荐为 7,406 条[6]。新系统上线后,荐购数量远超过去 5 年。2018—2023 年 3 月,通过荐购系统,共满足了用户 27,753 条图书荐购需求,其中包括 20,081 条外文图书、7,627 条中文图书、45 条大套图书资源;也接收了 631 条数据库、255 条期刊荐购需求,学科采访馆员进行了及时备案和采选论证,尽可能满足师生对不同类型的文献资源需求。

图 1.5 北京大学"图书馆荐购系统"

以用户为导向的用户荐购及时有效地满足了用户的个性化文献资源需求,尤其是中外文图书需求,同时,对北大图书馆多语种馆藏资源进行了及时优化,针对性地补充了学科专业领域的研究文献,也能够对馆藏图书的不同版本和译本进行更新,比如依据用户荐购,开通中国古代传世文献及出土文献数据库《汉达文库》,以支持考古、中文及历史领域研究;计算机领域研究文献 *The Art of Computer Programming* 第4B卷的及时订购;历史学家李开元先生代表作《汉帝国的建立与刘邦集团军功受益阶层研究(增订版)》的快速入藏等。

1.2 坚持多语种编目的传承与创新,深化资源内容多层次揭示

文献编目是文献资源组织的基础性工作,是满足用户文献资源需求,方便用户鉴别、搜寻、访问和使用资源的重要保证[7]。北大图书馆文献编目底蕴深厚,拥有120多年的历史,包括中文、西文、日文、俄文及小语种等多语种及普通文献、特藏、古籍等多类型文献编目工作,涌现了一大批在全国范围内具有影响力的中外文文献编目代表人物和领域专家,如我国现代图书馆事业的先行者梁思庄先生、推动《国际标准书目著录》和《英美编目条例(第二版)》本土化的韩荣宇先生、带领中编人员实现从手工编目向计算机编目过渡的熊光莹老师、中国高等教育文献保障系统(China Academic Library & Information System,CALIS)联机合作编目事业的开创者谢琴芳老师、编目系统自动化和分馆建设的奠基者沈正华老师、国内西文编目的一流专家林明老师等。

随着时代发展以及组织机构的发展变化,北大图书馆在传承多语种文献编目悠久历史的基础上,高度重视编目队伍建设,保障文献资源编目的质量和效率,并加快特色资源编目,深化珍贵文献内容揭示,同时加强编目业务研究,以推动书目服务的创新发展。

1.强化文献编目队伍建设,保障文献编目质量与效率

五年来,北大图书馆始终高度重视文献编目工作,在传承编目业务与书目服务历史的基础上,创新编目理念与方法,打破原有编目与采访、中文与西文编目相互独立的工作模式,强化"一专多能",建立多语种编目队伍,优化流程与衔接,保障文献编目质量与效率,以提升书目服务效能,促进中外文一体化发展,并助力中国高等教育文献保障体系建设。

(1)强化多语种文献编目,推动中外文一体化发展

北大图书馆高度重视中文、西文、日文、俄文及小语种等多语种文献编目工作的传承与创新,促进中外文一体化发展。

不同语种的文献编目规则与标准具有较大差异,在中外文一体化发展的驱动下,北大图书馆建立了由20余人组成的强大编目团队,包括中文、西文、日文、俄文及小语种等多语种编目馆员,也包括资深编目馆员和年轻编目馆员。其中,有一大批具有多语种编目业务技能的馆员(近半数编目馆员),包括中文与西文文献编目、中文与日文文献编目、俄文与西文文献编目等,有效保障了多语种文献编目工作的高效开展;同时,在保障中文和西文文献编目业务效率的基础上,重视并加强日文、俄文和小语种文献的编目工作,其中,日文和俄文专门设置了相应的采编岗位,精

准揭示不同语种文献资源内容。

2018—2022年,北大图书馆共完成了包括新旧图书、报刊等在内的375,223种、616,748册纸质文献的编目工作,其中,中文274,973种、507,803册,外文(含英语、日语、德语、法语、阿拉伯语、俄语、越南语、韩语等31个语种)100,250种、108,945册(见表1.5),有效保障了学校师生的多语种馆藏资源检索与书目信息需求,在书目服务层面有力推动了中外文一体化发展。在CALIS联合目录数据库建设2022年度排行榜中,中文书目数据上载量一如既往,拔得头筹,年度上载量比第二名整整高出86%,远远超过了其他高校图书馆;西文书目数据以10,533条的上载量再次位列第一名,日文、俄文和小语种书目数据上载量也名列前茅[8]。

表1.5 2018—2022年中外文纸质文献编目数量统计

年份	中文		外文		合计	
	数量(种)	数量(册)	数量(种)	数量(册)	数量(种)	数量(册)
2018	42,132	77,959	15,425	16,444	57,557	94,403
2019	56,056	97,975	17,182	18,707	73,238	116,682
2020	53,199	99,654	19,109	19,773	72,308	119,427
2021	67,059	130,433	26,589	29,616	93,648	160,049
2022	56,527	101,782	21,945	24,405	78,472	126,187
合计	274,973	507,803	100,250	108,945	375,223	616,748

(2)优化流程与衔接,提升纸电书目服务效能

随着业务需求的变化与技术条件的变化,北大图书馆以"用户导向,服务至上"为宗旨,不断优化编目流程,做好与采访、收登、加工、报销、服务等业务的衔接,有效缩短编目周期,提升纸电书目服务效能,助力一体化发展。

依据实际业务需求,优化编目流程。第一,改进编目与订单的工作模式,针对性调整中外文图书编目与订单的衔接顺序。与之相适应,根据馆藏资源位置调整和完善订单分配逻辑与规则,在编目完成后,能够依据图书索书号自动匹配不同复本的馆藏位置,极大提升了采编业务的工作效率,最大限度地优化了资源配置,促进采编业务的深度融合。同时,依据纸质文献资源的来源和学科等,明确采访、收登、编目、加工馆员之间的对接机制,建立包括中文馆配、中文单采、港台方志捐赠大套书、外文图书等在内的到货收登、编目、加工、报销、服务的共享文档,实行登记制度,对每一批纸质文献资源从收登、编目、加工、报销、服务等环节的进度进行及时登记,把握各项业务进展,加强相互沟通,实现无缝衔接,有效提升采编业务效率。第二,加强采编馆员队伍建设,近三分之一的编目馆员同时承担中外文不同学科采访业务工作,促进馆员"一专多能"发展,推进采编业务的融合。

以用户需求为导向,灵活调整编目优先级,提高编目效率。北大图书馆入藏的

纸质资源来自馆配商、单采出版社、赠书、特藏等，不同类型纸制资源的编目规范与难度有较大差异。为了有效提高编目效率，图书馆灵活调整不同类型纸质资源的编目优先级，从而确保用户能在最短时间内阅读到最新的纸质资源。其中，在"出版社-图书馆"单采模式下，建立"绿色通道"对单采出版社图书进行优先编目，保证单采出版社图书停留在编目环节的时间不超过1周。2020—2022年，单采出版社的原编数据上载量达到7,792条，比2017—2019年增长了92.78%；原编数据下载量达到568,610次，比2017—2019年增长了58.30%。同时，对用户荐购图书、学术价值高的大套图书等进行优先编目，使用户能够在最短时间内获取到最需要的、最有价值的纸质资源。

提高电子资源的书目质量与服务水平，推动纸电一体化发展。2019—2021年，开展了西文电子书机器可读目录（Machine Readable Catalogue，MARC）数据上载到Symphony系统的专项工作。经过反复的数据审核、上载测试，新增了馆藏位置参数及代码，使相关参数与已有电子书一致。最终于2021年和2022年先后完成Springer、Wiley、Oxford等24家21.8万余条电子书的入库与更新，并在联机公共检索目录（Online Public Access Catalog，OPAC）系统提供服务，均为可永久访问的电子书，对电子资源的揭示和利用起到了重要作用。

（3）坚持高质量编目，助力中国高校联合目录建设

文献编目的质量直接影响资源检索的效率。为了保证编目工作质量，推动学校信息资源建设与图书馆业务的相互促进和传承，北大图书馆坚决不考虑编目业务外包模式，依托编目业务团队，深化资深编目馆员与年轻编目馆员的"传帮带"机制，完善编目业务标准与流程规范，高质量推进文献编目工作。资深编目馆员主要承担中外文书刊的编目与质量控制、特藏资源编目、新编目馆员培训，以及编制、修订与更新编目业务流程规范等工作；年轻编目馆员同时承担各种类型文献资源的编目工作以及学科采访工作，全方位提升文献资源服务水平。

为保证编目质量，文献资源服务中心定期组织编目业务培训，2021—2022年，共组织了包括编目体系沿革、分类法系列（《中图法》、皮高品的《中国十进分类法》、裘开明的《汉和图书分类法》以及《美国国会图书馆分类法》等）讲解、中西文索书号及主题标引、特藏资源编目规则（地方志、民国旧书等）、采编与收登以及加工业务模块的关联等主题的10余场业务培训讲座与交流活动，促进编目业务经验的传承与发展；也根据编目业务需求，定期组织编目问题讨论，对特藏旧书刊、地方志、大套图书等编目业务标准与流程规范进行及时修改、更新与完善。同时，大力支持总分馆体系建设，承担部分分馆图书的编目工作和编目质量控制，为分馆馆员提供及时、专业的编目业务指导。

在保障本馆编目质量的同时，作为CALIS的成员馆，北大图书馆在CALIS联合目录数据库建设中作出了突出贡献，并积极支持中国高等教育文献保障系统建设。在连续五年的CALIS联合目录数据库建设年度排行榜中，无论是馆藏上载量

还是各语种书目数据上载量均名列前茅,连续多年荣获 CALIS 联合目录馆藏数据建设及各语种数据库建设先进单位[8],如图 1.6 所示;主动承担困难任务,积极共享中外文原始编目数据,高质量服务全国高校图书馆,2018—2022 年,累计上载了 67,687 条中文原始编目数据,平均下载量达到 48.34 次;37,989 条外文(包括日文、俄文等语种)原始编目数据,平均下载量达到 5.51 次;各语种资深编目馆员也积极参与到中文图书、外文书刊编目等业务培训工作中,为全国高校图书馆培养了更多、更好的编目馆员。

图 1.6 北大图书馆荣获 CALIS 联合目录馆藏数据建设及各语种数据库建设先进单位

2. 推进特藏资源编目，深化珍贵文献内容揭示

特藏资源是具有鲜明独特性的馆藏，具有区域、学校、图书馆或者专题特色，逐渐成为文献资源建设的重要课题。北大图书馆的特藏资源来源广泛、类型丰富、形式多样、语种齐全，包括经典大套图书、方志、名人藏书、手稿、校史资料、革命文献等，具有较高的学术价值、史料价值和文物价值。在保障最新文献资源及时编目上架的同时，图书馆积极推进中外赠书、馆藏旧书、大套图书的编目工作，深化珍贵文献内容揭示，挖掘特藏资源价值，助力北京大学一流学科建设。2018—2022年，共完成了26,003种、36,479册特藏资源编目工作，如表1.6所示。

表1.6 2018—2022年特藏资源编目数量统计

年份	数量（种）	数量（册）
2018	2,314	3,873
2019	1,700	2,856
2020	2,464	3,568
2021	5,432	8,264
2022	14,093	17,918
合计	26,003	36,479

（注：该统计不含大套图书编目数量）

（1）加强中外赠书编目，挖掘名人藏书价值

赠书编目工作难度较大，但深入揭示名人藏书的内容价值，对于开展专业领域的研究工作，尤其是对哲学、历史、经济等专业领域具有重要意义。五年来，图书馆陆续完成包括季羡林赠书、侯仁之赠书、俞大维赠书、梅塔赠书、方纳赠书、厉以宁赠书、杜维明赠书等的中外文献编目工作。

比如，2020年起，全面启动梅塔教授赠书的编目工作，这批赠书有梅塔教授多年收藏的希腊语和拉丁语文本、工具书和二手参考文献，完备而系统，具有极高的学术价值，以德语、拉丁语、希腊语、意大利语为主，文献年代早、类型杂、编目难度较大。图书馆西文编目馆员知难而上，顺利完成了梅塔教授3,000余册赠书的编目工作，有效补充了20世纪德语学界的古典学馆藏，并为用户提供服务。又如，对近年来持续开展儒家文化研究的重要思想家杜维明先生赠书的编目工作，这批赠书共计15,000余册，中英文约各半，以哲学、宗教及文化等社会科学领域重要文献为主，有力推动了北京大学乃至国内关于现代新儒家的研究与传播。

（2）推进馆藏旧书刊编目，深层次揭示珍贵文献

除了最新文献资源编目外，对已有馆藏书刊的编目一直是图书馆的一项重要任务。截至2022年9月，据不完全统计，北大图书馆馆藏当中约有25万册旧书刊尚未完成编目，无法为用户提供服务，这批图书的主体为燕京大学和北京大学的旧

藏，以及中法大学、中德学会、美国新闻处等机构的部分藏书，其中不乏珍贵文献，比如，中文文献以清末和民国书刊为主，有不少蔡元培、胡适、司徒雷登、蒋梦麟等名人藏书或签名本；西文文献当中也有很多是燕京大学和北京大学著名学者藏书或签名本，如来华著名新闻人李治（William Sheldon Ridge）、爱沙尼亚东方学家钢和泰（Alexander von Stael-Holstein）、德国汉学家福克司（Walter Fuchs）等，也有很多李大钊任图书馆主任期间购买的各语种革命文献。

为深层次揭示这些珍贵文献，北大图书馆在对不同语种的旧书刊进行初步分拣和整理的基础上，投入中文、西文、日文、俄文等不同语种的特藏编目馆员大力开展馆藏旧书刊的编目工作，针对旧书刊的各类编目问题进行业务培训，并分别建立中外文旧书刊编目登记表，及时记录工作进度。2018—2022年，共完成了16,565种、21,010册馆藏不同语种旧书刊的编目工作，且旧书刊编目量逐年增加，在丰富馆藏资源的同时，也为用户阅读历史、传承文化提供了有力支持。

(3) 深化大套图书编目，提供多层次书目服务

近年来，北大图书馆购入的大套图书是各学科师生迫切需要的，具有较高学术价值和研究价值的珍贵文献，对编目时效也有要求。大套图书是大量珍贵文献影印本的集成，每套图书有几十甚至上百本分册，每本分册有诸多细分的目次信息。这些多层次的书目信息都是用户检索资源、深入了解大套图书内容的关键信息。

结合多卷书编目规则和图书馆的业务实际，对大套图书的编目规则进一步细化，以分散编目为主、集中编目为辅，尽可能全面揭示大套图书的不同分辑、分卷的题名信息以及不同分册的目次信息；同时，精心组织编目力量，合理调配资源，对大套图书尽快编目，为用户提供及时的专业性文献资源服务。比如，2022年，在北京大学艺术学院专家的大力推荐下，图书馆收藏了《昆曲艺术大典》大套图书。该套图书收录了明代中叶以来600多年间昆曲最重要的文字与谱录文献、图片与音像资料、昆曲传承人的文化遗存等，一经出版就荣膺第四届中国出版政府奖的图书奖，对昆曲的遗产抢救、艺术传承、人才培养、学术研究均具有重要意义。图书馆编目馆员投入大量精力对该大套图书的每一分册的内容、主题和子目信息进行深层次揭示，共揭示了149册中的1,105条子目信息，帮助用户深入、全面了解该套图书的内容，引导用户深入阅读。

3. 加强编目业务研究，引领书目服务创新

以需求为导向，改进和完善编目数据标准与规范，跟踪和研究国内外文献资源组织的新理念、新趋势和新方法，探索和落实图书馆文献资源组织工作中的实际应用，是文献资源建设高质量发展的重要动力，也是引领全国高校图书馆书目服务创新的历史使命。

(1) 牵头并参与编目数据标准修订，引领书目服务发展

五年来，北大图书馆牵头并参与了包括国家标准、CALIS联机合作编目相关

标准与教材等修订工作,以期引领书目服务发展。

其中,图书在版编目数据是在图书出版过程中编制而成的书目数据,是书目共享的关键基础,在加强出版管理,帮助用户了解图书信息,并为图书馆编目工作提供参考等方面具有重要意义。《图书在版编目数据》(CIP)标准是开展图书在版编目工作的关键依据,自2001年第一次修订后,已有长达20年未修订。为适应实际需要,2019年,由中国国家版本馆(2022年2月更名)提交的标准修订申请获得正式立项。2021年11月,依据中期检查要求,北大图书馆作为牵头单位之一,与中国国家版本馆、中国国家图书馆、中国科学院文献情报中心、中国大百科全书出版社、中国地质图书馆、中南出版传媒集团7家单位组成修订起草组,开展CIP标准修订工作。起草组技术负责人由北大图书馆文献资源服务中心资深编目馆员担任。修订起草组围绕CIP标准的术语、数据内容、描述及标引规则、数据格式等问题展开多轮深入研讨和修订,经过面向社会各界征求意见、送审稿审查与修改等过程,于2023年3月通过报批稿,2023年9月7日《图书在版编目数据》(GB/T12451—2023)正式发布,2024年4月1日起正式实施。在北大图书馆的牵头下,CIP标准的修订能够从图书出版环节进一步规范编目数据标准,为编目数据共享创造条件,对于推动图书馆编目前置,提高编目速度和质量,缩短图书上架时间,创新书目服务具有重要意义。

同时,北大图书馆也积极参与CALIS联机合作编目相关标准与教材的修订工作。比如,在参与编写《CALIS中文图书编目业务培训教材》《CALIS外文书刊RDA编目培训教材》等多语种培训教材基础上,近五年来,图书馆多位资深编目馆员也积极参与这些教材的修订工作,并结合业务实际与培训需求,及时完善和更新编目相关细则。

(2)关注编目研究前沿,开展课题研究

为适应新时代的发展需要,北大图书馆时刻关注编目领域的前沿进展,开展多项课题研究。其中,申报的2019年CALIS研究课题"新旧版RDA比较研究"经批准立项。参研人员追踪新版RDA进展,对新旧版RDA进行了理论基础、框架结构、内容规则等方面的对比研究,课题项目顺利结项。2021年申报的"开放融合环境下高校图书馆编目工作发展趋势与对策研究"获得北京高校图书馆研究基金项目立项,课题以高校图书馆为研究对象,在全面了解国际编目工作现状基础上,分析当前开放融合环境的特点,把握高校图书馆编目工作的发展趋势和主要问题,探索编目工作的创新发展路径。该课题已顺利完成中期审查。自2021年起,文献资源服务中心牵头组建跨部门研究团队开展"网页式目录"探索性实验项目研究,面向用户迫切的多层次详细子目、深层次内容揭示等方面需求,围绕《复兴文库》等大套图书,打破传统OPAC书目服务限制,借助新技术手段,探索新型书目服务解决方案。

1.3　创新新书展阅服务模式，有效促进资源与服务一体化发展

文献资源建设与服务是相辅相成的。一直以来，北大图书馆从空间设计、资源服务等多个维度入手，创新新书展阅服务模式，促进资源与服务一体化发展。

1. 设计步入式新书展阅厅，精选图书日日上新

为了让用户尽快阅读到最新图书，北大图书馆多年来设置新书阅览室和新书书架为用户提供新书阅览服务。东楼修缮重启后，在连接图书馆东南门的大厅设立新书展阅厅，并以开放式空间的设计连接文献资源服务中心，以便为用户提供最新图书资源。

（1）以"一塔湖图"为设计理念，设计新书展阅厅

北大图书馆以北京大学最著名的景观"一塔湖图"为设计理念，精心打造新书展阅厅[9]，以多种灵活的排架方式从多个维度展示最新上架图书，如图 1.7～1.9 所示。新书展阅厅的主体书架造型，取自篆书的"水"字，色彩为湖蓝色，对应于"一塔湖图"的"湖"，犹如蓄满知识的未名湖，按学科分类放置最新上架图书；东侧和南侧分别放置了"学""堂""典""藏"四个字形书架，灵感来自北大图书馆历史上藏书印中的"学堂典藏"四字，对应于"一塔湖图"中的"图"，分别用于放置以单采模式采购的四家人文社科出版社——商务印书馆、社会科学文献出版社、中国社会科学出版社、中华书局出版的最新图书，并设置北京大学 logo 书架，放置以单采模式采购的北京大学出版社的最新图书；西南角仿照博雅塔的一角，制作了一个"塔"形书架，对应于"一塔湖图"中的"塔"，放置北京大学出版社出版的国家出版基金资助项目《儒藏》系列丛书。同时，新书展阅厅还专门设计了两个圆形"书岛"分别放置最新出版的特色专题图书和当天加工完成的"新鲜出炉"的图书。富有创意的个性化书架设计为新书展阅厅营造了时尚、轻松的氛围，吸引用户阅读最新书籍。

图 1.7　新书展阅厅"水"形书架与"塔"形书架

图 1.8　新书展阅厅"学""堂""典""藏"字形书架

图 1.9　新书展阅厅北京大学 logo 书架

（2）开放式空间设计，增强参与式的互动体验

为了让用户全方位了解图书馆文献资源的采访、收登、编目和加工业务流程，吸引用户参与文献资源建设，北大图书馆采用"开放式"布局，对文献资源服务中心的内部办公区和新书展阅厅空间进行了突破性设计。

从空间角度，将内部办公区和新书展阅厅之间使用玻璃墙作为隔断，将文献资源的采访、收登、编目、加工业务进行全流程展示，用户能目睹一本书从进入图书馆到上架的全过程，极大增强了用户参与式的互动体验。内部工作透明化、开放化和"前店后厨"的布局，拉近了馆员与用户之间的距离，为开展文献资源上架前业务全流程展示提供了空间基础。

从服务角度，开放式的空间设计广泛吸引了学生志愿者参与到文献资源的服务中，从 2020 年东楼重启后至 2023 年 3 月，约有 1,861 人次学生志愿者参与了文献资源服务中心的工作，累计志愿工作时长 3,722 小时。同时，在新书展阅厅增设"用户反馈"二维码，收集用户需求信息，新书服务馆员会在"用户反馈平台"及时处理并解决用户的各类新书相关问题，如图 1.10 所示。

序号	反馈编号	提交时间	简要描述	状态	操作
1	531	2023-06-13 16:39:50	【新书相关】一站式读者意见反馈	已结束	查看详情
2	527	2023-05-25 14:21:30	一站式读者意见反馈	已结束	查看详情
3	518	2023-04-24 13:12:51	一站式读者意见反馈	已结束	查看详情
4	517	2023-04-24 13:10:32	一站式读者意见反馈	已结束	查看详情
5	515	2023-04-20 18:42:07	【新书相关】一站式读者意见反馈	已结束	查看详情
6	514	2023-04-20 10:15:11	【新书相关】一站式读者意见反馈	已结束	查看详情

图 1.10　处理与新书相关的用户反馈

（3）优化新书加工流程，提高新书上架时效

2020年起，图书馆对所有新书进行基于射频识别（Radio Frequency Identification，RFID）技术的动态管理。新书在完成编目及加工业务后，加贴RFID芯片，经系统设置后即可在新书展阅厅上架供用户阅览。为了保持时效性，新书展阅厅一直重视架面管理，在每天上架最新图书的同时，根据图书上架时间和架位空间，对达到一定展阅时间的图书及时下架，转入流通环节，供用户借阅。

与此同时，馆员每天及时追踪新书展阅厅新书的阅览情况，了解用户的阅读兴趣，并利用两个圆形"书岛"或者展览书架展陈出版社最新出版的图书，提高用户的阅读兴趣。据不完全统计，用户在新书展阅厅内认真阅读的图书每月约2,000册。在日常工作中发现用户急需的高预约图书，负责新书的馆员会第一时间联系采访馆员补采复本，并将新展的复本转入流通环节，方便预约的用户借阅，如《金榜题名之后：大学生出路分化之谜》《置身事内：中国政府与经济发展》《始于极限：女性主义往复书简》《漫长的余生：一个北魏宫女和她的时代》《翦商：殷周之变与华夏新生》等预约量非常高的热门图书，馆员在已正常采购了2个复本的基础上，又加急补采了2～3本，并通过"绿色通道"快速上架，以最大限度满用户借阅需求。

2. 创新线上与线下新书展阅服务，引领师生阅读

在新媒体环境下，资源与服务一体化发展需要利用新媒体手段，将线上与线下资源服务充分融合。北大图书馆围绕新书资源，结合馆藏资源与学科需求，依托图书馆微信公众号和"新书通报"平台，不断创新线上资源推荐服务，吸引师生关注北大图书馆的最新上架学术文献资源，引领师生阅读。

（1）打通线上与线下服务渠道，深化新书展阅活动

新书展阅活动是新书服务的重要内容。五年来，北大图书馆与核心出版社、馆配商等充分合作，组织线上与线下相结合的新书展阅活动，广泛吸引了6个学部30余个院系师生的积极参与。

图书馆加强与馆配商的合作，优化新书展阅活动，并依托图书馆微信公众号、

微信小程序、北京大学门户网站等多种渠道,创新新书展阅活动的服务方式。具体包括,2023 年与中国教育图书进出口有限公司合作组织外文原版学术图书展,活动前通过图书馆微信公众号、门户网站和北京大学门户网站发布活动预告;活动期间通过线上与线下相结合的方式收到来自 27 个院系 1,741 种图书推荐,活动现场视频也在北京大学官方视频号发布;活动后文献资源服务中心开启"绿色通道",以最快的速度对多次被推荐图书完成上架工作,为用户提供借阅服务,并通过微信公众号收集用户反馈[10]。与厦门外图集团定期组织港台原版学术图书展,在线下精心挑选千余种港台精品图书供师生进行现场推荐;在线上发布展览预告,并通过图书馆微信小程序供用户进行线上推荐。创新新书展阅活动的服务方式,与中国图书进出口有限公司合作,集中组织 11 个院系师生前往北京国家会议中心参加北京国际图书博览会(Beijing International Book Fair, BIBF),现场采选外文原版学术图书,并通过图书馆门户网站、微信公众号、采访馆员一对一沟通等方式做好活动的全程推广和服务工作。

在 2023 年新年之际,与北京大学出版社合作,从北京大学出版社最新出版的图书中,精选出人文、社会科学、自然科学等不同学科的重点学术书籍,推出"新书福袋"活动(见图 1.11),在线下展陈的基础上,吸引用户通过图书馆微信公众号广泛留言,分享他们感兴趣的图书及读后感,并从中抽取幸运用户送出重点"新书福袋",这一活动反响热烈,在增强线上用户活动参与度的同时,与线下新书展阅活动相辅相成,显著提高了用户对学术资源的阅读热情。

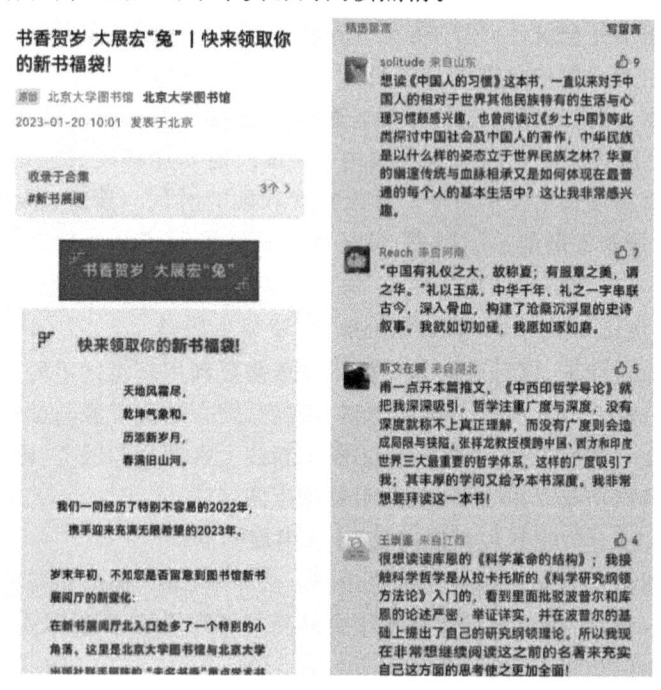

图 1.11　北大图书馆"新书福袋"活动及部分用户留言

（2）依托微信公众号，打造特藏资源系列推荐服务

为深入推广并帮助用户更好地使用各类特藏资源，北大图书馆面向学科需求，依托微信公众号，推出"区域与国别研究"系列、"最新资源"系列、"大套宝藏"系列等特藏资源推荐服务。

在 2020 年新冠疫情期间，推出"区域与国别研究"系列数据库资源指南服务，先后围绕外文电子书、教材、古籍、全球各区域研究（亚洲、非洲、欧洲、美洲、中东等）等专题整合电子资源，满足师生对交叉学科领域的研究需求；通过"最新资源"系列，为用户推荐图书馆最新购买的或者试用的各类电子资源，如在《中国学科及前沿领域 2035 发展战略丛书》上架后，迅速发布推文，为相关学科用户提供内容荐读与书目服务；自 2022 年起，推出"大套宝藏"系列推荐服务，从图书馆当年购入的图书中，推荐各学科主题领域的经典大套图书，获得校内外用户的广泛关注。截至 2023 年 5 月，图书馆微信公众号已更新至第 15 期，如图 1.12 所示。

图 1.12　北大图书馆微信公众号"区域与国别研究"和"大套宝藏"系列推文

（3）升级新书通报服务，快速更新最新资源信息

新书通报是图书馆向用户及时传递最新书目信息的一种有效服务方式，北大图书馆的新书通报服务由来已久，并于 2017 年再次进行了服务升级，上线了新书通报平台[11]，打通线上与线下服务通道，及时更新并推广每天最新上架的各语种、各学科图书资源。据统计，2022 年全年，新书通报平台上用户浏览新书达 367,340 册次。

新书通报平台为用户提供了一个快速获取最新图书资源书目信息的线上渠道。用户依据时间、语种、图书馆（总馆或院系分馆）、学科、索书号等不同方式浏览

最新图书资源,也能够通过书目、著者、ISBN、出版社等多种检索方式精准检索所需图书的书目信息。在书目信息页面,平台提供了包括封面、题名、作者、出版社、页数、索书号、ISBN、浏览次数、内容简介等在内的丰富的书目信息,方便用户快速了解图书信息,同时,也与图书馆OPAC系统建立了有效链接,以便用户进一步获取全面的图书信息和馆藏状态,方便用户借阅。2022年,图书馆改进俄文新书书目信息服务,增补最新上架的俄文图书的封面,并根据俄文语言特点优化界面设计。

第二节 古文献资源服务

王波 张慧丽 杨芬 钟迪 喻乒乒 汤燕 夏嫡 王旭 张艳霞

五年来,在新一届馆领导班子的坚强领导下,北大图书馆向着建设一流高校图书馆的目标迈进,古籍资源服务中心的馆员们保障文献安全、夯实基础工作、推动业务创新,主要通过以下方面的举措,努力建设一流的古文献资源服务阵地。

2.1 珍爱雄厚家底,用好存量

作为近代中国最早设立的综合性大学图书馆之一,北大图书馆收藏的古文献随着学校的发展而壮大,积累了雄厚的"家底"。迄今馆藏古籍总量约160万册,其中善本2万余种、20余万册,已有464部入选《国家珍贵古籍名录》,88部入选国家《中华再造善本》。无论总量还是珍本数量,均列全国高校图书馆之首,在全国图书馆中位居第三位,仅少于国家图书馆和上海图书馆。2008年,北大图书馆被国务院核定为第一批全国古籍重点保护单位之一。

馆藏古文献以朝代划分,有敦煌卷子288号,宋、元刻本300余种,明刻本近万种;以出版国别划分,有和刻本2,000余种、朝鲜本200余种;以制作方式划分,有稿本、钞本、写本9,000余种,活字本3,000余种;以内容类型划分,有方志近5,000种,家谱2,200余种。还有多个小说戏曲专藏,如车王府曲本1,536种,马廉"不登大雅文库"藏书928种,程砚秋"玉霜簃藏曲"本1,400余种。馆藏拓片4万余种、8万余件,包括了缪荃孙"艺风堂"、张仁蠡"柳风堂"两家的全部藏拓。此外还收藏有2,000余种中国古代舆图。

北大图书馆收藏的古文献犹如一条源远流长的大河,在历史上汇入了诸多支流,根据来源方式,主要包括购入的古文献、接管的古文献、并入的古文献和受赠的古文献。

1. 购入的古文献

(1) 缪荃孙的"艺风堂"拓片

缪荃孙(1844—1919年),字炎之,又字筱珊,江苏江阴人,为我国近代史上著名的文献学家。他曾任晚清翰林院编修,参与筹建南京图书馆、京师图书馆等文化机构,著有《艺风堂藏书记》《艺风堂金石文字目》《艺风堂文集》《云自在龛随笔》《艺风堂杂钞》等。

缪荃孙嗜好藏书,将藏书处命名为"艺风堂",宦游期间不断购置,藏书达十万余卷,其中不乏善本、珍本乃至孤本。缪氏藏书生前即有出售,去世后多被子孙售卖,大多流入公藏机构。1925年,北京大学研究所国学门购得缪荃孙的"艺风堂"拓片。1952年,"艺风堂"拓片同"柳风堂"拓片一起被移交给北大图书馆收藏。

(2) 马廉的"不登大雅文库"

1937年,北大图书馆购入马廉藏书928种、5,368册。马廉(1893—1935年),字隅卿,浙江鄞县人,近现代小说戏曲家、藏书家。曾任北平师范大学、北京大学教授,继鲁迅之后在北京大学讲授中国小说史。马氏藏书以明清两代小说、戏曲的刻本和抄本为主,其中小说372种,戏曲364种,188种为稀见珍本,还有一部分笑话、谜语等其他文学类书籍。由于中国封建时代小说、戏曲等文学作品长期受到轻视,被认为不入流,故马廉将自己的藏书戏称为"不登大雅文库",将书斋戏称为"不登大雅之堂"。其后因收得当时被视为孤本的明万历年间王慎修刻四卷二十回本《三遂平妖传》(见图1.13),将书斋改名为"平妖堂",自号"平妖堂主人"。马氏书多钤"鄞马廉字隅卿所藏书""不登大雅之堂""隅卿藏珍本小说戏曲"和"平妖堂"等印。

图 1.13 马廉"不登大雅文库"珍稀藏书之一:明刻本《三遂平妖传》

(3) 程砚秋的"玉霜簃藏曲"

2005年11月4日,北大图书馆在中国嘉德国际拍卖有限公司的秋季拍卖会上以550万元人民币购入著名京剧艺术大师程砚秋的"玉霜簃藏曲"。程砚秋(1904—1958年),原名承麟,满族,索绰罗氏,北京人,中国京剧男演员,工旦角。程砚秋是京剧程派艺术的创始人,是京剧"四大名旦"之一。程砚秋表演之余,雅好书画,醉心藏书,在梨园传本的搜集上致力尤多。这批藏曲共计1,563册,含剧目1,436种,绝大部分是昆曲剧本,也有极少数京剧、秦腔剧本,其中源于清嘉庆、咸丰时著名昆曲演员陈金雀的戏曲钞本多达千种。从其抄录时间看,可上溯明万历末年,下至民国初年;从其题记看,参与抄录的个人、堂号、班社和书屋等有30多家。其最大特点是保存着相当数量的带有工尺谱和身段谱的曲本。含工尺谱的有《琵琶记》(见图1.14)、《千金记》《一捧雪》等总本或小本曲谱,还有大量的零出曲谱;含身段谱的有《幽闺记》《荆钗记》《牡丹亭》等,书中详注或简注了身段,均是经艺人总结写定的台本。2014年北大图书馆编撰《北京大学图书馆藏程砚秋玉霜簃戏曲珍本丛刊》共44册,已将部分程氏藏曲影印出版,以方便用户使用。

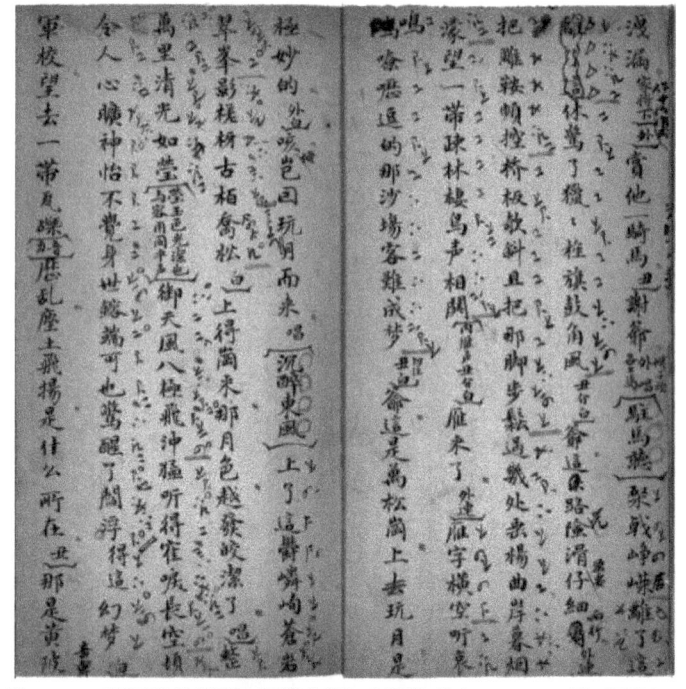

图 1.14　程砚秋的"玉霜簃藏曲"的珍稀藏书之一:工尺谱《琵琶记》

2. 接管的古文献

(1) 李盛铎的"木犀轩"藏书

"木犀轩"为李盛铎的藏书室名。李盛铎(1859—1937年),字义樵,又字椒微,号木斋,别号师子庵旧主人、师庵居士等,晚号麎嘉居士。江西省德化县(今九江市)东乡谭家畈人,中国近代著名政治家、收藏家。李盛铎藏书数量之多、版本之精、内容之广,为许多藏家所不及。其后人于1939年将李盛铎藏书的绝大部分售予伪中华民国临时政府,之后交由北大图书馆保存。这批藏书共计9,087种、58,385册,为北大图书馆庋藏善本之精华。其中,宋、元刊本近300种,明刊本1,400多种(包括刻本及铜、木活字本),钞本1,000余种,稿本150余种,还有一些名人手校题跋本。如南宋初年两浙东路茶盐司刻宋元递修本《周礼疏》、南宋大字本《尚书》、南宋刻本《春秋传》(见图1.15)、《汉书》《后汉书》等,在书史和刻版史上均有其特殊地位。李盛铎藏书还包含较为齐备的科学技术书籍,如宋刻《医说》、南宋嘉定年间刻《五曹算经》等。另有大量的日本刻本、钞本和部分朝鲜刊本。李盛铎藏书一部分从其父手中承袭,钤有"李明墀""李氏玉陔"等印,其中有一定数量为其父在湖南为官时购买的袁芳瑛藏书,多有"古潭州袁卧雪庐收藏"及"袁漱六""袁芳瑛"等印记;而大部分为其本人几十年来之搜集,多钤"木斋""木犀轩藏书""德化李氏凡将阁珍藏""麟嘉馆印"等藏书印。

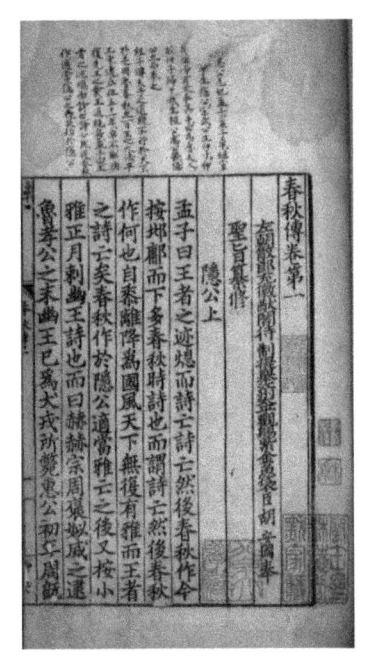

图1.15 李盛铎"木犀轩"珍稀藏书之一:南宋刻本《春秋传》

(2) 张仁蠡的"柳风堂"拓片

张仁蠡(1900—1951年),字范卿,出生在武昌。早年毕业于北京大学,并在私立民国大学任教。历任湖北有奖债券局会办、湖北督军公署秘书,曾在大城、武清、丰润等县任县长。1946年张仁蠡的"柳风堂"拓片被政府划拨给北京大学文科研究所。1952年,"柳风堂"拓片同"艺风堂"拓片一起被移交给北大图书馆收藏。"柳风堂"所收殷商至近代拓片,范围广泛,类型齐全,现编为15,000余号,其中墓志数量多达 3,000 余份。

3. 并入的古文献

1952 年,国家调整高等院校,燕京大学图书馆的 50 余万册藏书并入北大图书馆,其中有善本 3,897 种、39,158 册,含宋、元本近百种、千余册;还有大量的明刻本、清初刻本、明清钞本、稿本以及一定数量的敦煌卷子、名人手札、日记,具有极高的学术价值及文物价值。如《攻媿先生文集》一百二十卷,宋楼钥撰,宋四明楼氏家刻本,此为海内孤本,写刻精美,堪称南宋后期浙东刻书之代表作。《奇妙全像注释西厢记》五卷,卷首题词题诗一卷,元王实甫撰,关汉卿续,明弘治十一年京师书坊金台岳家刻本,其图文并茂,作为明刊版画的代表作品,也是现存历史最悠久、最为完整的《西厢记》插图本。《脂砚斋重评石头记》庚辰本(见图 1.16),存七十八回,保存批语 2,000 多条,是国内外《红楼梦》钞本中版本价值高、极为珍贵的本子。

图 1.16　燕京大学图书馆珍稀藏书之一:清抄本《脂砚斋重评石头记》

4. 受赠的古文献

清光绪二十四年(1898 年)京师大学堂成立,同时设藏书楼。藏书楼的首批善本来自巴陵方氏碧琳琅馆的捐赠。碧琳琅馆主人方功惠(1829—1897),字庆龄,号柳桥,湖南巴陵人。居粤 40 余年,购得数批善本,其中最值得称道的是从日本著名藏书堂"佐伯文库"购得的一批藏书。方功惠生前,藏书已逾 50 万卷,他去世后不久,其孙方湘宾将藏书运抵北京,适逢庚子之变,方湘宾仓促弃书南归,藏书散失不少。后来方氏藏书大部分售予琉璃厂书店,剩余 10 余万卷于 1904 年赠予京师大学堂。方氏书为粤中装订,册前附丹笺副叶,以防虫蠹;书根宋体书写,精美整齐。这批书奠定了大学堂藏书楼所藏善本的基础。

图 1.17　方功惠碧琳琅馆珍稀藏书之一：明刻本《杜律意笺》

　　各个时期，政府和各界人士向北大图书馆都馈赠过一定规模的古文献。如 1904 年清政府外交部赠京师大学堂《古今图书集成》两部，用一套存一套，故品相一新一旧。一些知名的学者、专家也将珍藏赠与北大图书馆，如 1947 年接受郭则沄赠书，1949 年接受毛准、萧一山等人赠书。1957 年胡适先生在纽约立下遗嘱，将留存中国的 102 箱书籍全部捐献，其中部分入藏北大图书馆。1982—2002 年，日本的正木正、正木龙树父子连年向北大图书馆捐赠文献，正木龙树先生除了捐款，还捐赠了《明清鱼鳞册》等清代、民国时期北京地区文献共计千余种。这些名家捐赠为北大图书馆馆藏古文献的数量增长和质量提升作出了巨大贡献。

　　经过 125 年的积累，北大图书馆所藏古文献量大质优，是中华文明的重要载体，是北京大学的重要学术文化资产，为学校的教学与科研提供重要的学术资源保障，也是实现传统文化创造性转化和创新性发展、传承弘扬优秀传统文化的坚实基础。

　　北大图书馆十分感谢百余年来政府、藏书家、社会各界对北京大学的重视和信任，将大量珍稀的古文献交付北京大学。北大图书馆珍爱经过上百年、数代人积累的雄厚家底，以守护好琳琅满目的宝库为荣，力争最大限度地管理好、整理好这些资源，让每一件古文献都遇到它的知音，发挥好古文献在教学与科研中的价值，以不辜负这些经历岁月挑选、部部皆有传奇故事的古老典籍，以及那些慷慨付出、历经艰辛、接力递藏古文献的爱书、敬书、护书的前哲先贤。

2.2 不断募捐采购,扩大增量

古文献资源建设不能守着书目吃老本,还要想方设法扩大增量,满足用户对古文献更多、更广的需求。然而古文献属于不可再生资源,这个特点决定了其不可能像现代图书一样,可以连续不断地购入,只能像历史上那些汇入的大宗文献一样,主要通过抓住机遇募捐和求购的方式,吸收一家又一家专藏,实现数量的积累。同时,将从拍卖市场竞拍所得等作为补充。

(1) 收购日本大仓文库

当北大图书馆了解到日本大仓文化财团有意把所藏古文献——"大仓文库"整体售予中国的公藏机构,便积极运作,组织专家赴日本考察、鉴定,寻求国家支持,筹措资金。2013年12月12日,在国家相关部门支持下,北京大学以1.5亿元人民币采购的"大仓文库"顺利入藏图书馆。"大仓文库"的主体为1912年日本企业家大仓喜八郎购入的我国藏书家董康的"诵芬室"藏书和谭锡庆的"正文斋"藏书,在大仓集古馆完整保存了100余年。"大仓文库"的回购,是百年来海外汉籍最大规模的回归。

"大仓文库"具有总量大、内容丰富、版本种类齐全的特点。其总量共计931种、28,143册,其中古籍906种、28,020册,包括中国古籍715种、25,432册,和刻本190种、2,576册,朝鲜本1种、2册。按四库分类法归类,经、史、子、集皆备,含经类94种、史类193种、子类158种、集类412种,又有丛书27种,碑帖22种。以版本形式归类,含刻本612种、活字本62种、抄稿本116种、铅印本与石印本等86种、钤印本5种、摹刻拓本3种、碑拓22种,覆盖了各种版本形式,部分珍本和珍稀藏书如图1.18、1.19所示。

图1.18 "大仓文库"部分珍本

图 1.19 "大仓文库"珍稀藏书之一：明铜活字印本《戴叔伦集》

（2）接受名家捐赠

北大图书馆还积极寻求名家捐赠，21 世纪以来，先后接受了包括季羡林、汤一介、傅泾波、陈庆华、俞大维等国内外学者的赠书。如 2011 年，汤一介先生捐赠古籍 3,000 余册，傅海澜女士捐赠其父傅泾波所藏古籍 60 种、683 册。

五年来，图书馆新一届领导班子更加重视捐赠工作，要求各部门主动搜集捐赠信息、热情回应赠家咨询、积极动员藏家捐赠。在馆领导的指引下，古籍资源服务中心为受赠的古文献开辟专门书库，划片分区，将名家赠书各自集中，精心保存，邀请有意愿的赠家前来参观，以消除他们的顾虑，如此便形成良好的示范效应，引来一批又一批的更多捐赠。

2018 年，北京大学宿白教授家人捐赠古籍 311 种、4,452 册。2021 年，北京大学邓广铭教授家人捐赠古籍 353 种、6,458 册，其中善本 55 种、507 册，这批书经编目上架后，北大图书馆于 2022 年 3 月 16 日在古文献阅览室举办邓广铭藏书捐赠仪式暨邓广铭先生诞辰 115 周年纪念活动，以传扬邓广铭先生的学术贡献、人格风范，感谢以邓小南教授为代表的邓家人的慷慨无私与爱校深情。

（3）扩充拓片藏量

除了古籍，古籍资源服务中心拓片文献的入藏五年来持续发展，采购拓片 1,200 余份，交换所得 87 份，接受捐赠 80 份，全部及时编目并发布目录与图像。采购品种以碑志与丛帖两类为主，以进一步巩固北大图书馆拓片收藏资料性强的优势。

例如《弘福寺智首法师高德颂碑》，此碑 2 米多高，全篇 2,800 多字，《金石录》《全唐文》等传世史籍均未收录，是近些年出土的重要唐代石刻之一，为进一步研究初唐的佛教及书法提供了珍贵的资料。再如记录初唐名将薛万备小传的《薛万备墓志》，记载了薛万备俘获龟兹王、说服于阗王归唐、跟随唐太宗征伐高句丽等事迹，描述薛万备及其兄弟的仕途沉浮，不仅补充了正史中简略或缺载的史料，还对初唐东征西讨、开拓边疆等诸多问题提供了佐证。此外，2022 年从拍卖市场新购的清代中期书画家钱培益所刻丛帖《延青阁法书》，为私家刻帖，流传极少，权威工具书《丛贴目》《增补法帖提要》均未收录，国家图书馆、上海图书馆也未收藏，此前未曾在拍卖会上出现过，常见文献中没有记载，是罕见的丛帖品种。除了自主采购，近些年随着与师生的互动和助力教学的开展、宣传的扩大，获取捐赠成为我馆入藏稀见拓本的一个重要途径。例如考古文博学院孙华老师利用考古考察的机会多次为我馆捐赠拓片，其中有贵州遵义杨氏土司墓地考古发掘的墓志拓片。还有中国语言文学系校友捐赠的宋代苏轼书《真相院释迦舍利塔铭》，苏轼所书的原刻碑铭，几乎全部毁于崇宁间蔡京擅国时，现在传世的苏轼所书碑刻，几乎都是重刻的。此初刻本在湮没了近千年以后，忽然面世，弥足珍贵。还有校友帮图书馆募集社会人士的捐赠，例如著名的《燕然山铭》拓本。这些都是图书馆无法采购到的珍稀拓本。2022 年 7 月，北大图书馆成立受赠与合作办公室，进一步加强募捐工作。9 月 14 日就迎来办公室成立后第一批有关古文献的捐赠，接受了钱士利先生捐赠的由其本人汇编、中华书局于 2014 年出版的《宁斋藏古代石刻佛经集存》14 册，于 2021 年出版的《宁斋藏古代石刻佛经道德经集存》10 册。此二书虽非为原始古文献，但均为 8 开幅面，原样缩印，内容丰富，具有一定的教学与科研价值。

今后，古籍资源服务中心将继续发扬优良传统，积极关注与古文献有关的信息，努力把握采集机遇，寻求学校支持，争取不断购入精选的有价值、有特色的古文献。同时，与受赠与合作办公室密切协作，动员校内外更多的藏家、专家捐赠或售予家藏古文献，多渠道扩大馆藏古文献的增量、提高馆藏古文献的质量。

2.3 严守规章制度，精心守护

古籍属于可移动文物，是学校乃至国家的重要文化遗产和文化资产，必须精心守护，防火、防水、防盗，确保安全。古籍资源服务中心综合采取各种安全措施，以职责重于泰山，处事如履薄冰的态度，全方位保证古文献安全。

安全保障从根本上来自规章制度严、贯彻执行严。古籍资源服务中心及时总结工作中发现的问题，不断查漏补缺，修订、完善规章制度，并严格贯彻落实。为了加强对古籍书库的管理，古籍资源服务中心在以往书库管理实践的基础上进一步完善管理规范，于 2019 年 12 月制定了《古籍书库管理规定》，对书库的文献存藏、人员出入库、藏书出入库、书库钥匙管理、应急方法等方面都作了不同级别的安保规定。为守护馆藏古文献中的精华，古籍资源服务中心将善本尽可能集中收藏，并对宋元古文献开辟专室保藏,于 2023 年 6 月制定了《宋元珍本库管理办法》,严格落实专人专管责任制,对馆藏珍品加以精心守护。

依据各项规章制度,古籍资源服务中心持续对馆员进行环境安全、文献安全、数据安全等方面的教育,让安全意识入脑入心。书库严格执行双人掌钥、双人巡库、双人取还书等规定,切实做到凡有古文献的地方,必有两人以上互相监督,从制度上、流程上坚决杜绝监守自盗。馆员每日对书库设备及相关资产进行巡查,记录书库温湿度,根据温湿度变化进行必要的除湿、加湿操作,认真检查设备漏水、渗水等情况,对关灯、关水、锁门等安全保障动作形成肌肉记忆、职业习惯。雨季之前加强巡查,做好预案,备好防汛工具,争取有问题早发现、早抢修;遇到恶劣天气或全校停电检修等特殊情况,中心高度警惕,负责人和骨干带头牺牲休息时间,加大到馆巡查的频次和细度。

为保证古文献的出入库安全,古籍资源服务中心不断加强交接管理制度。在古文献借阅环节,书库人员逐一核查古文献书品情况,并与阅览人员进行详细登记和交接。书库人员还不断完善卷叶单填写规则,确定填写模板,对古文献基本信息、繁简体、异体字、原缺函册、外观尺寸、板框尺寸、浮条浮签、夹页、书品、书背、拍数等项目的著录制定细则,确保古文献在书库人员与数字化、校对、修复人员之间安全顺利交接的同时,得到精心保护。

此外,古籍资源服务中心于 2018 年重新设计了《古籍复制申请表》《读者收费登记表》等,进一步规范对古文献复制流程和相关记录的管理,之后还多次修订《北京大学图书馆古文献阅览室读者须知》《关于读者复制古文献的规定》等规章制度,并要求馆员严格执行,使古籍在文献户借阅和复制过程中的安全得到保证。

古籍馆自 2018 年启用以来,已装备高密度的监控、报警设备,同时选用资质过硬、业务可靠的物业公司,并要求物业公司遴选责任心强、身心健康、情绪稳定的人员上岗,中心反复向物业人员强调防火、防水、防盗的重要性,定期对物业人员的安全意识、服务质量等进行评估,以此提高古籍馆的安全保障力度。

2.4 应需改良服务,与时俱进

古籍资源服务中心始终秉持因需、因时、因势不断改进服务的原则,及时根据用户呼声完善规章制度、优化服务措施、拓展服务项目,与时俱进地提供令用户满意的优质服务。

2018 年 9 月新的古籍馆开馆以后,根据长期对用户需求的了解,为解决用户到馆后因古籍脆化、霉变或破损等情况无法取阅的情况,古籍资源服务中心首先细化了校外用户的预约阅览制度,按照书况、阅览室座位、服务能力等因素,有序分配校外用户到馆时间及每日到馆名额,提前核查预约古籍的状况,预先告知是否可阅览、到馆阅览的流程及手续,解答校外用户咨询的各种问题,确保校外用户每次到馆都达到目标、满足所愿、满载而归。

2021年,为响应北京大学"我为师生办实事"的号召,9月15日起,古籍资源服务中心又新增"校内读者古文献预约服务"。线装书提供"现场提取阅读"与"预约提取阅读"两种模式,拓片全部实行预约服务。馆员提前核查书品,及时安排修复与数字化加工,减少了用户到馆等待时间。

除此之外,近年来我馆秉持"用户导向,服务至上"基本理念,积极探索古文献资源的特色化利用和服务方式,以满足用户的各项需求。用户日常借阅中,如遇书品不良不可借阅,中心阅览人员会进一步与用户沟通,了解用户的文献需求,或建议更换版本,或尽快安排数字化,或优先安排修复,同时主动留下用户联系方式,第一时间向用户反馈文献可阅情况。特别针对一些浮条多、虫蛀、破损、脆化严重等不适宜出借的古籍,以及一些阅读量较大的书籍,安排修复的同时采取优先数字化的方式,以数字化阅读代替纸质文献阅读,提高用户的满意度。

在改良服务的同时,图书馆也不断加强管理与服务系统的建设。自2019年3月19日开始,古文献阅览室启用"古籍图书馆读者服务平台",用户出入室可使用校园卡刷卡验证,实现了用户数量的自动统计。2020年3月至5月,根据新冠疫情防控需要,基于"古籍图书馆用户服务平台",进一步开发建设"读者在线座位预约系统",在保障隔位就座的同时又充分利用空间。2021年5月,为解决校外用户临时阅览证无法刷卡的问题,图书馆在"古籍图书馆读者服务平台"上进一步开发"校外读者"录入页面,通过输入校外用户身份证等信息,实现校外用户系统的登录管理。

目前图书馆正在紧锣密鼓地开发古文献管理与服务系统,该系统基于古籍资源服务中心现有的工作流程和服务流程研发,届时将大大提高工作效率,实现工作日志的全记录及工作数据的自动化实时统计。对已数字化的古文献,将制定开放获取政策,分层级、分阶段发布于服务界面,更好地满足用户需求。

2.5 加强整理研究,续出成果

图书馆的核心职责之一是文献整序。不经序化的文献无法被用户精准发现,无法被馆员准确取还。对古文献而言,整序通常包括三个层次:清点、编目、研究。研究是整序的高级阶段,包括出版目录、图录、书志、影印汇编、论文、专著等。古籍资源服务中心注重兼顾整序各个环节的工作,既保证基础整序工作有力推进,又争取研究成果续有新作、专家队伍代有新人。

1. 文献清点新旧兼顾

古籍资源服务中心五年来共清点、接受新入库书、名家赠书超过24,112种、164,892册,另有书画882幅。对已经编目的古文献,持续开展精确清点,完成李盛铎"木犀轩"藏书的清点,纠正了400多条错误的著录信息。

馆藏古文献中尚有10万件左右未曾编目,2022年8月31日,古籍资源服务中心正式启动未编书的清点工作。目前已清点出部分明刻善本,以及胡适、陈独秀、向达、萧一山等名家的部分专藏。

2. 汉籍编目逐项完成

在汉文古籍编目方面，中心近五年分阶段完成了多项任务。例如：对12种大部头古籍丛书作了编目，并厘清了宿白赠书、俞大维赠书、陈庆华旧藏、王星贤赠书等。完成珍本古籍258种、1,063册的编目，包括元版书4种、9册，明版书248种、1,029册，清版书6种、25册。对邓广铭先生赠书353种、6,458册进行编目，其中善本有55种、507册。

2022年11月份开始，古籍资源服务中心集中编目力量对汤一介先生赠书进行编目，共计有596种、3,689册，其中善本64种、409册，为馆藏增加新品种116种、265册。

另外从邓广铭赠书编目工作开始，中心对名家捐赠图书已恢复手工书写函套书名的传统，既体现古籍资源服务中心对捐赠古籍的重视，又能培养馆员对传统文化技能的全面掌握。

2022年5月份，中心结合中文系刘玉才教授"东亚文化专题研究"课程，设计了《东亚汉籍信息调查表》和《东亚汉籍信息著录规范》，指导学生对课程涉及的馆藏东亚汉籍进行全面调研和著录，目前已经完成154部、1,398册的二次编目工作。

3. 民文古籍编目取得进展

少数民族文字古籍，简称"民文古籍"，其编目工作五年来取得较大进展。

满文古籍方面，古籍资源服务中心对已编目满文古籍进行了清点，对著录不准确的满文古籍200余种进行了二次编目，通过此次摸底调查，发现北大图书馆满文古籍藏量在全国的排名，不是原来认为的第14位，而是第2位。据目前所知，馆藏满文古籍至少有1,200余部、10,000余册，已编目的占三分之二。内容以汉文经典（如四书五经、正史、佛经、文学名著等）的译作为多，其次就是满汉对照的辞典和典章制度类文献。满、蒙、汉文字三合一的古籍约有数十种、数百册，绝大多数为辞典。古籍资源服务中心现已编制了满文、蒙文、藏文和其他文种共4类少数民族文字古籍的馆藏简目，为少数民族文字古籍的整理与研究工作打下了坚实基础。藏文古籍方面，中心已完成藏文古籍的初步整理与筛选。2021为筹划小型珍贵藏文古籍展，在前期整理完成的馆藏藏文古籍简目基础上，对馆藏150余部藏文古籍进行了逐一查阅，从中遴选出25种精品。后邀请外国语学院的藏文专家萨尔吉教授进行二次遴选，最后选定了7种。这次藏文古籍的筛选为以后的精细编目和整理工作做了前期准备。

4. 指导分馆和资料室的古籍整理工作

古籍资源服务中心还积极参与北京大学文献保障与信息服务发展委员会的相关工作。参照《北京大学文献保障与信息服务体系管理办法》，中心五年来完成了多项工作，为全校文献保障与信息服务体系的建设与发展作出了贡献。诸如：为历史系资料室的1万余册古籍进行整理、简编、装箱，将其搬运至未编书库保存。

审校儒藏分馆收藏的线装书109种、896册,审校汤一介先生藏书室线装书11种、30册,完成汤一介先生藏书室未编线装书9种、35册的审校和编目,共计129种、961册。扫描上传线装书书影326张。审校汉学基地分馆古籍287种、528函、3,454册,另有430页和1个卷轴,扫描上传书影649幅,完成工作交接单69单。完成中古史分馆和外国语学院分馆的古籍调研。为中国语言文学系分馆、哲学系分馆提供编目咨询和帮助。古籍资源服务中心还应北京大学第一医院图书馆的邀请,派馆员前往考察其古籍存藏条件,详细解答了关于古籍装具、消防与安防设备安装、借展等问题的咨询。

5. 完成《大仓文库粹编》的编纂出版

五年来,古籍资源服务中心致力于两大古籍整理项目,一是"大仓文库粹编",二是"北京大学图书馆藏未刊珍本"。

为深度开发大仓文库,北大图书馆与北京大学出版社通力协作,经过数年努力,于2020年6月出版了《大仓文库粹编》(以下简称《粹编》)。此书按照"未经影印出版的珍贵版本;有重要批校题跋的版本;相似内容已经出版,但大仓文库版本系统或分卷有异的版本"的原则,从大仓文库931种古籍中严审细选出具有代表性的典籍131种、1,338册,共计85,407拍。《粹编》从各个侧面展现大仓文库典藏的价值、特点与面貌,为学界提供了稀见的古籍版本,大大推动了多方面的学术研究。

大仓文库的回归继踵前贤杨守敬等人的汉籍回归事业,《粹编》的出版则是借助现代技术手段,在《留真谱》《古逸丛书》的基础上更进一步,将大仓珍善本以最接近原书的方式呈现给用户。

《粹编》规模宏大、编排科学、内容珍贵丰富,是北大图书馆与北京大学出版社密切合作产出的一部能够代表北京大学资源实力、出版能力和学术水平的重要成果,不但对人文社会科学具有重要参考价值,对于自然科学吸收中国古代科技养分也有积极作用。该书汇聚了大量图书馆员、编辑人员的学术性劳动,在编目、选目、分类、解题、数字化、发凡起例、编辑出版流程等方面进行了学术性探索、实践性创新,对科研与教学和传统文化的创造性转化、创新性发展具有重要意义。

6. 抓紧馆藏未刊珍本的整理研究

《粹编》出版后,古籍资源服务中心随即将整理工作的重点转移到馆藏未刊珍本的梳理。目录遴选之初,中心馆员赴国家图书馆出版社调研该社研发的查重系统。之后数月,通过该查重系统,对馆藏未刊古籍进行多角度、多轮次的查重。对该查重系统未覆盖的丛书范围,到书库搜集、补充子目信息。最终确定1,394种古籍可纳入"北京大学图书馆藏未刊珍本",并对目录进行了初步整理和分类。

2020年初,中心以"北京大学图书馆藏未刊明代稿抄本整理与研究"为题,申报国家社科基金重点项目,并于九月份成功立项。在最终确定的未刊珍本目录的基础上,通过进一步分析和整理,确定了提要撰写的基本体例和总体分工。古籍资源服务中心计划以馆藏未刊明代稿抄本的整理与研究为突破口,逐步完成全部馆藏未刊珍本的整理与研究,将来出版《北京大学图书馆藏未刊珍本》影印丛书及研究丛书。

7.《北京大学图书馆藏历代墓志拓片目录》(续编)等著作的编纂并行推进

古籍资源服务中心同时推进的还有其他出版项目。例如：在 2013 年上海古籍出版社出版《北京大学图书馆藏历代墓志拓片目录》之后,拓片组不断续编 2014—2022 年新入藏的品种,目前已基本完稿,按照前编 16 开的版式排版,约有 400 页。此书已列入《2021 年国家古籍工作规划重点出版项目(第一批)》,计划于 2024 年由北京大学出版社出版。

2014 年,图书馆与中华书局签订合同,编纂《北京大学图书馆藏舆图汇刊》《新编古本戏曲丛刊(北京大学图书馆卷)》,2016 年又合作编纂出版《北京大学图书馆藏程氏玉霜簃藏曲全集》,皆在进行中。

古籍资源服务中心承担的整理研究任务还有为《中华再造善本》二期选书,为民国线装书项目开展目录筛选、查重、整理及书影扫描等工作。

8. 助力盛世修典

盛世必然修典。近些年,为传承和弘扬优秀传统文化,实现中华优秀传统文化的创造性转化、创新性发展,推动马克思主义基本原理与中华优秀传统文化相结合,塑造与中国式现代化进程相协调的中国现代文明,各流域文化带、各省纷纷编纂本流域、本省的文献大典,对北大图书馆独家收藏的古文献的需求日益增加。为助力盛世修典,激活馆藏古文献的当代价值,提高馆藏古文献的利用率,古籍资源服务中心在保护古文献的前提下,积极支持了《儒藏》《中华医藏》《广东大典》《江苏文库》《八闽文库》等各地大型丛书的编纂工作。

2.6 数字化拉满速,日有所增

古籍数字化广受用户期待,国家高度重视,乃大势所趋。在数字孪生时代,数字资源和纸质资源是文献资源建设的一体两面,不可偏废。

古籍资源服务中心的数字资源建设包括三个层次,第一个层次是扫描,属于初级数字化;第二个层次是建设专题数据库,让部分数字化的文献方便地为用户所用;第三个层次是建设综合服务平台,线上发布所有数字化资源。

图书馆领导高度重视古籍的数字化工作,责成古籍资源服务中心提供办公场地,由数据服务中心配置设备,长期派驻 3 名常规扫描人员和 1 名大画幅扫描师兼修图师,在古籍资源服务中心开展古文献的数字化工作。数字化后的审校工作,则由古籍资源服务中心的馆员负责,以对数字化的质量进行验收。

拓片数字化工作五年来也稳步推进,扫描拓片 7,000 余种,发布图像 39,800 余幅。目前,北大图书馆累计发布拓片数字化图像近 82,000 幅,是已知全世界发布拓片图像最多的收藏机构。

五年来,古文献的数字化工作在现有人员和设备的基础上满速运行,完成了用户用书以及《粹编》等大量出版项目所用底本的扫描，为将来古籍管理与服务系统上线后数字化古文献的有序发布奠定了基础。

此外，为方便用户检索利用，图书馆与出版社合作，正在通过数字化建设两个数据库。

一个是大仓文库数据库。这是与北京大学出版社合作出版《粹编》的配套产品。收入该数据库的文献于 2019 年 5 月 22 日开始扫描，总共 774 种、24,342 册、58 张拓片，合计 381 万拍。截至 2023 年 4 月上旬，扫描工作已基本完成，仅余 38 册破损严重的需修复后才能扫描。数据库检索利用平台的开发，与文献扫描同步进行。出版社已于 2023 年 4 月中旬派遣摄影师到古籍资源服务中心拍摄了素材，为数据库的上线宣传做准备。

另一个是舆图数据库。北大图书馆收藏舆图 1,000 种以上，品种丰富，包括府州县舆图、河流水利图、海防边防图、道路里程图、名胜古迹图等；语种多样，不仅有中文舆图，也有英文、法文、德文舆图；绘法各异，有形象法、计里画方法、投影测绘法等。2002 年清史编纂工程启动后，北大图书馆参与了"国家清史图像数据库·北京大学图书馆藏古文献中清代历史图像的数字化整理"工程，参加了清史编纂的《图录丛刊》部分，提交了 113 种清代彩色手绘地图数据，于 2008 年由中国人民大学出版社出版了《皇舆遐览：北京大学图书馆藏清代彩绘地图》。

2014 年，图书馆与中华书局合作开展"北京大学图书馆藏舆图汇编"出版项目，整理出 1949 年以前的舆图 652 种，含绘本 174 种、刻本 72 种，还有拓本和各种印本，珍稀者居多，版本价值很高。中华书局筛选掉其中 85 种，保留 567 种，已报送相关部门审查，计划出版纸质书。电子版由图书馆与北京大学大数据科学研究中心合作开发，准备基于数字人文技术推出舆图数据库。舆图的数字化工作已经完成，因为多数舆图尺幅很大，一次只能扫描一部分，拼图工作仍在进行。

两个数据库建成后，将与图书馆以前牵头开发的联合目录数据库"学苑汲古"、馆内古文献阅览数据库"祕籍琳琅"构成更宏大的数字化服务平台矩阵，更好地满足用户多样化的教学与科研需求。

2023 年，图书馆开始紧锣密鼓地开发古文献管理与服务系统，这是集成管理、工作、发布、服务的大型平台，是北京大学交融式图书馆的一部分。该系统上线后，把古文献服务推进到一个崭新层次，每天数字化的古文献将源源不断地注入这个超级文库，成为极大便利师生教学与科研的学术渊薮。

2.7　仪器手艺双修，科学保护

馆藏古文献经历岁月沧桑，亟待修复、保护的数量众多。2017 年，在新的古籍馆落成之际，古籍资源服务中心设立古籍保护实验室，于 2019 年初正式运行，致力于推进传统修复技艺向科学化和规范化发展。实验室总面积约 150 平方米，下设 5 个实验室，分别是化学实验室、精密仪器实验室、物理性能实验室、模拟老化实验室和预防性保护实验室,拥有各类型的仪器和设备 30 余台,包括化学实验室常用仪器,如天平、pH 计、粘度计等;精密仪器,如傅里叶变换红外光谱仪、显微镜红外光谱仪、光学显微镜和体视显微镜等;纸张物理参数检测仪器,如撕裂度仪、耐折度仪、零距抗张强度仪、卧式电脑拉力仪、厚度仪和色度仪等;人工加速老化试验设备,如湿热老化箱、紫外老化箱和氙灯试验箱等;预防性保护设备,如空气质量检测系统、臭氧分析仪、氡气检测仪等。实验室目前共有 3 名专业研究人员,分别具有化学专业和文物保护专业背景。实验室设备和人员配置在全国高校图书馆中都处于领先地位,是全国高校中首个与馆藏古文献保护业务紧密结合,为修复业务提供科学支撑的研究型实验室。

古籍保护实验室建成以来,积极开展古籍纸张科学分析和基础研究工作,探索科学实验数据在传统古籍修复中的应用,推动古籍保护业务现代化转型;日常管理也日趋规范,规章制度不断完善,为古籍保护业务的高效、有序开展提供有力保障。实验室近年来致力于研究古代纸张,已在古纸纤维分析等方面得到一些科研成果,目标之一是建设"古纸基因图谱数据库"。

北大图书馆的古籍修复工作大致始于 20 世纪 60 年代,最初隶属于装订室,主要开展基础性的古籍装帧修补,90 年代古籍修复归并入古籍部,成为一项专门工作。由于人员编制所限,长期以来仅有 1～2 名专职修复人员。考虑到庞大的馆藏古籍修复需求,2007 年北大图书馆开始尝试与有资质的修复公司合作,在本馆专业修复人员的指导和管理下,主要对用户阅览过程中发现的破损古籍进行修复,此外还开展了对程砚秋"玉霜簃藏曲"本、名人手札、"大仓文库"等珍贵馆藏中部分文献的修复。

为了培养和造就一支品德高尚、业务精良、素质过硬、稳定可靠、规模适度、结构合理的古籍修复人才队伍,2021 年初北大图书馆着手增聘修复人员,现有专职修复人员 7 人,每个修复师皆经过精挑细选,既是"全科医生",能够独立完成一部书各个方面的修复,又是"专科医生",各擅胜场,分别在古籍、拓片、舆图、书画、西式书籍等不同载体的修复方面具备专业技术特长,基本可以保障不同类型古文献的修复需求。新的修复队伍组建后,配套制定了安全管理办法、业务工作流程、修复技术方法等规章制度,确保修复工作安全、规范地开展。

根据古籍破损状况、利用紧急程度等具体情况,修复人员探索出原位修复、部分拆解修复等多种修复方式,既符合最小干预的科学修复理念,有效保护了古文献,又提高了修复速度,为用户阅览和数字化等业务提供有力支撑。

此外,根据需求的急缓,开创了分级修复模式。针对用户阅览、数字加工等场景经常遇到大量轻微破损古籍的情况,自 2019 年起开展现场应急修复,经过几年探索和实践,现已成为一项常态化工作,即通过轮岗的方式,每天派一名修复人员在古籍书库与阅览室之间的交接房间,针对订线残断、书皮残损、书叶破损、题签包角残破等轻微破损古籍开展修复,古籍修复现场如图 1.20 所示,古籍保护实验室如图 1.21 所示。以 2022 年为例,全年应急修复古籍 2,200 余册,有效提升了用户满意度,为数字加工等业务消除了障碍。

图 1.20 古籍修复师正在工作

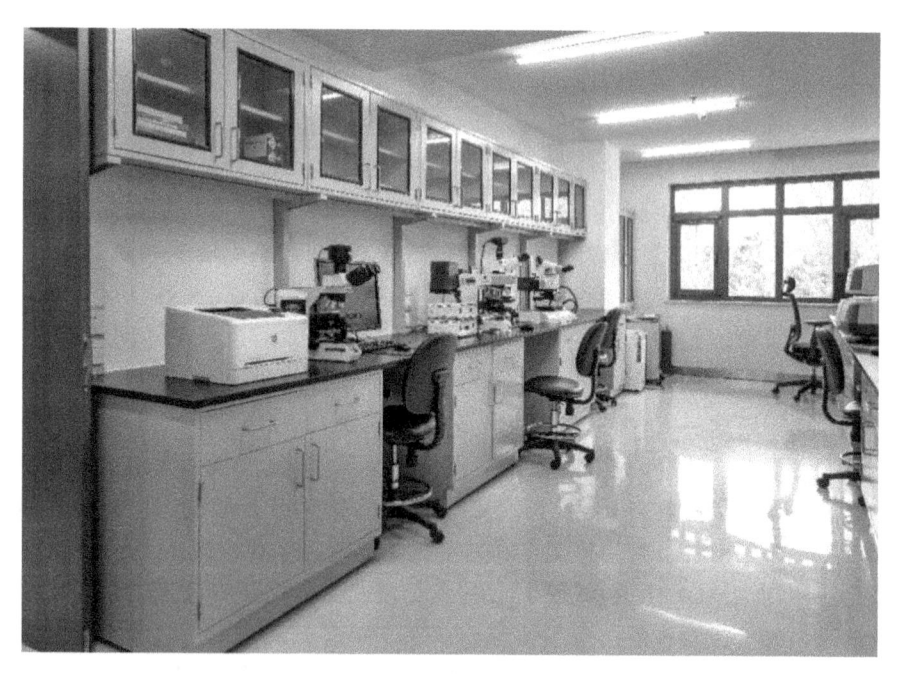

图 1.21 古籍保护实验室一角

如果说,修复人员可以称作"典籍医生",那么现场应急修复可称作"急诊科",修复室里按计划开展的有序修复,则可称作"住院部"。

北大图书馆的古籍保护工作将始终坚持科学实验与手工修复紧密结合的业务模式,将科学分析与研究贯穿于修复工作的全流程,推动古籍保护事业科学发展。将始终坚持以用户为中心,进一步夯实修复工作,从修复技艺、业务流程等方面对修复业务加以完善和规范,形成更全面、多层次的古籍修复体系,推动古籍保护工作体系化发展。

第三节 特色文献资源服务

邹新明 张丽静 栾伟平 程援探

特藏资源服务中心的前身是 2005 年成立的特藏部,2017 年更名为特色资源中心,2019 年更为现名。《2019 年图书馆组织机构调整方案及中心正副主任岗位聘任方案》明确中心的主要职责为:"多渠道采访、高标准揭示、多形式组织、严要求典藏和大力度保护各类特色文献,逐步完善特藏文献资源管理及其展阅和使用服务体系,为学校双一流建设和特色文化传承创新提供有力的支撑及保障。"《行动纲领》中,关于特色文献资源服务工作,既有"珍爱北京大学图书馆深厚的文化底蕴,深入揭示、组织、利用、传承人类知识和世界文明"的宏观目标,又有将"特色与古籍资源深度采访整理出版"作为重点实施任务的具体要求。特藏资源服务中心根据上述职责要求,认真学习领会"行动纲领",团结一心,努力工作,积极探索,在特藏文献的采访发掘、特藏服务布局、整理研究与数字化、展陈推介、基础服务以及融入教学与科研等方面取得了可喜的成绩。

3.1 得天独厚,传承开新——特藏文献来源与采访发掘

北大图书馆经过一百余年的收集和积累,馆藏资源丰富,其中特藏文献种类繁多,得天独厚,颇具规模。为更好地整理和发掘特藏文献,发挥相关优势,为教学与科研提供更好的服务,北大图书馆于 2005 年成立了特藏部,即现在特藏资源服务中心(以下简称特藏中心)的前身。

北大图书馆特藏中心现有特藏文献资源的来源主要有四个方面:① 特藏部成立以来的馆藏调拨;② 特藏文献的捐赠;③ 特藏文献的发掘;④ 新出版特藏文献的采访。

2005 年特藏部成立时,从其他部门调拨的特藏主要包括:西文东方学、"台湾"文献、美国文献、北大文库(北大人著作专藏)、中德学会旧藏、中法大学旧藏、革命文献、胡适藏书、方志彤赠书、季羡林赠书、侯仁之赠书以及其他少量名人赠书。此后又陆续调拨了西文善本、学位论文、晚清民国报刊等特藏文献。

2005—2017年，特藏部接受的主要捐赠包括：段宝林赠书、张芝联赠书、侯思孟赠书、钱端升赠书、宿白赠书、赵宝煦赠书、黄华赠书等。其间特藏部还组织清理了在图书馆防空洞里堆积30年之久的各种文献，以及从红三楼顶搬到理科楼群地下的书刊文献，发现了不少珍贵特藏文献。

2018—2022年的五年内，特藏中心在图书馆的统筹协调下，继续发展特藏文献收藏，在特藏文献捐赠接受和发掘方面都取得了进一步的成绩。

五年来，特藏中心积极争取和接受的捐赠主要包括：梁漱溟家属多次捐赠的梁漱溟新版著作；侯仁之的女儿多次整理捐赠的侯仁之藏书；宿白之女新捐赠的宿白第二批赠书；黄楠森子女捐赠的部分黄楠森藏书；法语系孟华教授捐赠的法文刊等；西语系校友著名学者柳鸣九赠书；傅泾波子女捐赠的司徒雷登相关文献；燕大校友李亦赠书；泰康人寿捐赠的司徒雷登文献248件；国发院杨壮老师捐赠"文革"小报1,153份；德国知名古典学家梅塔赠书2,000余册；杜维明赠书1万余册；燕大校友会捐赠燕大校史资料153册，燕大校友会照片集9册。值得一提的是，中心还积极联系接受了燕大校友会100万基金的捐赠，积极参与顾颉刚手稿捐赠的相关工作，后者于2023年3月由中心组织接受入藏，成为本馆迄今为止收藏的最为丰富珍贵的学者个人学术文献档案专藏，在高校图书馆的相关收藏中罕有匹敌。

在接受捐赠过程中，特藏中心始终重视与捐赠者的沟通和联系以及前期调查，捐赠接受过程中的文献保护和安全保障，并及时加以整理揭示。如泰康人寿捐赠的司徒雷登文献，中心不仅安全顺利完成捐赠接受，而且组织进行了初步整理，精心准备了"书翰留余韵　纸间现风云——泰康人寿捐赠司徒雷登文献展"；2023年3月，特藏中心精心准备并圆满接受顾颉刚手稿档案捐赠，克服时间紧迫等困难，于5月8日成功举办"纪念顾颉刚先生诞辰130周年暨顾颉刚先生手稿捐赠展"。两个展览都受到各界好评。

北大图书馆在发展过程中积累了丰富的馆藏资源，特藏中心以外的文献还有很多需要重新发现和重估价值。在争取捐赠的同时，中心还加强了对馆藏珍贵特藏资源的发掘，主要包括：

2018年，根据《北京大学日刊》线索，从特藏中心晚清民国报刊库和昌平储存馆查找到李大钊当年捐赠北大图书馆的日文期刊56册；2019年，根据《国立北京大学图书馆西文图书登录簿（1919—1920）》《北京大学日刊》等线索，找到一批李大钊任图书馆主任期间购买的西文和日文马克思主义相关文献。

2021年，根据图书馆部署，特藏中心大力开展未编旧藏中外文图书挑选整理工作，自5月起，在各中心协助支持下，特藏中心选调14位馆员临时成立"挑书工作小组"，对未编旧藏中外文图书进行"地毯式搜索"，重点发掘革命文献，完成25万册中、西、日、俄文书刊的初步挑选工作，发现革命文献300余册，包括李大钊任图书馆主任期间引进的革命文献，1921—1922年广州人民出版社出版的"马克思全书""列宁全书"和"康明尼斯特丛书"4种。此外还发现一批名人手稿、签名本，西文善本等。

在此基础上,从 2022 年 10 月起,由特藏中心人员负责继续进行未编书挑选送编工作,目前已完成 5,000 余册图书的挑选,收获很大,从中也发现了大量珍贵特藏,其中包括:蔡元培、胡适、司徒雷登、蒋梦麟、刘半农、周一良、冰心等名家签名本;老北大、老燕大学位论文;福克司日记、账本等;近代来华新闻人李治藏书;东方学家钢和泰藏书;1800 年以前西文善本;大量老北大、老燕大图书馆档案;民国时期各院校一览、毕业同学录;《北京大学日刊》合订本原件;《燕京大学校报》合订本原件;讲义若干册等。

此外,中心还在西文善本、名家手稿和签章本、学术名著首版等方面做了一定的整理和发掘工作,有很多新的发现。

五年来,中心还对与现有特藏相关的影印文献的出版信息非常重视,与文献资源服务中心合作,精心挑选推荐购买晚清民国报刊的影印大套丛书。这些新版特藏的采访,既补充了原有特藏,扩大了收藏优势,又对保护原版特藏文献起到积极有效的作用。

新的特藏文献的入藏,不仅使已有各类特藏文献更加丰富完整,而且也增加了一些新的特藏种类,使北大图书馆在特藏文献的收藏方面保持原有优势的同时,增加新的专藏,为特藏未来的发展提供新的关注点,也为高校图书馆特藏文献资源的发展提供了借鉴。新的特藏的接受和发现,也为教学、科研提供了新的研究文献。如 2021 年中心在未编书中发现的钢和泰梵语教材《圆满譬喻经》梵藏汉三语对勘文本笔记手稿,外国语学院陈明院长认为是非常重要的学术史料,并与图书馆签署了合作整理出版协议。

3.2　荟萃精品,精巧布局——特藏文献构成与馆藏布局

特藏中心自 2005 年成立以来,经过十七年的发展,特藏文献种类达 30 余种,总量近百万册件,形成了自己的特色和优势。

北大图书馆的特藏,首先与北京大学的校史和学术史密切相关。北京大学的前身京师大学堂是戊戌变法的产物,在学习西学方面开风气之先;五四运动前后,北京大学成为新文化运动和马克思主义传播的重镇;晚清至民国时期的北京大学在学术上独树一帜,为中国学术的现代转型做出了重要贡献。北京大学的特藏资源有很大一部分与上述北大的校史和学术思想史相关,也与中国近现代思想文化的巨变相关,这是由北京大学和北大图书馆在近现代史上的地位决定的。

1952 年院系调整前后,燕京大学、中德学会、中法大学的馆藏资源并入北大图书馆,其中不乏珍贵的特藏文献,如西文善本、西文东方学专藏等,进一步丰富了北大图书馆原有特藏,增加了新的专藏。

经过多年的搜求和发展,北京大学特藏文献资源已经形成资源雄厚,丰富多样,在同业中独树一帜的自身特点。特藏中心收藏的特藏文献,大致可以分为以下几个大类:

一、晚清、民国文献：清末至民国时期出版的中文图书（不包括线装）、中文报刊、外文报纸（仅包括国内出版）。

二、北大有关特藏：北大人著作专藏、学位论文、名人赠书及手稿，北大校史及馆史档案资料等非书文献，以及革命文献、孑民图书室藏书等。

三、西文特藏：西文善本、次善本，西文东方学，中德学会、中法大学旧藏，中法中心藏书，缩微大型特藏，欧盟文献等。

四、其他特藏：非北大名人赠书、藏书、"文革"小报，以及零散珍贵特藏。

综上，北大图书馆特藏文献资源最突出的特点是与清末至民国时期中国的现代化转型和民族复兴息息相关，是研究北京大学乃至中国近现代思想文化和学术史的丰富宝库。

特藏中心2005年成立后，文献典藏与服务布局，多年来一直是分散于图书馆西区二、三层的几个阅览室和几个相连的南北辅助库。这种布局直到2020年12月东区重启时才发生了根本性变化。

"总馆建筑与空间改造"是图书馆这五年里的重要工作之一；特藏中心搬迁东馆和空间调整优化的工作，也可以说是最近五年特藏中心的一项重点工作。为此特藏中心积极参加图书馆东馆大修小组的有关设计讨论，同时也为搬迁做好如下准备：精心测算现有特藏文献需要的空间和架位；设计新馆名家阅览室、大钊阅览室的家具和布局；规划地下特藏书库空间布局；参加家具调研和招标；调查和调拨补充名家著作和革命文献；计划搬迁进度。2020年12月，经过中心齐心合力加班加点，名家阅览室和大钊阅览室随东馆重启按期开放。此后，中心陆续完成所有特藏文献搬迁和已编文献修改馆藏地址工作。搬迁后，还针对书库漏水、照明不够、地下书库夏季湿度大等问题，及时联系维修或改善。

特藏中心搬迁后新的布局为：东区四层为北大文库，下设名家阅览室和大钊阅览室；地下两层书库为特藏文库，其服务台口设于名家阅览室内西南角的电梯厅外，便于上下取书服务。四层南侧的名家阅览室在收藏原北大文库书刊之外，借助新增的名家展示书柜，重点扩展名家展示阵容，由原来的223人扩展到371人，并且根据学科，分为文、史、哲、政经法外语、自然科学、校长学者六个展示区域，以体现北京大学引领学界、邃密深沉的学术传统。四层北侧是新建的大钊阅览室，集中收藏和展示北大图书馆藏革命文献，汇集革命文献近万册，体现了北京大学在马克思主义传播和中国共产党成立方面的杰出贡献和优良的革命传统。地下两层书库集中了原特藏阅览室、学位论文阅览室、晚清民国报刊阅览室以及所有名人赠书/藏书等其他特藏，由特藏文库一个服务区提供阅览服务。

特藏文献新的布局，增加了特藏文献的展陈空间，突出了文化育人特色；在用户服务和咨询方面也更为方便，"服务至上"的理念更加落到实处。布局调整后，服务台口由原来的六个减少为三个，特藏文献更为集中，在保障文献安全的前提下，提高了服务效率，节省了用户的时间。

3.3 钩玄提要,与时俱进——特藏文献整理研究与数字化

特藏文献的整理研究,既是对特藏文献的深度揭示,也是对教学与科研深度服务的重要保障,同时也是图书馆专业馆员独特价值的体现。特藏文献数字化工作的开展,既为用户提供日常便捷服务,也是对特藏文献保护的一种重要方式,同时助力教学与科研。

有鉴于此,特藏中心在 2018—2022 年精心组织馆员致力于上述两项工作的开展。

1. 特藏文献的整理研究

五年来,特藏中心在整理研究方面取得了不少成绩,在彰显图书馆文化底蕴、提升文化育人能力方面卓有成效。

特藏中心一直遵循北大图书馆"用户导向,服务至上"的宗旨,特藏文献广泛深入地整理和揭示,不仅推动对教学与科研的服务向深度和广度扩展,同时也提高了特藏的"知名度",营造了与北大图书馆地位相称的厚重博大的文化氛围。

(1) 整理研究

特藏中心基于本馆特藏文献的特色,组织梳理特藏文献内容,挖掘特藏文献价值。五年来,特藏中心完成的整理研究工作主要包括:800 余封司徒雷登书信的整理;接受泰康人寿捐赠的司徒雷登文献 200 多件及初步整理;900 余份丁宁宁捐赠资料整理成细目;胡适未刊书信的整理编辑;整理《国立北京大学图书馆西文图书登录簿(1919—1920)》全部目录;初步完成民国报刊中签名本挑选整理;完成"中国记忆项目—中国图书馆界重要人物专题"项目中 90 个口述史文件的编目及 15 万字口述史文字稿的审核;以项目形式完成中国大陆教会期刊汇编著录揭示;民国时期北京大学创办刊物挑选整理;正在进行的馆藏洪业未刊书信的整理研究。

此外,与院系合作开展研究项目,参与国家出版基金资助项目《蔡元培全集新编》的编辑,参与国家社科基金重大项目"胡适年谱新编",并担任子课题负责人,与外国语学院合作整理陈翰笙日记和钢和泰梵语教材《圆满譬喻经》梵藏汉三语对勘文本笔记手稿。

在特藏整理出版方面,五年来特藏中心集中力量进行《北京大学图书馆特藏文献丛刊》第一批收录的特藏文献的整理与出版,组织馆员分工协作,完成《革命文献图录》的撰写,汇集影印 16 册《燕大年刊》和 18 册《北大毕业同学录》,完成胡适未刊书信的整理释读和编写,以及胡适、邓广铭、朱光潜、张岱年、王力、侯仁之等名家手稿的整理影印。

(2) 科研成果

2018—2022 年,特藏中心馆员在圆满完成日常工作和服务的基础上,结合工作实践、教学与科研需求和研究兴趣,做了不少研究性的工作和探索,顺利完成 CASHL 特藏"中国大陆教会期刊汇编的深度揭示与服务"和北大研究"民国时期

北京大学创办刊物整理与研究"两个项目，发表各种学术论文共计27篇，其中核心期刊论文7篇。2021年成功申请到国家社科基金项目"北京大学图书馆藏洪业未刊书信整理与研究"，项目正在组织进行中。特藏中心组织整理出版的《北京大学图书馆特藏文献丛刊》四种已完成所有文字撰写和图片准备，于2023年底出版。

五年来，特藏中心馆员的研究力量得到很大加强，整理研究能力不断提升，已经在近现代文献、名家文献、西文特藏等领域形成自己的特色和优势，影响力也从业界扩展到学界，相关服务也不断扩展深入。

2. 特藏文献数字化工作

五年内，特藏中心根据业务工作规划、借阅服务和科研需求，以及特藏文献的珍稀程度、保存现状，逐步开展特藏文献数字化工作，同时也为业界同行、兄弟院校和校外机构及个人提供数字文献服务，为教学与科研相关文献需求提供了便利。

（1）面向本校教学科研的特藏文献数字化服务

五年来，特藏中心重点完成了《北京大学日刊》及其续刊《北京大学周刊》全部数字化及校对工作，共1万余页。同时根据特藏整理与服务需要，陆续完成百余封司徒雷登书信扫描整理、侯仁之赠书中的题记批注整理和扫描，民国旧报刊签名本扫描，共700余张图片。应整理出版所需，完成1,600余页名家手稿、7,000余页老北大和老燕大同学录、毕业年刊数字化，以及革命文献图录、胡适未刊书信的扫描工作。为支持校内文研院、校史馆、马院等院系展览和科研所需，提供特藏文献数字化。此外，为方便用户研究利用，还对个别特藏文献进行扫描，以及完成特藏展览所需文献的数字化等。

上述特藏数字化工作，或直接服务于教学与科研，或为提升相关特藏文献的服务奠定了坚实的基础。

（2）面向社会的特藏文献数字化服务

北大图书馆特藏文献丰富而具特色，在立足本校教学与科研服务的基础上，特藏中心还为其他院校、单位提供特藏文献数字化服务。如为中国共产党历史展览馆提供革命文献数字化和高仿复制件；为新文化运动馆、中国人民抗日战争纪念馆、故宫博物院、国家博物馆、国家图书馆出版社、江西省方志敏研究会等机构的展览、出版和研究工作查找文献，并提供文献数字化；为河北师范大学、青岛海洋大学、南京师范大学等高校及个人提供数字化特藏文献，为其教学与科研和出版提供支持。

此外，特藏中心还与中国历史研究院图书档案馆签署合作协议，为该馆扫描陈翰笙照片三箱共计3,000多张，并获得这些照片的电子版的保存权。

面向社会的特藏文献数字化服务，扩大了北大图书馆特藏文献的服务面，提升了北大图书馆的社会影响力。

3.4 漫润文化，彰显底蕴——特藏文献展陈推介

在北大图书馆的各种文献中，特藏文献属于"小众"文献，加之多采取闭架借阅

的方式,用户不易了解,因此需要对特藏文献作广泛深入的揭示,以提高特藏的知名度,让更多用户了解和利用特藏文献,营造与北大图书馆相称的厚重与博大的文化氛围。

举办与特藏文献有关的展览,不仅可以宣传推介特藏文献,而且可以针对某个主题进行文化宣传和思想教育,活跃校园生活,丰富校园文化,彰显图书馆深厚的文化底蕴,提升图书馆的文化品位,为文化育人提供内容丰富、形式活跃的第二课堂。

五年来,特藏中心坚持每年举办一到两次展览。

2018年,特藏中心先后举办了两个展览:

其一,2018年4月30日开展的"铁肩担道义 妙手著文章——李大钊出任北京大学图书馆主任100周年纪念展"。展览分五部分:第一部分:致力于北大图书馆的现代化转型;第二部分:积极参与北大的教学、管理与改革;第三部分:投身新文化运动和五四运动;第四部分:传播马克思主义,创建中国共产党;第五部分:英勇就义,精神永存。展览对于弘扬革命文化,学习大钊精神起到了很好的推动作用。

其二,2018年10月23日开展的"巍巍书城 百廿书香——北京大学图书馆建馆一百二十周年纪念展"。展览从机构沿革、历史上的馆长、馆舍变迁、资源建设、用户服务、学术研究、影响贡献、各界支持方面,回顾了北大图书馆的历史沿革,对百廿光辉历史进行了回顾与总结,对未来的壮丽前景进行了展望。

2019年,特藏中心举办了两个展览:

其一,2019年4月23日开展的"纪念五四运动一百周年文献图片展"。展览从五四运动爆发的背景、五四运动的爆发、事件的发展及各界响应、五四运动爆发后新文化运动的深入发展,五四运动与中国共产党的成立等方面重温历史,回顾百年,激励青年学子。

其二,2019年10月26日举办的"不忘初心、牢记使命——纪念李大钊先生诞辰130周年文献展"。特藏中心在对馆藏文献的挖掘整理中,发现了李大钊任图书馆主任期间的《国立北京大学图书馆西文图书登录簿(1919—1920)》,以此为线索,找到了李大钊先生引进的马克思主义及其他进步文献。本次展览即以新发现的这批文献为主,缅怀李大钊同志为马克思主义传播和中国共产党成立作出的卓越贡献。

2020年12月1日,北大图书馆东楼重启,古籍中心与特藏中心合作举办了"北京大学图书馆藏珍稀文献展"。特藏中心挑选40余件文献参加馆藏文献精华展,包括革命文献、名家珍藏、西文珍本等。展品有"亢慕义斋藏书"、洪业"六君子歌"手稿、北大图书馆现存最早的西文善本——古希腊文《几何原本》等。展览之后,特藏中心又与古籍中心合作出版《北京大学图书馆藏珍稀文献展图录》。珍稀文献的展出,彰显了北大图书馆博大精深的文化内涵和源远流长的文化传承。

2021年共举办两个展览：

其一，泰康人寿捐赠司徒雷登文献展。

2021年4月29日，特藏中心接受泰康人寿捐赠的司徒雷登文献248件，做了初步的整理，之后开始挑选展览文献和准备图片文字。10月12—22日，"泰康人寿捐赠司徒雷登文献展"在南配楼举行，多名燕京大学校友及校内外用户前来参观，展览受到好评。展览既是对捐赠人的感谢，也是对相关文献的深度揭示。

其二，策划举办"百年前北京大学学术纪念展"之1921年篇。

"百年前北京大学学术纪念展"是特藏中心精心设计打造的展览品牌。1921年篇为本系列纪念展的开篇，特藏中心组织馆员查阅《北京大学日刊》，民国时期报刊原件和数据库，蔡元培、胡适、钱玄同、顾颉刚等学者当年的日记等资料，整理出展览资料信息22,000多字，1921年北京大学学术大事记1万多字。在此基础上起草展览大纲，精心准备展品。展览准备的过程，是对百年前北京大学学术深入了解、提炼和总结的过程，也是对相关特藏文献深入阅读发掘的过程。

展览于2021年11月29日正式与用户见面，并在图书馆和学校主页做了相应宣传。郝平等校领导、本馆各支部等参观展览，北京大学宣传部专门根据展览资料制作了"回到100年前的北大……"推文，取得了较好的效果。

2022年，特藏中心准备了"百年前北京大学学术纪念展"之1922篇。

1922年北京大学学术有关资料较1921年更为丰富多彩，需要下更大的精力准备。为此特藏资源服务中心组织馆员做了大量的文献整理、摘录工作，并在此基础上进行总结和提炼，撰写展览大纲，准备展览图片和展品。该展览内容丰富翔实，许多内容为初次披露。由于新冠疫情，展览于2022年12月底在线上进行，2023年3月举办线下展览。

五年来，特藏中心举办的展览中既有百廿馆史的提炼回顾，也有百年前北京大学学术的深入探微；既有特藏精华的琳琅展示，也有革命先烈的深情纪念。这些展览不仅营造了高雅、厚重的文化氛围，而且对相关特藏文献做了比较好的宣传、介绍，有利于师生深入了解特藏文献，并在教学与科研中加以利用。特藏展览将特藏文献与当下文化热点和纪念活动等相结合，持之以恒，不仅在校园内影响深远，且在社会上产生了广泛的影响；不仅是本馆文化育人的招牌和亮点，也是高校图书馆界的先行和典范。

此外，中心还于2020年和2021年两次举办线上手稿辨识小游戏，并对相关辨识手稿进行了深度解读，既推介了特藏珍贵手稿，又提高了用户辨识手稿的兴趣，活跃了校园生活。

3.5　专业个性，精准到位——特藏文献基础服务

特藏文献资源是图书馆开展特色服务、支撑学校人才培养和特色学科建设的基础和保障。特藏中心提供包括阅览服务和常规参考咨询服务在内的关于特藏文

献的基础服务。相对于拥有众多用户的普通馆藏文献而言,特藏文献因其独特性和专门性,拥有特定的用户群体。往往某一类特藏资源仅服务于某一特定学科和某个特定的研究方向。因此,特藏服务也日趋专业化、个性化和学科化。五年来,特藏资源服务中心遵循"用户导向,服务至上"的基本理念,致力于以用户需求为导向,提供精准个性化服务。

针对特藏文献用户个性化和专业性较强,而需求相对较少的特点,特藏中心各阅览室积极优化服务,想方设法满足用户的需求,提供更个性化、更深入的服务。这方面的举措包括:搬迁前,用户在北大文库阅览的文献,可以在中午关闭时借至仍在开放的特藏阅览室阅览;搬至东馆后,在名家阅览室关闭后,用户可以将该室文献借至仍在开放的大钊阅览室继续阅览;在院系或教师个人科研急需时,在文献品相较好,需求较少的情况下,可以短期外借;用户有研究需求,想详细了解某一类特藏,可在不违反相关规定的情况下,由馆员陪同入库浏览在架文献;特藏中心馆员主动为用户推荐相关文献,提供相关电子资源线索和其他馆藏信息,对于用户的珍贵特藏需求也尽量满足;部分不能提供纸本服务的特藏,如西文善本,为用户扫描提供部分电子版,或帮助查找全文电子版或数据库相关电子版等。此类举措得到了用户的肯定。

特藏中心的特藏文献基础服务以2020年12月搬迁至东区为时间点,分为两个时期。

1. 特藏中心搬迁之前(2018年1月—2020年11月)

(1) 阅览服务

2018年,特藏各阅览室共接待阅览用户63,752人次,较2017年增加近51%,其原因主要是新馆大修开始后,用户自习空间紧张。特藏中心各阅览室在满足用户阅览本室文献的基础上,尽量照顾用户自习需求。同时,对于用户的有关意见和需求,在不违反原则、规定的情况下,灵活处理,尽量满足。

2019年,特藏各阅览室共接待阅览用户53,321人次,较上年有所减少,究其原因,主要与图书馆其他阅览室增加自习和阅览座位,本中心阅览室自习压力相对减少有关,另外,也与购买和自建数据库逐年增多,用户更多利用电子资源有关。

2020年,受新冠疫情影响,特藏中心各阅览室共接待阅览读者16,762人次。

(2) 参考咨询服务

2018年,特藏各阅览室共提供用户咨询8,631人次。主要内容包括:① 主动为用户检索,提供特藏有关电子资源,包括民国旧报刊数据库、读秀、Google Books等资源。② 热情解答用户关于非本中心资源的查找等问题。③ 为老北大、老燕大校友家属查找相关资料和学位论文等。

2019年,特藏中心共解答用户咨询9,848人次。主要内容包括:① 主动为用户检索并提供与特藏有关的数据库电子资源,既方便用户,又保护了原始文献。② 为北师大附中等单位查找有关民国期刊原版及电子资源情况。③ 为校外用户提供关于胡适、傅斯年等研究资料的咨询和服务。

2020年，特藏中心共解答用户咨询3,044人次。比较重要的有：① 为教育学院和历史学系等院系老师提供文献检索等咨询，并为教育学院40周年院庆提供文献支持。② 为中国人民抗日战争纪念馆、故宫博物院、国家博物馆、文研院、新文化运动纪念馆等校内外机构的展览查找文献，并提供文献或图片。值得一提的是，2020年新冠疫情暴发期间，中心积极开展线上咨询，共解答各种咨询近60次，解决了有关机构、个人在特藏文献使用方面的问题。

（3）启用"特藏文献线上服务系统"

为便于用户提交阅览请求，规范特藏文献阅览流程，更好地统计各项用户服务，特藏中心与原信息化与数据中心（现计算服务中心）合作，研发了"特藏文献线上服务系统"和"特色资源中心读者服务平台"。经过试运行阶段的持续调整和改善，2019年年中正式上线并投入使用，效果良好，并且还在持续调整和追加功能中，力求打造可靠且功能完善的特藏文献阅览数据统计和读者服务平台。

2. 中心搬迁之后（2020年12月—2022年12月）

特藏中心搬迁东馆后，相继完成了特藏文库服务系统使用指南、收费规定、指引牌、名家专柜名家介绍名牌的设计和制作，以及图书馆主页特藏相关信息的全部修订和更新。

中心搬迁之后，在室内空间的规划与布局上进行重大调整，特藏文献的阅览不再分散于各小型阅览室内，而是在东区四层的南北两翼分别开辟两个约1,000平方米的大开间，设置适量的藏书柜和配套桌椅，通透开阔。两年来已成为广受在校学生用户欢迎的读书、研习场所。从统计数据上可以看出，特藏阅览室接待用户人数较搬迁之前有了显著增加。大钊阅览室内设公共研讨区，可供小型座谈、沙龙等活动使用，为用户提供集文献阅览、探讨交流、研修自习于一体的空间；大钊阅览室延长开放时间，加开了晚间、周末和节假日。这些举措使得特藏阅览室的空间价值得到了更大程度的发挥，也是特藏基础服务不断优化的体现。

2021年，特藏中心各阅览室共接待用户231,872人次，解答用户咨询10,837人次。

2022年，在新冠疫情较为严重的时期，特藏中心克服种种困难，组织馆员住校，确保了阅览室的正常开放和用户借阅需求的基本满足。本年共接待用户253,034人次，解答用户咨询3,050人次。

五年来，特藏中心始终坚持全心全意服务用户的宗旨，在特藏文献基础服务方面开展了卓有成效的工作，特藏中心基础服务数据如表1.7、图1.22所示。以丰富的特藏资源，舒适的阅览环境，灵活的服务方式，热情的服务态度，为特藏用户提供专业化、个性化服务，竭力满足用户需求，为校内外师生用户的科研工作提供支撑，为繁荣校园文化、服务教学与科研、传播人类文明作出了应有的贡献。

表 1.7 特藏中心 2018—2022 年基础服务数据统计

年份	接待读者(人次)	解答咨询(人次)
2018	63,752	8,631
2019	53,321	9,848
2020	16,762	3,044
2021	231,872	10,837
2022	253,034	3,050

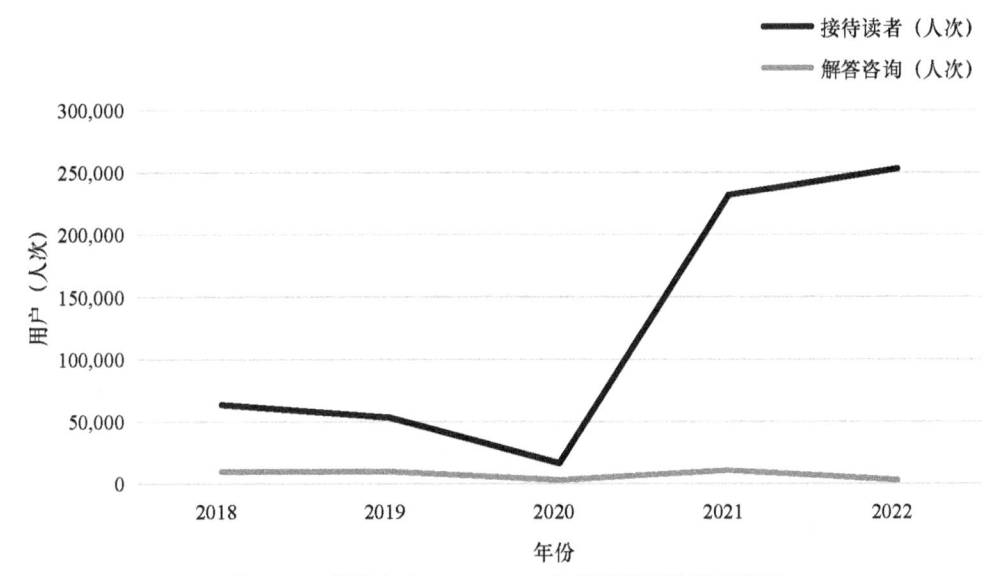

图 1.22 特藏中心 2018—2022 年基础服务数据折线图

3.6 融入教研,不断创新——特藏文献服务拓展

特藏文献的独特性和专门性,也使得特藏文献的服务不仅仅限于一般的阅览服务和参考咨询,而必须做一些更深层次的服务拓展。五年来,中心结合特藏资源优势和馆员专长,进行了一些积极有益的探索。

1. 融入教学与科研

加强对院系教学与科研的支持,是特藏中心五年来一直努力的目标。特藏中心不仅所藏特藏文献珍贵丰富,与教学与科研密切相关,而且工作人员在整理研究特藏文献的过程中,熟悉纸本特藏文献,对电子资源的使用也有独到的心得。因此特藏中心积极与院系联系,通过融入相关课程,为用户介绍特藏文献收藏情况和电子资源的利用方法,推动相关文献的利用,为教学与科研提供帮助。

五年来,中心融入的课程主要包括:融入北大信息管理系张久珍教授的"文献资源建设"课,介绍"特藏文献的收藏整理与服务";融入北大中文系陈平原教授的"学术规范与研究方法"课,做"常用文史类数据库简介"讲座;融入中文系许红霞教授的"中文工具书"课,介绍"如何利用图书馆的资源"。这三个课程的融入介绍,都很受主讲老师和同学的欢迎,取得了很好的效果。

特藏中心馆员还每年两次为北京大学人文社科研究院的访问学者介绍特藏资源与利用,大钊阅览室则为北大思政课程提供场所和常设展览参观。

此外,特藏中心还有两位老师积极参加图书馆的带班图书馆员服务,分别担任中文系、历史系、元培学院、国关学院的带班图书馆员,为新生进行入学教育,并随时解答同学关于利用图书馆特别是特藏资源的问题,还举办了"如何利用图书馆的资源"的讲座。

特藏中心馆员中现有14位专业馆员,其中获得博士学位的有三位,其余均获得硕士学位。他们不仅具有专业的学科背景,而且具有多年的特藏文献服务和整理与研究的经验,具备提供特藏文献深度咨询的能力,其中不乏已经在特藏文献整理与研究领域取得一定成绩,或在某些专题的特藏文献整理与研究方面具有一定的知名度的馆员。

特藏中心在满足用户基本需求的基础上,致力于开展对老师和学生科研的支持,主要包括发挥馆员的个人专业特长,指导中文系、信息管理系、哲学系、新闻与传播学院博士生为论文开题和论文撰写搜寻材料的方法,包括查询数据库、利用馆藏纸本书、馆际互借等途径。

五年来,中心组织馆员为教育学院、外国语学院、历史系、中国语言文学系等院系老师提供稀见文献查找、人物生平考证、稀见人物图片查找等专题文献检索咨询,融入老师的科研中去。

此外,中心利用馆藏清末、民国报刊优势,发挥馆员对近现代文献和人物资料熟悉的专长,积极参加教育学院蔡磊砢老师主持的蔡元培研究会承担的绍兴孑民图书馆的蔡元培展览的策划工作,从展览文献图片的检索和数字化,到展览大纲编写和修改,展览图片说明文字讨论,视频脚本的修改等,做了大量专业细致的工作,为最终圆满完成展览策划做出了重要贡献。

2. 合作研究

五年来,特藏中心发挥特藏资源和专业馆员优势,积极寻求与院系的合作,如与李大钊研究中心商讨合作建设李大钊研究文献资料中心等,其中与外国语学院的研究合作最为突出,已签订两项联合研究出版协议,2022年,外国语学院领导班子还集体到图书馆洽谈合作。

如前所述,特藏中心馆员参加了一些院系老师主持的项目,如教育学蔡磊砢老师主持的国家出版基金资助项目"蔡元培全集新编";历史系欧阳哲生老师主持的国家社科基金重大项目"胡适年谱新编"等。在这些项目中,特藏中心馆员既发挥了对相关文献熟知、检索能力突出的专业优势,为老师们提供了文献方面的支持和帮助；又表现出很好的手写体辨识、文献整理和研究能力，赢得了院系老师的信任，为进一步合作打下了基础。

3. 专题讲座

专题讲座是推介特藏资源，介绍特藏文献检索方法的重要方式。五年来，特藏中心积极参加馆内外的专题讲座，涉及主题和影响范围不断扩展。

五年来，特藏中心馆员主讲的"一小时讲座"包括："北大名师的藏书与学术人生""学位论文的检索与全文获取""未名学术搜索使用技巧""如何查找古籍资源""文史视野下的中国近现代文献检索""如何检索民国时期北大和燕大的相关史料"等。

2021年，特藏中心馆员在中国人民大学文学院介绍《文史视野下的中国近现代文献检索》，为CADAL华北成员馆的老师和同学介绍《CADAL资源的检索与利用》；融入中国政法大学"中国古代史学名著"课堂，讲授《文史资源介绍与使用》。

2022年，特藏中心馆员积极参加图书馆"阅读文化节"的"馆员讲座"系列，主讲《北京大学图书馆藏晚清妇女报刊概览》。

特藏文献服务的拓展，除了要依靠丰富的特藏资源，还有赖于专业馆员职业素养的培养和提高。五年来，特藏中心一直重视馆员特藏文献兴趣的培养和特藏职业素养的提升，举办"特藏沙龙"两次，两次新冠疫情居家办公期间，组织馆员进行手稿辨识和特藏文献检索技能培训。此外，中心还组织馆员参与编写《革命文献图录》、展览准备、展览大纲编写和展板校对，以及具体特藏整理与研究等工作，在实际工作中培养特藏兴趣，提升职业素养。

经过特藏中心的组织支持和个人努力，目前馆员在文献服务、文献整理和研究能力方面都取得了可喜的进步，有的已经具有独当一面的能力。

特藏文献的重点在于"特"，它的服务也具有其自身的独特之处。特藏中心将继续秉承"用户导向，服务至上"的理念，不断根据用户需求，结合特藏文献优势，探索新的服务方式，开拓新的服务领域，为建设中国特色世界一流大学做出更加积极的贡献，为高校同行提供新的借鉴。

第四节 数字资源长期存取

张乃帅 孙超 张俊娥

4.1 长期存取发展背景

随着信息技术的发展，学术文献的数字出版比例逐步提高，数字文献已经成为科技领域学术信息创作与出版的主要形态[12]。一方面，数字文献资源已经成为大学图书馆采购和服务的重要信息资源；另一方面，随着数字化加工能力的提升，很多大学逐步积累了各自特有的数字化资源，包括数字化古籍、数字化图书、数字化音视频、数字化地图等,这些数字资源对于学术研究和历史文化的传承都有着不可替代的重要作用。

数字资源的使用依赖严格的技术、经济、安全等条件,而这些条件容易受到其他因素的影响,从而造成数字信息的不可访问。同时数字资源本身的复杂性和脆弱性,使其长期利用面临着巨大的挑战,比如数字介质的不稳定性,信息技术的变化致使利用数字信息的软硬件迅速过时,造成新的技术环境下不能利用以前的数字信息。数字信息的动态变化造成无法准确确定和验证原来的信息单元,造成信息单元的起源及其归属变化难以追踪,以致信息单元难以辨识和利用。为了保障数字资源的持久性、可迁移性和安全性,学界开展了相关研究与实践,数字资源长期保存概念应运而生。大学图书馆开展数字资源长期保存(存取)研究和系统研发对大学文献信息资源保障具有十分重要的意义。

数字资源长期保存是图书馆数字资源管理中非常重要的环节,它是指"一系列对数字信息进行持续管理和维护的活动,其目标是为了确保数字信息长期存活,保证数字信息真实可信,能够被未来的使用者所理解和应用"[13]。开放式存档信息系统(Open Archival Information System,OAIS)[14]是国际上通用的长期保存概念框架,最早由美国国家航空航天局(National Aeronautics and Space Administration,NASA)的咨询委员会(Consultative Committee for Space Data Systems,CCSDS)于20世纪90年代末期提出,目的是满足档案馆、图书馆和其他机构长期保存数字资源的需求,确保数字信息的可访问性和可持续性。OAIS定义了六个功能实体和三种类型的数据包(见图1.23)来描述一个完整的长期保存系统。摄入(Ingest)功能实体接收来自数据提供者的提交信息包(Submission Information Package,SIP),并将其转换为存档信息包(Archival Information Package,AIP)。

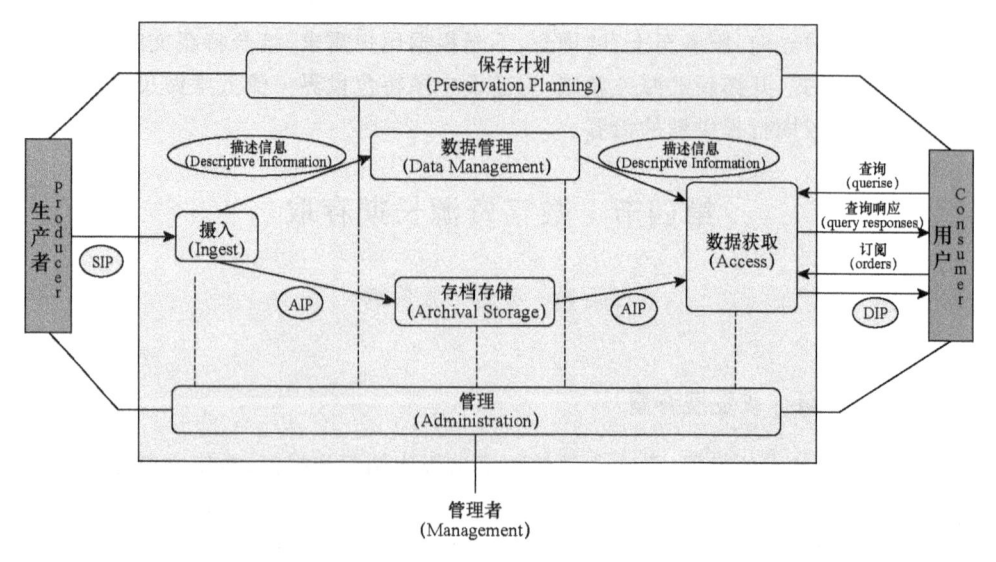

图 1.23 OAIS 功能模型[3]

存档存储(Archival Storage)功能实体存储 AIP 以确保数据的长期保存。数据管理(Data Management)功能实体负责管理 AIP 中的元数据,支持检索和访问功能。管理(Administration)功能实体监控和维护存档信息系统,确保系统的正常运行。保存计划(Preservation Planning)功能实体制定和更新系统的长期保存策略,以应对潜在风险和技术变革。当用户发起请求时,数据获取(Access)功能实体从 AIP 中提取所需数据,并将其转换为分发数据包(Dissemination Information Package,DIP)以满足用户需求。

数字资源长期保存是通过"存"实现数字资源长期可靠地"取",达到数字资源可以长期利用的目的,以下还是以国内惯用的"长期保存"表述"数字资源的长期存取"。

4.2 长期存取体系规划

作为北京大学的文献信息服务机构,北大图书馆收藏了丰富的文献资源。其中数字资源主要来源于商业订购和馆藏自建,商业数字资源中有很大一部分来自国外的数据库服务提供商,主要包括科技类资源、人文社科类资源等。已订购的商业数字资源中,部分资源已同步获得了本地保存权,如 Gale 数据库、AAS 回溯数据库等。自建数字资源来源形式多样,其中一部分是基于馆藏纸质文献数字化形成的专题特色数据库,如民国时期旧报刊、大仓文库等,另一部分是来自于校内讲座拍摄、录制的音视频资源。这些数字资源具有非常宝贵的学术价值和重要的保存意义。

此外,学校的教学和科研单位在教学和科研过程中产生的过程、实验、论文、手稿等数据,以及个人在科研过程中产生的其他重要数据,都有长期保存的需求。

作为学校的文献信息服务机构和文化保存机构,图书馆有责任和义务开展长期保存工作,把学校珍贵的文献信息资源,不管是来自订购的商业数字资源还是自建的数字资源,以及来自教学和科研过程中产生的数据资源,甚至个人重要数据,都进行长期保存,并为学校的科研单位或个人提供长期保存服务。为了支持珍贵数字资源的长期保存需求,北大图书馆在制定"十四五"规划时专门组建了信息化规划团队,针对数字资源的长期保存进行了专项研究,制定了北大图书馆数字资源长期保存体系建设规划。

在该规划当中,北大图书馆基于已有长期保存实践经验、图书馆收藏的类型丰富的数字资源和学校潜在的数据长期保存需求,结合长期保存工作特点,面向实际,规划了分段实施的数字资源长期保存体系。

第一阶段,依托北大图书馆承建的国家数字科技文献资源长期保存体系(National Digital Preservation Program,NDPP)北京大学节点项目,继续推进重要外文文献的长期保存工作。由于 NDPP 的保存目标是数字科技文献,较少覆盖人文社科类数字文献,北大图书馆将在此基础上扩展保存范围,逐步覆盖更多的外文人文社科类数字文献。其目标是保障重要外文文献长久可利用,规避地缘政治、自然灾害等潜在威胁带来的外文文献无法访问等问题,保障重要外文文献的战略安全。

第二阶段,探索建设面向图书馆自建数字资源的长期保存系统,同步考虑复杂科学数据的长期保存需求,一方面切实满足自建数字资源的长期保存需求,另一方面为海量、结构复杂的科学数据长期保存,积累系统建设经验、储备保存能力。

第三阶段,基于前两阶段的技术储备和经验总结,探索面向教学、科研过程数据长期保存工作,为学校的教学、科研提供更有力的帮助,为保存学校科研过程数据发挥图书馆的独特优势。

第四阶段,继续扩大长期保存范围,探索为全校师生用户提供珍贵个人数据的长期保存服务,在师生数据素养逐渐提升、数据重视程度逐渐提高的背景下为体现图书馆的人文关怀提供新的着力点。

北大图书馆数字资源长期保存体系规划的设计思路为由点及面、由面及体,多角度、全方位开展数字资源的长期保存工作,切实保障学校的文献信息安全和数据安全。

4.3　长期存取具体实践

1. 商业资源的长期存取实践

(1) 商业资源权益谈判

商业数字资源尤其是外文商业数字资源,对学校的教学和科研工作发挥着不可替代的支撑作用,对学校的教学、科研具有重大意义。北大图书馆积极探索商业数字资源的长期保存工作,于2015年与50多个文献信息机构签署了数字资源长期保存共同声明,并于次年加入了国家数字科技文献保存体系,承建国家数字科技文献资源长期保存体系北京大学节点项目。作为NDPP三个节点之一,北大图书馆成立了由馆长任专项任务负责人,由主管副馆长牵头的权益谈判团队和技术团队,使用NDPP统一开发的保存系统,开展数字资源长期保存工作。

图书馆从权益谈判入手,组建了由经验丰富的文献资源采购谈判馆员组成的专门的权益谈判团队,充分利用北大图书馆在中国高等院校间的影响力,通过独立谈判、联合谈判、集团谈判等多种方式,不断推进权益谈判工作,取得了巨大的进展。

2017年,北大图书馆与Emerald签署了电子期刊的长期保存协议,是北大图书馆作为NDPP节点签署的第一份保存协议。随后,又签署了ProQuest学位论文和Brill电子书的长期保存协议。其中,ProQuest学位论文保存协议是NDPP中首次签署的学位论文类型的保存协议,取得了学位论文类型数字资源零的突破,是NDPP成员单位中唯一保存学位论文类型的保存节点。

随后,北大图书馆集中精力与 Elsevier 进行谈判。作为国外四大出版社中最重要的出版机构之一,Elsevier 提出了非常苛刻的网络安全要求,对 NDPP 提出了非常大的挑战。为了尽快实现 Elsevier 数字科技文献的长期保存,北大图书馆联合国家科技图书文献中心数字资源长期保存专项任务团队,多途径开展谈判和沟通工作。在多方的共同努力下,北大图书馆与 Elsevier 于 2019 年 12 月签署了长期保存协议,使长达数年的谈判过程画上了一个圆满的句号。在已有保存协议谈判成果的推动下,四大出版社中的 Taylor & Francis 出版社也很快与北大图书馆签订了长期保存协议。经过北大图书馆的努力,四大出版社中的两大出版社均签署了保存协议。与 NDPP 中已签署协议的另外两大出版社一起,实现了四大出版社保存协议全覆盖。如此振奋人心的谈判成果起到了非常显著的示范效果,也极大地保障了我国数字科技文献战略安全。

在实践中,图书馆权益谈判团队在进行权益谈判时,会重点关注原始数据格式,要求出版商按照国际或业界通用标准提供原始数据。这样做一方面提高了数据质量,另一方面也更好地兼容图书馆已有的摄入插件标准,减轻了后续摄入插件开发的工作量。

(2) 商业资源摄入

在推进数字资源长期保存工作过程中,北大图书馆技术团队不断总结与分析实践过程中遇到的问题,并提出可行的解决方案,不断推动保存工作高效开展,同时将经验在 NDPP 内部推广,促进 NDPP 整体工作效率与质量的提高。

北大图书馆使用的是由 NDPP 统一开发的保存系统,数据摄入插件开发模式也沿用已有开发模式。该系统始于 2007 年开发的实验系统,并于 2019 年完成 1.0 版本开发上线,随后于 2012 年、2015 年完成版本更新及体系架构升级。由于该系统开发时间早、历史沿革久,系统架构不够灵活,每签署一种新的保存协议都需要单独开发摄入插件,软件开发工作量较大,且易导致摄入插件数量逐渐增多,使日常维护变得越来越困难。而且,一旦发现摄入插件中存在逻辑异常或错误,就需要修改所有摄入插件版本并更新所有服务器,工作量非常大,且容易出现遗漏,导致不同版本的摄入插件之间存在差异,为后续维护埋下隐患。

为了提升摄入插件的开发效率和后续的可维护性,图书馆在已有摄入插件开发的基础上提出了新的插件设计构想,并组织实施了已有摄入插件的重构工作。北大图书馆以数据标准为出发点,而不是以各数据库商提供的数据实例为出发点。这种面向数据标准进行开发的方式更好地抽象了数据的逻辑关系,关注数据的共同点,仅需对少量差异点做软件开发,大幅减少了软件开发工作量和摄入插件数量。

经过重构,新的摄入插件开发模式对于采用同一数据标准的数据可以做到不区分出版商而统一进行解析识别。相比原来的开发模式,新的开发模式使新增保存协议数据保存周期大幅缩短,且增加了原始数据的校验模块,提高了数据质量。

数据库商提交的数据只有符合相应的原数据标准、通过校验模块校验后才能进行后续的数据检查、数据解析、数据保存等操作。如果出版商没有提前通知数据格式变化,新的摄入插件可以第一时间发现并终止摄入程序,防止因解析错误导致的大量"脏"数据入库,影响保存数据质量。

新的开发模式将原来的摄入插件开发周期由每个插件两周提升到相同元数据标准情况下一小时以内,极大地提高了摄入插件的开发效率和可维护性。而且,所有针对摄入插件逻辑异常的修改都能够面向所有版本的摄入插件生效,从而极大地降低了维护难度和复杂度。对于新的元数据版本或新的元数据标准,则需要重新针对标准进行定制开发。

(3) 保存资源存储与管理

① 基础设施保障。

长期保存系统所使用的服务器,最初与北京大学图书馆内的其他服务器共用交换机、存储服务器等设备,处于相同的机房空间内。虽然北大图书馆已有完善的网络安全管理规定,这种设备共用模式仍引起了个别数据库商对于数据安全的疑虑。为了更好地推进长期保存工作,进一步加强已签署保存协议资源的安全可靠性,履行与数据库商的协议约定,北大图书馆专门规划了数字资源长期保存专用机房,建设了专用消防、制冷环境,配备了专用交换机、存储等设备,建设了专用私有网络,调整了网络安全架构,增加了新的网络安全措施,同时采用了更严格的数据安全和网络安全管理规范,实现了专网专用、专班管护,以确保已签署协议的资源得到安全可靠的保存,同时保护北大图书馆声誉和出版商的合法权益。

② 保存数据质量审计。

北大图书馆将保存数据质量审计作为一项常规性工作,以确保已保存资源内容的完整性和准确性。日常开展的审计工作主要包括两部分:自审计与远程审计。自审计指在商业资源摄入保存后,北大图书馆自行开展审计工作,利用保存系统功能对保存资源的卷期信息与资源协议清单进行自动对比。自审计可以及时发现缺少的数据资源以便跟数据库商联系补充。远程审计由 NDPP 每年统一组织,邀请约 10 家第三方机构的用户,对北大图书馆已保存的资源随机选取 1~2 种,进行网络远程审计。远程审计为抽样性审计,对保存的期刊、卷期、文章元数据和全文进行深入审计,并对审计结果依照评分标准进行打分。开展审计工作一方面保障了保存资源的数据完整性和准确性,另一方面增加了北大图书馆作为长期保存机构的可靠性。

(4) 保存资源获取

长期保存的目标是实现数字资源的持续可利用。北大图书馆在开展长期保存工作过程中,注重应急服务系统建设。在严格遵守与数据库商签署的保存协议的有关约定下,北大图书馆部署了应急服务系统,配套了严格的访问控制策略,以备触发条件发生时能及时提供服务。北大图书馆的数字资源长期保存,采取的是"暗存储"模式,即在数据库商能够正常提供服务的情况下,北大图书馆仅对该数据库商的数据进行"保存",不提供常规发布服务。一旦数据库商无法正常提供服务、达到保存协议约定的触发条件,北大图书馆将启动应急服务系统,面向该数据库商的中国订户提供内容发布服务。为此,图书馆工作团队与数据库商保持紧密沟通,维护数据库商在中国订户信息及订户订阅范围等信息,确保能够在触发条件发生时及时提供服务。此外,技术团队还定期组织开展应急服务系统数据导入演练等活动,确保应急服务系统处于随时可上线状态。

2. 数字化馆藏资源长期存取探索

北大图书馆拥有丰富的学术资源,其中包括大量价值较高的古籍、名人手稿、民国文献等特色资源。多年以来,北大图书馆开展了大量文献数字化工作,将珍贵文献数字化后建成特色数据库,方便用户使用,也减少原始文献的直接使用,加强对原始文献的保护。

(1) 馆藏数字化业务飞跃式发展

北大图书馆文献数字化起步较早,2002年左右系统部启动了该项业务,后在学校专项经费支持下,成立北京大学数字加工中心,由图书馆负责具体运营。自成立以来,虽设备类型和队伍规模不断扩大、业务范围不断扩展,但始终采取粗放式发展路径,业务发展已不能满足新形势下文献信息服务的需求。

经深入调研并分析业务现状,发现文献数字化业务存在如下问题:数字化任务的分配、数据质量的审核、数据的汇集与上传、数据的统计与工资的核算等,均由承担管理职责的馆员手工完成,管理手段较为原始;数据存放一直以来缺少明确的约定及系统支持,文件命名、结构组织等随意性较大,数据查找及再利用困难;设备性能不足、图像处理软件落后,数字化加工生产效率较低;缺少操作规范及图像处理规范,数字化图像质量较差等。

针对上述制约数字化业务发展的痛点及难点,北大图书馆以2019年机构改革为契机,调整了文献数字化业务的隶属机构,以规章制度建设为基础、以算力赋能为抓手,多角度、全方位优化了业务流程、改进了生产工具、建设了数字化加工管理系统,分阶段、分步骤推进了数字化业务改革工作。

在业务规范性方面,经过大量调研,结合业务实际,制定了《文献数字化要求与操作规范》等一系列规范和规章,明确了图像精度、色彩、数据格式等技术要求及扫描方式、数据检查、图像处理等操作规范,使数字化图像成像质量得到大幅提高。

在生产效率方面,针对扫描、图像处理、数据传输过程中的设备性能限制问题,针对性地更换了高性能、高吞吐量计算设备,使生产效率得到大幅提升。以古籍数字化工作为例,经统计,设备优化后,人均单日数字化加工量增长率达到了130%。此外,通过引入智能扫描仪,实现了普通图书的自动翻页、扫描、OCR识别,生产效率得到进一步提升。

在系统支持方面，北大图书馆针对文献数字化业务的痛点，结合业务规范性方面取得的成果，设计并开发了数字化加工管理系统，实现了任务分配、数据上传、数据校验、任务审核、数据存储、工作量核算、工资计算等的全方位管理。该系统以工作流为核心，针对不同文献类型及业务类型设计了不同的工作流，在工作流内实现任务的创建、分配、审核与管理，实现了数字化业务的全流程可追溯。该系统回答了"哪些文献已完成数字化、正在进行哪些文献的数字化、正在进行数字化的文献已经完成到什么程度、某文献是由谁在什么时间数字化的、当时的数字化要求是什么、数据存放在什么位置"等文献数字化业务关键问题，彻底解决了一直以来制约数字化业务发展的"卡脖子"问题，为数字化业务飞跃式发展提供了强力支撑。

经过深入细节的业务分析，以算力赋能为根本出发点，北大图书馆针对性开展了规范性建设、算力潜能挖掘与释放、支撑平台建设，成功实施了传统业务的数字化转型，实现了文献数字化业务的飞跃式发展。经过此次数字化转型，文献数字化业务的标准化工作流程得以确认，数据产出质量得以提高并保持稳定，数据管理的规范性和体系化得以确立，文献数字化业务一举转型为灵活高效、可持续发展的新型业务模式。经过业务优化与转型，北大图书馆已建成年数字化能力达700万页/扫的文献数字化加工队伍，能够对各种类型文献进行高质量数字化，为图书馆文献信息服务提供强大的数据支撑。

（2）数字化馆藏保存需求

经过文献数字化业务多年发展，北大图书馆已积累了丰富的数字化文献资源，并且还将不断产生新的数字化文献资源。如何确保这些数字化资源长期持续可利用，是北大图书馆急需探索和解决的问题。

为了探索数字化资源的长期保存路径，北大图书馆以部分数字化民国图书为保存对象，基于开源软件 Islandora 开发了馆藏数字化资源长期保存系统，实现了数字化资源从元数据生产，到 SIP（提交数据包）提交，到摄入保存管理，再到发布的完整流程。馆藏数字化资源的长期保存探索主要解决如下问题：

① 自动采集元数据。数字化资源仅有图像和 PDF 文件，元数据缺失，如何利用馆藏资源进行相关元数据加工？以何种封装格式向保存系统提交数据？

② 保存管理。目前北京大学参与的国家科技文献数字资源保存体系适用于期刊资源，并没有针对自建数字化资源的保存系统。如何保存这些数字化资源？

③ 发布管理。保存系统和展示系统对于数字对象的要求不同，如何进行保存和格式转换？

为此，北大图书馆结合现有业务系统接口，设计了数字化资源长期保存系统功能框架，如图 1.24 所示。首先，以数字化的民国图书资源作为探索对象进行处理、保存和展示。整个系统设计采用国际标准的 OAIS 框架构建，分为三个子系统：元数据加工系统、长期保存管理系统和展示发布系统。数字加工中心、北京大学长期保存系统和用户分别对应 OAIS 中的数据生产者、数据管理者和数据使用者三个概念。在文献数字化加工过程中,通过图书馆业务系统的 API 接口获取馆藏文献的编目数据,实现描述元数据的自动添加;对于未收藏的图书,通过手动填写的方式生成描述元数据。系统采用开源 Fedora 作为底层仓储,设计了通用数据对象模型,并通过开放接口开发模块化的工具套件,构建出满足实际需求的应用系统。

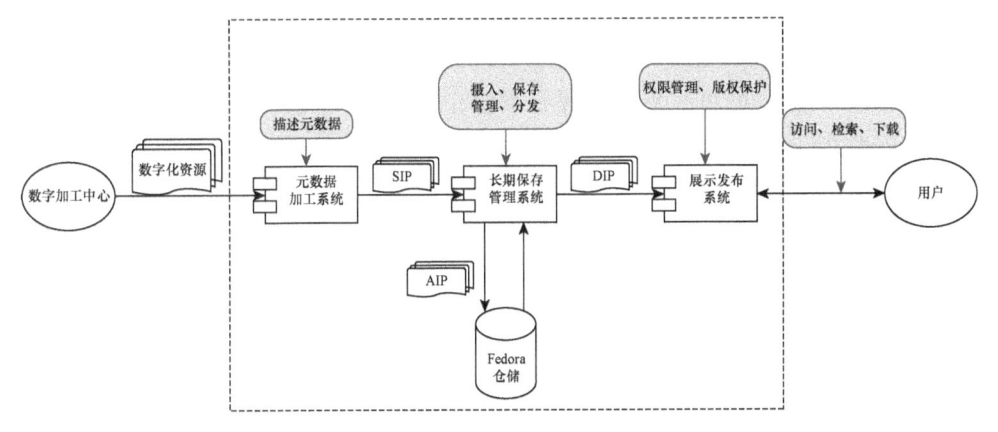

图 1.24 北大图书馆数字化资源长期保存系统功能框架

（3）数字化馆藏长期保存系统功能设计及实施

北大图书馆数字化资源长期保存系统,从三个部分（生产者、存档者、使用者）实现数字化资源从元数据加工、提交到摄入、保存、管理、分发再到展示发布的整个生命周期管理。基于 OAIS 六大功能实体设计了六个主要处理功能模块（见图 1.25）：

预处理	摄入	保存	数据管理	行政及规划	访问
·文件识别 ·元数据自动生成 ·SIP生成	·SIP接收 ·数量统计 ·病毒检查 ·MD5检查 ·唯一标识符生成 ·AIP生成	·AIP数据接收 ·存储体系结构管理 ·媒体替换 ·一致性检查 ·数据提供	·数字仓储管理 ·数字对象、元数据及二者之间的相关关系 ·导入、导出、查询、访问等基础服务功能。	·系统配置 ·存储设备管理 ·访问控制 ·摄入流程配置 ·存档信息监测 ·审计提交 ·制定信息包 ·迁移策略	·检索浏览 ·版权控制 ·下载管理 ·创建DIP ·授权认证

图 1.25 系统功能设计

● 元数据加工基于 Java Swing 和北大图书馆 Symphony 系统 Web Service 接口开发,能够安装部署到馆员的电脑上,对本地已扫描文件进行一键生成元数据,同时也支持手动输入。同时,增加操作者记录项,一方面能够记录操作步骤的起源信息,同时也能够有效记录馆员工作量,为数字化资源元数据加工、统计提供支持。该系统解决了数字化资源仅有图像和 PDF 文件,元数据缺失的问题,同时采用 zip

压缩包格式批量向保存系统提供数据。

- 数字化资源摄入是指将前面补充完的元数据的压缩包导入到保存系统中的过程。摄入过程支持多种文件格式,如 JPEG、PNG、PDF、MP3、MP4 等;支持多种描述元数据的解析与转换,如 Dublin Core、MODS、MARC 等;同时支持生成保存元数据标准 PREMIS 文件,并将数字资源内容封装存储到 Fedora 仓储中。
- 数字化资源保存管理采用 Fedora、Islandora、Drupal 等开源软件,快速搭建系统,同时具有良好的可扩展性。保存系统中嵌入了长期保存技术工具:METS 封装元数据、图像格式转换工具 ImageMagick、MD5 校验、技术元数据抽取、保存元数据标准 PREMIS、审计、BagIT 打包工具等。
- 数字化资源获取基于 Drupal 搭建的发布系统,内容数据全部来自保存管理系统。依据元数据采用 Solr 构建了索引,支持分面浏览和内容检索。按照数字化文献来源分别建设了不同数据集,支持包括文档、大图像、音视频等格式的内容的在线浏览、检索和下载,同时能够针对不同身份类型作权限设置。

馆藏数字化文献长期保存探索过程中,共处理了近 10,000 条元数据,保存了超 2,000 册数字化图书,总数据量约 500G。借助 Islandora 的特性,系统实现了丰富的图书资源展示和管理功能,包括在线浏览、下载等。同时,Islandora 的高度可定制性和扩展性也得到了验证。数字化资源长期保存实验系统的建设,为馆藏数字化资源长期保存探索了路径,积累了经验。

4.4 长期存取实际成效

北大图书馆积极开展了数字资源长期保存研究与实践探索。通过 NDPP 北京大学节点建设,北大图书馆在数字资源长期保存实践中积累了丰富的技术储备和实施经验。立足已有经验,结合调研国内外长期保存界的理论与实践,北大图书馆分析了当前数字资源长期保存面临的问题,并以北大图书馆的数字资源长期保存需求为出发点,规划了北京大学图书馆数字资源长期保存体系,分四个阶段逐步推进数字资源长期保存体系的落实。

在商业数字资源长期保存方面,北大图书馆积极作为,努力争取,先后与 Emerald、ProQuest、Brill、Elsevier、Taylor & Francis 等数据库商签署了数字资源长期保存协议,保存了电子期刊 5,200 余种 1,300 余万篇、电子书 5,300 余种、学位论文 90 余万篇,数据量达 19TB,为北京大学文献信息保障提供了坚实助力,也为国家数字科技文献战略安全贡献重要力量。

在自建数字资源长期保存方面,北大图书馆积极探索,依托文献数字化业务,设计了自建数字资源长期保存系统,实现了从生产到保存到发布的全流程管理。在实践中,北大图书馆积累了丰富的元数据、开源软件等方面的知识储备,为北大图书馆数字资源长期保存体系建设打下了坚实基础。

北大图书馆将在已有经验及技术储备的基础上,以北大图书馆数字资源长期保存体系规划为蓝本，逐步推进北大图书馆数字资源长期保存体系建设，将数字资源范围逐步扩大至人文社科类数字资源、科研数据甚至是个人重要数据，不断夯实文献信息保障能力，为学校的教学、科研提供更稳固的支撑，也为保存学校科研过程数据贡献图书馆独特的力量。

参 考 文 献

[1] 郝平.图书馆是大学的心脏——北京大学陈建龙馆长采访郝平校长访谈录[J].大学图书馆学报,2021,39(01):5-7.

[2] 吴汉华,王波.2020年中国高校图书馆基本统计数据报告[J].大学图书馆学报,2021,39(04):5-11.

[3] 吴汉华,王波.2021年中国高校图书馆基本统计数据分析[J].大学图书馆学报,2022,40(06):42-49.

[4] 北京大学图书馆.邓广铭藏书捐赠仪式暨邓广铭先生诞辰115周年纪念活动举行[EB/OL].(2022-3-18)[2023-5-25]. https://mp.weixin.qq.com/s/vip6YT9T9kumsd BXrOxZMQ.

[5] 北京大学图书馆.1987级校友捐赠新书展阅厅仪式举行[EB/OL].(2022-1-7)[2023-3-25]. https://mp.weixin.qq.com/s/N2jeYTJ5GGKF0IKU2SnGFg.

[6] 马芳珍,别立谦,李晓东.重新审视读者自主荐购对资源建设的多重价值——基于北京大学图书馆读者推荐数据的分析[J].大学图书馆学报,2020,38(01):57-62.

[7] 马费成,赖茂生.信息资源管理(第三版)[M].北京:高等教育出版社,2018:50.

[8] 高等教育文献保障系统.CALIS联合目录数据库建设2022年度排行榜[EB/OL].[2023-02-25]. http://www.calis.edu.cn/pages/detail.html?id=f7aa8a20-e7b7-4087-9942-2ebea2912edb.

[9] 王波,支娟,陈建龙.图书馆现代化新征程上的创新发展——浅析北京大学图书馆东楼修缮重启的新意[J].大学图书馆学报,2021,39(01):33-43.

[10] 北京大学图书馆.新书展阅|外文原版学术书展新书上架,有奖问卷调研等你来填![EB/OL].(2023-6-12)[2023-6-15]. https://mp.weixin.qq.com/s/NP-fe-NYG2os_aGiXzNhiQ.

[11] 北京大学图书馆.新书驾到[EB/OL].[2024-9-3]. http://newbooks.lib.pku.edu.cn/.

[12] 张晓林,吴振新,赵艳等.国家数字科技文献资源长期保存体系的战略与实践[J].图书馆杂志,2017,36(12):6.

[13] 张智雄.数字资源长期保存技术的研究与实践[M].国家图书馆出版

社,2015.

[14] OAIS Reference Model (ISO 14721). The Reference Model for an Open Archival Information System (OAIS) [EB/OL]. [2023-04-20]. http://www.oais.info/.

第 2 章　育人平台

第一节　知识资源服务

陈立人　胡希琴　汪聪　朱玲　张海舰

北大图书馆知识资源服务中心(以下简称知识中心)经历了从学习支持向知识服务的转变,更加突出理念上的转变,即从以资源保障为中心到以服务为中心,从对资源的管理和利用并重到突出强调以用户需求为导向,提供更为主动的服务。其核心是由以图书、期刊、电子资源等知识资源的提供与保障向为用户提供主动服务转变,力图将显性知识资源与隐性知识资源更好地结合与揭示。

《行动纲领》对知识资源服务在"固本应变与服务转型"中提出了明确的行动指南[①]。遵循《行动纲领》提出的目标,知识中心通过馆藏布局调整、空间升级再造、以用户为中心的服务创新、阅读参考服务等一系列举措,实现了从以文献资源保障为中心到以主动服务用户为中心,构建服务能力的跨越式发展,全方位提升图书馆智能化、人性化水平,有效夯实了知识资源服务大本营,与学校发展规划全线融合,不断提升办馆格局和空间、环境与文化育人能力,全力探索与支持育人平台建设,助力图书馆成为学校"双一流"建设中学术保障的信息集散地、师生校园生活中治心治学的精神栖息地、教育事业发展中立德树人的服务共善地。

1.1　馆藏布局的系统调整

新型图书馆服务模式的建立,必须在馆藏布局上充分体现时代特性,符合学科发展,并且要跟上用户需求的变化。馆藏布局调整工作的首要任务是调整思路,从以方便馆藏管理为中心转变为以主动服务用户为中心,使得用户能够省时、高效地获取满足其阅读、研究需求的图书。为了实现这些目标,知识中心与数据服务中心、计算服务中心、文献中心等相关部门进行了多次论证,在对馆藏全面摸底的基础上,搬迁、调整闭架、开架区图书约 70 万册(其中由西区闭架书库、东立面区域搬迁、调整至东区二、三层自然科学阅览厅和社会科学阅览厅的图书约 40 万册,由西

---

① 《北京大学图书馆 2035 年愿景与 2019—2022 年行动纲领》行动 3:全局推进服务设施改造,不断提升智能化、人性化程度和环境育人能力;行动 5:转变信息服务的思想观念和体制机制,优化分布型信息服务格局。

区闭架书库、东立面区域搬迁、调整至西区各学科阅览室的图书约 30 万册）。随着图书馆东区重启，一系列馆藏布局调整，用户可以真切地感受到北大图书馆为学科服务做出的努力，并享受到本学科各类文献能够一站式获取带来的便利。

1. 文献类型整合与学科划分重构

长期以来北大图书馆的馆藏布局一直处于动态发展中，在 1998 年新馆建成使用的时候，将以前的专题阅览室进行了合并，改成了大开间，将更多的书刊开架，方便了用户。2003—2006 年又将期刊从按字顺排架改成了按分类排架，以便将来实现书刊混排。图书馆"藏"与"用"的平衡关系始终处于动态调整之中，总体方向是更好地利用馆藏为用户服务，这也是北大图书馆始终能够引领图书馆潮流的原因所在。

在东区重启之际，本着"用户导向，服务至上"的宗旨，知识中心再次对馆藏布局进行了更为彻底的调整，在"方便馆藏管理"与"方便用户需要"的抉择中，毫不犹豫地选择了后者。传统的馆藏布局往往依据文献类型并结合学科设置划分阅览区域，设定储藏架位，根据图书编纂和出版特点、外观形态、语种、出版地、收藏量（是否有复本）等的不同，文献类型划分为普通图书、工具书、大套图书、期刊（现刊、过刊）、外文书（英文、西文、日文、韩文、俄文等）、港台地区书、库本等，不同类型的文献分散存储。虽然同类不同库的存储模式方便了图书馆的管理，但无法满足用户系统学习或主题研究的需求，用户经常需要到不同书库、阅览室搜寻资料，费时费力。

用户最关心的是如何在最少的时间、最小的空间找到符合自己阅读需求的书籍。为方便用户尽快获取所需图书，知识中心遵循"用户导向，服务至上"的理念，在已有馆藏布局基础上进行了一次大规模的文献整合，打破文献语种和类型的限制，以学科为中心集中文献，向用户集中推荐本学科各语种、各类型的文献，尽可能突破用户在选择文献方面可能存在的视野局限。将以往分散在不同阅览室或架位的普通中外文图书、工具书、现刊按照学科进行混排，在每个大类下，中外文普通图书放置在一起，先排中文书再排外文书，工具书与现刊按学科与普通图书分开布局在同一阅览内。调整后，用户可以一站式地获取本学科各类型文献，无须东奔西走，大大提高了用户获取所需文献的效率，激发用户的阅读热情。配合文献类型的整合，依托北京大学学科布局的最新变化，知识中心从图书内容出发，对图书馆原有的藏书架构进行大规模的调整。

调整的具体举措是以《中图法》的五个大类为基础，结合北京大学学部（理学部、信息与工程科学部、人文学部、社会科学学部、经济与管理学部、医学部、跨学科类）的划分，将所有藏书分为人文科学、社会科学、自然科学和综合类，依此来布置阅览室，同时将近年来迅速增长的心理学和地理学藏书单独列出来，放到相应的学部中。这样的分类调整优化了《中图法》五个大类的传统区分惯例，更符合现时的学科划分，更能满足用户的阅读需求，也更易于被用户熟悉和掌握。具体的调整布局如表 2.1 所示。

表 2.1　图书馆东、西区馆藏调整后分布一览

区域	学科划分	楼层和阅览室	藏书分布
东区	自然科学和心理学	自然科学阅览厅（东区二层）	《中图法》的 N、O、P、Q、R、S、T、U、V、X 和 B84（心理学）三级类。
	社会科学和地理学	社会科学阅览厅（东区三层）	《中图法》的 C、D、E、F、G 大类和 K9（地理）二级类
西区	哲学、宗教与文、史、哲、语言、艺术等人文科学	哲学阅览室（201）	哲学、宗教中外文图书（B）
		艺术阅览室（209）	艺术中外文图书（J）
		哲学艺术大套图书区（209 连廊）	哲学（B）、艺术（J）类部分大套图书
		中文历史文献阅览室（223）	历史学中文图书（K）
		中文文学阅览室（301）	文学中文图书（I）
		外文文学阅览室（306）	文学外文图书（I）
		语言文献阅览室（309）	语言学中外文图书（H）
		文学语言类大套图书（309 连廊）	文学（I）、语言（H）类部分大套图书
		外文历史文献阅览室（318）	历史学外文图书（K）
		方志、工具书阅览室（409）	方志、工具书、过刊
	教参、通识、大套书、专题、综合类	通识参阅厅（阳光大厅）	教参图书、通识类图书、大套图书、识读北大、综合类图书（Z）

经过对图书馆原有藏书架构进行大规模调整，北大图书馆的馆藏布局焕然一新，能够更加科学、精准地为学科建设与发展服务，这是一次脱胎于传统馆藏布局的探索与实践，为用户提供了更高效、更贴心的阅读体验。

2. 三线典藏架构与存用效率优化

文献典藏是将图书馆的文献进行收集、加工并排序的一种模式，是使馆藏文献与用户需求相互结合的有效手段。随着馆藏量的不断增加和阅读模式的变革，大学图书馆必然要改变以藏书为中心的传统服务模式，重新思考如何高效利用馆藏布局，为不同类型的用户提供服务。这一举措必然要压缩藏书存储空间，因此加强高密度储存空间建设[1]。为此，北大图书馆在对原有馆藏布局及相关数据调查分析的基础上，以用户为中心，通过完善馆藏布局，增加用户对馆藏书的利用率，更好地满足用户需求。

知识中心根据馆藏书的利用率和出版时间，将馆藏书的管理方式划分为开架、闭架、远程存储三线典藏，其中，新书、常用书存放在开架阅览区，借阅量较小的藏书存放在闭架书库，利用率极低的藏书或复本则存放在远程储存馆。截至 2023 年 4 月，北大图书馆开架藏书约 71 万册，分别放置在东区自然科学阅览

厅、社会科学阅览厅和西区文学、历史和语言等各人文科学阅览室;闭架藏书约75万册,主要放置在闭架书库;远程存储藏书约106万册,分别放置在昌平校区存储馆、校内储存馆。三线典藏的服务政策各不相同,其中开架藏书服务在各自阅览区的工作时间内可外借,也可由用户自由取阅;闭架藏书于2019年由原先的闭架书库借阅服务和保存本阅览服务合并组成,创新地将保存本藏书开放外借,最大程度地满足用户的借书需求,并且为方便用户、提升借书效率,采用图书馆计算中心开发的闭架叫号服务系统,用户扫描系统二维码,根据馆藏目录的检索结果现场提交电子索书单,再由图书馆员进库取书并办理借阅手续;远程存储藏书服务与闭架藏书服务相似,不同点在于图书馆员根据用户的书单请求,汇总后定期从储存馆批量取书,校内储存馆每天取书2次,昌平储存馆每周取书2次,所以用户在提交书单请求后,一般需要更长时间间隔才能得到所需图书。通过三线典藏的管理方式,在尽可能方便用户获取常用书刊的同时,也能确保用户在有限的时效内获取不常用的书刊。

图书馆秉承"用户导向,服务至上"的基本理念,通过《北京大学文献保障与信息服务体系管理办法》《行动纲领》、发展规划及年度工作要点等顶层设计,自上而下地对图书馆的文献典藏工作进行规划和部署,加之不断调研用户需求和摸底文献典藏现状,最终确立了按学科进行文献典藏并提供服务的基本做法,逐步完善文献典藏体系,优化三线典藏的管理方式。图书馆作为文献信息的集散地之一,不但应对藏书载体的延续负责,还应对其内容的揭示负责。图书馆未来应深入了解、持续揭示那些远离用户的闭架和远程存储藏书,将其学术价值展现给可能需要但并不了解甚至不知其存在的用户,不但要尽可能地为每一位用户找到适合的藏书,还要尽可能地为重要藏书找到适合的用户[2]。

1.2 服务环境的全面升级

发掘图书馆空间的价值,将空间与教育深度融合,让空间成为教育的有力推手是新时代高校图书馆空间服务的突破点。北大图书馆通过空间重塑,体现了学校博雅教育的理念,回归高校图书馆为教书育人服务的初衷[3]。

(1) 个性化的空间布局

传统的图书馆阅览室空间布局以便于管理和监控为主要出发点。其特点是面积广阔,将放置图书的区域与用户阅读的区域彼此分开,泾渭分明。这种单一的大众化空间布局可以满足用户对阅读空间的一般要求,但无法满足用户对阅读空间的个性化要求。现阶段,用户阅读的动机大致可以划分为三种:① 功利式阅读,即为完成某项任务如考试、作业、写论文而阅读;② 兴趣式阅读,即为满足用户阅读兴趣而阅读;③ 知识积累式阅读,即用户为夯实自己的知识基础,丰富自己的知识储备,从而构建自己的知识体系而阅读[4]。不同的阅读动机对阅读空间的要求也不尽相同,一般来说,用户更希望能选择一种适合自己的阅读空间来满足阅读需求,可能是传统的开放式阅读空间,也可能是一个较小的、相对偏隅的阅读空间。

北大图书馆在阅览室的空间布局上尽量做到个性化,在保持阅览座位宽阔、通畅的基础上,适当地在一些狭小、紧凑的空间也摆放阅览座位,通过空间上宽阔与狭小的变化,通畅与紧凑的不同,以此来尽量满足用户不同的阅读动机;同时,通过空间上的间隔与隔断,来满足用户在特定时期的特殊空间需求或由阅读动机衍生的空间需求。北大图书馆在东、西区共设置阅览座位约3,380席,其中东区重启后,在二层、三层阅览室约1,500平方米的专用阅览空间设置阅览座位约800席,空间宽阔、通畅;南端与北端约500平方米,设置阅览座位约80席,空间相对狭小、紧凑,具有一定私密性,设计为桌面无电源的静区;西区布局调整时也对阅览座位进行了重新规划,用户可根据自己对阅读环境的需求及习惯就座;东区二层、三层阅览室之间最东端分别设置躺椅10席,由于躺椅背馆面窗,容易给用户营造一种身处私人空间的隔绝感,用户在此或坐或卧,或阅读或休憩。

2. 人性化的阅览环境

用户由馆外进到馆内,再进到阅览室过程中,往往需要自我心理调整以进入阅读状态。为此,北大图书馆进行了人性化设计和改造,例如图书馆二层、三层东、西区之间的通道设计为休憩区,使得东、西区的开放式阅览室互相衔接。休憩区在设计上有效利用东、西区之间宽阔的通道,通过物品摆放和灯光设计,将其作为开放式阅览室的环境外延与过渡,用户在进出阅览室时会因环境的心理暗示,自然地产生心理交替,或由轻松而渐入阅读状态,或由阅读后的疲劳而渐归轻松,可以有效地引导用户阅读行为的心理过渡。

各个阅览室的阅读环境和阅读设备也有较大幅度地改善。为了增加用户阅读时的舒适度,在东区重启前,图书馆对阅览室桌椅进行认真、仔细地选择,使其更符合人体特点,同时对桌椅间距、桌间距进行反复试验,以期达到最佳的效果。在保证用户身体舒适和健康的基础上,兼顾桌椅的形状和颜色,与阅览室墙壁、地面及书架等融为一体,通过视觉上的美感增加用户的心理舒适感。同时,在地面不增加明线的情况下,东、西区书桌增加了桌面电源,在东区重启后,逐步对西区的照明条件进行改善,整修卫生间、饮水处等公共区域。通过上述措施,图书馆尽最大努力为用户营造一个舒适的阅读环境,缓解用户在阅读过程中产生的疲劳,增加用户对图书馆阅读环境的亲近感。

3. 空间创新下的服务升级

除了对图书馆阅览室传统空间布局进行调整之外,为拓展图书馆空间服务的多样性,满足用户更多个性化需求,知识中心还牵头设计了多种创新空间。

(1) 通识参阅厅服务人才培养

通识教育是人才培养的要素之一,能够助力学生学以成人,而高校图书馆是通识资源的宝藏,图书馆员是通识读物导读的良师,因此图书馆可以发挥自身优势,在通识教育方面起到一定的引领作用。为了方便用户一站式获取通识教育相关图书,图书馆在西区阳光大厅设立通识参阅厅,将遴选的教参、相关大套图书、综合类图书、通识教育图书等汇集在一起,供用户阅读,在这个区域,用户拿到的每一本书都是人类文明的精华[5]。图书馆还可围绕通识文献开展相关的阅读服务。通识参阅厅的设计独具匠心,充分考虑了人、书和空间的交融关系,为北京大学人才的培养提供了针对性强的特色资源,而用户也将对通识参阅厅的美好感知融入他们的学习情境中,成为他们北大图书馆学习的场所记忆[6]。

(2) 和声厅助力美育教育

宁静致远,图书馆一直以安静和优雅为特色,但用户也需要进行一些有声活动。为了满足用户的现实需求,图书馆设立了一个声动空间——和声厅。该空间的命名灵感来自北京大学美学大师朱光潜的人生感悟:"人生乐趣一半得之于活动,还有一半得之于感受。眼见颜色,耳闻声音,是感受;见颜色而知其美,闻其声而知其和,也是感受[7]。"感受力也是需要培养才能获得的。取"和声"二字,希望用户借助和声厅这个空间,可以提升感知力和艺术鉴赏力,练习发出自己的声音,获得更多的人生乐趣。和声厅配备大屏幕、音视频设备以及可移动的座椅,供用户自由使用,使用户可以在这里朗读、歌唱、听音乐、演练 PPT、观看电影,或进行小组讨论。通过与北配殿科学报告厅、南配殿艺术鉴赏厅丰富多彩的文化活动相结合,图书馆由静谧空间变成一个动静相宜的空间。

(3) 研修专座拓展服务空间

针对部分用户长期在图书馆学习、写毕业论文等,图书馆在西区人文科学区域,开辟了研修专座,设置座位共计 96 席,为长期在馆用户提供理想的研修场所。研修专座采用网上预约的方式,设备齐全,配有存包柜、电源、密码锁等,阅读环境、存放书籍和物品的空间都有极大改善,为用户提供了极大的便利,使他们能够专心研修,尽快完成毕业论文、课程论文和科研课题等学习任务,为其求学和研究生涯留下难忘的记忆。研修专座受到用户高度评价,满足了用户对图书馆的多元化需求。

1.3 用户导向的服务创新

为了做好用户服务工作,北大图书馆除了完善服务的硬件设施,在馆藏布局上进行一系列调整与创新之外,还注重提升服务的软实力。北大图书馆知识中心围绕知识资源服务进行多项创新,将此前的被动式服务转变为主动式服务,知用户所想,主动为用户提供服务,同时也培养用户的阅读兴趣,主动为人找书、为书找人,通过多元化的服务方式来调整和创新服务体系。

1. 送书上门服务

为了更好地为学校教师的教学与科研服务,方便教师借还图书,图书馆在 2018 年 4 月"世界读书日"之际新推出针对校内教师的"借书送上门、还书上门取"服务,简称"送书上门"服务。该服务的服务范围包括校本部办公室、实验室、教学楼和校外周边家属区，由知识中心的图书馆员处理申请单，学生志愿者配合完成馆内找书，上门送、取书等工作。该服务自推出后获得全校教职工的广泛好评。为了提升"送书上门"服务，优化分布型信息服务格局，图书馆计算中心开发了"送书上门"服务系统，该系统于2018年底试运行，不断完善至今，保障"送书上门"服务的日常开展。

2020年初，新冠疫情来势汹汹，北大图书馆坚守初心使命和责任担当，全力保障校内师生的借、还书需求，成立跨中心的专项服务组。技术支持馆员牺牲了休假时间，及时开发和完善"送书到楼"服务系统，在"送书上门"服务先期实践的基础上开辟"送书到楼"服务。这一阶段的服务对象由教师扩大为全体校内师生，根据用户线上申请专项服务组成员将用户所需图书用密封塑料袋封装，做好自身防护，在约定的时间内将书送至用户居住的宿舍楼或办公楼下。专项服务组成员克服对新冠疫情的恐惧，以及防疫物资短缺的困难，在确保安全的前提下，做好找书、送书与服务宣传工作。

"送书到楼"服务从2020年2月3日启动到2020年8月6日，共处理用户申请2,680条，累计找书并送出图书9,605种、10,361册，占全年总送书量的百分之九十以上，送书往返里程共计5,190.6公里，服务全校63个单位，共446名教职工、280名学生。图书馆人在最艰难的时期，勇挑重担，保障了新冠疫情期间学校网络教学的正常进行，满足了在校师生对文献资源的需求，更增添了特殊时期的服务"暖意"，得到了师生们的高度评价。伴随着新冠疫情进入常态化防控阶段，"送书到楼"服务回归到"送书上门"服务，针对教师继续开展，形成了北大图书馆的特色服务之一。

作为"送书到楼"服务的延伸服务，在新冠疫情期间，为方便不能返校的毕业生归还图书，图书馆推出了"上门还书"和"线上还书"服务，为万柳、中关新园、畅春园、圆明园四个园区的用户上门办理还书手续，暂时无法返京、返校的师生还可以选择邮寄的方式归还图书。2020年6月30日到2020年7月5日，馆员们多次到校外园区"出摊"取书，并组织党员志愿者取用户邮寄回的图书，有时一次取回包裹多达20多个，单个包裹重量超过20公斤。温暖的服务拉近了用户和馆员的心，获得了毕业同学的暖心好评。

2021年，随着昌平新校区投入使用，为了满足新校区用户更方便地预约和借还中心馆图书的迫切需求，图书馆为昌平新校区用户开通预约书柜和自助借还书服务。新服务开通后，昌平新校区用户只需在馆藏目录中检索图书并点击预约，即可提交预约请求。图书馆于每周一、每周四下午完成预约书的配送和投递，预约书柜中的图书为用户提供24小时自助借书服务。同时，还为用户提供24小时自助还书服务。

2. 全新教参服务

2020年初在新冠疫情大背景下，由于师生在线教学资料远程访问量激增，北大图书馆教参系统顺势革新。图书馆与教务部、研究生院成立工作组,图书馆知识中心联合图书馆计算服务中心保障资源和系统的相关建设,上线了全新的数字教学参考资料系统,实现了课程、资源、用户三者的信息连接,逐步形成了嵌入课程管理系统的一站式教参服务。

原有图书馆教参系统存在多方面的问题,如系统稳定性差、维护难度高、阅读页面使用感不佳、版权保护力度相对较弱等。全新的数字教学参考资源系统对上述不足进行了改进:

① 紧密贴合教学,强化信息协同。系统每日同步全校课程的开设及选课情况,并根据教务系统中的授课教师信息,将教师设定的学习参考资料根据选课情况开放给相应的用户。

② 系统增强了版权保护力度。按照用户选课范围开放对应的学习参考资料的访问权限,加强了对用户获取学习参考资料渠道的控制。

③ 扩展教学参考资料的内容和形式。针对不同形式的教学参考资料,系统提供最优化的阅览服务,并着重加强了对 PDF 格式文档的阅览支持。用户可以在线浏览,并进行标引、批注,且所有标引、批注内容会永久保留。

④ 完善教学参考资料的效用评估。通过对用户行为日志的分析、整合,加强了对资源效用的评估,为教参管理员和教务部提供更多数据信息。

⑤ 加强与荐购系统关联。通过与荐购系统对接,可以将师生推荐购买的图书与课程自动关联起来。系统会自动向教参管理员发送荐购图书采购状态的提醒,并发起扫描加工的申请。扫描加工完成后,即可上线为用户提供在线阅览服务,形成由推荐购买到纸本图书扫描加工的全流程服务。

⑥ 引导用户参与馆藏资源建设。师生可以根据课程需要上传自有教学参考资料,以丰富图书馆的数字教参馆藏资源,这既满足了教师教学课程需求又丰富了馆藏资源,使图书馆与用户建立起良好的共生关系。未来,数字教学参考资料系统还将建立更全面的长效发展机制,提升使用的便捷性,助力构建全方位、多角度的知识服务体系。

3. 融入式用户服务

在北大图书馆东、西区馆藏整体布局调整与创新的背景下,借东区重启之机,在东区东门处、东、西区二、三层阅览空间以及通识参阅厅等人员流动区域增设四个综合服务台口[8]。这一举措旨在为用户提供就近服务,使用户在图书馆内能够方便地享受咨询、借阅等服务。此外,为了创造更加平等的交互模式,东区二、三层综合服务台口还采用了圆形设计,方便了用户与服务馆员之间的交流。图书馆还组建了综合服务台意见收集微信群,组织服务馆员及时了解、收集用户意见,每周还和用户办公室联动,及时反馈用户意见和建议,从而更好地满足用户需求。

在人员结构方面,东区二、三层综合服务台创新地采取了由专业馆员、新入职馆员、学生志愿者组成三位一体的综合服务团队。新入职馆员可以深入了解一线工作模式,并与用户直接接触,更好地了解用户需求,并结合本中心的业务改进相关服务。引入学生志愿者加入综合服务团队,一方面学生志愿者可以分担服务馆员的工作,另一方面学生志愿者作为图书馆的用户,能深层次了解图书馆内部服务流程和图书馆服务的难点、痛点,成为服务馆员与用户沟通的桥梁,化解图书馆与用户之间的矛盾。

综合服务台口的设立,使得图书馆服务形式升级为迎前综合服务,服务方式由解答用户问题逐渐转变为与用户沟通交流,在不干扰用户阅读行为的前提下,服务馆员了解用户需求,为用户提供服务,使用户感到图书馆提供的服务思之即来,来之即得。综合服务台口作为重要的服务窗口,不仅为用户提供了便利的服务,也成为新入职馆员、学生志愿者的培训基地。新入职馆员和学生志愿者在综合服务台口工作期间,通过与用户交流,更好地了解用户需求,锻炼了他们沟通、协调、解决问题的能力,提高了他们的服务水平和综合素质。同时,学生志愿者也能获得相关培训和指导,提升自身能力,增长实践经验,感受到志愿服务的价值。通过培训、交流和实践,综合服务台成为新入职馆员、学生志愿者成长的平台,也为图书馆服务提供了更加优质的人才支持。

4. 服务整合与能力提升

在馆藏布局调整,馆内空间重构,尤其是设立综合服务台的同时,图书馆的多项用户服务亟待整合。服务馆员除了要具备馆藏清点、借阅、查找、预约等综合业务能力外,还要增强参考咨询、自助服务、整体布局引导等综合服务内容的培训,提升综合服务的能力,以带动用户服务的升级。

此外,馆际互借与文献传递服务作为用户获取馆外文献资源的补充手段,在满足本校用户文献资源需求和提升文献资源保障率中发挥着重要作用。北大图书馆同时作为 CALIS 馆际互借与文献传递系统、CASHL 馆际互借与文献传递系统、BALIS 馆际互借系统、BALIS 原文传递系统的服务馆和成员馆,为本校用户提供了获取馆外文献的多个申请平台,但也面临着用户端入口和账号分散、服务政策各异、馆员操作需要在多个系统来回切换、借还书过程依赖手工记录等困难。在此背景下,需要以用户端入口和台口借、还书服务为切入点,对不同来源的数据和服务进行整合,在提高业务规范性的同时降低用户使用门槛。2021 年,知识中心联合图书馆计算服务中心建设并上线了馆际互借统一事务管理系统,在整合多平台事务的基础上,利用 CALIS 新系统接口的支持,实现了馆际互借图书的收登和借还同步,加快了借还书服务响应速度,提升了服务透明度和用户使用体验。在此基础上,还支持用户对多个馆际互借系统的一站式查询和事务状态跟踪,进一步畅通了用户申请和获取馆外文献的渠道,提升了服务能力。

1.4 阅读服务体系的建构

北大图书馆在提升阅读服务的长远价值和深度价值上进行了探索。一是做了更长时间的规划：在《行动纲领》中，阅读服务是图书馆重点实施的项目，从开展阅读服务到构建阅读服务体系，都做出了明确的要求；二是强调服务要从自身文化底蕴和价值体系出发，立足用户实际需求，将阅读服务纳入图书馆文化育人功能大框架下进行规划，通过理论与实践相结合，实现阅读服务的常态化、深度化和体系化[9]。

为了突破"两季一日/月"服务体系的局限性，北大图书馆近几年不断创新阅读服务，一方面根据高校图书馆用户的需求进行理论探索，从"阅读推广服务"转向"阅读参考服务"；另一方面不断学习借鉴其他高校图书馆的经验，通过创新，逐步建立起以用户为中心的阅读服务实践框架。北大图书馆阅读服务的创新成果主要有构建阅读服务体系、创建品牌活动、升级并完善传统活动三大方面。

1. 贯穿全年设计，构建阅读服务体系

在阅读服务内容设计与活动规划方面，北大图书馆改变传统的"两季一日"或"两季一月"的服务体系，将"世界读书日"创新升级为围绕一个主题、时间上贯穿全年，形式丰富多样的活动矩阵，实现了阅读服务的常态化、深度化和体系化。2022年"北京大学2022年阅读文化节"以"书香迢递　斯文在兹——共读《中华文明史》"为主题（见图2.1），通过讲座、展览、影展、文化工作坊等系列活动，让不同学科的同学了解中华上下五千年的文明和历史，增强同学们的文化自信心和民族自豪感。围绕着这个主题，图书馆将文化节活动划分为五个讲座系列、三个展览系列、多项文化体验活动和一个《阅读报告》发布活动。

图2.1　"北京大学2022年阅读文化节"海报

至此,北大图书馆的阅读服务具备了服务主体、服务对象、服务内容、服务策略这几个完整要素,初步构建了以用户为中心的阅读参考服务体系(见图2.2)。该体系的建立推动了图书馆从"馆藏驱动"到"用户导向"、从"碎片化活动"到"矩阵化服务"、从"单一场所"到"泛在的行动主体"、从"团队建设"到"协同增效"的服务模式转型[10]。

以用户为中心的阅读参考服务体系

服务内容
- 基础需求
  资源建设+空间建设
- 进阶需求
  打造围绕一个主题、活动贯穿全年、形式丰富多样的活动矩阵

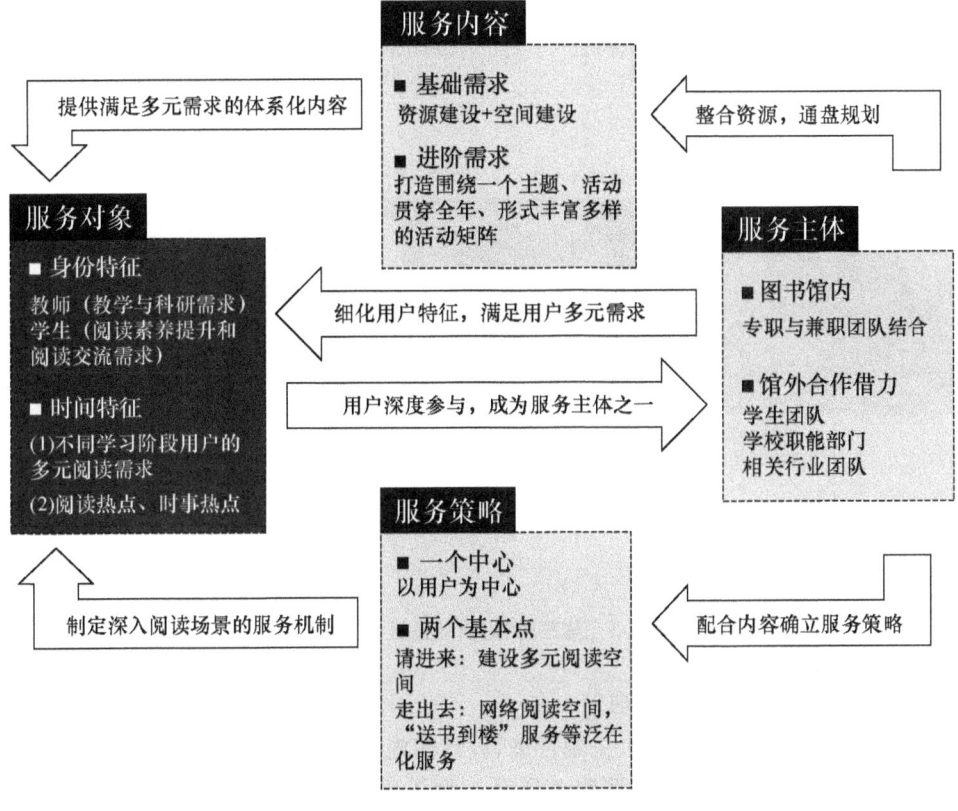

提供满足多元需求的体系化内容 ← 整合资源,通盘规划

服务对象
- 身份特征
  教师(教学与科研需求)
  学生(阅读素养提升和阅读交流需求)
- 时间特征
  (1)不同学习阶段用户的多元阅读需求
  (2)阅读热点、时事热点

细化用户特征,满足用户多元需求

用户深度参与,成为服务主体之一

服务主体
- 图书馆内
  专职与兼职团队结合
- 馆外合作借力
  学生团队
  学校职能部门
  相关行业团队

制定深入阅读场景的服务机制

服务策略
- 一个中心
  以用户为中心
- 两个基本点
  请进来:建设多元阅读空间
  走出去:网络阅读空间,"送书到楼"服务等泛在化服务

配合内容确立服务策略

图 2.2 北大图书馆阅读参考服务体系

2. 创建读书品牌活动,增强阅读辅导功能

(1)创办"阅读马拉松"读书品牌活动

"阅读马拉松"活动是由北大图书馆举办,为激发北大学子对经典书目的阅读兴趣举办的系列活动,由不同学科的名师推荐学科经典著作并领读,采用线上阅读与线下沙龙相结合的形式,组织学生线上打卡读书,作读书笔记、分享读书感悟。从2017年开始,第一届和第二届的"阅读马拉松"活动与北京大学网络文化建设与网络思想政治教育工作领导小组办公室(简称网教办)合作,由校友企业北京云舒写教育科技有限公司支持,线上部分主要依托北京云舒写教育科技有限公司的"经

典阅读"App;第三届由图书馆单独举办,北京大学融媒体中心支持,利用微信打卡小程序和微信读书群组织线上读书,并精选学生读书笔记在图书馆微信公众号分享(见图2.3)。每次读书活动都定制了有导师留言的明信片,用于活动留念。三届"阅读马拉松"活动学生深度阅读了25本书,参与人数累计超过10万人,取得了良好的效果,成为领读导师、学生积极参与的读书品牌活动,丰富了图书馆的阅读辅导功能,是知识共同体模式在高校经典阅读服务的成功实践[10]。"阅读马拉松"活动曾获"2019年全国高校信息文化与信息素质教育研讨会"优秀案例一等奖。

图2.3 第三届"阅读马拉松"活动概况

(2) 创建影像阅读品牌活动

北大图书馆从团队建设、主题打造、设计实施、空间升级、迷影共同体构建等方面着手打造了独特的影像阅读服务体系。为了让学生理解电影艺术的深刻内涵,北大图书馆依托专业资源与专家、学者、研究团体,尝试将学生平时难以接触到的艺术电影和实验电影引入校园,并在活动中引导学生与主创团队进行面对面交流,创办了"迷影放映 & 主创交流"活动。活动主要选取富有文化内涵,具有实验性、先锋性的艺术电影进行展映,如在FIRST青年电影展上获奖或获得提名的影片,或在国际、国内电影节上崭露头角的青年导演的处女作,以及学者拍摄的"论文式电影"。通过一系列活动将有创新、有思想但又因为各种原因难以搬上大荧幕的好电影带进校园。"迷影放映 & 主创交流"活动致力于发现、展映、推介、研讨最新的好电影,深受学生欢迎,自2016年创办至今已举办23期,形成了具有高度独特性和良好延续性的高水平影像阅读品牌[11]。

3. 升级传统活动，不断完善阅读服务

(1)"未名阅读之星"评选工作，提升"读星"引领作用

2011—2020年，为倡导爱读书、读好书、善读书、常读书、会用书的校园文化风气，树立优秀的学生阅读榜样，图书馆每年都会举办"未名读者之星"的评选活动，评选标准主要是依据学生的借书量这一单一指标；2021年，评选标准加入在馆时长和在馆天数两个指标；2022年评选工作全面升级，图书馆联合研究生院、学工部、教务部、团委等部门共同评选，由院系根据学生借阅量排名和学业表现等自主推荐候选人。评选环节由图书馆组织实施，根据推荐候选人上一年度纸质图书借阅量、在馆时长、参加图书馆阅读推广活动情况、参与图书馆志愿活动情况等指标，结合专家评审意见进行综合评价，从全校全日制在校生中评选出本科生与研究生各5人(左右)，授予北京大学"未名阅读之星"荣誉称号，并给予5,000元奖金以及图书馆特别借阅优惠。此外，在评选活动之后，还会继续挖掘"未名阅读之星"的潜力，由阅读之星代表做读书分享的主讲人，分享阅读经验；2020年在图书馆微信公众号建立了"阅读分享"专栏，阅读之星分享个人读书和使用图书馆的心得体会，受到诸多媒体的广泛关注，进一步扩大了"未名阅读之星"的影响力。"未名阅读之星"评选工作的完善，进一步强化了学生榜样的引领作用，为充分发挥图书馆文化育人的职能作用，推动以文化人、以文育人，服务学校立德树人根本任务做出了努力。

(2)创新并改版阅读报告，深度挖掘图书馆对阅读服务的支持

经过多年探索实践，北大图书馆形成了三级体系的阅读报告：面向学生的《个人图书馆阅读报告》、面向院系的《院系图书馆阅读报告》以及面向社会的《北京大学学生阅读报告》，全面呈现北大图书馆用户的阅读情况[12]。

2020年，在以往单纯以图书馆服务数据为基础发布阅读报告的基础上，《2019年阅读报告》增加了"协同服务"板块；《2020年阅读报告》加入了"学生阅读情况小调查"问卷部分的内容；《2021年北京大学学生阅读报告》全面调整，调整包括三个板块：课程阅读、课外阅读以及图书馆对阅读的支撑。课程阅读和课外阅读这两个板块，一部分来自图书馆服务的数据，另一部分来自问卷调查。2022年北大图书馆聚焦学生用户群体，开展面向全校的"北大学生阅读情况调查"，共收到6,292份问卷。调查得到了政府管理学院的指导，以及教务部、学工部、研究生院、团委、计算中心和马克思主义学院的支持，并结合思政课、公选课等阅读情况以及学生利用图书馆资源情况推出《2021年北京大学学生阅读报告》。阅读报告从多元数据入手，了解学生的阅读热点，多角度反映学生课内外的阅读情况，从而发现学生的阅读趋势，并规划相应服务，同时也介绍了图书馆阅读服务创新情况。阅读报告是阅读服务建设中极为重要的环节。

第二节　信息素质教育与科学艺术文化交流服务

刘雅琼　李峰　刘秀文

习近平总书记在全国教育大会上强调,要坚持把立德树人作为根本任务,在坚定理想信念、厚植爱国主义情怀、加强品德修养、增长知识见识、培养奋斗精神、增强综合素质六个方面下功夫[13]。北大图书馆紧紧围绕"立德树人"根本任务,充分发挥教育职能和信息服务职能,主动融入学校人才培养体系,不断挖掘、整合育人要素,充分发挥价值引导作用,建立从信息素质教育到科学艺术文化交流,从新生入校到毕业生离校,线上与线下相结合的教育教学形式,全力促进学生素质的全面提升。

2.1　融入学校人才培养体系,全面增强信息素质教育成效

信息时代,信息素质是社会个体需具备的一种基本素质,信息素质教育已经成为高校素质教育的主要内容之一。《教育信息化2.0行动计划》指出要充分认识提升信息素养对于落实立德树人目标、培养创新人才的重要作用[14]。《高等学校数字校园建设规范(试行)》提出高校应积极开展信息素养教育,融合线上与线下相结合的教学形式,推进学生信息素养教育的普及和深化[15]。《普通高等学校图书馆规程》提出高校图书馆应全面参与学校人才培养工作,充分发挥第二课堂的作用;应重视开展信息素质教育,完善和创新新生培训的形式和内容[16]。教育部高等学校图书情报工作指导委员会与北大图书馆联合发布的《大学图书馆现代化指南针报告》提出大学图书馆要通过多元素质教育培养学生的自主学习能力和创新能力[17]。北大图书馆围绕高等教育事业与学校高质量发展目标,充分融入学校教学与科研和人才培养的各个环节,通过线上与线下相结合的教学形式,创新信息素质教育,扩大信息素质教育的覆盖率,在学校人才培养体系中发挥重要作用。

1. 创新开展融入式、陪伴型的"带班馆员"服务

为了扩大本科生信息素质教育的实际覆盖率,加强服务的针对性和可持续性,挖掘图书馆员的"老师"和"教育者"角色的潜能,图书馆在2020年9月推出了一项创新型信息服务——"带班馆员"服务,自学生大一入学开始,以班级为单位为每个学生配备专属的"带班馆员","带班馆员"以座谈会、面对面咨询以及进入班级微信群、加微信好友、邮箱联络等线上与线下相结合的方式,随时为学生提供个性化的信息咨询和学习协助等服务,以帮助学生尽快了解和熟悉图书馆的资源和服务,更好地使用图书馆资源。

(1)服务方式:融入学生的学习社区,基于班级开展服务

"带班馆员"以"带班"命名,主要考虑到院系是基于班级管理和培养学生的,一

个班级中的学生处在相同的学业阶段,所选的专业课、学习进度较为一致,易于形成学习共同体,"带班馆员"以班级为单位进行配置,确保馆员能够直接与每位学生取得联系,使得服务能够融入学生的学习社区,有助于馆员与学生结成较为稳定的关系,为学生的学习提供服务。

"带班馆员"根据学生的需求,灵活采取线上与线下相结合的方式开展工作,提升服务的便捷性和易得性,例如① 座谈会:通过参与学生班会等集体活动,举办专场讲座、研讨会,与学生面对面交流,建立双方的直接联系。② 面对面咨询:提供预约咨询,与有需要的学生当面沟通、答疑解惑。③ 加入班级微信群:微信群是每个班级的线上社区,"带班馆员"在微信群不仅可以实时发送图书馆最新消息,及时传达图书馆的最新服务,也可以随时了解学生动态,对学生们提出的共性问题做出回应。④ 线上咨询:通过邮箱、微信等在线工具,一对一解答学生疑问。

(2) 服务内容:融入学业关键阶段,探索跟踪式信息素质教育

"带班馆员"从学生大一入学开始,主动融入学生的学习和科研中,将信息素质教育与学生的学习与科研过程紧密结合,实现对学生的跟踪指导,加强服务的精准性,同时将服务一直持续到学生毕业,针对学生不同阶段的需求提供有效的服务。在学生刚入学时,"带班馆员"通过座谈会、入馆教育和实地参观等方式介绍图书馆资源与服务的基本情况,通过班级微信群、加微信好友和邮箱提供单独咨询和指导,帮助学生快速了解图书馆,提高学生对图书馆的使用率,缓解"图书馆焦虑"。在学生的大二学年,"带班馆员"开始向学生推荐专业课程相关资源,适时引入学术文献检索方法、常用软件使用技巧、数据处理与分析、学术规范、论文写作与投稿等方面的内容,协助学生逐步开展学术研究,培养其批判性思维能力。在大三、大四学年,以单独指导为主,针对某些关键时间节点(例如期中考试周、期末考试周、毕业开题及学位论文撰写期间、学校举办的科研类赛事期间等)提供个性化的服务。

从2020年开始试点到之后的全面铺开,2023年"带班馆员"服务已组建37人的跨部门协同团队,服务实现对校本部2022级、2023级所有本科新生班级的全覆盖,目前总共服务学生万余人,发送微信消息万余条,解答学生疑问700多次,举办座谈会和参观活动百余场,为学生充分利用图书馆资源与服务开展学习和科研活动保驾护航。"带班馆员"服务受到广泛欢迎,获得了许多学生的赞扬和认可,例如"幸好有老师您,不然要找好久""认识图书馆的老师真是省好多事"等等。

2. 着力开展模块化、"全时性"的线上教育

信息技术的快速发展,特别是移动互联网、云计算、大数据等先进技术的广泛应用,正在改变人们解决问题的思维方式。作为"数字土著"的高校学生,他们的学习和认知方式逐渐呈现在线化、形象化、碎片化等特征,偏好的学习方式也逐渐转向自主学习、合作学习、碎片化学习、网络媒介交互式学习等。图书馆为适应学生

数字化学习的趋势，不断完善线上课程培训体系，建设包括微视频、在线讲座、手机游戏等在内的丰富的线上学习资源，向学生提供"全时性"的信息素质教育。

(1) 建设"情境教学、问题导向"的"信息素质教育微课堂"

为打造更加灵活、高效的学习体验，图书馆自2021年初开始建设网上"信息素质教育微课堂"，基于问题导向设计制作了多专题、多模块的微视频资源。

微视频的内容是吸引用户观看的关键。为了使微视频更贴合用户的需求和兴趣，图书馆按照"情境教学、问题导向"原则编排和设计微课堂的课程体系，将学术研究过程划分成确定选题、查找资料、文献管理、数据分析、论文写作、期刊投稿等诸多情境，再将每种情境细分为若干个知识点，针对每个知识点制作一个5～10分钟的微视频。在每个微视频的内容设计上，按照实用性原则，以学术研究或日常学习作为场景设计；同时，一个微视频聚焦一个信息资源检索与利用的常见问题，短小精悍，内容凝练，方便用户利用碎片时间进行学习。目前，共上线了"学术资源检索与论文写作""软件达人"两个专题的几十个微视频，校内播放量为12,000多次。

(2) 推进常规讲座活动的线上发展

北大图书馆"一小时讲座"开始于1999年，作为图书馆常态化的讲座品牌，有着良好的口碑。2020年春季学期，为帮助居家抗疫的师生更好地使用各类信息资源，图书馆迅速地调整"一小时讲座"的形式，调动"一小时讲座"的师资力量，首次策划并举办"Paper诞生记""软件达人成长记"两个系列的线上讲座共计12场，并与校内机构合作举办了8场线上讲座，共服务听众4,000余人；另外，通过图书馆微信公众号、官方微博设立"一小时讲座Online"专题，以图文形式重点介绍"一小时讲座"的精华内容，共推出微信文章15篇，总阅读量超万次，为师生"学习不停顿、研究不中断"提供信息服务。从2020年秋季学期开始，图书馆持续开展"一小时讲座"的线上直播，并通过手机日历订阅讲座日程、微信小程序提醒讲座时间、在线填写调查问卷等推动"一小时讲座"的线上发展，满足用户无须到馆即可参加讲座的需求，扩大讲座的受众范围，提升讲座的影响力。2023年"一小时讲座"已实现线上与线下同步开展大部分主题，并提供线上讲座回放，突破线下讲座的时空限制，方便用户随时随地进行相关主题的学习。

(3) 引入"寓教于乐"的主题故事类手机游戏和答题对战游戏

信息素质教育游戏的内容以信息知识或技能为主，以提高用户的信息素质为目标，通过提供一个让用户积极参与的虚拟环境，"寓教于乐"，在潜移默化中提高用户的信息知识和技能。图书馆将手机游戏作为开展信息素质教育的一种新思路和新途径，先后开发并上线了国内高校图书馆首款主题故事类手机游戏"图书馆的初遇"，以及通关难度更高的进阶版"疯子的计划"，受到众多用户的关注和参与。此外，图书馆参考美国大学与研究图书馆协会(The Association of Colledge and Research Libraries, ACRL)的《高等教育信息素养框架》，结合本校学生发展需求，设计新的信息素质评测指标，并在此基础上设计、开发了兼具趣味性与教育性的"北京大学图书馆信息素质答题对战系统"闯关游戏。这一闯关游戏被广泛用于图书馆的迎新活动、图书馆主办的信息检索大赛初赛环节、培训课程与讲座中,在提升用户的信息知识学习兴趣、深化用户对信息知识的理解和运用方面发挥了积极作用。

3. 持续建设体系化、多层次的教学内容

为适应不断变革的信息社会,满足师生不断变化的信息需求,图书馆始终坚持以人为本、与时俱进,不断调整和完善信息素质教育的内容,逐步构建分阶段、有层次、适应不同需求的教学内容体系。

(1) 基于用户的能力层次和信息需求,设计讲座体系

为满足各类用户在不同学术情境下对于讲座的差异化需求,"一小时讲座"从以图书馆信息资源为中心转变为从用户的能力层次和信息需求出发设计讲座体系,将讲座主题划分为"新手上路""解锁数据库""沉迷学术""软件达人"等板块:"新手上路"针对不了解图书馆的新人,帮助其快速了解图书馆;"解锁数据库"重点讲解各类常用数据库的检索和利用方法;"沉迷学术"围绕学术研究流程,介绍寻找学科热点、科研选题、文献调研、论文写作、投稿指南等内容;"软件达人"介绍常用软件的使用技巧及应用案例。整个讲座体系基本覆盖用户日常学习和科研的常见情境,有针对性地培养和提升用户的学术研究能力,增强了讲座的实用性。

(2) 关注信息环境变化带来的新命题,不断拓展教学内容

随着信息社会的高速发展,信息素质教育的内涵与外延也在不断发生变化。图书馆在密切关注信息素质教育的前沿热点与发展趋势的基础上,结合本校用户的实际情况和具体需求,不断更新教学内容,从专注于讲授信息检索方法转为面向全媒介、多元素质的信息素质教育,增设科学素质、写作素质、数据素质、媒体素质方面的培训课程,帮助师生提升学术研究能力,凸显图书馆在人才培养体系中的作用。

4. 积极开展学科化、个性化的学习指导

为了满足不同学科背景、不同学业阶段的学生在信息检索与利用中的个性化需求,北大图书馆在普适性的教学培训之外,还主动融入用户的学习和科研过程,为学生提供更灵活、更具针对性的协助和指导。

(1) 举办融入院系课程的专场教学

图书馆与院系教师协同合作,根据其具体需求,围绕专业课中学生需要用到的学术资源以及需要具备的信息能力等设计有针对性的教学内容,指导学生利用学科专业数据库、相关的软件等搜集、阅读文献资料,完成课程学习任务。目前,图书馆已与十余个院系的教师长期合作,连续数年融入法学院"论文写作与检索""大学论文与方法",外国语学院"批判性思维与学术写作""西文报刊选读",哲学系"哲学阅读与写作",新闻与传播学院"公共传播",信息管理系"信息行为导论""商务信息",软件与微电子学院"专利标准研读"等课程,承担上述课程部分课时的教学。

例如,从 2020 年起,图书馆每学期参与外国语学院开设的全校通选课"批判性思维与学术写作"的教学工作,为六个平行班提供"如何高效检索学术资源"方面的教学培训、信息咨询与作业辅导,该课主讲教师冯老师馈道:"我和图书馆的老师们合作已经四年了,图书馆的课程定制讲座服务内容丰富,具有很强的实用性与典范性,针对性极强,有效地融入教学进程中。在我介绍完课程内容和要求后,图书馆老师针对我的课堂特点和学生们的需求专门设计了一次讲座,并且以一次课堂作业为具体案例,帮助学生加深印象和理解。而且,根据学生的提问,图书馆老师还会及时更新和丰富讲座内容,真正做到了'个性化定制'。讲座过程中,图书馆老师和学生进行了充分的互动,气氛轻松、活跃。讲座既有理论知识的讲解,又有具体的实践操作,同学们纷纷表示收获颇丰:讲座对他们今后的学习起到了积极的作用,使他们学会更加有效地利用图书馆的知识资源辅助自己今后的学习与科研。"

(2) 依托信息素质工作坊开展一对一咨询与指导

为帮助学生及时解决在学习和科研过程中遇到的资源获取与利用的问题,图书馆采取信息素质工作坊的方式与写作中心合作开办写作指导自习室、举办学术写作指导沙龙,建设除教室、社会实践之外的"第三课堂"。图书馆提供学术写作指导服务,图书馆员与学生志愿者一起为预约咨询的学生提供文献检索、知识获取、数据处理、情报分析等方面一对一的咨询与指导。2023 年共开展百余场学术写作指导服务,还举办了多场与学术写作相关的讲座活动。

2.2 拓展立德树人特色路径,创新科学艺术文化交流服务

习近平总书记给国家图书馆老专家回信中提到"图书馆是国家文化发展水平的重要标志,是滋养民族心灵、培育文化自信的重要场所"。作为我国图书馆事业重要组成部分的高校图书馆,越来越自觉地融入立德树人这一高校的根本任务。图书馆借由修葺一新的科学报告厅、艺术鉴赏厅和强国展厅,发挥图书馆的场地优势、技术优势,依托北京大学综合性高校的多学科优势资源,打造具有特色的科学交流服务模式、艺术交流服务模式和综合展览服务模式,拓展立德树人特色路径,培育学生的文化自信,提高科技创新意识,增强审美能力。

除了现场活动外,图书馆积极学习新技术、引进新设备,采用线上与线下相结合的方式提供学术讲座、活动的直播和录播服务,并利用多媒体资源服务平台,定期整理并推送图书馆拍摄的校内高水平、高质量的讲座视频,供全校师生随时学习。

1. 开展科学交流服务,促进学科发展和科研创新

青年学生是富有创新活力的生力军,北京大学坚持以学生成长、成才为中心,着力培养创新型、复合型、高层次领军人才。作为大学的知识宝库和学生活动的重要场所,图书馆协同院系和职能部门为青年学生提供优质的学习和交流平台,鼓

励学生牢记"四个面向"要求,发扬创新精神,踔厉奋发,勇毅前行,鼎力支持了学校高素质、创新型人才的培养。

(1) 支持学校新工科建设,协同材料科学与工程学院举办系列学术讲座"彤程材料科学论坛"

北京大学积极服务国家重大战略需求,大力推进新工科建设,加快培养国家急需的高层次创新人才。材料学科是北大新一轮"双一流"建设的重要组成部分,也是学校新工科建设的主力军。为不断培养更多德才兼备、素质全面的"新工科"高层次人才,从2023年春季学期开始,图书馆协助材料科学与工程学院,在科学报告厅举办系列学术讲座"彤程材料科学论坛"。该论坛面向国家战略需求、响应学校新工科建设需要,围绕"工程科学技术创新和战略管理创新"主题,邀请活跃在材料及相关领域的国际顶尖学者和知名企业家作报告,培养具有国际视野、能够深度理解产业技术前沿和市场趋势、引领材料相关领域科技发展的创新型领军人才。该论坛主讲嘉宾既有本校院士,如彭练矛院士主讲"碳纳米管电子学:进展与挑战",也有知名企业家,如东方雨虹董事长李卫国从建筑、建材行业实际应用的角度探讨新工艺、新技术、新材料、新装备在现代化产业体系中的重要基础地位。

图书馆还协助材料科学与工程学院举办了北京大学"博雅材思"全国博士生论坛和北京大学卓越工程师论坛暨"博雅聚材"前沿工程博士生交流会。"博雅材思"论坛为来自全国高校和科研院所的博士生们就新材料领域的前沿研究进展提供了思想碰撞和交流的机会,"博雅聚材"交流会为全校工程博士生搭建了一个高起点、宽范围、跨领域的学习、交流和成果展示平台,着力推进工程人才的创新性培养。

(2) 提升科技创新能力,协同九三学社北京大学委员会组织开展系列讲座

为了吸引更多师生了解前沿科技、学习前沿科技知识、参与前沿科技研发,图书馆和九三学社北京大学委员会联合发起举办"前沿科技 & 书香九三@燕园"系列讲座活动,该系列讲座涵盖材料、计算机、数学、物理、化学、生物、医学等多个学科,为广大师生提供了一个展示成果、拓宽视野、增长知识、开阔思路的交流平台。例如,九三学社中央副主席、九三学社北京市委主委、中国科学院院士、北京石墨烯研究院院长刘忠范以"石墨烯产业:未来多远,路在何方"为题,介绍了石墨烯的发展研究历程与产业化的探索之旅;北京大学教授孟杰作题为"科技创新浅识:从左手和右手谈起"的讲座等等。师生听取权威专家对各个领域最新进展和前沿问题的解读与分析,并与他们面对面交流互动。图书馆期望通过该系列讲座使师生感受到丰富的、有内涵和魅力的科学奥秘,激发他们的科研兴趣,收获知识和技能,提升他们的综合素质和创新能力,面向世界科技前沿,不断向科学技术广度和深度进军。

(3) 支持国家知识产权示范高校建设,协同科技开发部举办"北大 IP 讲堂"系列讲座

作为国家知识产权示范高校,北京大学始终将知识产权工作作为学校"双一

流"建设的重要内容,通过一系列措施全面提升学校知识产权高质量创造、高水平管理、高标准保护和高效益转化运用的能力,知识产权信息素质教育是其中一个重要方面。为加强校内师生对知识产权知识、策略、动态的了解和把握,保护北京大学自主创新成果,图书馆协同科技开发部等部门合作举办"北大IP讲堂"系列讲座,内容涉及知识产权政策解读、知识产权基础知识、知识产权信息检索、专利导航布局、专利申请实务、高价值专利培育、相关技术领域专利布局及产业化、知识产权运营转化等,如"专利基础知识及专利技术交底书的撰写""专利基础知识以及国内、国际专利申请流程""专利挖掘及技术交底撰写""专利检索方法及科研过程中常见应用场景案例"。主讲人多为具有多年国家知识产权行业从业经验的专业人员。讲座广受欢迎,线上与线下参与人数众多,听众对讲座内容反响热烈,展现出浓厚的兴趣和积极的参与,系列讲座也成为推动知识产权领域发展和普及的重要力量。

(4)喜迎百年华诞,组织开展"百年奋进,百年荣光"专题系列讲座

为迎接中国共产党百年华诞,图书馆精心策划,在科学报告厅隆重推出"百年奋进,百年荣光"专题系列讲座,这一系列讲座旨在通过多个研究方向的深入探讨,全面回顾中国共产党百年来的艰辛历程和辉煌成就。

讲座邀请了众多知名专家学者,包括北京大学习近平新时代中国特色社会主义思想研究院院长助理尹俊,北京大学马克思主义学院教授周良书,北京大学政府管理学院教授、院长燕继荣,北京大学人口研究所所长、老年学研究所所长、教授陈功,以及北京大学中文系教授、现代文学教研室主任王风等。他们以深厚的学术底蕴和前沿的学术视野,为听众带来了精彩纷呈的演讲。

讲座的议题涵盖了政治史、思想史、经济史、文化史等多个研究方向,包括"中国式五年规划为什么会成功?""讲好中国共产党的历史故事""中国治理的变与不变:中国政府改革回顾与展望""中国人口发展变动与趋势:七普数据解读"以及"汉语现代书写:白话与文言的'合谋'"等,为听众提供了全方位、多角度的学术盛宴。

"百年奋进,百年荣光"专题系列讲座的成功举办,展现了图书馆在学术研究和文化传播方面的重要作用。

2. 开展艺术鉴赏服务,促进美学教育和素质提升

美育对于立德树人具有不可替代的作用。习近平总书记强调,要全面加强和改进学校美育,坚持以美育人、以文化人,提高学生审美和人文素养。2020年,中共中央办公厅、国务院办公厅印发了《关于全面加强和改进新时代学校美育工作的意见》,提出要"引领学生树立正确的审美观念、陶冶高尚的道德情操、培育深厚的民族情感、激发想象力和创新意识、拥有开阔的眼光和宽广的胸怀,培养造就德智体美全面发展的社会主义建设者和接班人。"[18]大学图书馆是学校立德树人的重要场所,是美学教育的重要基地,北大图书馆从多个层面开展艺术鉴赏服务,积极

落实美育育人。

(1) 举办"学科之美"系列讲座活动,深挖不同学科的美育内涵

《关于全面加强和改进新时代学校美育工作的意见》中提出要树立学科融合理念,有机整合相关学科的美育内容,大力开展以美育为主题的跨学科教育和课外校外实践活动[18]。早在1922年,蔡元培就提出"凡是学校所有的课程,都没有与美育无关的",他列举了数学、物理、化学、生物等各门学科同美育的密切关系[19]。图书馆深挖不同学科的美育内涵,开创了"学科之美"讲座品牌,陆续与生命科学学院、化学与分子工程学院、数学科学学院、物理学院合作,推出了"生物之美""化学之美""数学之美""物理之美"系列讲座,通过协同相关院系建立学科美育联动,大力挖掘各学科中的美育资源,不仅提高了学生的审美水平,还激发了学生对各学科的探究兴趣,促进学科间的交叉与融合,培养学生综合运用多学科知识和技能解决问题的能力。

该系列讲座由图书馆策划系列主题、开展全方位宣传、提供高质量场地和技术服务,院系负责邀请主讲专家和系列讲座主持人。每个系列设计5~9场,内容紧扣"学科之美"的主题,时间大致固定在周五下午,每场讲座都由图书馆进行录制,并上传到图书馆的多媒体服务平台的"学科之美"专栏,形成了固定时间、固定主题、固定栏目的品牌效应。为扩大品牌影响力,图书馆与学校宣传部紧密合作,通过北京大学官方视频号、B站、抖音、快手等北京大学融媒体宣传矩阵进行直播,据不完全统计,有173万人观看了"生物之美"九场讲座的直播活动,近75万人观看了"物理之美"三场讲座的直播活动。通过充分利用北京大学融媒体平台,图书馆成功地将"学科之美"品牌推向社会,反响热烈,为推动学科的发展和美学普及做出了积极的贡献。

(2) 举办"中华传统艺术之美""走近中国书法"系列讲座和活动,提高师生对中华传统艺术的鉴赏能力

1916年蔡元培出任北京大学校长后,北京大学便开始推行美育。在蔡元培的构想下,昆曲、古琴、书法、绘画等中国传统艺术项目陆续在北京大学开展,引领全国风气。1916年秋,北京大学学子发起了我国现代第一个音乐社团——北京大学音乐团(1919年更名为北京大学音乐研究会)。传统艺术项目在北京大学的历史源远流长。为继续发扬传统艺术,提高师生对中华传统艺术的鉴赏能力,图书馆一方面与教育部中华优秀传统文化(昆曲)传承基地合作,举办"中华传统艺术之美"系列活动,邀请各领域专家带领老师和同学们一起解读与欣赏中华传统艺术之美。该系列活动包含"古琴之美"和"戏曲之美"两个子系列,每学期举办十场左右,由北京大学艺术学院副教授陈均主持。"中华传统艺术之美"系列活动汇聚了众多艺术界的重量级人物,在2022年11月11日举办的首场活动中,著名音乐史家、古琴家、国家级非物质文化遗产项目古琴艺术代表性传承人吴钊与北京大学艺术学院院长、教授,教育部长江学者特聘教授彭锋展开了一场关于"古琴音乐发展与审美

标准"的精彩对话。在接下来的讲座中,著名古琴家、上海民族乐团一级演奏员、国家级非物质文化遗产项目古琴艺术的代表性传承人龚一老师,为大家带来了一场生动的古琴侃聊。昆曲大师汪世瑜将北昆版《西园记》的指导排练现场搬进了校园,在图书馆艺术鉴赏厅,师生们可以近距离观看、体验拍戏过程,深入了解昆曲的传承与创造之奥秘。艺术鉴赏厅为名家大师的现场演示提供了宽阔的场地和良好的音响效果,专家学者在课堂上的演奏示范可以让学生们更近距离地感受大师的琴音。

北京大学和新式书法研究十分密切:1917年蔡元培在北大设立"国立北京大学书法研究会",并由北大预科教授沈尹默,以及北大文科教员马衡、刘季平等担任导师,开启了中国书法进入高等教育乃至现代学术的关键一步,次年,时任北大图书馆馆员的王岑伯出版了我国第一部新式书法史《书学史》[20]。百余年来,北京大学以美育和跨学科的视角参与书法和书法史研究。图书馆持续弘扬书法传统文化,策划和组织了"走近中国书法"系列学术讲座,邀请书法创作和研究领域的杰出专家学者来校讲座,由中国书法家协会理事,北京大学艺术学院研究员、博士生导师,时任北大图书馆副馆长的祝帅担任总策划和学术主持。"走近中国书法"系列讲座注重传统文化与现代美育教育的结合,全方位、多角度展现了书法艺术的历史渊源、艺术特点和审美价值。校内外书法界研究学者在讲座中探讨了书法中的"先在"思想、北京大学在中国书法研究领域的深厚底蕴、古籍版刻书迹、清代碑学、书法艺术的本体与审美等多元化话题,为听众呈现了丰富多彩的书法世界。不少书法家现场泼墨挥毫,展现了书法艺术的独特魅力,具有很强的观赏性和互动性。此外每场讲座结束后,主讲者都会向听众推荐进阶读物,并由图书馆购买赠送给在场参与互动的师生。

3. 加强特色空间建设,促进文化传承和思想交流

《行动纲领》中的"行动3:全局推进服务设施改造,不断提升智能化、人性化程度和环境育人能力"。图书馆是弘扬社会主义精神文明、开展文化传播活动的重要平台。2020年12月1日,图书馆东楼修缮后正式重启,图书馆强国展厅、科学报告厅、艺术鉴赏厅也开始正式对外提供服务,支持学校各院系和职能部门的交流活动。此外,图书馆专门开辟研讨室,以满足北大师生在学术研讨、学习交流时对独立空间的需求。

(1) 以强国展厅为依托,开展综合展览服务,坚定理想信念,激发文化自信

新时代青年要树立正确的理想、坚定的信念,以理想为指引不断前进。展览是全方位、全过程、全景式展示历史、成绩,激发文化自信的重要渠道,发挥展览的展示、纪念、宣传、教育等综合功能,以史为鉴、开创未来,在潜移默化中引导和激励青年学子树立使命感、责任感和信念感。图书馆对展厅的设备进行了全新升级,命名为"强国展厅",作为弘扬中国传统美德,践行社会主义精神文明的重要平台。

新时代呼唤新使命,新使命开启新征程。强国展厅陆续举办了"初心薪火相传 使命永担在肩——北京大学庆祝中国共产党成立100周年主题展览""喜迎二十

大　奋进新时代——北京大学改革发展十年成果图片展""同人民一起开拓　同祖国一起奋进——北京大学学习贯彻习近平总书记'5·2'重要讲话精神五周年暨庆祝建校 125 周年主题展览"等大型展览。

作为学校庆祝建党百年的主要活动内容之一,"初心薪火相传　使命永担在肩——北京大学庆祝中国共产党成立 100 周年主题展览"突出了政治性、教育性、普及性、互动性和原创性,通过三部分内容——"初心肇始,红楼星火""砥砺奋进,弦歌不辍""使命在肩,矢志担当",全方位、立体式、多角度地展现了百年来北京大学与中国共产党同心、同向、同行的光辉历程,特别聚焦了党的十八大以来,在以习近平同志为核心的党中央领导下,北京大学改革发展取得的新成效、打开的新局面,从整体上反映了北大人在不同历史时期坚守初心、矢志报国的精神风貌,营造了团结奋进、开创新局面的浓厚氛围。以红色为主基调的环形展厅,成为北京大学共产党人百年初心的集中展示,成为北大人传承红色基因、赓续红色血脉的鲜活教材。此次展览还将线上展厅与实体展览无缝衔接,虚拟现实技术为青年学子提供了触手可及、趣味参观、沉浸互动的"云端资源库"。

为迎接和庆祝党的二十大胜利召开,营造团结奋进的良好氛围,北京大学党委宣传部和图书馆联合推出了"喜迎二十大　奋进新时代——北京大学改革发展十年成果图片展",展览对学校近十年来发展建设的重要时间节点和重大事件,以及特色、亮点工作进行了梳理,设置了"习近平总书记的亲切关怀""加强党对学校的全面领导""推进马克思主义理论学科领航""人才培养：德才兼备,体魄健全""'冰新一代'冬奥风采"等专题板块,每一张照片都是北大师生在建设中国特色世界一流大学征程中坚实的步伐,是砥砺奋进、守正创新的真实写照。此次展览还引入了人物墙、落地屏、展览灯箱等丰富多样的展陈形式,并陈列了体现北京大学教师部分学术成果的书籍展品,从多个角度综合展现了新时代学校改革发展所取得的丰硕成果。

2023 年是学习贯彻党的二十大精神的开局之年,是习近平总书记 2018 年 5 月 2 日考察北大并在师生座谈会上发表重要讲话五周年,也是北京大学建校 125 周年。为进一步用习近平总书记"5·2"重要讲话精神鞭策和推动世界一流大学建设,回顾总结建校 125 年来的光辉历程,也为学校深入开展学习贯彻习近平新时代中国特色社会主义思想主题教育提供重要载体和生动素材,强国展厅举办了"同人民一起开拓　同祖国一起奋进——北京大学学习贯彻习近平总书记'5·2'重要讲话精神五周年暨庆祝建校 125 周年主题展览"。展览紧密围绕习近平总书记"5·2"重要讲话内容,以图文为主体,辅以多种展陈形式,全面展现近年来北京大学勇担使命、砥砺前行,开创高等教育高质量发展新局面、推进中国特色世界一流大学建设进程的发展成就,并专题回顾北京大学建校 125 年来推动和融入中国式现代化进程的相关重要历史场景,以及北京大学校庆相关元素。

此外,为深入学习贯彻习近平总书记关于文化自信的重要论述,弘扬百廿北大积淀的人文精神和美育传统,图书馆还与中共临朐县委、临朐县人民政府主办了"灵气所钟——山东临朐红丝砚历史文化展"。文房四宝之一的砚是中华文明之瑰宝,是优秀民族文化的物质印记,发挥着书写、传播、交流、延续历史文化的重要作用。临朐红丝砚,因所用石料为红丝石,颜色以红、黄为主而得名,唐宋时被誉为"四大名砚"之首,展览展出了60余方精品砚台、50余幅拓片作品等,从"诗、石、史、土"四种视角回望中国传统文化。该展览在进行校园美育的同时更好地激励青年学子发扬中华优秀传统文化,增强文化自信,为建设社会主义文化强国贡献力量。

此外,图书馆还协同学校学生工作部和院系共同举办"新时代新青年——北京大学毕业生风采展",用榜样精神浸润心灵,让榜样力量驱动成长前行。

(2) 开放科学报告厅、艺术鉴赏厅场地,提供录播、直播服务,支持学校科学文化交流活动

图书馆科学报告厅和艺术鉴赏厅是学校开展文化传播的重要阵地,学校各院系和部门可以预约开展科学交流类、艺术鉴赏类的学术会议、学术报告和讲座以及相关学科专业教学实践、观摩等活动。科学报告厅、艺术鉴赏厅分别位于图书馆北配楼、南配楼一层,总面积各有200多平方米,皆配备多屏幕投影系统、充足的收/扩音设备、可调节灯光系统、电子横幅设备等,其中科学报告厅主要是为学术会议和讲座之用,有适合长时间听会的固定座位数近200个,艺术鉴赏厅为了便于演、讲结合的鉴赏形式,采用了灵活设置的桌椅,可根据需求摆放不同的数量和造型。

图书馆还可提供视频直播、录播,多媒体资源加工、保存、发布和推广等服务。目前已有多个院系和职能部门预约使用,开展科学、艺术和文化交流活动,服务观众万余人次,例如艺术学院在艺术鉴赏厅举办了2022'中国(抚州)汤显祖学术研讨会(北京大学分会场),助力传统文化传承、传播;其他活动包括但不限于党委组织部主办的学校干部选修课、机关党委主办的主题教育系列讲座、团委主办的电影观映和交流活动、计算中心主办的竞赛活动,工会、学生心理健康教育与咨询中心、图书馆联合策划举办的心理健康系列讲座等等,图书馆的多媒体服务团队以过硬的技术保障了各项活动的顺利进行。

为了突破时空限制,图书馆对在科学报告厅和艺术鉴赏厅举办的学术讲座进行了录制,连同图书馆多媒体服务团队拍摄的学校其他学术讲座,经主讲人授权并剪辑整理后,发布于北大图书馆多媒体服务平台,供在校师生随时观看。

(3) 开辟独立研讨室,建设共享空间,支持师生的学术研讨、学习交流等活动

为支持师生开展小型学术会议及学习讨论,图书馆专门开辟出远离阅览区域但光线环境俱佳的数个独立空间,贴心推出研讨室服务,并配备液晶电视、玻璃白板等设备,营造多样化、弹性化、有氛围感的学习交流环境,促进多人小组的有效交流与互动。自从空间开放预约以来,使用场景包括教师与学生共同参与的组会、学生与学生之间的课程研讨会和读书会、学生团队准备挑战杯答辩、跨校课题组的学

术交流等等,满足了不同层次科研的空间需求,从细微处体现图书馆服务科学、艺术、文化交流的理念。

第三节 用户参与管理和服务

赵飞 及桐

随着信息技术的发展和用户需求的升级,图书馆用户的角色发生了深刻地变化:用户不再只是使用图书馆资源的消费者和服务对象,而是也成为参与到图书馆广泛业务中的服务主体[21]。用户的参与可以充分发挥他们的主观能动性,不仅能使图书馆服务实践汇聚集体智慧、满足用户深层次需求,更能锻炼用户的实践能力、提升他们的获得感,成为图书馆实现服务创新的必然趋势和发挥育人实效的有效途径。近年来,国内外高校图书馆对用户参与图书馆业务进行了一些尝试和探索,让用户参与资源荐购[22]、空间设计[23]、学术支持服务[24]等业务。

《行动纲领》中提出了"进一步改进馆员和用户队伍等人力资源组织,不断提升服务保障和创新能力"的行动目标,重点实施"馆员与用户伙伴关系构建"等项目,着力构建与用户共同参与、相互融合的伙伴关系,推动服务优化升级,促进用户全面发展。在《行动纲领》引领下,北大图书馆于2019年进行了组织机构改革,创造性地成立用户关系办公室,负责统筹和协调全馆用户伙伴关系的构建与维护,承担用户参与组织、用户沟通交流、用户信息管理等职责。

北大图书馆用户关系办公室自成立以来,立足三全育人宗旨与用户伙伴关系,积极开展用户参与管理与服务,系统打造了学生志愿服务队伍、视觉设计工作室、图书馆之友协会、学生助理馆员等多样化用户参与模式。目前,北大图书馆用户参与已覆盖学生、校友、教职工、馆员等多类型用户,业务涉及馆藏建设、文化服务、宣传设计等,充分发挥实践育人、平台育人、社团育人功能,有力支撑了学生德智体美劳全面发展、有效助推用户伙伴关系的深度构建。

3.1 实践育人——学生志愿服务队伍

2022年《大学图书馆现代化指南针报告》明确提出,大学图书馆是学校人才培养体系的组成部分,图书馆应主动融入人才培养的思想道德教育、文化知识教育、社会实践教育等环节,加强学生志愿服务队伍建设。

开展学生志愿服务是大学图书馆发挥实践育人功能的有效途径:一是培育价值观,培养学生的社会参与意识和社会共同体意识,弘扬奉献、友爱、互助、进步的志愿精神与社会主义核心价值观;二是提升实践能力,提高学生对社情国情的认知,锻炼学生社会实践与团队合作能力,帮助学生毕业后更快、更好地融入社会、服务社会;三是夯实信念根基,厚植学生的爱国情怀与文化自信,深入走进大学书城、深度对话党史和校史,增强国家认同、坚定理想信念;四是提升信息素养,帮助学生认识图书馆、了解和使用图书馆资源与服务、参与图书馆服务建设。

北大图书馆自2020年起全面推进学生志愿服务队伍建设,围绕三全育人宗旨、协同多方学生团队,打造常态化、规模化、高质量的图书馆志愿服务队伍,充分发挥图书馆志愿服务的育人作用,创新学生参与模式,助力学生成长成才。

1. 建设理念:育人为本、团队为先

在学生志愿服务队伍建设开始前,北大图书馆进行了大量实地调研,突破以往只是将学生志愿者作为人力补充的观念,而是将学生志愿服务作为发挥学生专长、践行教育职能、促进学生参与的良好契机,确立了"育人为本,团队为先"的学生志愿服务队伍建设理念。

(1) 开展现状调研,厘清现有问题

一方面,通过实地调研以及对馆员、学生志愿者的访谈,全面了解过往图书馆学生志愿服务队伍的组织现状与问题痛点;另一方面,基于网上信息、公开报道与相关研究文献,梳理了23所国内高校图书馆学生志愿服务队伍相关组织与政策。调研发现,高校图书馆学生志愿服务队伍普遍存在以下几点问题:一是志愿服务队伍建设多从图书馆需求出发,相对忽视了队伍的育人职责和学生参与功能;二是志愿服务岗位与学生兴趣专长脱节,工作内容较为简单,导致学生参与积极性不高;三是在组织管理上,图书馆大多是直接建立一个志愿者团队开展志愿服务,未能充分发挥高校已有众多学生社团和青年志愿者团队的力量,也未能有效培育和体现不同学生社团和青年志愿者团队各自的特点和专长。

(2) 多方走访沟通,探索破局路径

与学校教务部、团委、青年志愿者协会、仲英公益促进协会等学校相关部门交流,明晰学校志愿服务政策要求与团队体系,借鉴队伍建设经验,发掘合作资源与机会。此外,与馆内各业务中心、馆内现有志愿者以及普通学生代表反复沟通,分别从馆内业务开展与学生参与角度了解各方对图书馆志愿服务队伍建设的需求与期待。

(3) 立足学校特色,确立建设路径

最终,基于调研与沟通的结果,立足北京大学具有众多学生社团和青年志愿者团队的优势,确定了"育人为本、团队为先"的志愿服务队伍建设理念,与校内多个学生社团和青年志愿者团队协作、有效融合,推进图书馆学生志愿服务队伍建设。

2. 工作体系:拓展岗位、建设文化

在队伍工作体系建设上,为保障学生参与和实践育人效果,北大图书馆依据不同学生社团和青年志愿者团队的特点,设计适宜的多类型岗位、加强队伍文化建设,拓展志愿服务工作内容,激发志愿者队伍的工作热情。

(1) 精心设置岗位类型,提升队伍积极性

在学生志愿服务队伍建设的过程中,图书馆将岗位类型的设置视为扩大队伍规模、提升参与积极性的重要环节,因而积极拓展志愿服务岗位类型。志愿服务岗

位尽量涉及图书馆多方面业务领域，尤其是专业性较强、很少对外展示的内部业务，以激发志愿者兴趣，发挥志愿者的专长，提升志愿者的参与热情；同时，根据不同学生志愿者团队的特点，精准匹配适宜的岗位，充分发挥不同团队的优势，为不同学生志愿者团队提供适宜其运行和发展的平台，打造多样化的学生志愿服务队伍。

目前，北大图书馆学生志愿服务已形成了集多元化岗位与专业化岗位、常态化岗位与临时性岗位于一体，覆盖广泛、吸引力强的岗位项目体系：一方面，为及时应对不同时期的实际需要，灵活推出临时性志愿服务岗位，如新冠疫情期间的在线数据整理、毕业季迎新季活动策划、阅读文化节问卷设计与讲座主持、科艺文讲座支持、通讯编审等；另一方面，设置了 6 个大类超过 15 个常态化志愿服务岗位，工作内容涉及图书馆大部分业务，包括：馆藏建设方面的新书收登、订单清点、编目协助、学位论文整理校对等；借还服务方面的“送书上门”、馆际互借服务等；秩序维护方面的馆内巡视、展览引导、入馆辅助等；创新设计方面的海报设计与新媒体运营等。

在岗位周期设计上，经反复讨论，常设志愿服务岗位按每期 3 周开展，每学期共进行 5～6 期，从而在保证学生有充足时间熟悉业务的同时，让更多的学生有机会参与其中，促进图书馆学生志愿服务队伍的不断发展和壮大，2022 年秋季学期第三期图书馆学生志愿服务岗位设置如图 2.4 所示。

一、常设志愿者

类别	岗位	主要工作内容	工作频次	工作时段						
				9-11点	11-12点半	13-15点	15-17点	17-18点	18-20点	21点半-22点半
馆藏建设志愿者	新书收登	新书收登（中文、西文、港台）与单采验收	每周一、三、五	是		是	是			
秩序维护志愿者	馆内巡视	馆内巡视、提醒违规（卧吃占座）者	每周七天	是		是	是		是	
	南门辅助	南门辅助、出入馆与自行车停车引导	每周七天	是	是	是	是	是	是	
	闭馆引导	闭馆引导、辅助	每周七天							是
送书到楼志愿者	送书到楼	协助完成找书、送书、服务工作	每周一至五	是		是	是			
馆际互借志愿者	馆际互借	协助馆际互借完成送书业务	每周一至五	是		是				
书库工作志愿者	书库工作	409书库整理工作	每周一、三、五	是		是	是			
报纸上架志愿者	报纸上架	东馆三层报纸上架与整理工作	每周一、四				是		是（仅周一）	

除了以上岗位，本次招募还将“北京大学改革发展十年成果图片展”展览服务岗位加入到常设志愿者的行列中，期待你的参与！

岗位	主要工作内容	工作频次	工作时段			
			9-11点	11-12点半	12点半-15点	15-17点
展览服务	维护强国展厅参观秩序，引导师生入场签到	每周一至五	是	是	是	是

二、临时志愿者

岗位	主要工作内容	岗位要求	工作时段	工作时长	工作地点	工作人数
通讯编审志愿者	对图书馆通讯文稿进行编辑审校	具有一定的文字功底，新闻系、中文系学生优先	11月初开始，不固定时段	以修改1篇稿子2小时计算，根据稿件数量决定	可线上完成	1人

成为通讯编审志愿者，你将进一步锻炼自己文稿阅读和修改的能力，欢迎你的加入！

岗位		主要工作内容	岗位要求	工作时段				
				11月8日 18点半~21	11月11日 18点半~21	11月16日 12点半~15	11月24日 18点半~21	11月29日 18点半~21
学术讲座志愿者	文案撰写	学术讲座相关的宣传文案、通讯撰写	具备良好的文字功底，对历史、文学抒兴趣或有基础者优先。	2人	2人	2人	2人	2人
	讲座主持	学术讲座的现场主持工作	有清晰流畅的口头表达能力，机敏的控制现场的能力	1人	1人	1人	1人	1人
	现场协调	学术讲座现场协调，如签到、物料布置等	有责任心、耐心、细心	2人	2人	2人	2人	2人
	现场摄影	学术讲座的现场摄影工作	有一定摄影基础	2人	2人	2人	2人	2人

成为学术讲座志愿者，你将与学术大咖现场交流，还有机会获得签名赠书和图书馆文创奖品！

图 2.4　2022 年秋季学期第三期图书馆学生志愿服务岗位设置

(2) 加强文化建设，提升队伍凝聚力

在志愿服务队伍建设过程中，北大图书馆注重依托馆藏文献、特色服务、空间资源、宣传资源等各种资源优势，开展多样化的队伍建设，提升志愿服务队伍的凝聚力与向心力，增强学生参与的主动性与责任感。

挖掘红色资源，结合党史学习教育，开展队伍红色文化建设。例如，2021年，在大钊阅览室常设革命文献整理与专题展览讲解志愿者岗位，馆员引导学生志愿者完成约2,200册革命文献和2,000册子民图书室图书的清点工作；先后为51位学生志愿者进行讲解培训，指导学生志愿者完成正式讲解3场，试讲解10场。同年5月，"初心薪火相传　使命永担在肩——北京大学庆祝中国共产党成立100周年主题展览"在图书馆开展，80余位来自物理学院、计算机学院、基础医学院等的学生组成展览讲解志愿者团队，为预约登记的校内外200余个团队、超过8,000人次提供了讲解服务。

借助宣传资源，结合价值观教育，加强队伍志愿文化建设。图书馆不仅定期在微信公众号、官方微博发布志愿者招募文案，还积极利用校园媒体资源，宣传图书馆志愿者先进典型、展示图书馆志愿服务队伍风采，例如与学校融媒体中心合作在北京大学微信公众号发布推文《在图书馆，你见过这些北大学生吗？》，与学校广播站"北大之声"栏目合作推出图书馆志愿者访谈节目，与校团委合作拍摄志愿者宣传视频《家燕》、发布微信推文《书页背后的"志愿之光"：与北大图书馆志愿者的一次对话》等。在开展学生志愿服务的同时，借助学校与图书馆融媒体平台讲好志愿者故事，传播志愿服务理念，引领志愿服务文化建设，增强志愿服务队伍的认同感与归属感。

3. 组织管理：多方协作、灵活管理

根据不同学生志愿者团队的特点，构建以学生为主的管理体系，并制定符合其特点和需求的运营管理制度，促进图书馆学生志愿服务队伍的多元化发展，提升志愿服务队伍自治力与执行力，打造多团队融合、与学生共建共管的新模式。

(1) 因材施策，构建以学生为主的管理体系，提升队伍自治力

在图书馆学生志愿服务队伍的管理体系建设上，充分发挥北京大学特色，积极与校内众多学生志愿者团队开展多方合作，调动学生的能动性与创造力，共同完成志愿者招募与志愿服务流程优化。同时，注重因材施策，依据各学生志愿者团队的不同特点，建立不同的合作方式，助力他们不断成长，从而促进图书馆学生志愿服务队伍的多元化发展。例如，学校青年志愿者协会团队，因面向全校，招募范围广，负责常态化志愿服务岗位运营；医学部预科生团队，因组织力度强、相互配合好，承担综合服务台与咨询台服务；仲英公益促进协会团队，因服务时间长、服务经验佳，承担书库工作与闭架服务；元培学院青年志愿者协会团队，因学科涉及广泛、参与意愿较强，承担大钊阅览室讲解服务。

在图书馆学生志愿服务队伍的管理体系中，构建了以骨干志愿者为核心的管理模式,由骨干志愿者负责各个岗位志愿者的具体管理、协调和保障工作,通过以点带面、以身作则、以老带新的方式调动岗位志愿者的工作热情,完善志愿服务的末端管理。

这种以学生为主的管理体系,不仅提升了图书馆学生志愿服务队伍的自治力,而且也有助于各个学生团体和青年志愿者团队的成长与责任担当。

(2)因事制宜,形成规范标准的运营体系,提升队伍执行力

各学生志愿者团队根据自身构成与职责特点,以制度性文件为纲领,建立有针对性的管理制度和流程规范包括岗位规划、招募配置、培训管理、激励反馈,从而提升图书馆学生志愿服务队伍的执行力。图书馆学生志愿服务队伍制定了《图书馆学生志愿服务工作开展方案》《图书馆骨干志愿者管理办法(草稿)》《北京大学图书馆志愿服务"优秀志愿者"评选办法(草稿)》等制度性文件,形成了从岗位设计、招募、骨干遴选、排班,到培训、签到、统计、激励、总结的规范流程,确保业务的各个环节均有规范指导。例如,在志愿者培训环节,联合志愿团队干事与骨干志愿者针对常态化岗位制作了上岗说明文档或岗位工作手册,保障志愿者服务效率与质量。此外,在每期活动后,图书馆认真收集并汇总各业务中心与志愿者的反馈,及时与各志愿者团队沟通,不断改进和完善志愿服务流程、优化学生参与模式。

4. 参与效果:参与度高、收获感强

北大图书馆学生志愿服务队伍建设,从2020年暑期开始初步探索,结合新冠疫情形势,开展线上教参数据整理、迎新季、"送书到楼"服务试运行志愿活动;到2020年9月下旬全面开展,推出常态化志愿服务活动;到2020年12月配合东楼重启的准备与庆典工作,包括推文编辑、展厅引导、特藏搬家等;到与医学部预科生团队、仲英公益促进协会团队、元培青协团队、视觉设计工作室的多方融合;再到组织寒假留校学生开展县志信息收集和整理等线上与线下志愿活动,至今已走过三个年头,在图书馆与学生团队的用心策划、合力组织下,图书馆学生志愿服务队伍迅速发展壮大,积极融入学校与图书馆的重要发展任务中,在助力图书馆建设和学生成长成才方面做出了贡献。

(1)参与度高,助力图书馆建设

仅2020年秋季一个学期,便有包括医学部在内的20多个院系的900多位同学参与到图书馆学生志愿服务队伍中,志愿服务人次超过4,400人次,志愿服务时长总计超过8,800多个小时。仅这一个学期,学生志愿者就帮助图书馆完成新书收登与单采图书处理3万余册,累计核对学位论文4,000多册;完成"送书上门"服务220余单,累计上门送书750多册,上门取还书300多册;完成馆际互借送书172册,取送理教复印室图书136册;完成微信公众号推文排版约50篇、宣传文案撰写17篇、海报设计7组,并协助完成线上调查与测试共3项。

在随后的2021和2022年度,图书馆每学期都开展5~6期、寒暑假2~3期的

常态化志愿服务项目,以及阅读文化节活动支持、科艺文讲座支持、展览策划等丰富的临时志愿服务项目,并组织举办面向全校学生的图书馆五一、十一劳动教育周活动。2021 年共有 1,442 位同学参与了图书馆志愿服务,累计工作 15,713 小时;2022 年在新冠疫情的影响下,也有近 1,214 位同学参与图书馆志愿服务,累计工作 15,658 小时。

(2) 收获感强,助力学生成长成才

在 2020 年底北京大学志愿者大会上,北大图书馆"爱吾家书"志愿者团队从北京大学众多志愿者队伍中脱颖而出,获评成为 2019—2020 年"北京大学青年志愿者优秀团队"。除了获得学校层面的肯定与奖励之外,志愿者们也普遍反馈在图书馆志愿服务过程中获得了自我价值实现的成就感、体悟了助人奉献的意义、加深了对图书馆资源与服务的了解、接受了图书馆深厚的文化熏陶,充分肯定了图书馆志愿服务的育人功效,部分学生志愿者反馈如图 2.5 所示。

图 2.5　部分学生志愿者的反馈

3.2 平台育人——视觉设计工作室

北大图书馆积极探索用户参与和专业服务的有机结合,为用户提供施展专业知识与专业技能的平台,以专业化的用户参与实现平台育人功能,例如组织阿拉伯语专业学生参与沙特分馆课程开发与建设工作,组织具有设计特长的用户参与图书馆平面设计工作等等。本部分以视觉设计工作室的建设为例,介绍北大图书馆在专业化用户参与上的探索。

2020年12月,北大图书馆打造视觉设计工作的用户参与项目,成立了图书馆视觉设计工作室。工作室负责承接图书馆内的平面设计需求,旨在通过提供优质的视觉作品,更好地传播图书馆信息、优化图书馆形象,从而达到以美为媒、以美育人的作用。视觉设计工作室的建设不仅是对高校图书馆专业化用户参与工作的创新探索,而且以组织管理创新实现了用户参与的高质、高效运转,可为高校图书馆开展相关工作提供参考。

1. 建设理念:专业引领、多方参与

2018年9月,习近平总书记在全国教育大会上强调:"要全面加强和改进学校美育,配齐配好美育教师,坚持以美育人、以文化人,提高学生审美和人文素养。"作为校园的文化殿堂与美育平台,北大图书馆高度重视视觉传播工作,在馆舍空间设计、平面设计等方面具有大量专业需求。将用户参与引入图书馆视觉传播工作,成立视觉设计工作室,一方面可通过丰富的设计实践机会使团队成员充分发挥特长、获得成长,实现平台育人功效,另一方面也可通过设计作品使全体用户获得潜移默化的审美与美感滋养,发挥环境育人功能。

由于视觉设计工作具有独立性、办公地点灵活等特点,无须拘泥于仅在校生参与,因此图书馆积极拓宽此项工作参与的用户类型,招募包括学生、校友、馆员、教工等在内的多种用户类型组建视觉设计工作室,充分发挥多方用户的专业技能与智慧,尽力为更多的用户提供参与图书馆建设的机会。

2. 组织管理:志愿服务、规范流程

视觉设计工作室积极探索组织管理模式,经综合考虑,采用以志愿服务的形式实施这一创新与挑战并存的新举措。一方面,志愿者身兼学生/教工/校友、设计师、用户等多重身份,在发挥自身价值、提升综合素质的同时,还可为平面设计工作带来创意与活力、强化图书馆与用户的连接;另一方面,由于设计工作专业性较强,采取志愿服务的形式开展也产生了任务集中、耗时较多、成员设计能力不一、风格缺乏统一、难以管理等问题。面对这些难点,视觉设计工作室通过制定适宜的组织管理机制,来增强志愿服务队伍的自我组织、自我管理、自我教育、自我激励的能力。

(1) 扩大招募范围,提高准入门槛

为确保成员具有基本的艺术审美与设计能力,方便设计工作顺畅开展,工作室面向全校公开招募,并要求同时提交之前设计的海报作品,根据报名者专业技能、课余时间和个人意愿进行综合考量筛选,首批工作室成员确立为 9 位同学。此外,工作室成员毕业后根据个人意愿还可继续参与工作室的设计工作。随着工作室工作的逐步开展,工作室团队规模也逐步扩大,目前已有包含学生志愿者、学生助理馆员、校友、馆员、教工等在内的近 20 位成员。

(2) 制定合理制度,激发参与热情

视觉设计工作室采用线上为主的工作模式,在线完成任务发布、沟通与作品交付。这种灵活的工作方式给予成员更强的自主性,同时能够吸引医学部、软微学院等非校本部的同学以及校友、教职工参与其中,壮大工作室的人才队伍。

工作室采取单双周轮值志愿设计服务的工作制度,在分配工作任务时充分考虑工作量及交付时限等问题,减轻成员工作的心理负担和工作负担,让成员在参与奉献的同时享受艺术设计的愉悦。

由于视觉设计创作具有较强的专业性,参与门槛较高,工作室在招募成员时设置了多样化的激励机制,以提升成员参与的积极性与持续性,比如志愿时长按照实际工作时长的 1.5 倍统计、保证设计作品的署名权、提供专业培训及讲座资源分享等。

(3) 沉淀工作文件,提高运作效率

为提高成员的在线运作效率,工作室自成立以来便借助线上协作平台陆续编撰与发布《北京大学图书馆视觉设计工作室工作指南》《北京大学图书馆海报设计参考》以及《团队分工表》等文件,提升信息同步效率,基本做到随记随查。同时,工作室高度重视成果资料储存与文件共享共用,工作室通过"北大网盘"建立共享文件夹,所有成员均可在文件夹中自行查看、上传、下载工作室的设计模板与设计成果,方便内部相互学习,减少大量沟通成本。

(4) 加强培训把关,保障作品质量

为保障工作室作品的艺术性与优质性,工作室邀请北京大学艺术学院研究员祝帅担任指导老师,负责艺术设计指导与专业把关。

虽然工作室志愿者都具有平面设计的基础能力,但在风格把控和操作细节的掌握上程度不一。因此,为保证工作室作品风格的一致性与质量的稳定性,成员加入工作室后,即会收到电子版《北京大学图书馆视觉设计工作室工作指南》文件,该文件不仅明确了创作版式、创作元素、创作形式等设计理念,而且详细规定了设计模板所用字体、字号、字间距等操作规范,同时针对设计中常见的问题比如素材版权等事项也有所强调。视觉设计工作室部分设计作品如图 2.6 所示。

工作室由两名设计经验相对丰富的成员作为组长,轮流负责每周具体任务的指导和修改。这种"责任到组"的制度不仅能够保证设计作品的质量,还会对参与设计工作的成员给予有针对性的培训和指导,使他们在参与过程中获得设计能力的提升。

图 2.6 视觉设计工作室部分设计作品

此外,工作室积极开展线下专业培训,邀请设计领域的专家进行讲座并指导,开拓更加多元的专业培训资源。

视觉设计工作室成立以来,成果颇丰且广受好评。工作室完成了图书馆多类型的设计工作,包括北大图书馆标识系统 Logo 更新,百余张(套)讲座与活动海报设计,喜迎二十大、庆祝建党百年等重大主题宣传图,迎新季、毕业季、春节、阅读文化节等重点活动的宣传品和文创设计,馆舍空间标识与室内装饰设计,以及专家邀请函、收藏证书等,有效提升了图书馆线上与线下的视觉体验和视觉秩序。2021年7月,工作室发布线上展览"书香色美丨图书馆线上海报展",集中展示了工作室成立半年以来的设计作品,发布当天阅读量即破千。2022年7月,工作室还策划组织了实体展览"图绘书香——北京大学图书馆视觉设计工作室作品展",在毕业季期间向广大师生展示了工作室的优秀设计作品与成员们的工作感受和心得(见图 2.7、2.8)。毕业季期间工作室得到图书馆各业务中心和用户的充分认可,被认为是协助图书馆工作开展、营造图书馆美育氛围的重要力量；工作室成员也表示在实践过程中获得了艺术审美与设计技能的提升。

张常喜 ｜ 视觉设计工作室成员
工学院2018级本科生

在为图书馆作设计的这段时间里，我自己也学到了很多东西。印象最深刻的就是对设计品的意境的追求。我感受到了每个人的设计品中都蕴含着图书馆的书香气韵。如何把这种图书馆独有的特色展现出来是我未来要更加努力的方向。

王安然 ｜ 视觉设计工作室成员
历史学系2019级本科生

有幸加入图书馆设计小组，老师和学姐给予了我很多指导，也让我的课余生活在志愿服务中格外充实。第一次做图书馆活动海报时，我在组长的帮助下改了好多稿，但看到终稿能够被采用、并在图书馆以展板、海报、推送封面等形式展示，是一件很有成就感的事。祝愿图书馆设计越来越好！

图 2.7　视觉设计工作室成员反馈

图 2.8　视觉设计工作室作品展

3.3　社团育人——图书馆之友协会

图书馆之友协会成立于 2014 年，是由北大图书馆和校团委共同领导的实践型学生社团。图书馆之友协会于 2020 年重新规划建设,由图书馆用户关系办公室统筹指导,带领社团发展壮大、引导学生参与建设,发挥社团育人功效、服务学生成长成才。自 2020 年以来,先后有 200 余名学生加入图书馆之友协会,覆盖含医学部在内的 30 个院系和本、硕、博各阶段的学生,目前协会活跃成员 30 余名。三年来,图书馆之友积极参与图书馆资源建设、宣传推广、用户调研与沟通、活动策划组织、志愿服务等多方面工作中,在图书馆服务优化与社团有序发展上取得显著成效。

1. 建设理念:搭建桥梁、共同成长

图书馆之友协会旨在成为图书馆与师生之间的桥梁,以社团力量帮助图书馆更充分地了解和满足师生需求,帮助师生更深入地走进和使用图书馆。图书馆希望通过社团建设,为学生们搭建参与图书馆发展、实现自我成长的广阔平台,带领学生切实参与到意见征集、活动组织、宣传策划等图书馆管理与服务优化工作中,引导学生从喜爱图书馆到了解图书馆、从使用图书馆到参与图书馆、从关注图书馆到帮助图书馆,最终实现与图书馆的共同成长。

2. 组织管理:完善规范、灵活协作

在 2020 年社团重建阶段,图书馆带领图书馆之友协会总结先前经验、立足社团特点,明确招募对象、理清组织架构、确立灵活工作模式、完善运营制度,为社团长效发展奠定坚实的运行基础和制度保障。

在组织架构上,图书馆之友协会下设四个部门:运营管理部、对外联络部、宣传调研部、活动策划部。运营管理部聚焦社团的团队建设工作,负责社团人员与经费管理,组织定期的社团例会和管理团队工作沟通会;对外联络部负责社团志愿活动的组织管理,以及与校内其他院系、社团和校外进行联系并开展合作;宣传调研部主要负责参与图书馆新媒体策划运营,组织图书馆服务需求调研,收集师生对图书馆服务问题建议、感受反馈等;活动策划部负责参与图书馆活动策划以及组织开展社团会员活动。图书馆之友协会由图书馆用户关系办公室统筹指导,日常运营管理团队由会长、理事长、团支部书记和四个部门部长构成。

在工作模式上,为充分激发学生热情、扩大每位学生可参与的社团活动范围和图书馆服务领域,图书馆之友协会打破传统部门界限,采用项目组的形式开展活动。当筹备一项活动或工作时,由相应部门的部长和部门骨干牵头成立项目组,面向全体协会会员招募项目组成员,学生可不受所在部门限制,自由参与感兴趣的活动或工作,充分发挥学生主观能动性。

为确保社团工作在灵活协作模式下高质、高效开展,图书馆之友协会制定了详细的运营管理制度和规范,包括社团换届选举制度、社团例会制度、会员积分制度、活动室使用规范等。通过对社团的组织建设、日常运营、成员激励、工作规范、经费使用等的规范化管理,保障社团平稳运营、有序发展。

3. 参与效果:大显身手、效果显著

北大图书馆为图书馆之友协会提供了广阔的参与空间和参与机会,学子们因馆成友、以馆会友,各施所长、集结智慧,以紧密的团队协作和饱满的服务热情全面参与到图书馆日常工作与发展建设中。自2020年以来,图书馆之友协会顺利帮助图书馆完成文献资源补藏联络等资源建设工作;东楼重启配套宣传、图书馆空间设施宣传、图书馆服务宣传等宣传推介工作;图书馆服务需求调研、师生意见反馈征集、校内论坛图书馆版面管理等用户调研与沟通工作;图书馆学术讲座现场支持、新生入馆教育现场协调等现场组织工作;图书馆日常备勤与服务补岗等志愿服务工作;策划图书馆躺椅占座劝阻活动、联合校书画社组织图书馆阅读文化节学生书法作品展览、与校学生会合作策划图书馆脱机自习活动等活动创新工作。图书馆之友协会充分发挥了其作为图书馆与师生之间桥梁的作用,有效帮助图书馆实现服务优化与用户关系深化,社团成员也在这些工作中获得了锻炼与成长。

第四节　学校人才培养体系的组成部分[25]

陈建龙

立德树人是教育的根本任务,人才培养是大学共同的使命,当然有的学校还有科学研究、社会服务、文化传承创新、国际交流合作等其他使命。从党和国家事业发展全局的高度看,为党育人、为国育才的根本要求表明,人才培养是一项系统工程,由具有共同目标的不同系统组合而成,也是一个有机整体,由具有共同职责的不同方面组合而成。也就是说,新时代人才培养已是一个体系。在这个体系中,思想道德教育、文化知识教育、社会实践教育各环节相融合,学科体系、教学体系、教材体系、管理体系建设各方面相衔接。

对照当前人才培养体系的组成部分,为实现人才培养的共同目标和职责,大学图书馆在哪个环节、哪个方面和多大能效上承担了不可或缺的任务呢?

教育部2015年发布的《普通高等学校图书馆规程》[26](以下简称《规程》)指出:"高等学校图书馆是学校的文献信息资源中心,是为人才培养和科学研究服务的学术性机构,是学校信息化建设的重要组成部分,是校园文化和社会文化建设的重要基地。"这是有关图书馆的功能、性质和地位的描述。相比较1981年修订的《中华人民共和国高等学校图书馆工作条例》[27],"文献信息资源中心"的功能定位和"学术性机构"的性质定位基本一致,"信息化建设的重要组成部分"与原来的"图书馆工作是教学和科学研究工作的重要组成部分"相比,其地位发生了变化,难以评判哪种"组成部分"的地位更高,但两者离"人才培养的组成部分"都还有差距。如果把《规程》的内容视作规定,显然有许多高校没有做到,其图书馆也还不是这样;如果把《规程》的内容视作努力目标,又会发现不少先进图书馆已经实现了。

因此,先进的大学图书馆要进一步融入学校人才培养的共同目标和职责,创造独特价值,承担人才培养不可或缺的任务,努力成为人才培养体系的组成部分,直

至重要组成部分。在这个努力方向上,以下两点就显得尤为重要:

一是图书馆工作主动融入人才培养的思想道德教育、文化知识教育、社会实践教育等环节,如进一步加强意识形态阵地建设、信息素质等文化教育、学生志愿服务队伍建设等,同时,挖掘馆员的"老师"和"教育者"的潜能,以"带班馆员"角色长期指导学生班级的课外学习活动,以"指导老师"角色持续带领学生开展专题性学习活动,而不仅仅是为学生的自主学习提供支持性服务。

二是图书馆体系建设全校一盘棋,无论是实体馆的"总馆—分馆"体系,还是在线图书馆的统一架构,都具有其独特价值和比较优势,要全力支撑人才培养的学科体系、教学体系、教材体系、管理体系建设,如进一步加强学术情报服务、教学参考服务、教材知识服务、管理决策服务等,同时,挖掘和建设数据资源,提供增值服务。

参 考 文 献

[1] 陈建龙,邵燕,张慧丽,等.大学图书馆现代化指南针报告[J].大学图书馆学报,2022,40(01):22-33.

[2] 张海舰.论高校图书馆阅读服务体系优化——从北京大学图书馆"送书到楼"服务谈起[J].大学图书馆学报,2020,38(03):65-70.

[3] 张海舰,刘素清.让空间成为强劲的教育力量——北京大学图书馆空间重构探索[J].图书情报工作,2022,66(01):131-137.

[4] 张海舰.论高校图书馆阅读服务体系优化——从北京大学图书馆"送书到楼"服务谈起[J].大学图书馆学报,2020,38(03):65-70.

[5] 王余光,王媛.高校图书馆设立经典阅览室与经典教育[J].大学图书情报学刊,2014,(06):5-10.

[6] 张海舰,刘素清.让空间成为强劲的教育力量——北京大学图书馆空间重构探索[J].图书情报工作,2022,66(01):131-137.

[7] 朱光潜.给青年的十二封信[M].北京:群言出版社,2014.

[8] 北京大学图书馆.图书馆东区服务告知书[EB/OL].[2022-10-16]. https://www.lib.pku.edu.cn/portal/cn/news/0000002219.

[9] 胡希琴,汪聪,别立谦,张晓琳.高校图书馆阅读服务体系的探索与实践——以北京大学图书馆为例[J].图书情报工作,2023,67(06):64-72.

[10] 汪聪,陈立人,胡希琴,张海舰,别立谦.知识共同体视域下经典阅读服务的新形态——以北京大学图书馆"阅读马拉松"为例[J].大学图书馆学报,2020(5):46-52.

[11] 胡希琴,陈立人,汪聪.电影艺术为核心的高校图书馆影像阅读服务探索——以北京大学图书馆影像阅读服务体系的建构为例[J].图书馆学研究,2022(12):67-74.

[12] 胡希琴,汪聪,别立谦,张晓琳.高校图书馆阅读服务体系的探索与实践——以北京大学图书馆为例[J].图书情报工作,2023,67(06):64-72.

[13] 新华社.习近平出席全国教育大会并发表重要讲话[EB/OL].(2018-09-10)[2023-03-29]. http://www.gov.cn/xinwen/2018-09/10/content_5320835.htm.

[14] 中华人民共和国教育部.教育部关于印发《教育信息化2.0行动计划》的通知[EB/OL].(2018-04-18)[2023-03-29]. http://www.moe.gov.cn/srcsite/A16/s3342/201804/t20180425_334188.html?from=timeline&isappinstalled=0.

[15] 中华人民共和国教育部.推动信息技术与教育教学深度融合教育部印发《高等学校数字校园建设规范(试行)》[EB/OL].(2021-03-26)[2023-03-29]. http://www.moe.gov.cn/jyb_xwfb/gzdt_gzdt/s5987/202103/t20210326_522685.html.

[16] 中华人民共和国教育部.教育部关于印发《普通高等学校图书馆规程》的通知[EB/OL].(2016-01-04)[2023-03-29]. http://www.moe.gov.cn/srcsite/A08/moe_736/s3886/201601/t20160120_228487.html.

[17] 陈建龙,邵燕,张慧丽,等.大学图书馆现代化指南针报告[J].大学图书馆学报,2022,40(01):22-33.

[18] 中华人民共和国中央人民政府.中共中央办公厅 国务院办公厅印《发关于全面加强和改进新时代学校美育工作的意见》.2020-10-15.[2023-03-29]. http://www.moe.gov.cn/s78/A01/s4561/jgfwzx_zcwj/202010/t20201019_495584.html.

[19] 蔡元培.美育实施的方法.蔡元培选集[M].北京:中华书局,1959:199.

[20] 祝帅著.从西学东渐到书学转型[M].北京:紫禁城出版社,2014.

[21] Nguyen C L. Establishing a Participatory Library Model: A Grounded Theory Study[J]. The Journal of Academic Librarianship, 2015, 41(4): 475-487.

[22] 储节旺,陈善姗.高校图书馆读者荐购云服务平台发展现状研究与思考——以安徽省高校为例[J].图书馆学研究,2018(02):33-39.

[23] Decker E N. Engaging Students in Academic Library Design: Emergent Practices in Co-Design[J]. New Review of Academic Librarianship, 2020, 26(2-4): 231-242.

[24] Gamble S C, Worth T, Gilroy P, Newbold S. Students as Co-authors of an Academic Development Service: A Case Study of the Study Skills Service at the University of Bristol[J]. New Review of Academic Librarianship, 2020, 26(2-4): 275-290.

[25] 陈建龙,邵燕,张慧丽,等.大学图书馆现代化的前沿课题和时代命题——《大学图书馆现代化指南针报告》解读[J].中国图书馆学报,2022,48(01):17-28.

[26] 教育部.普通高等学校图书馆规程[J].大学图书馆学报,2016,34(02):5-8.

[27] 教育部.中华人民共和国高等学校图书馆工作条例[J].图书馆学通讯,1981(04):13-16.

第三章　文化殿堂

第一节　先进文化

张明东

社会主义先进文化是在党领导人民推进中国特色社会主义伟大实践中,以马克思主义为指导,以培育有理想、有道德、有文化、有纪律的公民为目标,发展面向现代化、面向世界、面向未来的,民族的科学的大众的社会主义文化,代表着时代进步潮流和发展要求。

党和国家十分重视文化建设。习近平总书记指出,在新的历史起点上继续推动文化繁荣、建设文化强国、建设中华民族现代文明,要坚定文化自信,坚持走自己的路,立足中华民族伟大历史实践和当代实践,用中国道理总结好中国经验,把中国经验提升为中国理论,实现精神上的独立自主。要秉持开放包容,坚持马克思主义中国化时代化,传承中华优秀传统文化,促进外来文化本土化,不断培育和创造新时代中国特色社会主义文化。要坚持守正创新,以守正创新的正气和锐气,赓续历史文脉、谱写当代华章[1]。

新时代的高校图书馆要坚持以习近平新时代中国特色社会主义思想为指导,扎根中国大地,坚定办馆自信,要努力成为前沿文献中心,既为高等教育服务,更为国家战略服务;要努力成为思政育人平台,传承红色基因,有力服务立德树人根本任务;要努力成为先进文化殿堂,传承和弘扬中华优秀传统文化、革命文化、社会主义先进文化,发挥春风化雨、以文化人的功能,在滋养民族心灵、培育文化自信中发挥引领作用[2]。

先进文化对弘扬民族精神,形成民族凝聚力,有着极大的激励和促进作用。世界上每一个成熟的民族都有属于自己的特有的文化形态和文化个性,而这特有的文化就成为民族亲和力和凝聚力的重要源泉。中国优秀的传统文化培养了勤劳勇敢、不屈不挠、自强不息等民族性格和爱国主义精神,在历史上对于中华民族的发展、进步、稳定和统一起了重要的作用。今天,要实现社会主义现代化,同样离不开先进文化的凝聚和激励作用。

经过一个多世纪的发展,北大图书馆的馆藏已具备了巨大的优势,并形成自己的特色。馆藏总量极其庞大,这不仅在高校图书馆,而且在全国图书馆界都名列前茅。馆藏内容丰富,学科门类齐全,从传统载体形式的图书、期刊、学位论文,到现代多类型载体形式的缩微资料、音像资料、光盘数据库、联机数据库、多媒体资源等,样样俱全;从人文科学、社会科学、管理科学,到自然科学、技术科学、医疗科学,面面俱到。这就为文化的引领作用提供了坚实的基础,塑造先进文化是图书馆肩负的历史使命。

1.1 马克思主义相关文献不断绽放光芒

在五千多年中华文明深厚基础上开辟和发展中国特色社会主义,把马克思主义基本原理同中国具体实际、同中华优秀传统文化相结合是必由之路[1]。马克思主义中国化时代化这个重大命题本身就决定,我们决不能抛弃马克思主义这个魂脉,决不能抛弃中华优秀传统文化这个根脉[3]。中国先进文化的核心和根本内涵,是以马克思主义为指导,结合中国国情,建设中国特色社会主义。北大图书馆领导高度重视马克思主义经典与文献的收藏,大力开展党史资料、革命文献等的收集、整理与研究。

1. 马克思主义文献收藏概略

1952年全国院系调整,北京大学迁至西郊的燕京大学校区,燕京大学的主要藏书并入北大图书馆,整个馆藏在内容和数量上都得到很大的提升。其中马列主义、毛泽东思想经典著作藏量非常丰富,《马克思恩格斯全集》《列宁全集》《斯大林全集》《毛泽东选集》等经典著作以及马列主义在中国早期传播的重要文献得到了充分收集和整理。

作为社会主义新北大图书馆,藏书发展也有新的特色,新购入的书中,大多数是马列主义经典著作,或以马列主义为指导的著作。这种重视马列主义、毛泽东思想经典著作的特色有不断加强的趋势。此外还有大量的党史资料,作为当年马克思主义的重要传播地,图书馆积极收集革命文献,彰显革命传统。1955年制定的北大图书馆的任务非常明确:"在宣传马列主义和毛泽东思想的基础上为教学与科学研究服务。"[4]

1978年改革开放的春风吹遍燕园,北大图书馆开始重新走上正轨,步入快速发展的道路。中国共产党人结合马克思主义普遍真理,提出建设中国特色社会主义的伟大理论,是马克思主义普遍真理与中国国情相结合的伟大产物,是当代中国的马克思主义。对中国特色社会主义理论文献的收集整理,也成了图书馆的重要工作之一。《邓小平文选》《江泽民文选》《胡锦涛文选》等一系列改革开放时期的重要文献收藏入馆。1975年以来,图书馆共新增马克思主义文献18,646种、92,051册;中国共产党史党及国际共产主义运动史文献14,167种、47,185册,合计32,813种、139,236册。①

---

① 统计来源:北京大学图书馆数据服务中心,2023年8月。

作为新时代中国共产党的思想旗帜,习近平新时代中国特色社会主义思想已成为国家政治生活和社会生活的根本指针。以习近平同志为核心的党中央,带领全党全国各族人民开启了改革开放和社会主义现代化建设的新征程。在治国理政的新实践中,习近平总书记发表了一系列重要论述,提出了许多新思想、新观点、新论断,深刻回答了新的时代条件下党和国家发展的重大理论和现实问题,集中展示了中央领导集体的治国理念和执政方略。五年来北大图书馆的先进文化也正是在这一理论的指导下稳步发展的,对马克思主义文献的收藏更有科学性、完整性。据统计,五年来,图书馆共新增有关马克思主义的文献5,545种、11,750册;中国共产党党史及国际共产主义运动史文献4,504种、9,267册,合计10,049种、21,017册[①]。《习近平谈治国理政》《习近平新时代中国特色社会主义思想基本问题》《江山就是人民 人民就是江山——习近平总书记关于以人民为中心重要论述综述》等一大批新时代的经典文献登上图书馆的展台。

我们办中国特色社会主义教育,要加强思想政治教育,引导学生扣好第一粒扣子。办好思想政治理论课,最根本的是要全面贯彻党的教育方针,解决好培养什么人、怎样培养人、为谁培养人这个根本问题。新时代贯彻党的教育方针,要坚持马克思主义指导地位,贯彻习近平新时代中国特色社会主义思想,坚持社会主义办学方向,落实立德树人的根本任务,坚持教育为人民服务、为中国共产党治国理政服务、为巩固和发展中国特色社会主义制度服务、为改革开放和社会主义现代化建设服务。[5]北大图书馆始终把为思想政治教育提供文献保障摆上重要议程,在支持和保障思想政治教育方面采取有效措施。五年来,图书馆共新增有关思想政治教育的文献8,737种、17,180册。[②] 同时在采访、编目、用户服务等环节把好关,在正确价值观引领下提供文献保障,成为学校思想政治教育的重要阵地。

2. 在复兴之路上坚定前行

2022年9月27日,"奋进新时代"主题成就展在北京展览馆开幕,展出国家级重大出版项目《复兴文库》。《复兴文库》是一部以实现中华民族伟大复兴为主题,以思想史为基本线索编纂的大型历史文献丛书,全面梳理和精选1840年鸦片战争以来与中华民族伟大复兴相关的重要文献,系统反映中华民族从积贫积弱走向伟大复兴的光辉历程。习近平总书记在《复兴文库》序言"在复兴之路上坚定前行"中指出:"在我们党带领人民迈上全面建设社会主义现代化国家新征程之际,这部典籍的出版,对于我们坚定历史自信、把握时代大势、走好中国道路,以中国式现代化推进中华民族伟大复兴具有十分重要的意义。"截至2022年11月,《复兴文库》第一至三编已出版发行。

---

① 统计来源:北京大学图书馆数据服务中心,2023年8月。
② 统计来源:北京大学图书馆数据服务中心,2023年3月。

《复兴文库》第一编主要收录1840—1921年即晚清、民初的历史文献,集中反映中国共产党成立前,近代不同社会力量在寻求救亡图存、民族复兴道路上进行的探索;第二编主要收录1921—1949年中国共产党团结带领中国人民进行新民主主义革命的重要文献;第三编主要收录1949—1978年社会主义革命和建设时期的重要文献。

图书馆认识到该套丛书意义重大,密切关注这一丛书的出版发行情况,随时准备第一时间入藏学习,并提供服务。《复兴文库》大型历史文献丛书由中华书局编辑出版,中华书局是北大图书馆签约的单一来源采购出版社之一。

2022年10月20日,从中华书局获悉《复兴文库》开放订购,文献资源服务中心就该套大型文献丛书的订购进行了研讨,一致认为该套丛书是馆藏必备的文献,决定第一时间进行订购,并作为图书馆的重要馆藏。中华书局作为北大图书馆签约的单一来源采购出版社之一,具有价格和送货速度的绝对优势。当天,北大图书馆向中华书局正式下订单,购书款来自图书馆党委经费。《复兴文库》到馆后,文献资源服务中心积极组织协调,快速完成《复兴文库》第一至三编(共195册)的订单、编目、校对、馆藏上载、加工等工作,并于2022年11月13日在新书展阅厅上架展出,供师生阅览,如图3.1所示。

图3.1 《复兴文库》在新书展阅厅上架展出,后方为"学""堂"两个字形书架

同时,为了配合《复兴文库》的宣传推广,图书馆2022年11月17日在北大图书馆微信公众号上推出了"大套宝藏|《复兴文库》"的宣传文章。该文章受到广泛关注,创下了同系列宣传文章中阅读量最高的纪录。

2023年3月,图书馆又着手给总馆增订2套复本,在新书展阅厅和历史文献阅览室上架展出。同时也组织了院系分馆、资料室的采购宣传工作,在采编环节向分馆提供有力支持。

在学习贯彻习近平新时代中国特色社会主义思想主题教育期间,北大图书馆又以《复兴文库》作为网页式目录的试验项目,展示其基本书目信息,建立层级架构揭示文库的多层次目次与内容信息,提供每编、每卷、每册、每篇题名的子目检索功能,提供封面图片、编纂说明、史事纪略、编选说明和视频介绍,全方位揭示《复兴文库》的内容信息,提高书目信息服务质量。2023年7月,经过精心筹备,《复兴文库》网页式目录平台上线运行,如图3.2所示。

图3.2 《复兴文库》网页式目录界面

北大图书馆将继续坚持把马克思主义相关文献作为重点收藏,及时购藏、加强传播、促进利用,努力为更好繁荣中国学术、发展中国理论、传播中国思想做出更大贡献。

1.2 中国特色社会主义实践相关文献汇聚奋进力量

马克思主义基本原理同中国具体实际、同中华优秀传统文化相"结合"筑牢了道路根基,让中国特色社会主义道路有了更加宏阔深远的历史纵深,拓展了中国特色社会主义道路的文化根基。"结合"打开了创新空间,让我们掌握了思想和文化主动,并有力地作用于道路、理论和制度。是又一次的思想解放,让我们能够在更广阔的文化空间中,充分运用中华优秀传统文化的宝贵资源,探索面向未来的理论和制度创新[6]。

1. 与改革开放相关的文献资源保障

改革开放是中国共产党在社会主义初级阶段基本路线的两个基本点之一,是中共十一届三中全会以来进行社会主义现代化建设的总方针、总政策,是强国之路,是党和国家发展进步的活力源泉。习近平总书记在庆祝改革开放 40 周年大会上说,改革开放是我们党的一次伟大觉醒,正是这个伟大觉醒孕育了我们党从理论到实践的伟大创造。改革开放是中国人民和中华民族发展史上一次伟大革命,正是这个伟大革命推动了中国特色社会主义事业的伟大飞跃。

北大图书馆十分重视中国特色社会主义实践相关文献的保障服务。《改革开放四十年大事记》坚持以习近平新时代中国特色社会主义思想为指导,紧扣改革开放主题,坚持问题导向,突出思想性,注重综合平衡,力求集中反映党领导人民推进改革开放的伟大实践,反映党在改革开放中取得的重大理论创新成果。《与改革同行:中国改革开放和伟大复兴》以改革开放为切入点,从 1978 年开始,每五年作为一个跨度,从不同的视角勾勒出了一个清晰的历史脉络,陈列了详尽的历史事件和数据,对改革工作做出了详尽的分析与客观的评价。进一步展现我们中国以及中国经济的发展,直观地呈现出新中国成立以来中国经济的发展状况,在总结其中的经验和教训的同时,更好地推进未来的改革事业。

为适应新时代对各类文献的需求,图书馆加紧补充各专业藏书。2018—2022年,新增中国经济改革类图书 7,279 种、14,391 册,法律类图书 21,578 种、37,845 册,金融类图书 6,373 种、12,719 册,科学技术类 34,108 种、53,690 册(其中计算机类 13,133 种、16,383 册[①]),众多的电子书刊、数据库等,文种涉及中、英、法、德、日、俄文等。

2. 扎根中国大地

教育是国之大计、党之大计。当前,世界百年未有之大变局加速演进,中华民族伟大复兴进入关键时期,中国人民正意气风发向着全面建成社会主义现代化强国的第二个百年奋斗目标迈进。党和国家事业发展对高等教育的需要,对科学知识和优秀人才的需要,比以往任何时候都更为迫切。我国高等教育肩负着培养德智体美劳全面发展的社会主义建设者和接班人的重大任务,必须坚持正确政治方向。

高校立身之本在于立德树人。办好我国高校,办出世界一流大学,必须牢牢抓住人才培养这个关键,把立德树人融入思想道德教育、文化知识教育、社会实践教育各环节,体现到学科体系、教学体系、教材体系、管理体系建设等方面。北大图书馆从文献支撑保障,到学术信息资源服务等各方面都在为走出一条建设中国特色世界一流大学图书馆的新路而不断探索前进。

人民数据库是人民网依托《人民日报》及人民网有关内容为基础,并与中央各部委紧密合作,整合信息、资料综合而成的大型党政时政数据平台,信息采集渠道权威、具有较高的科学性和实用性,该库是各级用户及时、准确、全面掌握国内外形势政策、党和国家方针路线的重要工具,是广大师生学习、研究政法领域、社科领

---

① 统计来源:北京大学图书馆数据服务中心,2023 年 3 月。

域、党史领域知识的主要素材。全库共 500 万篇文章，40 余万张图片，500 段视频，总容量已超过 300G。

人民数据库目前包含有"中国共产党文献库""党报党刊""中国政府文献库""全国人大文献库"等 17 个一级数据库，50 多个二级数据库。"人民日报图文数据库"包含了自《人民日报》1946 年创刊至当前最近一周的所有图文信息及报纸图形版。

人民数据库实行每日/每周/每月/实时更新政策。重要数据库实行每日更新，如"人民日报图文数据库"和领导人活动报道库，而涉及"三会"（每年的"两会"加上党代会）的数据库则为实时更新，一般在当次会议结束后一周内推出更新后的数据库。

除此之外，图书馆还提供了知网、万方、北大法宝、读秀等热门数据库，加强具有本土特色的数字资源建设，多媒体资源、数字教参资料、北大学位论文、北大讲座等特色资源库建设稳步发展，为广大师生全方位开展教学与科研工作创造良好的数字资源环境。

图书馆持续加强具有中国特色的专业文献资源保障与服务。方志详细记载全国各地历史沿革、山川气候、风土人情、名胜古迹等，以记当代为主，故有"隔代修史，当代修志"之说。一部好的方志不仅具有保存地方文献，帮助政府决策的功能，而且还具有充当乡土教材、提供科研资料的重要作用，其重要性越来越明显。方志着眼于当代，其内容、形式、风格都是中国特色社会主义建设成就的生动即时体现，是人民创造性实践的经验总结。北大图书馆十分重视当代方志文献的连续性收藏，2018—2022 年，共有 3,750 种、4,503 册方志入藏[①]。

年鉴是以全面、系统、准确地记述上年度事物运动、发展状况为主要内容的资料性工具书。汇辑一年内的重要时事、文献和统计资料，按年度连续出版的工具书。它博采众长，集辞典、手册、年表、图录、书目、索引、文摘、表谱、统计资料、指南、便览于一身，具有资料权威、反应及时、连续出版、功能齐全的特点，属信息密集型工具书。伴随着 45 年来的改革开放，在高举中国特色社会主义的旗帜下，中国进入了日新月异、突飞猛进的发展新阶段。年鉴是动态记录这个发展进程的完整资料。北大图书馆持续加强作为信息密集型工具书的年鉴类文献的收藏，2018—2022 年，共有 644 种年鉴新增或续订入藏[②]。

大套图书是指在一个总题名下、汇总多种具有某一或某些相同或相近特征的文献的多卷册套装图书。大套图书一般以收录文献为主，具有规模宏大、学术价值高的特点，是这座藏书宝库里的重要知识财富。北大图书馆通过广泛的意见征集、筛选、评分、专业采选论证等环节，优中选优，购入具有高科研价值和收藏价值的大

---

① 统计来源：北京大学图书馆数据服务中心，2023 年 7 月。
② 统计来源：北京大学图书馆数据服务中心，2023 年 7 月。

套图书。近年来共采购了 325 种、13,668 册大套图书,主题包括马克思主义文献、中华民族思想史、近现代史、文化交流、文学、戏曲艺术、女性、经济与金融、考古、科举制度等。

为保证大套图书的顺利入藏,图书馆组织相关院系、各中心专家召开资源论证会,对筛选出来的大套图书进行集体讨论。经集体讨论和投票,将被认定为具有极高科研价值和收藏价值的大套图书确定为采购目标。为了确保大套图书收登、编目和流通工作的顺利进行,图书馆成立了跨中心的大套图书工作小组。得益于采编一体化改革的深入发展,大套图书的收登、编目和流通工作人员在工作流程各个环节配合的更为顺畅,工作效率进一步提升。工作小组对馆藏提前规划,让大套图书在编目之后直接进入对应的阅览室服务和展阅。《红藏:进步期刊总汇(1915—1949)》《日本馆藏涉中国共产主义运动档案及编译(1921—1945)》等大套书进入新建的大钊阅览室并提供对外服务,《国家图书馆宋元善本图录》《金石学稿钞本集成》等大套图书进入古籍阅览室提供服务,《民国珍稀短刊断刊》《民国珍稀专刊汇编》等大套图书在报刊阅览室提供服务,《近代社会考察资料汇编》《中国近代医疗卫生资料汇编》《近代海关贸易档案 1906—1937》等大套图书在新书展阅厅以供阅览,《昆曲艺术大典》《中国泉州南音集成》等大套图书在艺术阅览连廊展阅,《儒藏》《近代女性史研究资料汇编》等大套图书在通识参阅厅展阅(见图 3.3)。这批具有极高的学术价值且装帧精美的图书悉数亮相在师生面前,为我校学术科研发展带来了新的契机。

图 3.3 俯瞰通识参阅厅

从2019年起,北大图书馆从建立单采模式的合作出版社直接采购最新出版的图书(见图3.4),并建立"绿色通道",优先配送、收登、编目和加工。这是北大图书馆采购模式的一个重要创新实践。自单采模式开展以来,合作出版社最新图书上架服务周期大大缩短,文献资源服务效能显著提升,合作出版社的品牌影响力进一步增强,也得到兄弟院校图书馆和出版界的广泛关注。这一举措增进了与各出版社的交流,优化了图书馆资源服务上下游业务流程,促进了深度合作,探索了文献采购创新发展的路径。社会科学文献出版社的《桂林乡村振兴发展报告(2021—2022)》《社会主义核心价值观的文化阐释》,中国社会科学出版社的《中国的全过程人民民主》《新媒体时代思想政治教育话语的创新》,中华书局的《励耘语言学刊》《中国封建王朝周期性兴衰:基于新制度经济学视角的研究》,商务印书馆的《百年中国共产党与马克思主义中国化时代化》《何为良好生活:行之于途而应于心》等一大批思想性、学术性兼备的精品著作顺利入藏。目前,这一模式正在进一步推广,准备增加更多的学术性出版社作为单采模式的合作对象。

图3.4 新书展阅厅的"典""藏"字形书架陈列的单采出版社的最新出版图书

北大图书馆丰富的馆藏为师生的教学与科研做出了很大贡献,很多师生在回忆中都提到并表示感谢。

图书馆为师生的研究项目提供尽可能的方便。从入库查找资料到查新、查引,帮助师生扩大知识面,了解新信息,充分发挥这"隐珠藏玉"之所的无尽潜力,体现了自身的文化价值。

人是文化的创造者,是文化的享有者、传承者。建设中国特色社会主义文化,归根到底是为了满足人民群众日益增长的精神文化需求,不断丰富人们的精神世界,增强人们的精神力量,促进人的全面发展。先进文化是科学的文化,具有科学性和实践性的特征,能经得起历史的沉淀和实践的检验。先进文化有其博大的胸怀,具有海纳百川的容纳性特征,是一种博采古今中外、广集世间百家的文化。先进文化为教学与科研发展和社会全面进步提供精神动力,激励人们团结一致,克服困难,争取各项事业取得更大胜利。

教育兴则国家兴,教育强则国家强。高等教育是一个国家发展水平和发展潜力的重要标志,文献资源则是教学与科研工作的重要保障和支撑。北大图书馆将继续坚持"用户导向,服务至上"基本理念,准确把握先进文化的发展规律,不断提高和发展先进文化的本领和能力,丰富优质文献资源,打造先进文化殿堂,凝聚团结奋进力量,为培育和创造新时代中国特色社会主义文化做出新的更大的贡献。

第二节 优秀传统文化

王波　钟迪　张慧丽　杨芬　王旭

古籍资源服务中心(以下简称古籍中心)在图书馆建设一流文化殿堂的过程中,主要是围绕环境、展览、体验、教学等来开展工作,力求使古籍中心塑造的空间和开展的活动都能达到较高的质量,让用户在这里得到文化上的浸润、艺术上的熏陶和审美上的提升,为北京大学以文化人的魅力增光添彩。

2.1　迁入古典书楼,厚植文化底蕴

北大图书馆传承和弘扬中华优秀传统文化的基地是古籍分馆(即古籍中心),古籍分馆坐落于总馆北侧、未名湖区南岸,与阿卜杜勒·阿齐兹国王公共图书馆北京大学分馆共用一座楼宇,于2018年9月25日正式开馆。

如果说北大图书馆总馆是一座高大巍峨的唐代建筑风格的大型文化殿堂,古籍分馆则是大殿北侧的一个小型的传统文化殿堂,宝笈满堂、古色古香、素朴雅致。

古籍分馆的建造,在设计之初就考虑到其集古弘文的功用和性质,力求传承北京大学文脉,体现古典藏书楼气质。建筑样式仿照图书馆总馆周边的几个复古建筑,这些建筑建成于20世纪50年代,尤其是借鉴与其相邻的第一教学楼,均为歇山顶、地面之上三层,只是在二层东西侧山墙外各增加一个小阳台,显得更加精巧美观。

古籍分馆楼前是银杏大道,春夏银杏林翠色葱茏,秋天银杏林摇钱洒金。门前左右草坪各有桂花树两棵,东西两侧和门前道侧种植榆叶梅数株。本来景色已经相当优美,但是少点文化意蕴。后来在陈建龙馆长的建议下,学校又在分馆门前东西草坪各植梨树三四棵,在东侧山墙外草坪栽种枣树三棵,以取"付之梨枣""刊诸枣梨""剞劂枣梨""梓于枣梨""寿之梨枣"之意。因为古代雕版印刷多用木质紧密的枣木和梨木制版,"枣梨"已成为传统文化的象征之物和经典意象。树木之外,古籍分馆周边还随季节种植凌霄花、连翘花、迎春花、虞美人、雏菊、月季、芒草等,四时花草轮番登场亮相,花香和书香相得益彰。

庄严清雅的建筑,加上各种隐喻丰富的草木的衬托,古籍分馆的外观和周边环境散发着浓郁的传统文化气息,闪耀着文化圣殿的光环。尤其是在春秋两季,粉白红黄、暗香浮动的各色花朵掩映着古典小楼,吸引着众多师生在进出这个传统文化的殿堂之时拍照留念,带走一帧书香氤氲的美景。

2.2 优化阅览环境,营造宜读氛围

阅览室是图书馆的核心区。古文献阅览室的馆藏设施布局得当、文化气息浓郁,才能给用户带来登殿入堂的感觉。北大图书馆古文献阅览室如图3.5所示。

图3.5 北大图书馆古文献阅览室

五年来,古籍中心基于"用户导向,服务至上"的基本理念,为方便用户利用馆藏,创造宜人的读书环境,提高图书馆员工作效率,对阅览空间进行了多次调整。

2020年暑期,拆除阅览室北区部分书架,将架上书籍迁入地下一层书库,使阅览空间扩大一倍,新增订制的阅览桌、电脑桌及存包柜等,至2021年5月,全新布局正式完成。

2021年5—9月,为阅览桌配备电源插座,将不使用的地插置换成盲板封闭,以确保安全。目前阅览室形成古文献阅览区、影印图书阅览区、电子资源阅览区和胶卷阅览区四个功能区域,各类座位由老馆的36席增加至58席,为用户提供舒适的阅览环境。

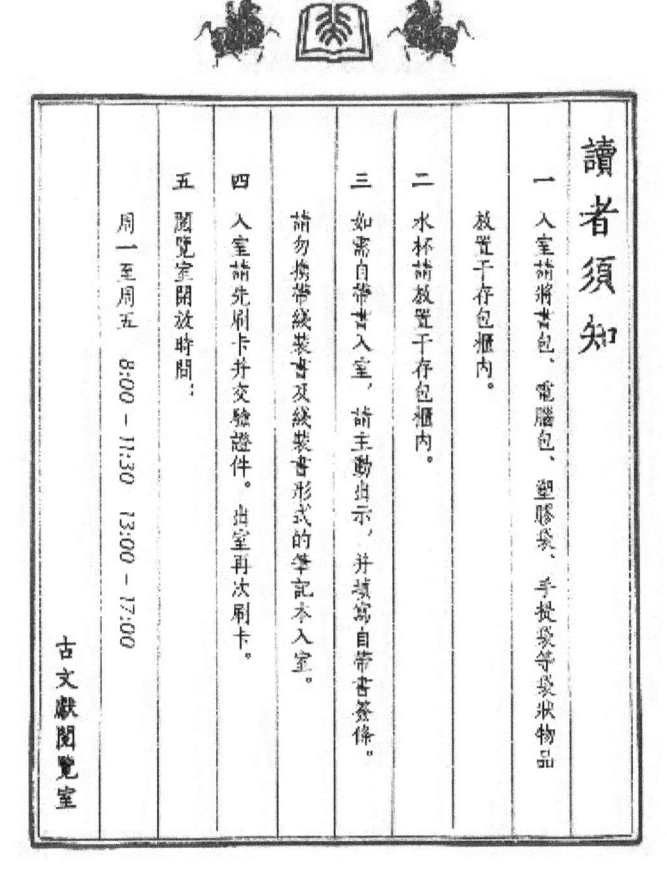

2022年,为提升阅览室的文化气息,对"读者须知"、桌签和提醒进行了重新设计(见图3.6～3.8)。页眉采用新设计的标识,由馆徽和画像石中的门下书佐、执简门吏构成;页面模拟古籍,采用繁体秀楷、红色框栏;桌签的书口印着"玄览中区"四字,内容取自馆藏善本——一部明代蓝丝格刻本的版心,字体则是从文征明手迹中集出的。

图 3.6　2022 年启用的仿古读者须知

敬告读者

一、未经允许，请勿私自拍摄或复制古文献；
二、请用铅笔抄录古文献；
三、若暂时离开阅览室，须先将古文献归还工作人员。

图 3.7　2022 年启用的仿古敬告桌签

疫情期间特别提醒

阅览室内请全程佩戴口罩。
入座与他人保持一米以上间距。
办手续与他人保持一米以上间距。

古文献阅览室

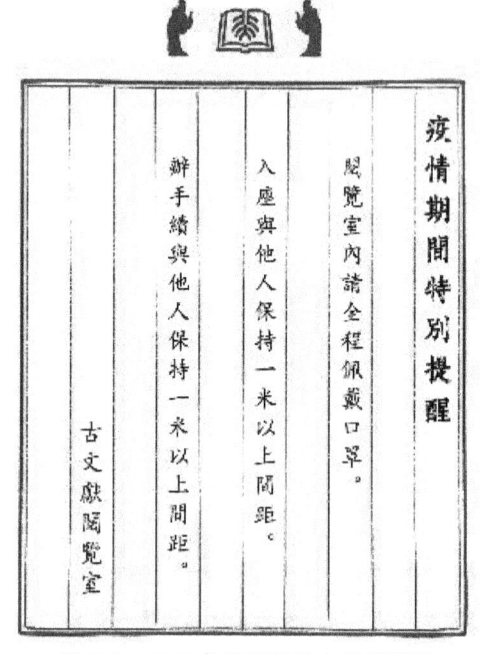

图 3.8　2022 年启用的仿古疫情提醒

古籍中心已开展馆藏字画的清点,计划通过清点发现一些适宜营造浓郁文化气息的馆藏独有字画,制作一些高精度的复制品悬挂在阅览室,供用户常年欣赏、打卡。古籍中心也已遴选了"藏修息游""玄览中区""无量宝笈"等适合阅览室气氛的词语或联句,计划将来通过从拓片中集字或邀请学界、书法界、宗教界名家题字的方法,来进一步强化阅览室的书卷气,给用户更好的身处殿堂、斯文在兹的感受。

2.3 集中名家赠书,实现藏展合一

为全面展示、深度揭示名家藏书,方便学界对藏书家开展个案研究,2022年3月,以邓广铭先生赠书上架为契机,古籍中心开辟名家专藏书库(见图3.9),将李盛铎、马廉、程砚秋、傅泾波、宿白、陈庆华、俞大维、王星贤等名家的专藏集中到一起。

图 3.9 名家专藏书库

名家专藏书库采用统一定制的樟木书柜,典雅清新。精心设计的柜头标识,既起到指引作用,又起到装饰作用。整个名家专藏书库看起来整洁清新、井然有序、秘籍琳琅,成为"翰苑英华"常设展之外的又一展示空间,故当学校贵客临门,或有捐赠者欲了解赠书将来所归何处时,图书馆领导也会请他们到名家专藏书库看一看。

2.4 举办展览活动,传承传统文化

举办展览也是文化殿堂的应有内容。2018年5月4日,北京大学建校120

周年之际,古籍中心特地举办"翰苑撷珍——北京大学图书馆珍藏古文献展"并邀请商谈"大仓文库"入藏北大图书馆一事的日方代表来访,建立友好联系。2018年10月24日,为迎接北大图书馆建馆120周年馆庆,古籍中心举办"翰苑英华"古文献展。此展占用书库一间,策划时就定位于常设展,是展示北大图书馆古文献收藏概貌与精品的秘境,定期在校庆日等重要纪念日向师生开放,每年也都有莅临学校的部分贵宾和古文献专家到此参观。2020年12月1日—12月31日,为庆祝图书馆东楼重启,古籍中心和特藏中心联合举办了"北京大学图书馆藏珍稀文献展"(见图3.10),古籍中心独立举办了"可爱的中国书——中国书史展"。

"北京大学图书馆藏珍稀文献展"让价值连城的镇馆之宝一露真容,展品分为10个大类:敦煌吐鲁番文献、宋元刻本、明清珍本、内府旧藏、明清稿抄本、名家信札、革命文献、名家珍藏、晚清至民国报刊、西文善本。

图3.10 "北京大学图书馆藏珍稀文献展"展厅

展出的珍稀古籍当中,不乏名声远播、素享美誉的珍品。例如《脂砚斋重评石头记》,因此本第四十一至五十回、第六十一至七十回的目录页,书名下方写有"庚辰秋月定本",第五十一至六十回、第七十一至八十回的目录页,书名下方写有"庚辰秋定本"字样,故又被称为"庚辰本《红楼梦》"(见图3.11)。庚辰年即清朝乾隆二十五年,公元1760年。因庚辰本《红楼梦》成书年代较早,被胡适称为"生平所见,此为第二最古本石头记",内容最为完整,保存曹雪芹《红楼梦》原文及脂砚斋批语最多,所以版本价值大,颇为珍贵。

图 3.11　庚辰本《红楼梦》

《脂砚斋重评石头记》原为晚清状元、协办大学士徐郙的藏书，1933 年胡适从徐郙之子徐星署处见此抄本，兴奋地撰写长文《跋乾隆庚辰本〈脂砚斋重评石头记〉钞本》。1949 年 5 月 5 日，燕京大学图书馆折价黄金二两从徐家购得此书，1952 年院系调整，此书汇入北大图书馆。1954 年下半年，报刊上出现批评俞平伯红学观点的文章，毛泽东主席十分关注，产生研究《红楼梦》的兴趣，曾派人向北大图书馆借阅《脂砚斋重评石头记》，向达馆长照章办事，告知来人借期一个月，主席在第 22 天就派人归还了。这部备受关注与推崇的藏书，也在这次展览中展出，极大地满足了广大参观者的好奇心。

古籍中心展出的两副名家手书读书对联也特别引人注目，激励着参观者读书向学。一副是北京大学校长蔡元培手书的"万卷藏书宜子弟，十年种木长风烟"，另一副是收藏家李盛铎手书的"捉月戏叫蟾吐墨，剪云闲使鹤衔书"。

为期一个月的"北京大学图书馆藏珍稀文献展"，为用户奉献了难得一见的文化盛宴，展示了北大图书馆作为文化殿堂的巨大魅力。

"可爱的中国书"常设展，缘起于 2019 年 11 月纪念刘国钧先生诞辰 120 周年。刘先生是我国著名的图书馆学家，曾担任金陵大学图书馆和国立西北图书馆的馆长，也是北京大学信息管理系的创始人之一，为著名的中国图书史专家，曾在 1952 年出版《可爱的中国书》。为纪念刘先生，当时馆领导曾建议举办"可爱的中国书"常设展，但是由于条件和时间所限，耽延了下来，不过准备工作一直未停。东楼重启后，"可爱的中国书"常设展终于举办，由于准备充足，不但内容翔实、图文并茂，而且布展了大量实物,若读者想了解何为经折装、旋风装(龙鳞装)、包背装、蝴蝶装,对照实物,一看即懂。对学习图书馆学、中国古典文献学的师生和馆员来说,此展具有一定的专业性,可以结合课程参观学习。对其他专业的用户而言,此展是对书籍发展史的系统科普,有利于他们扩大知识面。

通过一系列展览活动,师生们通过"经眼"这些文献,领略到了中华优秀传统文化的智慧与魅力。

按照古籍中心的规划,将来还要开展一些专题展览:如古籍装帧、印谱、笺谱、法帖、稿本、钞本、写本、修复等方面的展览,让用户更全面地了解馆藏,走入传统文化的魅力长廊。

2.5 开设学术讲座,促进以文化人

北大图书馆常年举办系列讲座活动,近五年来场次数量大为增加,内容涵盖诸多专题,形成体系,以传承和弘扬优秀传统文化、革命文化、先进文化。

传承和弘扬优秀传统文化方面的讲座主要由古籍中心推荐专家。例如,2022年,古籍中心邀约故宫博物院研究馆员翁连溪和龙鳞装非物质文化遗产传承人张晓栋到馆做报告,受新冠疫情影响,后推延至2023年阅读文化节。

2023年5月16日下午,翁连溪先生在图书馆北配楼科学报告厅以"彩印镌秀——17、18世纪姑苏版画浅谈"为题目,深入浅出地介绍了由绣像图演变而来,使用雕版印刷工艺,具有典型江南特色的姑苏版画。姑苏版画于清代康熙、雍正、乾隆年间进入鼎盛时期,达到木版年画的艺术巅峰。姑苏版画刻工精美、题材多样,是摄影技术发明以前记录苏州地区人民生活和风土人情的载体。它还曾是古代丝绸之路上的文化纽带,在清代初期以贸易的方式传播到欧洲,以其强势的文化内涵,对19世纪以前欧洲的主流审美产生了深远影响。

2023年5月18日下午,张晓栋先生在图书馆北配楼科学报告厅畅谈"从不'纸'于此到跃然纸上",他认为书籍是文字诗意栖息的建筑。读书就是在一种特别的建筑里游走,每开一扇门,都会得到一个未知的惊喜。这个惊喜在于建筑中"居住者"的包罗万象,也在于建筑本身的形象或色彩。所以用户在欣赏一本书的"灵魂"的同时,也别忘了欣赏它的建筑空间,因为从某种层面上讲,形式即内容。正是出于这种理念,张晓栋先生立志成为一名书籍建筑师,他以巨大的热情研究古代书籍的形式,不仅精准复原蝴蝶装、包背装、龙鳞装、经折装的工艺,成为龙鳞装的非物质文化遗产传承人,而且探索各种形式混搭的可能性,他创新性地改造龙鳞装,使龙鳞装相错的书页形成一幅完整的图画,还将经折装和龙鳞装混搭在一起,发明了一种新的书籍形态——经龙装。基于这种新形态,他巧妙地把清代孙温绘制的全本《红楼梦》图像与程甲本《红楼梦》相结合,制作成美轮美奂、堪称顶级书籍艺术装置的经龙装《清·孙温绘程甲本图文典藏版红楼梦》,在威尼斯、香港等地展览,给人们带来书籍艺术之美的强烈震撼。

类似的讲座还有 2020 年 12 月集中举办的全国古籍保护工作专家委员会主任李致忠的讲座"中国古籍的起源与装帧形制演变"、中国科学院文献情报中心研究馆员罗琳的讲座"'四库系列丛书'研究"、中国印刷博物馆研究馆员李英的讲座"中国彩印二千年"等。

除了聘请馆外专家作报告，图书馆还动员古籍中心的馆员参与"图书馆员开讲啦"系列讲座，传承和弘扬优秀传统文化。例如，2020 年 12 月，王波讲了"中国古代读书图研究"；2023 年"阅读文化节"期间，张艳霞、吕晓芳讲了"古籍修复的过去、现在和未来"。

北大图书馆举办的关于优秀传统文化的讲座，有个共同特点，就是涉及的文化体裁和学科相当广泛，在体裁上融通了文本、图像、工艺品，在学科上跨越了文化、历史、艺术、科技等，既是优秀传统文化展示课，又是通识教育课，把丰富的知识、独特的感悟和绚丽的艺术品展示在大屏幕上。所有的讲座视频都可以在校园网回放，给线上与线下听讲的师生带来了一场文化大餐、视觉盛宴，激励师生成为优秀传统文化的自觉传承者和弘扬者。

2.6 融入课堂教学，提高服务效用

2018 年以来，在陈建龙馆长的倡导和鞭策下，古籍中心在新馆空间相对宽裕的情况下，设置了研究室、会议室、展厅等公共交流空间，开始探索助力教学、融入课堂的新型服务方式，使古文献资源更直接、快速、高效地支撑、助力教学与科研，切实提高了服务效用。

经古籍中心积极主动地沟通，中国语言文学系、历史学系、信息管理系、外国语学院等院系的部分老师成为这项服务的首批用户。任课教师和图书馆员共同制定详细的教学计划，将需要接触古文献实物的课时安排在古籍中心，如中国语言文学系的"东亚文化专题研究"、信息管理系的"文献资源建设专论""信息资源管理专论"等。

古籍中心在保证阅览室正常使用的前提下，根据课程内容和上课人数，灵活地将研究室、会议室或展厅等变为课堂，图书馆员或按照教师的要求提前备好文献，或按照教师的要求参与授课。2022 年是新冠疫情比较严重的一年，受疫情影响，古籍中心助力教学与科研服务活动未能按计划全部落实，但也有中国语言文学系和信息管理系的 6 次教学在古籍中心顺利完成，如表 3.1 所示。

表 3.1　2022 年古籍中心助力教学活动

授课时间	课程	授课教师或馆员	授课地点
3 月 24 日	东亚文化专题研究之一：和刻本	教师：中国语言文学系刘玉才教授	会议室
3 月 31 日	东亚文化专题研究之二：大仓文库	教师：中国语言文学系刘玉才教授 馆员：李云　饶益波	会议室

续表

授课时间	课程	授课教师或馆员	授课地点
4月6日	文献资源建设专论	教师：信息管理系刘兹恒教授 馆员：李云	会议室、展厅
4月27日	中国图书史	教师：信息管理系许欢副教授 馆员：钟迪	展厅
10月5日	信息资源管理专论	教师：信息管理系张广钦副教授 馆员：王波　钟迪　汤燕　杨芬	会议室、展厅
10月25日	周易讲读	教师：中国语言文学系顾永新教授	会议室

这些馆员助力教学的服务，有的是仅参与一次教学，有的则深入到科研层面，或提供长期、深入的文献服务，或直接参与研究。例如为了合作开好中文系刘玉才教授的"东亚汉籍专题研究"课程，中国语言文学系与图书馆正式签订了合作协议。按照协议，图书馆员需要设计东亚汉籍信息调查表，撰写东亚汉籍信息著录规范，指导学生对课程中涉及的馆藏东亚汉籍进行全面调研和著录。这项合作，一方面为学生提供了接触古籍、应用古籍理论知识的宝贵机会；另一方面对图书馆而言，学生对文献的著录和撰写的书志，也为馆员完善目录和书志打下了基础。按照协议，图书馆和中国语言文学系还可以基于课程成果，合作申报科研项目、联名出版科研成果等，可谓一举多得。

中国语言文学系陈泳超老师与图书馆合作的宝卷整理项目，参与申报了"太湖流域民间宣卷活动的调查研究""太湖流域民间信仰类文艺资源的调查与跨学科研究"两个国家社科基金项目，在课堂助力教学之外还进行了为期三年的提要撰写工作，也是深化教学成果的具体体现。

2023年，新冠疫情消退，助力教学活动迅速恢复到活跃水平。

2023年3月16日上午，古籍中心308会议室迎来了选修中文系刘玉才教授的"东亚汉籍专题研究"课程的近20位同学，刘玉才教授在这里又展开了一场别开生面的古籍观览课堂教学。为保障课程顺利进行，古籍中心典藏组、编目组的工作人员根据刘玉才教授提供的书单，提前将课程所需古籍提取出库，围绕圆形会议桌精心摆放一圈，并腾空周围座椅，以方便师生们观览古籍。此次共展出了27种、51册各具特色的日本和朝鲜古籍，其中不乏罕见版本，对同学们而言是一次近距离接触东亚汉籍的难得机会。

2023年3月16日下午，古籍中心阅览室迎来新学期第一场资源和服务融入教学活动，艺术学院本科专业必修课"戏曲史与戏曲美学"在此开讲，40多名学生济济一堂。此次课程是古籍中心与艺术学院的首次合作，进一步拓展了古籍中心融入教学服务的院系及专业覆盖面。

中心馆员配合主讲陈均老师，精选馆藏古籍十余种，涉及明、清及民国时期的刻本、抄本、石印本等,如燕京大学旧藏明弘治金台岳家刻本《奇妙全相注释西厢记》、马廉专藏明刻本《怡云阁浣纱记》、清乾隆刻本《纳书楹曲谱全集》,以及馆藏珍稀戏曲曲谱抄本等。课前,古籍中心主任王波致欢迎辞,古籍中心杨芬老师介绍了馆藏戏曲古籍的概况及其独特价值。

通过教师介绍戏曲典籍,学生观摩原版古籍,加深了他们对戏曲史和戏曲美学的形象认识,有助于理解和记牢相关知识。同时,他们也感受到了北京大学教学资源的雄厚、学习条件的优越,增强了对优秀传统文化的热爱,培育了接力传承和弘扬优秀传统文化的情怀,增强了对学校的自豪感。

此外,2023年4月19日,古籍中心助力北京大学外国语学院日语系孙建军老师"明清中日西学翻译及其交流"课程的教学,调取1859年和刻本《地理全志》、1864年京都崇实馆刻《万国公法》等共计16种"汉译西书",即以传播基督教以及西方国家地理人文等为目的而出版的汉文书籍。2023年4月7日下午,古籍中心助力中国语言文学系古典文献专业王岚老师的"版本学"课程,提前将课程所需古籍提取出库,仔细核查古籍品相,配制展示书签,并对古文献阅览室的布局进行调整,以满足展示古籍珍本的需求。此次教学共展出馆藏珍品28种、43册,在版本上,包含唐敦煌写本、宋元刻本、明清刻本、活字本、套印本,以及稿本、钞本、校跋本等;在形制上,涵盖卷轴装、经折装、蝴蝶装、包背装及线装等多种样式,对于学生们而言,是近距离欣赏古籍珍本的一次宝贵机会。2023年4月26日下午,古籍中心参与信息管理系许欢老师的研究生课程"中国图书史",馆员老师带领32位学生体验线装书装订,包括搓捻、定眼、打眼、下捻、上皮、订线和贴签等操作,学生们顺利地将一沓沓零散的纸页装订成了一本本整齐的线装书。

古籍中心将继续关注学校的学科建设、师生需求,一方面,对古文献资源和服务有显性需求的课程热情欢迎、全力配合;另一方面主动出击,积极寻找对古文献资源和服务有隐性需求的课程,与课程开展院系建立合作关系,争取将助力教学服务的受益范围扩大到更多学科、更多院系、更多师生,充分发挥古籍中心在培训、教学方面的文化殿堂作用。

2.7 举办体验活动,走近传统工艺

2020年12月1日—12月31日,为庆祝图书馆东楼重启,古籍中心还在"可爱的中国书——中国书史展"展厅举办了雕版印刷体验活动。

雕版印刷是中国传统印刷术中的一种,先在一块木板上刻下一页书的内容,将刻好的雕版刷上油墨,覆盖纸张刷印,即可得到成品。雕版印刷术发明于唐朝,并在唐朝中后期普遍使用。宋代时毕昇发明活字印刷术,之后又相继衍生出彩色套印、饾版、拱花等新技术。它凝聚着中国造纸术、制墨术、雕刻术、摹拓术等多种中华优秀传统技艺的精华,为中国古代书籍出版业的兴盛奠定了坚实基础,在世界文化传播史上起着重要作用。2006年雕版印刷技艺被列入第一批国

家级非物质文化遗产名录,2009年被联合国教科文组织列入人类非物质文化遗产代表作名录。

雕版印刷体验活动分为两项:

一项是单色雕版印刷。单色雕版印刷体验活动的页面选自北大图书馆收藏的宋代刻本《攻愧先生文集》(选用的一叶见图3.12)。此书的作者楼钥,鄞县(今浙江宁波)人,南宋进士,官至参知政事等。楼钥博览群书,识古文奇字,文备众体,词气雄浑,笔力雅健,为官时,政府之制诰多出其手。

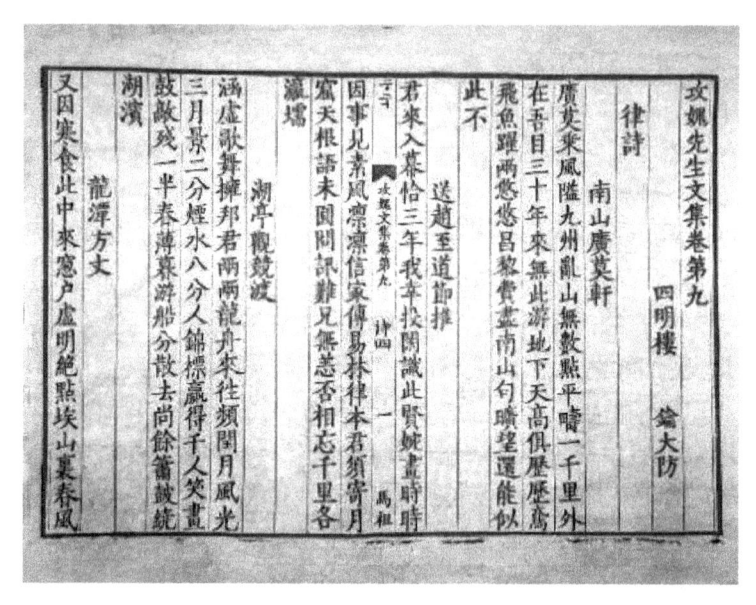

图 3.12 用户刷印的《攻愧先生文集》之一叶

楼钥,字大防,其名其字都颇为切合图书馆员的职业。"楼钥"的字面意思是"楼之钥匙"或"楼之要塞","大防"的字面意思是"大力防护",可能寄托了长辈希望其精心守护好家传藏书楼的期待。而且更加凑巧的是,楼钥家的藏书楼名为"东楼",北大图书馆靠东接建的新馆,也被称作"东楼"。以上因素让人不能不惊叹,楼钥的文集归于北大图书馆,可谓是天作之缘。

楼钥自号攻愧主人,故其文集命名为《攻愧先生文集》(见图3.13)。愧同"愧","攻愧"的含义是纠正、消灭令自己羞愧之事,这是一种值得学习的极高的做人境界。

《攻愧先生文集》为楼氏家刻原本,乃天壤间仅存之孤本,刊刻精良,字体俊朗刚劲,为宋代浙东刻本欧体字的优秀代表。人们对古籍的高度评价通常包括"字大如钱、墨亮如漆",《攻愧先生文集》完美拥有这两点。1963年,为找到最佳的字体出版毛主席诗词,文物出版社约请专家遍检全国现存宋刻本,最终选用北大图书馆收藏的《攻愧先生文集》的字体,以集字的方法,在1964年、1965年连续出版《毛主席诗词三十七首》,累积印数达 13,000 多册,这件事让《攻媿先生文集》名动神州。

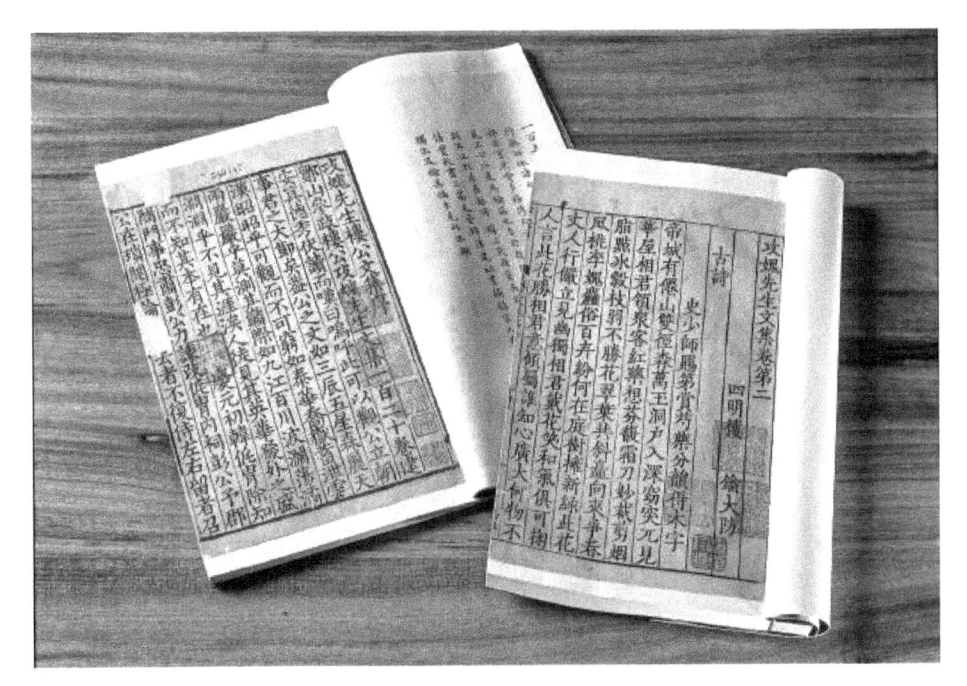

图 3.13　《攻媿先生文集》

雕版印刷体验活动选取《攻媿先生文集》之一叶,含好诗三首半,写景壮丽,风格豪迈,如"一千里外在吾目,三十年来无此游。地下天高俱历历,鸢飞鱼跃两悠悠。"馆员老师特别提醒同学们,在体验时,既要用心感受雕版印刷技艺之精妙,在拿到印刷成品后,还要仔细句读,欣赏宋代大家诗作之旷远意境、深邃韵味。

另一项是饾钉版多色套印,简称饾版印刷。

饾版印刷是根据画稿图案的色彩、深浅、明暗,分别雕刻出小块印版,依次用不同颜色套印,最后得到色彩斑斓、浓淡不一的图案的印刷形式。

饾版印刷的体验内容——"螳螂与牵牛花",选自北大图书馆藏鲁迅和郑振铎于 1933 年选辑而成的《北平笺谱》(见图 3.14)。

"笺",本指窄条形小竹片,纸发明后,文人把供题诗、写信用的精美纸张,称作花笺、诗笺等。每一枚笺纸,堪称一幅微型国画,在方寸之内,集诗、书、画、印于一体,让人在读诗或读信的同时,得到视觉上的享受。笺纸起源甚早,始于何时,尚无定论。我国历史上颇具美名的笺纸之一是唐代四川成都女诗人薛涛自制的"薛涛笺",相传由浣花溪的水、木芙蓉的皮、芙蓉花的汁制作而成,纸色深红,又名"浣花笺"。

文人雅士对笺纸钟爱有加,将收藏的笺纸归类成册,便成为"笺谱"。我国历史

图 3.14　用户刷印的《北京笺谱》之一页

上名声最大的笺谱之一是明朝崇祯十七年由胡正言辑刻的《十竹斋笺谱》，郑振铎先生认为其"精工富丽，备具众美，中国雕版彩画，至是叹为观止"。《十竹斋笺谱》采用了饾版、拱花等多种印制方法，巧夺天工，令人惊叹。

《北平笺谱》由鲁迅与郑振铎合编（见图 3.15），是二人从北京的荣宝斋、淳菁阁、松华斋等九家店铺收集来的，选用陈师曾、齐白石等绘画大师的佳作 332 幅，含人物、山水、鸟兽、花果、殿阁、造像等图案，于 1933 年底出版，初版 100 部。

图 3.15　《北平笺谱》

饾版印刷体验活动是从《北平笺谱》中选取的"螳螂与牵牛花",由现代中国画名家王梦白创作,昆虫和花草造型质朴,童趣盎然,由绿、蓝、橙三色构成,简洁大方,富有美感。

活动的目的是希望用户通过体验活动,享受创造美的过程,得到艺术熏陶,认识到精益求精的工匠精神的可贵,传承和弘扬优秀传统文化。

这两项活动的具体开展方式是:先由古籍中心的馆员示范一遍,然后在馆员指导下,用户亲自上手体验雕版印刷和饾版印刷技艺,参与者可亲身体验倒墨、沾墨、上墨、刷印和揭纸的全部流程,印刷成品可免费带走留作纪念。

体验活动受到师生们的欢迎,前来体验者络绎不绝。2022 年 11 月 4 日,到图书馆考察的郝平书记、龚旗煌校长等校领导被活动场面所吸引,兴致盎然地观看同学们刷印雕版,对这项活动给予好评(见图 3.16)。

图 3.16   2022 年 11 月 4 日,郝平书记、龚旗煌校长等校领导莅临雕版印刷体验活动现场

这项活动此后被定名为"镌椠枣梨　墨彩生香——雕版印刷体验活动",每学期定期举办。

2022 年起,古籍中心还举办了古籍修复技艺展示活动。作为延续古籍寿命的重要手段,古籍修复技艺最早可以追溯到唐代以前,千百年来代代相传。针对不同类型的古籍,修复师需要"对症下药",选择适当的修复方式,才能使破损古籍延年益寿。因而古籍修复师被称为"古籍医生",古籍修复室被称为"古籍医院"。一本古籍的修复过程短则几日,长则数月。修复工序复杂且精细,常规流程包括拆解、除尘、染纸、溜口、补洞、压平、折叶、剪齐、锤平、搓捻、打眼、订线等等,每一个步骤都需要精益求精。技艺达到纯熟、高超境界的修复师,观摩其修复手法和过程,常令人惊叹。

古籍修复展示活动重点展示古籍修复的两项基本操作——溜口和补洞。用户可近距离观察、学习古籍修复师的操作手法,了解一张破损书叶由残缺到完整的神奇变化。随后这项活动被定名为"护典有道　妙手匠心——古籍修复技艺展示活动",也是每学期定期举办。

2.8　加强文创开发,弘扬传统文化

北大图书馆十分重视基于优秀传统文化开发文创产品。如全馆用字尽量采用馆藏珍本《攻媿先生文集》的字体,目前馆内海报、展览、文创产品已基本上统一使用最接近《攻媿先生文集》的字体——方正秀楷。期待达到的效果是:当人们一看到这个字体的宣传品,就能联想到出自北大图书馆,起到品牌标识的作用。

图书馆根据古籍中心精选的古文献上的藏书印,以谐音"喜上眉梢",开发了"玺上书梢"系列书签。还发掘馆藏古文献中的读书印、励志印等,开发了印章款式的磁吸书签。选取馆藏明代《十竹斋画谱》中的图案,开发了纪念水杯。这些文创产品都受到师生和校友的热烈欢迎,尤其是在 2023 年的五四校庆日和校友返校日期间,成为众多校友和访客钟情、渴求的纪念品。部分纪念品如图 3.17～3.19 所示。

图 3.17　图案选自明代《十竹斋画谱》的水杯

图 3.18 图案选自明代《十竹斋画谱》的便利笺

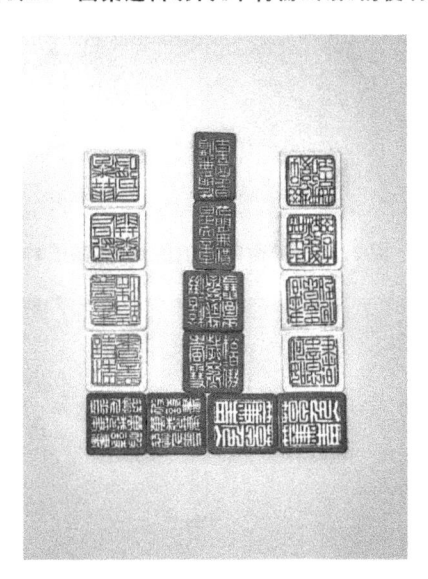

图 3.19 遴选馆藏古文献中的读书印制作的磁吸书签

古籍中心还提议模仿宋徽宗赵佶的《瑞鹤图》(见图 3.20),创作以北大图书馆为蓝本的《瑞鹤图》。创意设想来自:①《瑞鹤图》设色雅丽,具有飞腾、长寿、福禄等吉祥寓意,代表宋代美学的高水准,常被作为《最美中国画》一类书籍的封面,仿制此图,无疑是弘扬优秀传统文化。② 北大图书馆的屋顶和《瑞鹤图》中的宫殿造型十分接近,加上近些年苍鹭常常造访北大,落于翻尾石鱼、华表等古建筑和文物上,苍鹭飞抵图书馆屋顶也有现实可能性。③ 苍鹭与仙鹤的形象有神似之处。④ 北京大学校园有一片园林叫鸣鹤园。故无论从寓意还是现实，都有基于宋代《瑞鹤图》设计北大图书馆版《瑞鹤图》的合理性。图书馆海报设计组的师生欣然接受了这个建议，在2023年毕业季，根据《瑞鹤图》设计出了毕业留言墙（见图3.21），主题是祝愿毕业生们以书为梯、青云直上、前途无量。可以预见，将来"北京大学图书馆版《瑞鹤图》"还会以环保袋、文件夹等多种形式呈现。

图 3.20　宋徽宗赵佶所绘《瑞鹤图》

图 3.21　北大图书馆借鉴《瑞鹤图》设计的 2023 年毕业留言墙

关于文创产品的进一步开发，古籍中心等部门还有不少设想，包括：遴选各方面有鲜明特色的古籍，制作高仿礼品书；开发"藏修息游""玄览中区"小牌匾或钥匙扣；开发带框画"孔子圣迹图"；开发龙鳞装手卷和蝴蝶装、经折装、线装古籍；开发中国古代读书图笺谱；开发"门下书佐"人偶；开发仿函套抽纸盒、笔筒；开发古色古香的明信片、镇纸等。

北大图书馆希望通过不断地从馆藏特有古文献中提炼中华文明的精髓，让用户亲近传统文化，直观形象地感知传统文化的博大、深邃、精美，从而成为优秀传统文化自觉有为的传承者、弘扬者。

第三节　革命文化

邹新明　饶益波　常雯岚　吴冕　孙雅馨　徐清白

3.1　革命文献收藏的历史

北京大学有着悠久的革命传统。1917 年，经蔡元培的聘请，陈独秀来北大就任文科学长，《新青年》编辑部随其迁址北京。1918 年 1 月，《新青年》成为北大同人刊物，影响力迅速扩大。1918 年 12 月，陈独秀、李大钊等又创办了《每周评论》。此外，北大的学生们也发起创办了《国民》《新潮》等刊物，这些刊物产生了极大的社会影响，北京大学也成为名副其实的新文化运动中心和五四运动的策源地。

中国共产党成立之前，李大钊等进步人士已经在北京大学宣传马克思主义学说，发表了《Bolshevism 的胜利》《我的马克思主义观》等重要的文章。1920 年 3 月，李大钊指导部分进步学生如邓中夏、朱务善、罗章龙等人秘密成立了北京大学马克思学说研究会，在深入学习马克思主义之外，他们更开展了实践活动，深入群众。在李大钊等北京大学师生的努力下，北京大学成为马克思主义学说传播的重镇，并为中国共产党的建立做出了杰出贡献。习近平总书记曾指出："中国共产党的主要创始人和一些早期著名活动家，正是在北大工作或学习期间开始阅读马克思主义著作、传播马克思主义的，并推动了中国共产党的建立。这是北大的骄傲，也是北大的光荣。"

北大图书馆的革命文献典藏正是建立在北京大学的光荣革命传统之上的，李大钊担任北大图书馆主任（馆长）以来，引进和收藏了大批的进步文献。经过系统的梳理可以发现，北大图书馆目前收藏着自辛亥革命以来，直至中华人民共和国成立产生的丰富的进步文献。

北大图书馆早期马克思主义传播文献可追溯至辛亥革命前后，馆藏文献中有不少晚清至民国时期的进步刊物，如《浙江潮》《民报》《中国女报》等。五四新文化运动时期是各种社会思潮广泛传播、各种进步社团不断涌现的时期，当时进步的社团如新潮社、国民社、觉悟社、少年中国学会、新民学会等主办的期刊、报纸较多,北大图书馆现藏有《新青年》《言治季刊》《国民》《新潮》《湘江评论》等大量五四时期宣传马克思主义的刊物。

当时北京大学马克思学说研究会中的许多青年如邓中夏、高君宇等人开始接受新的思想,阅读有关马列主义的书籍、报刊。该学会当时收集的文献就典藏于"亢慕义斋",北大图书馆目前还存有"亢慕义斋"旧藏八种。此外,北大图书馆还藏有对青年毛泽东思想产生深刻影响的三本书:《共产党宣言》(陈望道译,上海社会主义研究社1920年8月出版)、《社会主义史》(李季译,新青年社1920年出版)、《阶级争斗》(恽代英译,新青年社1921年版)。

人民出版社是中国共产党成立后的第一个出版机构,该社以宣传马列主义为宗旨,短时间内编译出版了一批进步书籍,在当时的革命宣传工作中发挥了重要的作用,该社出版的早期文献留存较少,北大图书馆现藏有该社"马克思全书""列宁全书"和"康明尼斯特丛书"中的7种,实属难得。

李大钊任北大图书馆主任期间,给北大图书馆捐赠了不少刊物,如《北京大学日刊》第637号第3版"本校新闻"中有一个李大钊"捐赠杂志"的信息,详载李大钊捐赠的情况。除李大钊之外,北京大学的师生在中国早期马列主义传播中贡献了极大的力量,因此产生了许多具有北京大学特色的文献。这些文献主要包括"亢慕义斋"藏书、陈独秀、邓中夏、张申府、刘仁静、高君宇等人的相关文献,还包括北京大学师生们撰著以及出版的各类进步文献。

从抗日战争全面爆发到中华人民共和国成立前,中共及中共领导的武装在解放区、敌占区、国统区都有过各种报刊、图书等出版物,还包括当时中共领导的学生运动资料、孑民图书室收藏的进步文献、北京大学及燕京大学学生创办的进步刊物等。该时期的文献由于战乱的原因,出版、传播、收集和保存都极为不易,北大图书馆收藏该时期的报纸和期刊较集中(也包括影印本),其中比较知名的有《新中华报》《新华日报》《东北日报》《八路军军政杂志》《解放》《共产党人》等。此外,北大图书馆收藏的中华人民共和国成立前的《毛泽东选集》版本也比较丰富,包括最早的《毛泽东选集》两册。

1947年,北京大学学生自治会创办了孑民图书室,得到了当时文化界的大力支持,在短时间内募集到了大量的文献资源。据1948年3月15日孑民图书室出版的《图书与学习》第二期可知,当时的孑民图书室藏书量已不小,拥有4,000余册书籍和40多种中外杂志。1949年北平解放后,孑民图书室并入北大图书馆,藏书被打散保存。目前,北大图书馆已经将搜集到的部分孑民图书室的书籍有系统地集中存放,其中有不少马列主义相关图书和进步文艺作品,如博古校译的《共产党宣言》、艾思奇的《大众哲学》等等。

2019—2020年,图书馆以东楼重启为契机,对馆内的典藏空间进行了调整,结合北大图书馆革命文献的馆藏特点,成立"大钊阅览室"将革命文献集中收藏,初步形成了万余册革命文献专藏。

3.2 革命文献的采访和发掘

革命文献的弘扬，离不开革命文献的采访和发掘。近五年来，特藏中心积极推进落实图书馆发展规划，深入发掘革命文献，积极弘扬革命文化，做了大量深入细致的工作，新发现的革命文献在种类和数量上都十分可观，一些珍稀版本革命文献的发现更是令人惊喜。

1. 李大钊捐赠北大图书馆文献的查找和发现

李大钊担任北大图书馆主任期间，不仅以"兼收并蓄"的原则发展图书馆藏书，而且积极争取图书捐赠，并率先垂范，向北大图书馆捐赠了大量书刊。这些书刊多数被编目后散入普通馆藏中，不易查找。特藏中心在对李大钊相关事迹进行学习以及举办李大钊相关展览的过程中，通过《李大钊史事综录》等文献，了解到《北京大学日刊》上刊登了不少李大钊捐赠书刊的信息，特别是"图书馆登录室第三部布告"，专门刊登捐赠书目，是查找李大钊捐赠书刊情况的很好途径。2018年，结合图书馆党委申请的"北京大学图书馆藏红色革命文献整理与学习"项目，特藏中心对《北京大学日刊》上刊登的李大钊捐赠书刊进行了梳理，然后按图索骥，分别从特藏中心的晚清至民国时期的中文期刊和昌平储存馆的日文期刊中发现了李大钊捐赠期刊，共计17种、合订本22册（单行本90册）。2022年11月，对于一直没有找到《北京大学日刊》上公布的李大钊捐赠的52期《国风报》，特藏中心转换思路，考虑到特藏中心的晚清至民国时期的期刊是以燕京大学旧藏为主，认为这套期刊极有可能因为是复本而保存于昌平储存馆。经过调查，最终发现李大钊当年捐赠的《国风报》合订本8册，共计52期，与《北京大学日刊》上公布的数字完全一致，一期不少。经过梳理，目前北大图书馆尚存李大钊捐赠总计中日文刊物18种、合订本30册（单行本142册）。

2. 李大钊主持北大图书馆工作期间引进革命文献的重新发现

众所周知，李大钊担任北大图书馆主任期间，引进了不少马克思主义相关文献和其他进步文献，北大图书馆由此成为当时传播马克思主义的阵地。但是当时引进的书刊具体包括哪些，相关研究一直语焉不详。

2019年，特藏中心在对李大钊担任北大图书馆主任期间引进的革命文献的调查和发掘过程中，偶然发现了《国立北京大学图书馆西文图书登录簿（1919—1920）》，通过对这册登录簿进行初步整理发现：仅此两年，特藏中心就引进包括马克思、恩格斯、列宁著作，其他马克思主义著作，以及马克思、列宁传记15种；书名明确是关于社会主义的图书15种，无政府主义、基尔特社会主义、费边主义、工会主义、工团主义等当时广义上的社会主义图书15种；关于俄国问题和俄国革命的图书22种。特藏中心根据书目，在现有馆藏中发现相关文献30种，图书上的登录号与《国立北京大学图书馆西文图书登录簿（1919—1920）》的登录号完全一致，其中包括马克思的《雇佣劳动与资本》、卡尔·李卜克内西的《未来属于人民》、《列宁传》，以及关于俄国革命的图书。此外，根据《北京大学日刊》等资料，又查找到李大钊任北大图书馆主任期间订购的有关社会主义期刊3种，日文图书1种。

2021年，时值建党一百周年，特藏中心又根据《北京大学日刊》的"图书馆登录室布告"，查找到李大钊引进的日文革命文献：《唯物史觀の立場から》堺利彦著，两册；《マルクス傳》（《马克思传》）ジョン・スパーゴ著，村上正雄译，上、下两册。上述发现补充了《国立北京大学图书馆西文图书登录簿（1919—1920）》只记录西文相关图书的不足。

3. 搬迁新馆之前的革命文献梳理和调拨

东区重启是近五年来北大图书馆的一项重要工作，根据规划，特藏中心将全部搬迁到东区，并新建专门收藏革命文献的"大钊阅览室"。为此，特藏中心组织馆员对馆藏中的革命文献进行了梳理和挑选，从校内储存馆、燕大民国书、馆藏保存本等文献中挑出了大量革命文献，加上原来的2,000余册革命文献专藏和子民图书室的图书，调拨革命文献10,000余册于"大钊阅览室"。此外，还从知识中心挑选影印和整理革命文献近千册，请文献中心采访、影印革命文献470余册。至此，馆藏革命文献基本集中到了"大钊阅览室"，此后的相关工作主要是拾遗补阙。

4. 未编旧藏中革命文献的发掘

2021年，为庆祝建党一百周年，根据图书馆党政联席会议部署，在各中心的大力支持下，特藏中心抽调14位馆员成立"挑书工作小组"。经过培训和现场讲解，自5月13日开始到新馆地下未编旧藏中外文图书进行"地毯式搜索"，重点发掘革命文献，基本完成25万册中、西、日、俄文书刊的挑选工作，发现革命文献300余册，收获颇丰，比较重要的有：

① 李大钊任北大图书馆主任时期引进的革命文献：*Lenin und der Bolschewismus*、《资本论》日文版、*British Labor & the War*、*The Labor Situation in Great Britain and France*、*The New Unionism*、*The Social Revolution* 等。

② 1921—1922年广州人民出版社出版的《马克思全书》《列宁全书》和《康明尼斯特丛书》四种：《工钱劳动与资本》（《马克思全书》第二种，1921年12月初版）、《劳农会之建设》（《列宁全书》第一种，1921年12月初版）、《共产党礼拜六》（《列宁全书》第三种，1922年1月初版）、《国际劳动运动中之重要时事问题》（《康民尼斯特丛书》第三种，1922年1月初版）。加上原有收藏《劳农政府之成功与困难》《共产党底计划》《第三国际议案及宣言》三种，北大图书馆对上述三种丛书的收藏达到7种，在国内图书馆界的相关收藏中居于前列。

③ 英文杂志 *Soviet Russia*、*The Communist*、*The Communist Review*。

④ 1925年法文版《马克思全集》近10册。

⑤ 毛泽东《论联合政府》1945年英文版。

⑥ 共产国际1921年在德国出版物4种。

⑦ 马克思《工资劳动与资本》的英文早期版本。
⑧ 1920年新青年社出版的李季译《社会主义史》。
⑨ 1930年前后恩格斯著作中译本4种。

2022年,根据图书馆的规划,特藏中心组织本中心馆员继续进行未编旧藏的挑选工作,仍不断有革命文献的发现。

除了上述革命文献的发掘工作,特藏中心还注意从社会上访求革命文献。如2019年,通过中国书店从个人收藏者手中购买《李大钊同志遗墨》一册,此书收集影印了大钊先生的书信等珍贵墨迹,不仅补充了本馆收藏大钊遗墨的不足,而且为大钊阅览室的李大钊专题展览提供了珍贵的展览素材。

3.3 革命文献的整理和研究

1. 从整理到研究的新契机

上述馆藏革命文献的采访、发掘和整理不仅有利于服务用户,也为革命文献的研究创造了新的契机。例如,通过研读2019年重新发现的馆藏书目资料《国立北京大学图书馆西文图书登录簿(1919—1920)》,并与现存馆藏对比,梳理并确认了李大钊任图书馆主任期间引进的马克思主义相关文献30种。相关成果参见《从北京大学图书馆〈1919—1920年西文图书登录簿〉看李大钊对马克思主义的引进与传播》一文,载于《大学图书馆学报》2019年第5期。此后特藏中心还应邀到河北省图书馆分享"从文献看李大钊任图书馆主任期间对传播马克思主义的贡献"主题讲座。

特藏中心结合馆藏文献资源的优势,持续跟进对北大马克思学说研究会"亢慕义斋"图书的深度研究:《大学图书馆学报》2022年第5期刊载的《北京大学马克思学说研究会史实新探——以"亢慕义斋"的藏书与编译为中心》一文利用《北京大学日刊》《广东群报》等民国报刊史料,对比论证"亢慕义斋"与人民出版社早期书目的内在关系;征引1923年版《京汉工人流血记》中摘录的《共产党宣言》译文,探讨其与陈望道译本的关联。这些成果为相关研究提供了新的史料和观察角度。

特藏中心还注重加强专题革命文献的整理和研究,在《大学图书馆学报》2022年第5期发表的《北京大学图书馆藏根据地和解放区红色报纸的整理与利用》一文,从学术界对根据地和解放区报纸的研究现状分析入手,基于北大图书馆馆藏以1937—1949年为主的根据地和解放区红色报纸的挖掘与整理工作实践,介绍北大图书馆藏红色报纸概况,揭示其馆藏特点,并分析研究这些红色报纸的出版方式与刊载内容,进而阐述了挖掘与利用红色报纸的时代价值与实践路径。

在加强革命文献的创新性利用以更好地服务立德树人根本任务方面,图书馆党政高度重视,特藏中心积极推进。一方面近年来图书馆党委牵头主持、特藏中心参与完成了2019年北京大学党建创新立项重点项目"重温经典明使命,初心不忘北大人——北京大学图书馆藏红色革命文献整理与学习系列活动"、2021北京大学党建创新立项重点项目"学习党史守初心，传承精神担使命——北京大学图书馆藏革命文献的创新性利用"、2022年北京大学党建研究重点课题"党建引领推进革命文化教育常态化长效化——基于大钊阅览室的实践研究"，有力促进了革命文献的整理、揭示、研究和利用，大力弘扬大钊精神，探索推进大钊阅览室的建设，更好地发挥革命文化教育功效。

另一方面，特藏中心馆员积极探索革命文献创新性利用途径和方法，协同推进革命文化教育工作。在第六届"青年干部未名管理论坛"提交了论文《依托馆藏文献资源助力开展校园革命传统教育工作——以北京大学图书馆藏'革命文献'为例》，荣获三等奖并收录于《北京大学教育评论》2021年增刊。该文全面梳理馆藏革命文献概况，论述了红色特藏及其专题阅览室独有的革命传统教育价值。2022年，特藏中心馆员参与了第八届"青年干部未名管理论坛"，提交的论文《高校图书馆特藏资源在立德树人中的实践及其启示——以北京大学图书馆为中心》荣获优秀奖，文章总结了图书馆特藏资源服务于大学立德树人教育目标的优势及相关工作所取得的宝贵成绩。

2. 揭示性出版与数字化保存

作为《北京大学图书馆特藏文献丛刊》第一批图书之一，《北京大学图书馆藏革命文献图录》（以下简称《图录》）旨在以图文并茂的形式增加馆藏革命文献的曝光度，爬梳要目，聚焦精品。《图录》编写工作于2020年7月启动，由特藏中心组织8位馆员协作实施，2021年便基本完成文稿编撰，后因疫情影响，至2022年暑期全部图文定稿交付，于2024年1月由北京大学出版社正式出版。

《图录》编写团队依照19个具体专题，从馆藏中分头搜集具有代表性的书刊品种，沿着革命理论与实践的发展线索，简要回顾其著作、翻译、出版、发行的历史踪迹，系统反映了北大图书馆革命文献典藏的实况，以图录的形式，生动形象地展现了馆藏革命文献的光辉印迹。

如果说出版《图录》主要为了取得宣推引介之功，那么对书籍内容的保存和数字化服务才是对革命文献本身及其文化内涵的直接传承与切实推广。职是之故，大钊阅览室优先选择对继承自新中国成立之前北大"孑民图书室"的进步书刊专藏采取数字化手段长期保存，围绕这批宝贵的资源做出实质性的馆藏建设与维护工作。2022年起已推动完成其中452册藏书的扫描，并开始核对工作。在数字化的过程中灵活选用适合的扫描设备，兼顾图像采集质量和原件保护；核对环节则采用图书馆的数字加工管理系统，严格审校。全流程力求保存原样原貌，尽量完整再现，为永久典藏和深度利用"孑民"专藏做好数字化准备，也是对本馆革命文献数字化建设工作的试点探索。

除大型革命文献数字化项目外，特藏中心还为北京大学马克思主义学院《马藏》的编纂和研究工作提供了民国报刊的检索和数字化扫描服务，助力教研单位深入利用馆藏革命文献,建立常态化的资源利用与合作关系。2021年初,为迎接中国共产党成立100周年,特藏中心受命为中国共产党历史展览馆制作了一批革命文献高仿复制件,包括"亢慕义斋"藏书三种、《言治》期刊、蔡晓舟《五四》(第一部五四运动史)和李大钊任图书馆主任期间引进的关于俄国革命的图书三种。2022年7月,特藏中心为国家版本图书馆提供革命文献高仿复制件,包括《共产党宣言》华岗译英汉对照本、《新青年》第五卷第四号"易卜生专号"、《共产国际》第7卷第4~5期。高仿复制件的制作和提供,并非常态化业务范围,但也体现了馆藏革命文献的独有价值,扩大了革命文献的影响。

文献承载文化,文化引领价值。北大图书馆对革命文献的整理研究与数字化保存,已取得不少符合一流图书馆定位的工作成果,并将在新时期伴随学校建设中国特色世界一流大学的目标愿景不断延伸发展,彰显馆藏珍品的独特价值,服务学校师生,回馈社会关切。

3.4 大钊阅览室的创建与功能设计[7]

1. 大钊阅览室的建立初衷与建设过程

党的十九大报告提出加强中国特色社会主义先进文化建设,包括中华民族五千多年文明历史所孕育的中华优秀传统文化,党领导人民在革命、建设、改革中创造的革命文化,以及社会主义先进文化。其中,革命文化作为连接中华优秀传统文化与社会主义先进文化的桥梁,与北京大学师生在民族危亡的紧要关头觉醒并成长的历史时期高度契合,作为革命文化的实物载体的馆藏革命文献,应如何专门组织并揭示、呈现出来,成为摆在图书馆人面前的重大创新课题。早在图书馆东楼重建规划期间,图书馆就将建立专门的革命文献阅览空间提上了日程,经过多次外出调研和现场勘测,对空间主题、资源表达以及功能划分等有了清晰认知,综合校内外专家学者的意见和图书馆改造建设的实践发展,确定将图书馆东楼四层北翼建设成为革命文献的专题阅览室,命名为"大钊阅览室"。

大钊阅览室得名于中国共产党先驱之一的李大钊同志。李大钊同志一生的奋斗历程同马克思主义在中国传播的历史紧密相连,同中国共产党创建的历史紧密相连,同中国共产党领导的为中国人民谋幸福的历史紧密相连。李大钊短暂而辉煌的38年岁月,不仅曾担任北京大学教授和图书馆主任,而且将爱国主义精神和革命精神不遗余力地通过北京大学和图书馆传递给北大学子、同侪和无数普通民众,不断激励和鼓舞着北大师生和图书馆人守正创新,砥砺前行。大钊精神内涵丰富,彰显了北京大学与中国革命的深刻联系,也阐释了北大图书馆与革命文化的必然因缘。近年来,借由一个世纪前的《国立北京大学图书馆西文图书登录簿(1919—1920)》可证,恰是李大钊的刻意访求,为北大图书馆收藏革命文献奠定了最初的根基;又据毛泽东同志回忆,他在北大图书馆任职期间也受到过李大钊本人及多种早期马克思主义文献的直接影响,因而"在李大钊手下做图书馆助理员时,已经很快地倾向马克思主义了。"如今为革命文献设立专藏阅览室而冠以大钊先生之名，名副其实，实至名归，旨在鼓舞当下之北大学人，永续赤子之心，共担时代使命。

既以"大钊"为名，李大钊同志相关文献必不可少，包括其著作、文集和他人回忆、纪念的文章、书籍，在室内辟出专门书架用以存放。革命文献方面，筹备阶段特藏中心馆员在本部门收藏的原燕京大学民国图书、孑民图书室文献等资料中层层遴选，又从本馆其他库藏按需调取，并额外采购新书，加之中华人民共和国成立后搜集形成的 2,000 余册革命文献专藏，形成了目前总计 1 万余册的大钊阅览室馆藏体量。此万余册革命相关文献立足于北大图书馆的现有中外文特色馆藏，除中国共产党机关、革命根据地和解放区出版、发行的文献资料以外，还有在上海、北京、重庆、香港乃至东京、莫斯科等地由各类出版机构或新闻媒体印行的红色进步书刊和宣传资料，特别是二十世纪二三十年代的一批马克思列宁主义经典著作早期译本、东西方各国社会主义学说及文艺译作，以及中共早期党员的多种革命理论著述。据此标准遴选而来的革命文献，既是北大图书馆现有的最能体现中国革命实际的早期特色馆藏，也覆盖了中国革命各时期、各阶段最为重要的历史资料与理论成果。同时阅览室调取或采购了十多套近年来影印或重排出版的专题资料丛书，开架摆放以便师生随时取阅翻查。

大钊阅览室在图书馆领导的全力支持下，由特藏中心主导，各相关部门协调配合，短短三个月时间内完成了功能定位、空间规划、馆藏遴选、展览设计等启动阶段任务，于 2020 年底随图书馆东楼重启一并向师生开放，且在正式开放后的半年内继续调整和优化，初步实现阶段目标，顺利迎接中国共产党百年华诞。

2. 大钊阅览室的空间结构和功能布局

新建成的大钊阅览室位于图书馆东楼四层北翼，面积约 1,000 平方米，开放式设计，通透明亮。从阅览室延伸出去的外部空间渲染着浓厚的时代氛围。四层中庭陈列的百年学术展，近几年轮换的正是 20 世纪 20 年代的北大学术风云。马克思主义从李大钊的图书馆主任室点燃了星星之火，蔓延至爱国志士的心中，引起广泛共鸣，肩负推动民族独立、实现国家富强使命的中国共产党应运诞生。阅览室门口，西边靠窗处是李大钊办公室复原场景，东侧是青年毛泽东遥望东方的塑像，中间以北大校友所作大幅油画《曙光》，将李大钊与毛泽东对于共产主义信仰的不懈追求，呈现在红日初升的金色霞光中。

大钊阅览室室内空间规划融合了典藏、阅览、展陈、研讨功能，各个区间既相对独立，又相互联系，能够充分满足不同到访者的个性需求。阅览室进门的中心地带是约 300 平方米的展陈空间，陈列有 76 组展柜，宽敞开阔，文献翔实；展区后部整齐排列着 96 组钤刻有北大图书馆圆形标识的实木藏书柜和 25 组钢制书架，收藏着北大图书馆一万余册珍贵革命文献；而北侧沿窗光线最好处则摆放着 15 张实木书桌和配套座椅，用户坐于此处，抬眼便是未名湖畔的博雅塔和燕园四季；公共研讨区专门以绿植巧妙区隔,两侧柱子上悬挂着李大钊手书的"铁肩担道义,妙手著文章"对联仿真件,2组软皮沙发围住3张实木方桌,形成"沉浸式"的主题文化教育空间,可供小型座谈、沙龙等活动使用,具有适当的研讨、社交和休闲功用。整个阅览室布局严谨,张弛有度,动静结合,既能够满足教学活动的有序开展,又能使展区与学习研究区域保持距离,实现了共有空间整体效用的精准分割。2021年,室内又专设了"书说党史"专题教育学习专区,提供专业文献信息服务。专题书架集中放置了《习近平谈治国理政》《论中国共产党历史》《毛泽东、邓小平、江泽民、胡锦涛关于中国共产党历史论述摘编》《习近平新时代中国特色社会主义思想学习问答》《中国共产党简史》以及中国共产党历届全国代表大会和革命根据地档案文献选编、北大马克思主义学院编纂的《马藏》、湘潭大学出版发行的《红藏——进步期刊总汇》等系列图书。专区图书并非一成不变,而是与时俱进地不断丰富,如2022年11月,北大图书馆在全国高校图书馆中率先将第1至3编共195册的《复兴文库》大型历史文献丛书采购到馆,并迅速放置在学习专区中,为广大师生提供了更为丰富翔实的文献资料服务,受到了用户的好评。

3. 大钊阅览室的展陈设计与展品文献

大钊阅览室充分将展览展示融入图书馆的日常职能中,展览区域设计以革命文化为基石,从李大钊生平出发,通过对于文献的精准把握,全面翔实地展现了李大钊的思想与学术的发展轨迹,充分实现了思想性、学术性与艺术性的统一。

室内展览最早成型于2020年底,综合了前期举办过的五四新文化运动展览、李大钊诞辰展览和西文登录簿展。最初分为四个展区,"李大钊与马克思主义早期传播""李大钊与五四新文化运动""李大钊与中国共产党的建立"以及"李大钊对图书馆事业的贡献",前三部分按照时间线索顺序展开,展柜摆放完全对称。最初展品约80件,因时间紧迫,未经证实或不确定的展品都未展出。2020年下半年,阅览室搬迁后的清点工作全部完成,对展览进行了大型调整,按照李大钊与中国共产党、李大钊与中国图书馆事业的两大主题,重新组合排列室内展品,撰写展览文字和解说大纲,并增加文献展品至120余件。

2021年建党一百年之际,在全面梳理馆藏李大钊相关文献、更加深入了解李大钊生平的基础上,对照杨琥老师最新出版的《李大钊年谱》,再次发掘新的资料,融合更广范围的文献资源,将文献展品数量进一步丰富,扩充至近200件,因展柜空间有限,经精选之后,确定展出文献157件。同时重新调整了展览主题,围绕李大钊在北大及图书馆的工作与革命经历,分设三个主题线路,"李大钊与马克思主义传播""李大钊救国思想""李大钊与中国图书馆事业"。其中,主题一与主题二两者并不完全独立,文献内容交相辉映,主题一主要展示大钊先生传播马克思主义撰写的理论文章和在此过程中的各项活动历程,主题二救国思想部分中依然以李大钊撰写文章为主,如早期大钊先生在日本留学时号召国人奋起反抗,以及后来成为马克思主义者后关注贫困大众和民生问题的文章,这两部分综合起来展现出李大钊积极参与救国启蒙运动、宣传马克思主义、推动建立共产主义小组、领导共产主义运动的思想进程，并借"亢慕义斋"珍稀文献和《西文书登录簿》所录革命文献转入"李大钊与中国图书馆事业"主题部分，此部分主要运用当时报刊中的宣传布告等信息，切实展示大钊先生对于北大图书馆现代化转型和中国图书馆事业进步的巨大推动。展览区域环绕 6 根立柱展开，24 张图板悬挂其上，除文字介绍外，主要展示李大钊在不同时期的肖像照片、相关建筑景观和其他文献图片。展区风格统一，展品多样，气氛庄重，图文并茂。

展品选择大致分为两类，一是收录李大钊文章的报刊以及大钊遗墨的影印件，二是当时与李大钊相关、间接反映大钊生平贡献的书刊报纸和影印信件。1917 年俄国十月革命胜利后，李大钊连续发表了《法俄革命之比较观》《庶民的胜利》《Bolshevism 的胜利》《新纪元》等文章。1919 年五四运动后，他更加致力于马克思主义的宣传，在《新青年》上发表的《我的马克思主义观》，系统介绍马克思主义理论，在当时思想界产生了重大影响，标志着马克思主义在中国进入系统传播阶段。

在一众展品中，《北京大学日刊》是出镜率最高的报纸，《日刊》大跨度详细记录了李大钊作为图书馆主任和史学系教授的日常工作，他大力引进西文进步思潮文献，自己同时也号召身边学者屡次向图书馆捐赠众多外文书刊杂志。展柜中的 8 册"亢慕义斋"西文图书，是李大钊推动建立的马克思学说研究会搜集、阅读、整理、翻译马克思、恩格斯等思想家著作的珍贵见证，可以说，这些珍稀革命文献为中国共产党的建立作了思想上的准备，揭开了马克思主义中国化的序章。

此外，展览中还有不少新民主主义革命时期的重要革命文献，如对毛泽东同志影响最大的三种著作——《共产党宣言》《阶级争斗》《社会主义史》，为此特辟专柜集中展陈。除上述民国早期出版物、印刷品原本外，展品中还补充有大钊先生的手稿、往来信札（均为复制件），以及新民主主义革命时期和当代影印的相关书刊资料等，以期全面展示先生的人格魅力和先驱精神。

大钊阅览室开放至今，已经成为广大校内学生读书、研习的优先选择场所。除一般用户外，国内外参观团体和个人逾数万人次。同时也成为校内外众多革命教育宣传片的取景地，《人民日报》、新华社等重要媒体均有报道。新华社、教育部党史学习教育第一巡回指导组和学校主要领导都曾前来参观指导，对大钊阅览室的建立给予充分肯定。为迎接建党百年，中央电视台、北京电视台、《中国青年报》等多家媒体机构专门在大钊阅览室取景拍摄，制作宣传片。北京新闻广播还专门对馆藏革命文献——"亢慕义斋"藏书做了主题报道。丰富的馆藏、生动的陈列、宽敞的空间、专业的讲解，无不有力支撑了持续增加的日常访问量，而大量用户的来访也反过来增加了展阅内容的传播和曝光，形成双向促进的良性循环。通过接受该室专业馆员的讲解培训，校内学生志愿者和全馆青年馆员也对李大钊生平事迹和馆藏珍贵革命文献有了更加全面的认识，受到爱国主义和革命文化的深刻教育。馆内大力引导青年馆员参与展览布置、文献整理、导引讲解等主题活动，努力培育

"四有"馆员,形成"四尚"风气,深化馆员们对"为人民服务"宗旨的理解以及对"用户导向,服务至上"基本理念的认识,更好地推动了"立德树人"根本任务的实现。

大钊阅览室创新空间规划,将文献收藏、阅览服务、展示宣传、学术研讨等多种功能有机融为一体,打造出大学图书馆内首屈一指的多元化图书馆服务空间,推动北大图书馆从传统图书馆向多层次、综合性、高效型、智能化的现代学习中心转变,将北大图书馆建设成为以大钊阅览室为代表的具有北大特色的革命文化教育基地,全力弘扬党和人民在各个历史时期奋斗中形成的伟大精神。

3.5 大钊阅览室革命文化教育功效[8]

2019年,习近平总书记在给国家图书馆老专家回信中指出:"图书馆是国家文化发展水平的重要标志,是滋养民族心灵、培育文化自信的重要场所。"高校图书馆文献资源丰富,文化底蕴深厚,"中华优秀传统文化、革命文化、社会主义先进文化在这里汇聚,思想文化、科学文化、信息文化在这里交融"。立德树人是高校的立身之本,教育的实质是文化育人。革命文献是我国许多高校图书馆的珍贵馆藏,蕴含着丰富的革命精神、思想内涵和时代价值。革命文化是在实现中华民族伟大复兴的奋斗实践中形成并发展的精神财富、修养意境和时代价值的总称。北大图书馆认真领会"推动中华优秀传统文化创造性转化、创新性发展,继承革命文化,发展社会主义先进文化"的时代要求,自觉认识到高校图书馆在加强革命文化教育方面的重大责任和独特价值,深挖校史馆史中的红色基因,开辟了"一专多能"的革命文化继承与教育场所——大钊阅览室,以促进革命文献的深度利用与革命文化的弘扬,这既是对李大钊同志的致敬和纪念,也是北大图书馆履行革命文化教育职能和教书育人价值本位的体现。

革命文献记录着波澜壮阔的革命历程,承载着先辈们艰辛而辉煌的奋斗记忆,凝结着伟大建党精神,具有重要的历史价值与现实意义,是高校图书馆开展革命文化教育的基础和依托。基于革命文献加强以文化人,通过融入日常、化为平常、抓在经常有效发挥革命文化教育功效,可以引导学生更全面、深刻了解中国共产党百年奋斗历史,激发爱党爱国情怀,增强使命感和责任感。近年来,北大图书馆围绕服务立德树人根本任务,扎实推进革命文化教育融入日常、化为平常、抓在经常,有效提升了以文化人成效。

1. 在职责内容上融入日常

作为学校人才培养体系的组成部分,北大图书馆一方面注重融入日常工作职责,即将革命文献的整理、挖掘、利用作为服务立德树人的重要职责,加大对馆藏革命文献的系统梳理和整理研究,根据《国立北京大学图书馆西文图书登录簿(1919—1920)》和《北京大学日刊》等提供的线索,调拨新发现的革命文献补充大钊阅览室馆藏,梳理完成《国立北京大学图书馆西文图书登录簿(1919—1920)》中的德文目录和北大图书馆藏根据地和解放区红色报纸目录,并加快革命文献数字化工作,促进保护与利用。另一方面注重融入思政教育内容,基于"展陈阅"融合深挖革命文化和革命精神,将其有机融入相关课程教学和思政教育活动。2021年3月,北京大学"传承北大人文精神"强基计划人文学生工作坊在大钊阅览室圆满举办,北京大学马克思主义学院、政府管理学院的师生在大钊阅览室参观主题展览的同时开展现场授课,推进了革命文献与课程教学的深度融合。

2. 在途径和方式上化为平常

北大图书馆通过环境滋养途径与活动培育途径,用濡化和涵化的方式,"如盐化水"般将革命文化教育融入各类课程和文化活动中,实现了"如鱼在水"的成效。一方面,大钊阅览室有机展现展柜、书柜、文献实物与文化元素,统筹布局李大钊在任时期办公复原室、青年毛泽东雕像、校友捐赠油画,在唤起用户红色记忆、致敬先辈的同时起到弘扬精神、加强教育的作用;另一方面,北大图书馆通过聆听讲座、参观展览、研讨交流、志愿服务等活动——如"百年奋进、百年荣光"主题系列讲座、"不忘初心、长忆峥嵘"主题电影赏析,推进用户在活动参与中学史明理、学史增信、学史崇德、学史力行。方式上的濡化与涵化分别对应文化教育过程中的纵向传递和横向传播,大钊阅览室既在日常的阅览和学习中让学生潜移默化受到熏陶和滋养,又招募学生志愿者参与导引服务,边参观边讲解,边学习边互动,努力把"有意义"的内容讲解得"有意思"。

3. 在协同推进上抓在经常

北大图书馆一方面常抓内部的资源整合和服务育人的协同配合。在文献资源建设方面,从老北大、老燕大、子民图书室及全馆其他藏书中精选万余册革命文献组建"书说党史"专题书架,注意及时采访"四史"相关重要文献,比如2022年11月通过单采途径率先采购《复兴文库》大型历史文献丛书,提供开架服务,同时在服务育人方面,加强馆内育人活动之间的协同增效,与图书馆其他部门开展的专题讲座、主题展览、文化活动同策划、相衔接,形成立体式、多样化的革命文化教育体系。另一方面北大图书馆加强校内外的资源拓展和立德树人的协同合作,与本校外国语学院加强交流,深挖多语种外文革命文献,与本校学生工作部、教务部、研究生院、团委等单位合作开展学生阅读情况调研、阅读之星评选、宣传视频拍摄等活动,在深化育人共识基础上形成三全育人合力,同时还加强了与中国李大钊研究会的合作,联合举办李大钊烈士陵园祭扫活动暨"新起点的李大钊研究"研讨座谈会,推动筹备建立李大钊研究文献资料中心,以更好地服务人才培养和相关科学研究。

党的二十大报告指出,要"推进文化自信自强,铸就社会主义文化新辉煌""发展社会主义先进文化,弘扬革命文化,传承中华传统优秀文化"。用好革命文献,加强革命文化的弘扬,是高校图书馆的重要职责和时代使命。北大图书馆将持续加力、久久为功,既将革命文化教育工作有机融入日常职责内容,在革命文献上持续深挖、系统揭示,不断丰富革命文化的价值意蕴与时代内涵,又将革命文化教育相关服务连点成线,织线成面,叠面成体,让有形服务与无形影响有机融合、环境滋养与活动培育协同增效,常态提升以文化人效果,将革命文化教育作为一项经常性工作抓实抓好,为革命文化教育常态化、长效化打下坚实基础。

第四节 国家文化繁荣的重要标志[9]

陈建龙

习近平总书记给国家图书馆老专家的回信[10]指出:"图书馆是国家文化发展水平的重要标志,是滋养民族心灵、培育文化自信的重要场所。"这是对图书馆的肯定,更是对图书馆的希望。大学图书馆同样在国家文化发展中发挥了重要作用,同样要为国家文化繁荣做出更大贡献。

近些年来,大学图书馆响应党的号召,努力"推动中华优秀传统文化创造性转化、创新性发展,继承革命文化,发展社会主义先进文化,"坚持以文献为载体的文化传承创新,在持续加强承载着社会主义先进文化的书刊文献资源建设和服务的同时,通过馆藏文献挖掘、专题采集等方式开拓性地建设革命文献资源,尤其是红色文献资源,切实继承红色文化,通过古文献整理出版、经典阅读服务等方式创造性转化和创新性传承中华优秀传统文化,教育部高校图工委还组织了全国性的经验交流会和工作研讨会。

在中国式现代化建设的伟大进程中,党坚持以社会主义核心价值观引领文化建设,注重用社会主义先进文化、革命文化、中华优秀传统文化培根铸魂,坚持把马克思主义基本原理同中国具体实际相结合、同中华优秀传统文化相结合。《中共中央关于党的百年奋斗重大成就和历史经验的决议》[11]指出:"文化自信是更基础、更广泛、更深厚的自信,是一个国家、一个民族发展中最基本、最深沉、最持久的力量,没有高度文化自信、没有文化繁荣兴盛就没有中华民族伟大复兴。"

对照文化自信和文化繁荣的历史性与标志性意义,大学图书馆如何在以文献为载体的文化传承创新基础上,以习近平新时代中国特色社会主义思想为指引,为弘扬社会主义核心价值观做出更大贡献呢?以下两点必须取得更大成效:

一是传承和弘扬中华优秀传统文化。中华优秀传统文化是中华民族的突出优势,是我们在世界文化激荡中站稳脚跟的根基,我们必须结合新的时代条件传承和弘扬好,组织更大力量开展形式多样、内容专精的中华优秀传统文化普及共享和宣传教育工作。

二是继承和弘扬革命文化。革命文化是党和国家的宝贵精神财富,是激励人民奋勇前进的精神力量,我们必须结合新的时代条件继承和发展好,组织专门力量开展丰富多彩、生动活泼的革命文化学习引导和协同创新工作。

参 考 文 献

[1] 习近平.在北京出席文化传承发展座谈会时的重要讲话[EB/OL].[2023-06-02]. https://www.gov.cn/yaowen/liebiao/202308/content_6901250.htm.

[2] 邱水平.在滋养民族心灵、培育文化自信中发挥引领作用[J].大学图书馆学报,2022,40(01):5-6.

[3] 习近平.在中共中央政治局第六次集体学习上的重要讲话[EB/OL].[2023-06-30]. http://www.qstheory.cn/yaowen/2023-07/01/c_1129727145.htm.

[4] 国立北京大学图书馆情况及图书馆的任务与职掌[A].北京:北京大学档案馆(0991955001).

[5] 习近平.在学校思想政治理论课教师座谈会上的讲话[EB/OL].[2019-03-18]. http://cpc.people.com.cn/n1/2019/0319/c64094-30982234.html.

[6] 习近平.在北京出席文化传承发展座谈会时的重要讲话[EB/OL].[2023-06-02]. https://www.gov.cn/yaowen/liebiao/202308/content_6901250.htm.

[7] 陈建龙,常雯岚,徐清白.继承革命文化深挖革命文献——北京大学图书馆大钊阅览室探幽[J].大学图书馆学报,2022,40(01):78-83.

[8] 郑清文.北京大学图书馆大钊阅览室革命文化教育功效初探[J].大学图书馆学报,2023,41(02):19-24.

[9] 陈建龙,邵燕,张慧丽,等.大学图书馆现代化的前沿课题和时代命题——《大学图书馆现代化指南针报告》解读[J].中国图书馆学报,2022,48(01):17-28.

[10] 习近平给国家图书馆老专家回信[EB/OL].[2022-01-05]. http://www.gov.cn/xinwen/2019-09/09/content_5428592.htm.

[11] 中共中央关于党的百年奋斗重大成就和历史经验的决议[EB/OL].(2021-11-16)[2022-01-05]. http://www.gov.cn/zhengce/2021-11/16/content_5651269.htm.

第四章 服务圣地

第一节 协同服务

王怡玫　李峰　罗文馨

协同服务是指图书馆与服务对象或利益共同体整合多方优势资源,在深度合作的基础上,发挥各自的辐射效应,通过优势互补产生合作共赢的效果,最终呈现共同交融式成长。"协同"既涉及大学图书馆与学校各部门、业内机构、区域内不同类别主体的协作,也包含图书馆资源、服务和馆员等多要素间的协同发展[1]。在《行动纲领》中明确着力实现服务转型:转变信息服务的项目结构和业务流程,扩大协同型信息服务事业。此后北大图书馆从辅助用户解决科学研究问题的支持服务逐渐向与学校人才培养体系和综合改革进程相互交融的协同服务发展,紧密结合学校使命和"双一流"建设与人才培养事业目标,主动融入学校的教学与科研,充分发挥图书馆的资源、空间和专业人才优势,开展多层次、多领域、多角度的协同业务,积极探索业务协同机制建设、服务协同体管理、情报服务创新等工作,进一步完善情报服务管理和协同服务体系,为解决用户学习、教学、科研、管理等方面的难题求解和信息文化培育做出贡献。

1.1 协同开展融入式、精细化的学科情报服务和战略情报服务

信息时代,随着科研人员和科研管理人员的信息获取和分析能力的不断提升,高校图书馆情报服务面临的挑战与机遇并存。图书馆员须全方位融入用户的教学与科研活动,深层次、精准化挖掘用户需求,聚焦用户关注的具体问题,探索定制化的服务方案,为用户提供更加全面、精准、高质量、个性化的学科情报和战略情报服务。

1. 融入课题组的学科情报服务

北大图书馆探索开展融入课题组,与科研周期协同的学科情报服务,通过与课题组形成协同体,为科研人员提供服务。通过融入式的学科情报服务,图书馆员在科研周期中挖掘了更多发力点:科研人员不会做和不擅长做的,图书馆员利用专业特长和技能积累,协助加速科研进程。比如科研初期,针对研究现状的评估,馆员知道要找什么信息,到哪里能找到以及怎么找,科研后期成果发布和推广应用阶

段,图书馆员也有优势[2],可能比他们教授还强。

图书馆学科情报服务团队基于馆员自身的专业背景优势,融入经济、新媒体、生物医药等领域的课题组,协同开展学术研究。工作内容涉及文献搜集整理、检索方法指导、情报分析工具使用支持、情报分析建议、情报分析报告撰写、前沿研究识别、高质量论文与高价值专利分析等,服务成果包括《中心城市和城市群综合承载能力的研究进展及可视化分析》《2022年度心血管领域基础医学高水平研究进展》《专业领域知识图谱可视化分析报告》等等。通过一段时间的实践与积累,图书馆不断发掘用户需求,探索融入式学科情报服务的边界,同时也锻炼了一支高素质的学科情报队伍。

2. 更为精细化的战略情报服务

近年来,图书馆与校内外相关机构协同,与北京大学学科建设发展及科研管理协同,不断创新以用户需求为导向的战略情报服务,陆续推出学科竞争力分析报告、学科前沿报告、学科信息门户、未名学术快报、开题文献推荐、相似文献推荐、研究态势分析、研究前沿分析等情报分析和情报订阅产品,在不同的时期为用户提供多源信息分析,包括但不限于学科建设办公室系列国际评估第三方评价报告项目、社会科学部学术文章分析项目、研究生院研究生学术成果评估和学科评估项目、光华管理学院等院系委托的定制学科竞争力分析项目等,图书馆还协同院系及职能部门推出定制化的数据评估与分析服务,为7个部门和院系提供6份分析报告和12个数据文件,数据量近30万条。此外,从2020年起,图书馆以查收引服务为基础,为北京大学人才引进开启绿色通道,协同校人事部助力北京大学人才队伍建设。

最近几年,在协同服务的框架下,图书馆探索改变原有的用户委托关系,充分调动用户积极性,与用户共同完成更深层次的战略情报分析产品。在服务过程中,图书馆员与用户协同合作,图书馆员发挥在文献检索、文本关联分析、可视化展示等方面的优势,用户发挥专业特长,对内容进行精细化的梳理判定,完成了基于文献关键词的北京大学考古学发展方向分析、基于国家自然科学基金资助论文的材料科学领域研究热点探析、全球作物病毒研究态势分析等多项报告。更重要的是,图书馆协同校党委办公室、校长办公室完成QS和THE世界大学排名相关机构科研成果及学术评价数据分析,基于多年来对QS世界大学排名的关注和对标分析,图书馆发现了北京大学的论文数据缺失并积极进行归属认定和纠补工作,为北京大学在QS世界大学排名的准确性提供了数据基础,有力地提升了北京大学的国际学术竞争力。

图书馆正在开展面向学科前沿的战略情报分析,充分利用图书馆的优势资源和信息化的分析手段,协同用户识别基础研究与重大技术突破点的关联关系,通过基础学科的科研创新来实现关联技术的进步。

1.2 协同开展全流程的知识产权信息服务

《国家知识产权战略纲要》实施以来,我国高校知识产权创造、运用、保护和管理水平不断提高,但是还存在"重数量轻质量""重申请轻实施"等问题。究其原因,目前我国高校科研队伍的知识产权素养仍有待提升,知识产权信息获取及运用能力均与国际顶尖水平有差距。高校图书馆作为高校信息服务体系的核心角色和中坚力量,应不断完善知识产权信息服务体系,补充知识产权信息服务资源,提升知识产权信息服务能力,为全面提升我国科研队伍的知识产权素养,增强国际竞争力提供帮助。通过协同服务,图书馆知识产权信息服务人员深入科研一线、管理前沿,第一时间获取用户需求,通过发挥双方优势,实现"1+1>2"的服务效果。

2018年,北京大学成立了"北京大学知识产权信息服务中心"(下文简称"中心"),为图书馆内设机构,图书馆对知识产权信息服务进行顶层设计,并聘请北京大学法学院知识产权方向著名学者杨明教授作为顾问,形成了校内全方位合作、辐射社会的全流程、立体化的知识产权信息服务体系。2019年,中心获批首批国家高校知识产权信息服务中心之一。2020年,中心协同科技开发部助力北京大学申报并成功获批国家知识产权示范高校,积极落实《国家知识产权试点示范高校建设工作方案(试行)》,在知识产权的创造、运用、保护和管理阶段提供智力支持。

1. 面向科研周期的知识产权信息服务

中心针对科研周期的不同阶段,协同提供有针对性的知识产权信息服务。在科研初期,中心提供专利信息和文献情报的搜集、分析服务,协助科研人员进行知识产权风险评估,确定研发路线,提高科研起点,如中心协同北京大学化学与分子工程学院完成《DPP类有机半导体专利态势分析报告》;在科研过程中,中心为科研人员提供知识产权动态跟踪服务,帮助科研人员及时了解相关技术的最新进展和竞争态势,评估研究成果并辅助他们申请专利,如中心协同北京大学信息科学技术学院完成《无线医疗物联网技术知识产权现状与发展趋势分析报告》,该报告的相关内容被汇编到国家出版基金项目支持的图书《医疗物联网》的部分章节中;在形成科研成果时,中心以转化应用为导向,协助科研人员做好专利布局工作,这有助于保护科研成果的知识产权,提高科研成果的转化率和应用价值。在知识产权运用阶段,中心协助寻找相关企业,促进科研成果转化。同时,中心还帮助企业就具体的技术领域寻找北京大学学者进行合作,例如为某知名企业梳理北京大学关于芯片和集成电路的专利和论文,寻找潜在的合作伙伴。在知识产权的保护阶段,中心提供专利预警、专利跟踪服务,可以使科研人员更好地保护自己的知识产权权益。

2. 面向知识产权管理的信息服务

在知识产权的管理阶段,中心搭建北京大学知识产权信息服务平台,协同建设北京大学知识产权管理平台,完成《北京大学专利竞争力分析报告》《北京大学专利信息季(年)报》等,有效梳理学校专利情况,为专利的分级分类管理提供数据支持,为提高学校知识产权管理水平和促进科研成果转化提供参考依据。

2021年,图书馆与科技开发部合作,建设了集基于本地化数据的北京大学知识产权数据库、面向教学与科研的知识产权信息服务、高效的知识产权管理信息服务、专业的知识产权转移转化信息服务和丰富的知识产权信息资源服务等功能于一体的"一站式"知识产权信息服务平台,旨在优化知识产权信息服务流程,促进知识产权信息的广泛传播与深度利用。为响应教育部、国家知识产权局和科技部发布的《关于提升高等学校专利质量促进转化运用的若干意见》,落实国家知识产权示范高校建设工作方案,科技开发部牵头、图书馆参与建设了包含科技成果披露、专利申请前评估、专利申请与维护等全流程的北京大学知识产权管理平台。

《北京大学专利竞争力分析报告》从2016年起每2～3年发布一版,至今发布了三版,重点从高价值专利转化的角度对北京大学专利竞争力进行分析,包括从战略性新兴产业发明专利、在海外有同族专利的发明专利、维持年限超过十年的发明专利、发生质押融资的专利、获得中国专利奖的专利、校企合作专利和专利实用价值等角度,为进一步提高学校知识产权管理水平和促进科技成果转化提供决策和参考依据。《北京大学专利信息季(年)报》是由图书馆与科技开发部、医学部产业管理办公室/技术转移办公室合作完成的专利信息推送产品,对北京大学的专利申请、授权和转化数据进行及时的梳理,挖掘出具有较大市场潜力或较高技术含量的专利,从而为学校的科研成果转化提供更有针对性的指导和服务。

3. 多层次的知识产权信息素质教育

中心为全面提升师生的知识产权素养,提供全方位、多层次的知识产权信息教育。利用北大图书馆品牌讲座栏目"一小时讲座",开展知识产权信息的普及性讲座,"利用专利资源进行创新性选题"帮助学生了解专利资源在科研创新中的重要作用,提高学生的选题能力;与北京大学软件与微电子学院合作,参与学院的专利标准研读课程,根据学院学生的科研需求和特点,针对性讲授"专利知识""专利申请与布局""专利数据库及使用"等相关内容;协同科技开发部等部门开设"北大IP讲堂",通过多样化的主题讲座,加强师生对知识产权知识、策略、动态的了解和把握;协同科技开发部、标识办公室等部门联合开展世界知识产权日系列活动,举办"知识产权有奖答题大闯关""如何利用专利信息进行高价值专利培育讲座""专利代理师进校园/课题组"等活动,激发师生对知识产权的兴趣和热情,进一步提升知识产权意识。

未来,图书馆知识产权信息服务会持续响应国家号召,坚持科技是第一生产力,深入实施创新驱动发展战略,开辟发展新领域新赛道,不断塑造发展新动能新优势。呼应学校需求，协同相关部门、研究团队进行融入式服务，为建设世界一流大学提供全流程的知识产权信息服务。

1.3　充分借助信息化手段，提升协同服务效能

在数字化时代大潮下，如何利用信息化手段与互联网平台，提升协同服务效能，一直是图书馆界不断探讨的命题。图书馆有效开发新技术、高效利用新手段、着力打造数字化平台，建设数字化协同服务体系。

图书馆协同校科技开发部、计算中心围绕学校师生对信息服务的实际需求，共同开发建设了知识产权信息化平台（本节简称平台）。平台是服务学校管理、科研创新与科研成果转移转化的知识产权信息服务平台，收集及展示北京大学的知识产权成果，构建了包括专利、集成电路布图设计、商标等在内的北京大学知识产权数据库；提供包括知识产权培训、咨询、检索、分析等在内的全方位服务；汇集知识产权管理、知识产权转化相关信息，世界主要国家的知识产权信息资源等。平台全面提高了高校知识产权工作的协同性与工作效率，是协同高校知识产权创造、保护、运用、管理的重要工具；平台集合了知识产权政策法规、服务案例、培训资源、转化需求等信息资源，按照统一规范进行整理，突破了现有信息资源单一、孤立的限制；平台建立了多种类型知识产权数据的采集渠道和集成规范，实现了数据的自动更新、动态展示和统计分析，解决了多源多格式数据的展示和集成应用问题；平台实现了知识产权创造、运用、保护、管理的一站式自主、自助的全流程管理与智力支持，为科研用户提供了自主获取知识产权学习资源、管理知识产权成果和发现转化需求的窗口。平台将知识产权全流程服务集成和整合，拓宽服务机构的沟通和信息共享渠道，使多机构协同成为可能。基于该平台，图书馆在与科研团队、管理部门的协同服务中，能更好地为科研活动选题、立项、研究、结题等环节提供知识产权服务，还为学校人才引进、科研管理、学科发展规划和战略决策制定等工作提供依据。

北京大学深入贯彻落实党中央、国务院关于推进科技领域"放管服"改革要求，极大激发科研人员的创新活力，开发建设了北京大学科研管理综合信息系统（Science Management System，SCIMS），提供科研项目、经费管理以及成果管理的全流程、一站式线上服务。该系统由学校科研部牵头，图书馆协同参与，负责开发其中的科研成果子系统，该子系统通过接口与 SCIMS 中的其他模块互联，实现科研人员的成果认领、统计和导出功能，为科研管理人员提供科研成果管理、统计和分析服务，为科研部、人事部等职能部门的科研人员考核、组织机构考核等提供了依据。图书馆还协同物理学院定制开发了物理学院成果数据管理与评估平台，该平台整合物理学院的论文、图书、专利、课程、项目、学位论文、教职工、学生等 27 项数据，将物理学院的各类科研数据深度融合，同时整合对标高校物理学科的科研数据，分析高校间的学科竞争力，梳理对标高校的研究方向，为物理学院的"双一流"

学科评估和多维度科研指标监测提供数据服务,满足学院领导和教师更多的学科情报需求。

此外,图书馆利用微信公众号、官方微博等新媒体手段持续发布学科情报简报、战略情报分析报告等信息服务产品,例如:"知识图谱|材料科学领域研究热点探析——基于国家自然科学基金资助论文视角""学科情报|北京大学最新ESI高被引论文盘点"等等,通过新媒体,图书馆协同服务走到了更多用户身边,扩大了协同服务的影响力,激发了潜在的协同服务需求。

学科情报服务团队正在积极探索学术资源库建设项目,以期运用现代化技术手段加强图书馆馆藏资源的综合利用,深入挖掘学术资源的价值。项目针对院系教师或课题组的特定需求,由图书馆提供技术保障,搭建个性化学术资源平台,传播、搜索、整理、挖掘、共享、创新学术文献数据信息,促进图书馆更加紧密地协同一线科研团队,更好地服务北京大学顶尖学科建设。

1.4 丰富信息服务的社会化形式,协同区域合作发展

高校图书馆协同服务应在与学校各部门协同的基础上,积极拓展业内机构间的交流沟通,丰富与区域内不同类别主体间的协作形式。业内机构的协同指的是各高校图书馆应发挥各自的独特优势,交融互补形成图书馆协同合作综合体,从协同服务范围、服务能力、服务资源等角度相互促进、共同提升。不同类别主体间的协同指的是高校图书馆应立足本校,辐射周边,发挥人才储备和资源储备优势,协同支持区域发展。

北大图书馆与清华大学图书馆、同济大学图书馆、上海交通大学图书馆等共同筹备并组建了高校知识产权信息服务中心联盟,积极参与联盟日常事务,为高校知识产权信息服务事业发展出谋划策。高校知识产权信息服务中心联盟以"共建共享""平等互利""合作共赢"的原则共同开展知识产权信息服务工作,服务高校知识产权管理,提高业务水平和业务质量,联盟高校在教学与科研、师资培训等方面加强合作,为我国高校知识产权信息服务的发展发挥重要的引领和示范作用。

为更好地辐射区域经济与科技发展,北大图书馆协同中关村知识产权促进中心开展知识产权信息服务共建项目,与在京兄弟高校交流服务经验,共享教育、教学资源,协同开展多种形式的知识产权信息服务,着力提升在京高校知识产权信息服务能力。

知识产权信息服务案例"同心抗疫,传递北京大学抗疫相关项目及专利信息"入选国家知识产权局"知识产权信息服务优秀案例",并配合国家知识产权局制作"知识产权信息服务优秀案例"专题课程,进一步推广、传播优秀案例,供更多知识产权信息服务机构学习借鉴,不断提升知识产权信息服务的辐射性和社会化功能。

近年来,北大图书馆协同国家部委、企事业单位完成了多项定题分析项目以支

持科学决策,例如,北京市社会科学界联合会的《北京市属高校与在京双一流高校工商管理学科学术产出与影响力分析报告》、教育部科技发展中心的《194家中国理工类高校科技论文成果评估报告》、中国石油化工股份公司的《智能油气田领域技术分析报告》等等。

科技查新工作为高校的科研立项、项目验收、奖励申报、成果鉴定等科技创新评价提供了有效的智力支持。北大图书馆科技查新站积极拓展社会化服务形式与服务范围,实现了线上委托、线上沟通、线上反馈的工作机制,使企业、科研院所等创新主体能够更加方便、快捷地获得分析服务,有效促进了区域科技进步与经济发展。科技查新站还协同兄弟高校,与北京邮电大学、山西大学、河北大学、云南师范大学等高校联动,积极促进全国高校图书馆科技查新事业协调发展。

今后,北大图书馆将进一步加强与业内机构的协同交流,丰富面向社会的信息服务形式,协同区域内不同类别主体,着力提升科技情报的获取及运用能力,促进区域经济发展和科技进步。

第二节 计算服务

赵静茹　张元俊　陈飞

计算服务是通过适当的信息基础设施建设,采用合适的信息系统为图书馆提供的信息化服务[3]。北大图书馆计算服务中心成立于2019年,主要职责是开展图书馆的服务平台和管理系统建设、数字化设施管理、应用软件开发等,同时也负责新技术应用、信息安全监管、智慧服务创新等工作,通过完善交融式数字图书馆和计算服务体系,为用户学习、教学与科研、管理等方面的难题求解和信息文化教育做出贡献。计算服务中心以"转变信息服务的创新动能和发展战略,创造计算型信息服务价值"作为行动纲领,探索以算力驱动的计算服务体系,全面推进交融式在线图书馆建设。

五年来,北大图书馆不断夯实信息基础设施建设,专用服务器增加至100余台,架设三级数据存储体系,数据存储总容量超过3PB,建设万兆带宽主干网络,网络交换机端口总数扩展至3,800个,完成智能管理、高效运营的模块化机房改造,增强了UPS电力服务能力,提升了制冷效率,提供了可靠、环保的信息基础设施运行环境,为图书馆业务系统和用户服务提供支撑;依托服务器虚拟化技术构建云计算平台,依托桌面虚拟化技术提供多场景应用终端,为用户和图书馆员提供灵活易用的算力资源;通过IPv6、SSL安全认证等,配合Web应用防护系统,落实安全工作机制,形成坚实可靠的安全保障。

在此基础上,面向学科建设的服务体系日益完善,建设了图书分馆门户网站群,在实现院系资源揭示的同时,对总分馆的门户网站与管理进行了融合;通过科研成果管理子系统、"教师一张表"、知识产权信息服务平台、学位论文数据库等为学校提供科研成果数据和知识产权服务，不断扩大图书馆知识库的规模及影响力，形成北京大学学术资产体系；在新冠疫情初期实现了数字教参资料服务系统的更新换代，助力教师线上教学；为前沿交叉学院等提供专门的科研管理系统或服务接口，向院系提供高密度计算资源，辅助新技术驱动的科学研究，为多项科研成果的产出提供了助力。

随着计算服务能力的提升，依托数字化转型持续推进面向馆内服务的信息化体系建设，全面启用办公自动化系统，完善日常办公流程，提升图书馆员办公效率，实现了图书馆人、财、物的规范化管理，通过图书文献资产管理系统实现了校级的图书文献资产管理；依托规章制度管理、项目管理、版本管理等系统，保障各项日常工作扎实推进；以查收查引辅助系统、学术会议管理平台、馆际互借本地事务服务平台、古文献管理与服务平台为代表，提升了业务规范化水平；以用户为中心建设交融式数字图书馆门户网站，融合微信小程序、公众号，试行"双流通"模式，实现"一站式"服务，加强并完善了线上服务体系。

2.1 新型数字基础设施建设，夯实转型发展根基

北大图书馆数字化转型发展，离不开新型数字基础设施建设的支持。五年来图书馆重视网络带宽、虚拟化平台、存储体系的建设，提升底层支撑能力，加快数字化转型步伐。

1. 网络宽带万兆直联，高速、稳定、效率高

五年来，北大图书馆实现了与北京大学校园网主干节点的双链路万兆直联，建立了图书馆楼内万兆带宽的主干网络，双路冗余万兆带宽网络到服务器群，千兆带宽网络到桌面，千兆带宽无线网络覆盖用户自习区域和图书馆员办公区域。

北大图书馆持续推进 IPv6 网络部署，已经完成了图书馆门户网站、新书通报网站、数据库导航系统、图书馆 DNS 等主要对外服务站点 IPv6 的改造，全面支持 IPv6 的访问，并推进其他业务系统对 IPv6 网络的支持。

2. 计算服务平台建设持续探索，虚拟化平台稳步推进

虚拟化平台是将多个物理服务器、存储资源等进行虚拟化并整合到一个系统，实现资源共享和统一管理。图书馆持续推进虚拟化平台建设。现有服务器虚拟机 300 余台，支撑着线上图书馆各个业务系统。并以现有服务器虚拟化平台为基础，逐步向云计算平台过渡，稳步推进计算服务平台建设。

桌面虚拟化平台（也称云桌面）是通过虚拟化技术，将原本在传统计算机本地运行的桌面和应用以及存储的数据全部迁移至数据中心统一管理，将服务器的 CPU、内存、数据根据不同用户的需求虚拟成一个个桌面虚拟机，将操作系统界面以图像的方式传送到用户的接入设备，为用户提供与计算机使用方式相同的桌面环境[4]。图书馆桌面虚拟化平台建设已初现规模，持续为用户及工作人员提供高

效率、高质量的桌面虚拟化服务。同时利用 GPU 虚拟化实现计算资源灵活分配，探索为用户提供具有一定算力的高性能虚拟化终端，以满足用户对计算机图像处理、艺术设计、视频剪辑、统计计算、机器学习、深度学习等依赖 GPU 的小规模计算需求。

3. 多级数据存储体系初步建成，业务数据安全有保障

图书馆现初步建成由基于存储区域网络（Storage Area Network，SAN）的全闪存存储，在线分布式网络附接存储（Network Attached Storage，NAS）、离线存储（磁带库）组成的三级数据存储体系，分别用以解决服务器虚拟化和桌面虚拟化带来的高性能数据存储、非结构化数据海量存储、归档与备份数据长期存储等不同需求。其中，基于 SAN 的全闪存存储，主要为服务器虚拟化、桌面虚拟化和数据库等对存储性能要求较高的系统服务；对海量的非结构化数据则利用分布式 NAS 来存储；离线存储（磁带库）为图书馆核心业务（图书馆管理信息系统、虚拟化平台、虚拟化桌面等应用）产生的数据提供备份，为 CALIS 文理中心和图书馆的数字资源以及数据库的数据提供备份，为归档数据提供存储。保证图书馆数据的安全性和可靠性。

2.2 面向学科建设服务，加强协同创新

1. 建设分馆门户网站群，夯实一流学科建设基础

2018 年，根据北京大学文献保障与信息服务发展委员会总体工作安排，为历史学系、哲学系（宗教学系）、社会学系、新闻与传播学院、建筑与景观设计学院、中国语言文学系、国际汉学家研修基地七个院系的图书分馆建设了各自的门户网站，组成网站群，全方位、多层次揭示分馆资源。网站群通过数据接口与总馆的图书管理系统和图书馆门户网站融合，并针对各院系分馆的特色资源进行专题揭示。这些院系的图书分馆资料涵盖哲学、社会学、中国语言文学、考古学、世界史等评级为 A+ 的世界一流学科以及中国史等评级为 A 的世界一流学科[5]的专题文献资源。

网站群中每个站点的设计风格迥异，以凸显分馆资源和外在形象为设计原则，给用户带来了极佳的阅览体验。分馆的网站尝试了两种移动端页面适配样式，响应式布局和 REM 布局，为不同类型的终端提供了最为优化的样式呈现。这样的样本呈现引领了中国高校图书馆网站改造的潮流。

网站内容发布完全交由分馆图书馆员负责。分馆图书馆员与院系任课教师之间的联系密切，在之后的分馆信息化建设中也将重点借助这一优势，建立分馆与总馆之间的信息资源共享机制，大力推进"总分馆一体化"建设进程，服务北京大学文献保障与信息服务体系建设。

2. 推进学术资产体系建设，增强话语权和影响力

北京大学机构知识库由图书馆承建，是北京大学学术资产体系的重要组成部

分。北京大学机构知识库收集并保存北京大学教师和科研人员的学术与智力成果，为北京大学教师、科研人员和学生的学术研究、学术交流提供服务。"十三五"时期，北京大学机构知识库已经初具规模。近年来，图书馆协同校内多个管理部门和院系，完成了多个与教学与科研相关的系统开发工作。北京大学机构知识库建设是图书馆积极参与北京大学"数字校园"建设的重要举措，是实现数据开放共享的重要平台。

2018年，图书馆为北大校内门户网站的"教师一张表"提供接口服务，也为学校大数据平台提供科研成果数据支撑。

2019年上半年，科研管理综合信息系统（Science Management System，SCIMS）成果管理子系统上线。SCIMS由学校科研部牵头建设，中心负责其中的科研成果管理子系统的开发工作。科研成果子系统依托机构知识库的数据，通过接口与SCIMS其他模块互联，在校内门户网站和科研门户网站完成科研成果展示，为科研管理人员提供成果管理、统计和分析科研成果数据。科研成果子系统具有科研成果查询、认领、审核等功能。系统上线后进一步助力学校科研管理部门实现对全校科研机构的一站式服务，为科研人员收集学术成果，实现科研人员的成果认领、统计和导出；为科研管理人员提供成果管理、统计和分析服务。科研成果管理子系统作为年终成果收集和统计平台，截至2022年10月，数据总数达65万余条。

2020年，为前沿交叉学科研究院科研管理系统提供接口服务，方便该学院的成果统计；同年，为学校虚体机构考核提供接口服务，将虚体机构负责人或其他成员的年度学术成果发布，以作为考核的一项参考指标。

2021年，中心完成了物理学院数据平台建设。物理学院数据平台基于北京大学机构知识库，为物理学院定制开发的成果数据管理与评估平台。以此为契机，将物理学院的各类科研数据深度融合，嵌入物理学院的科研管理工作，为学院的"双一流"学科评估和多维度科研指标监测提供数据服务，满足学院领导和教师更多的学科情报需求，打造图书馆深入院系科研流程的典范。该平台将整合物理学院的论文、图书、专利、课程、项目、学位论文、教职工、学生等27项数据，实现成果数据一次提交、多次使用，解决师生重复提交数据的问题，把师生从烦琐的事务性工作中解放出来。该平台计划整合对标高校物理学科的成果数据，对不同高校进行学科竞争力分析，梳理对标高校的研究方向，为学院科研工作的开展提供参考。

2021年10月8日，北京大学知识产权信息服务平台正式上线。平台定时解析智慧芽推送的新数据后再将平台数据进行更新，并存储于北京大学机构知识库中；然后利用Solr对专利数据进行索引，通过接口向平台前端提供专利数据检索、专利审核与统计等。

2022年为进一步丰富服务的数据类型，除定时更新专利数据外，计划对国家知识产权局提供的商标、集成电路布图设计数据进行分析、处理和存储,为平台增加商标、集成电路布图设计两类数据;进一步优化平台功能,丰富数据展示,针对商标、集成电路布图设计两类数据,平台添加了相应的数据检索、推荐、统计等功能。

截至2022年10月,平台专利数据量33,476件,首页访问量13,305人次,专利检索次数16,869人次。

3. 创新信息协同机制,完善数字教参服务[6]

2020年9月,北京大学全新数字教学参考资料服务系统上线。北大图书馆为了提升文献资源服务的精准度,抓住"数字校园"建设的契机,与学校其他职能部门协同共享文献资源,构建了全新数字教学参考资料服务系统。受新冠疫情影响,高校课程教学从线下转移到线上。教学方式的转变对高校图书馆的教学参考资料服务提出了新要求。北大图书馆多次与教务部、研究生院两个主要负责教学管理工作的校内二级单位,以及教师教学发展中心、计算中心等有丰富教学事务管理系统建设经验的单位进行探讨,与它们建立了数字教学参考系统建设工作协同关系;以"数字校园"中共享的校务数据为基础,构建功能完备的北京大学数字教学参考资料服务系统。

数字教学参考资料服务系统由课程信息管理模块、教参信息管理模块、用户管理模块、教参版权控制模块、在线阅览标引评论模块组成。课程信息管理模块通过外部接口与学校课程信息系统对接实现课程教参、授课、选课信息的获取。教参信息管理模块与图书馆书目检索系统、统一发现系统(即"未名学术搜索")对接,实现教参标准化元数据的摄入;与图书馆荐购系统对接,实现教师对未入藏教学参考资源的采购推荐;与数字化加工管理系统对接,实现教参数字化的零延迟发布。用户管理模块与统一身份认证、教学网、学校与图书馆门户网站等系统对接,实现系统多入口以及用户身份的统一。除此之外,还有完善的日志记录,以及基于日志数据的教参服务评价功能。数字教学参考资料服务系统通过接口实现与外部信息的协同,通过各模块间的配合实现内部信息的协同。

数字教学参考资料服务系统自2020年9月29日正式上线,截至2022年10月,平台共计录入教参资料34,140种,注册用户数达9,833人,总阅览时长21,875小时,阅览页数245,339页。

为进一步与课程教学相融合,图书馆正在努力探索与其他教学信息化辅助系统进行对接,例如北大教学网等。同时,在教参资源建设层面,发挥图书馆强大的文献资源优势,以教师需求为导向,全面支持北京大学在校本科生、研究生课程教学。

4. 优化学位论文服务,集智善成贤于积累

2017年底,完成北京大学学位论文系统升级改造,由原有方正电子论文系统迁移至杭州麦达电子论文系统。北京大学学位论文系统是北大学子的学术成果的

集成,同样是北京大学学术资产体系的重要组成部分。根据北京大学相关管理规定,毕业生完成毕业论文并提交后才能领取学位证书。图书馆经过充分调研并结合自身需求,完成了系统选型、数据迁移、功能优化,为优化毕业生离校手续和北京大学学术资产建设做出了应有的贡献。北京大学学位论文系统由三部分资源构成,北京大学硕士博士学位论文库、北京大学博士后研究报告系统、燕京大学毕业论文数据库。

北京大学硕士博士学位论文库通过标准化接口与学校毕业生离校系统对接,获得毕业生论文提交信息。院系教务老师也可以批量更新本院系毕业生论文提交数据。截至 2022 年 10 月底,已经收录硕、博士论文 113,015 篇,博士后研究报告 3,505 篇,燕京大学毕业论文 2,672 篇。

5. 高密度的计算服务,助力科研成果产出

图书馆与多个院系深度合作,为院系科研团队提供高密度计算和计算资源运维服务,合作院系包括北京大学中国社会科学调查中心、分子医学研究所、光华管理学院、智能学院、人工智能研究院等。北京大学中国社会科学调查中心数个重要的社会调查系统均部署于图书馆数据中心,为用户提供远程信息技术服务,涉及中国家庭追踪调查(CFPS)、中国健康与养老追踪调查(CHARLS)等国家重点专项资金支持项目。分子医学所李川昀团队利用部署在图书馆数据中心的计算和数据资源,完成了 *Nature Ecology & Evolution*,*Advanced Science*,*Briefings in Bioinformatics* 等国际顶级生命科学期刊论文成果发表。人工智能研究院杨耀东助理教授团队利用了部署在图书馆数据中心的计算和数据资源在分布式人工智能、多智能体系统领域获得了丰硕的科研成果,并将科研成果在多个人工智能研究领域的顶级会议上公开。

2.3 面向馆内服务体系建设,全面提升工作效能

1. 加快数字转型,全面提升信息服务能力

图书馆致力于全方位构建"交融式数字图书馆",全面推进技术和业务的融合落地,推动更多图书馆业务的数字化管理,提升内部工作效能。

(1) 构建一体化、智能化的管理体系

① 图书馆综合信息管理平台建设,一网通办新生态。

北大图书馆长期致力于加快数字化转型发展,不断通过信息技术实现管理和服务的创新。北大图书馆综合信息管理平台的建设于 2019 年 9 月启动,并于 2022 年 3 月正式上线运行。该平台满足了北大图书馆日常办公管理的实际需求,实现行政办公管理、资产管理、财务管理、预算管理、合同管理和人力资源管理的数字化,并支持移动办公。加强了人、财、物(包含文献信息资源)的规范化管理,不但提升了图书馆内的办公效率,还实现了与财务部等学校管理部门的信息共享。目前正在推进平台与北京大学各个资产监管系统的对接。

② 图书文献资产管理系统上线，推进文献资产全生命周期管理。

为进一步加强我校图书文献资产管理，保证国有图书文献资产的连续性和完整性，提高图书文献资产管理水平和工作效率，图书馆联合财务部推出了北京大学图书文献资产管理系统。2020年7月1日，北京大学图书文献资产管理系统正式上线试运行，同时实现了该系统与基金会财务系统的对接，完成了对个人科研经费、总分馆、沙特馆购买相关文献信息的收集和管理。

截至2022年10月，个人文献资产卡片3,013条，分馆文献资产卡片29,578条，个人及分馆文献资产报销申请单768单，中心馆报销申请单289单。

③ 图书馆规章制度网站建设，统一规范管理。

为配合图书馆2019年"制度建设年"工作，图书馆开发上线了"北京大学图书馆规章制度"网站。网站支持分类型（国家法规、学校规章、馆内规章）、分权限（馆内可见、部门可见、部门主任及以上可见）的规章制度发布，具有"收藏""问题反馈""修订版本记录""全文分词检索"等功能，极大地方便了图书馆对规章制度的管理。

④ 图书馆图片和视频资源平台建设，打造文化展示新平台。

随着图书馆图片和视频资源的增多，对图片和视频资源的展示、管理和利用需求也日益增强。目前图书馆对图片和视频资源的管理方式比较简单，只是以文件的形式存储在FTP服务器上。这种存储方式有诸多不便，一是图片查看、检索很不方便，只能通过文件名来查找图片，查找效率比较低；二是无法对图片加标签和关键词，因此需要建设一个突出图片资源特点的图片管理系统，系统可以为图片添加标签，包括图片中的人物、建筑物、景色、活动名称等，并可以按照时间、活动、人物、标签等条件进行检索和浏览；三是可以针对某些重要活动开展图片直播，提高图片展示的实时性和参与者的积极性。系统不仅可以展示图书馆员在北大图书馆的成长历程，而且还可以展示图书馆的发展历程，因此该系统被称为"图书馆记忆"。该系统于2022年12月底上线试运行。

(2) 打造一站式、便捷化的用户服务

① 逐步推进交融式数字图书馆的门户网站建设。

为庆祝北京大学120周年华诞，图书馆2018版中英文主页于2018年5月2日正式上线。2018版主页（PC网页版、移动版）在原有主页的优势和积累的基础上，紧追互联网行业前沿趋势，充分调研用户需求，以全新面貌向全校师生提供更为丰富、流畅、方便的信息服务。首先，全面支持电脑和移动终端访问，提供多种响应式浏览界面，对移动端网站内容进行了深度优化，"北京大学图书馆"微信小程序也同日正式上线，提供馆藏检索、预约、续借、个人借阅证号绑定、借阅状态查询、收藏书目信息、扫描书籍ISBN查询馆藏等功能，多渠道、全方位为用户提供最佳体验。其次，根据用户访问习惯，对网站的首页、栏目结构和详细页面的展示形式和内容进行全面梳理和优化，融合总分馆资源，呈现更为整体化的服务内容。

随着图书馆125周年庆祝活动的临近,图书馆主页再次改版,改版本着"用户导向,服务至上"的宗旨,对图书馆服务进行更加全面和详细的揭示。经过对世界一流大学图书馆、大型公共图书馆主页全面的调研,2023年上半年,初步形成了新版主页的信息框架方案。

② 送书到楼传暖意,书香迢递蕴芳华[7]。

2020年初,因新冠疫情影响,图书馆暂停了楼内服务。为保证留校师生能一如既往地、无障碍地借阅图书,实现闭馆但服务不停止的目标,图书馆推出了依托于"送书上门"服务系统的"送书到楼"服务。"送书上门"平台根据用户的需求进行了个性化定制,具有用户和图书数据对接、送书时间选择、用户留言、权限管理、线上选书、提交送书请求等功能。"送书到楼"服务开创了全国高校图书馆服务的先例,体现了北大图书馆"用户导向,服务至上"的基本理念,同时促进了师生交流,自2020年1月31日服务开展以来,受到了师生的热烈欢迎,有力地支持了师生的教学与科研。

平台上线后累计完成2,385单送书申请,服务了来自全校65个院系及二级单位的720名师生,送书9,468种、10,208册,最大限度地满足了疫情期间师生对纸质图书的需求。

③ 新流通平台上线,"双流通"模式稳步推进。

FOLIO是一个开源项目,采用微服务架构,通过App的方式实现各个功能模块按照需求安装使用。其目标是联合各个图书馆、服务供应商以及开发人员共同推动图书馆服务平台的发展[8]。

现役北大图书馆集成管理系统Symphony包含采访、编目、流通、期刊、检索等功能模块,能够为用户提供稳定的纸本馆藏检索、预约等服务,但对新功能的扩展局限性较高,因此,2020年图书馆在探索新一代图书馆知识资源管理服务平台的实践中利用FOLIO平台功能,结合Symphony系统实现"双流通"模式的新流通平台,即FOLIO平台和Symphony系统同时运行,后台实现数据同步。目前已完成新流通平台核心功能的开发和上线,2021年1月28日开始在总还书处单一台口试用,经过不断调试和优化,平台性能逐步稳定,并且已在中心馆馆内借还书台口和自助借还书设备实施运行。"双流通"模式在保障现役系统稳定服务的同时,为新平台逐步开展服务奠定了基础。

截至2022年10月,图书馆共导入复本数据7,565,124条,题名数据2,872,449条;用户共计101,738位;共完成231,318册图书借出,107,837册图书归还。

④ 构建一站式用户服务生态系统,整合服务提升用户体验。

基于"用户导向,服务至上"的基本理念,针对图书馆目前服务项目多且分散的现状,图书馆构建了以用户为核心的一站式服务生态系统。其主要内容包括构建方便快捷的一站式资源获取服务,优化资源检索,方便用户获取资源;构建以用户画像为基础的推荐引擎,建设用户参与的服务生态系统。2021年12月1日"一站式读者服务平台"(微信小程序版)正式上线,为全校师生的教学与科研提供一站式的服务,先后为新生活动(阅读启航)、馆员探馆活动、阅读文化节、毕业季活动等提供了支持。2022年底,"一站式读者服务平台"PC端、后台管理端陆续上线。

图书馆"一站式读者服务平台"(微信小程序版)融入了2021年3月25日推出的二维码借阅服务,极大地拓展了用户无卡借阅图书的途径。结合北京大学推出的数字校园卡,现阶段师生通过北京大学App、北大图书馆微信小程序、手机NFC、实体卡等方式均可享受图书馆的借阅服务,极大地方便了用户,深入推动了数字校园建设。

截至2022年10月,平台累计新增访问数24,173人次,二维码使用30,253人次,检索101,272人次,App点击121,587人次。

(3) 构造规范化、效率化的在线流程

① 查收查引辅助系统,业务流程线上行。

近年来,图书馆面向社会的查收查引服务日渐增加,在常态化疫情防控的情况下,校外用户入校领取纸本报告较为困难,新冠疫情期间图书馆采用由馆员手工打印纸本报告、盖章、扫描并将PDF格式的报告发送到用户邮箱的流程。此流程较为烦琐,不仅浪费纸张而且接收该查收查引证明材料的单位难以辨别真伪。因此,图书馆搭建了查收查引辅助系统,主要完成如下功能:用户(读者)提交委托单;馆员上传Word版本的报告,直接导出附带章的PDF报告的二维码;系统将二维码发送到委托人的电子邮箱方便其自行打印。该系统将用户提交请求到收到PDF格式的报告统一线上管理,提高了效率,更是便于年终的数据积累和统计。

② 学术会议管理平台建设,打造完整学术会议生态。

为了方便会议管理,图书馆与CALIS管理中心联合建设了"北京大学图书馆会议管理平台"。平台包括会议网站发布、酒店预订、参会人员管理、会议经费管理、会议资料及日程管理、统一会议发布入口、现场签到管理等功能模块,既有力提升了会务人员的会议组织效率,又让每次学术会议形成的丰富成果有了规范、统一的管理。平台经过多年的积累,最终将会被打造成一个完整的图书馆学术会议生态,用以服务全国高校图书馆,为高校间的学术交流、产学研协同提供支持。

平台自2019年上线以来,截至2022年10月,成功举办各类线下、线上培训研讨会,图书馆发展论坛,CALIS年会等活动20余次,活动次数逐年增加,累计注册用户8,000余人。

③ 馆际互借本地事务服务平台建设,业务整合事半功倍。

馆际互借本地事务服务平台与CALIS馆际互借平台融合,将原来手工的借阅及管理工作迁移到了线上,平台功能包括图书收登、借出图书、扫码还书、归还出借馆、事务查询、系统管理等。该平台具有与CALIS馆际互借系统同步数据、与Symphony系统借还操作对接、事务小票打印等功能,提高了业务整合度,实现了馆际互借本地事务的规范化管理,大大提高了工作人员处理馆际互借本地事务的效率,平台于2021年11月5日正式上线运行。

④ 古文献管理与服务平台建设,促进古籍管理和机制创新。

2022年图书馆启动了古文献管理与服务平台建设项目。该项目以古籍为中心,以典藏、服务、保护为主线,实现古籍、人、财、物、信息的管理一体化,古文献借阅、修复、保护的流程化,管理的信息化,信息资源的交互与共享。创新古籍管理方式,优化业务流程,增强决策的科学性,提升馆员信息化素质,使北京大学古籍馆在现代化管理方面处于领先地位,取得了良好的社会效益。截至2023年4月,已经完成了一期的主要功能,包含元数据导入,古文献检索与揭示,古文献修复、统计、分析、预警,设备与耗材管理,系统管理,版权管理等功能。

④ 建设精细化、专业化的管理系统。

"禅道项目管理软件"是国产的开源项目管理软件,内置需求管理、任务管理等功能,实现了软件的完整生命周期管理。图书馆项目管理平台以"禅道项目管理软件"为基础,以其"任务""考勤""周报"三大功能模块为核心,并根据部门需求进行定制开发,满足实际工作需要,使部门内部的管理工作从零散的邮件、微信往来规范成线上的信息化管理,提高了工作效率的准确性与可追溯性。

GitLab是一个基于Git的版本控制工具,它提供了一个集成的平台,可以轻松管理团队的代码库,包括代码提交、版本管理、分支管理、合并请求等功能,同时还可以实现代码搜索和注释等操作。2019年,GitLab代码库在图书馆本地部署完成,功能强大,可以安全、有效、便捷地完成代码提交、协同工作、版本管理等任务,大大提高了编程效率。

2. 构筑信息化安全体系,提高业务持续性

"没有网络安全,就没有国家安全",同样没有网络安全,也就没有图书馆业务的安全稳定、可持续性运行。五年来,图书馆领导高度重视和构建信息化安全管理体系和管理制度,逐步建立长效的信息化安全管理体制和运行机制,完善信息化安全管理制度,落实信息化安全应急处理预案,提高图书馆网络安全管理水平。同时加强信息安全队伍的人才培养,全方位提升信息安全意识和技术能力,落实信息安全技术人员持证上岗。

(1) 队伍组建制度立,谨为业务绘蓝图

2019年图书馆成立了网络安全工作小组,明确责任,加强对系统、网络、数据等方面的安全管理工作,网络安全工作小组由书记担任组长,主管信息化工作的副馆长为副组长,负责日常安全管理工作的协调、督促。其余组员有各自比较明确的分工。

为促进图书馆网络安全管理制度的规范化、系统化,全面提高图书馆网络安全管理水平,2019年图书馆利用对本馆规章制度进行修订的时机,在网络安全工作小组推动下,新增《网络安全管理章程》《数据存储空间使用管理规定》《源码管理规范》《数据安全与保密工作条例》等制度。同时对已有的《电子邮件账号使用管理规定》《网络使用管理办法》等制度进行修订。

(2) 人才培养筑根基,业务保障稳前行

网络安全工作小组落实图书馆"十四五"规划中对信息安全岗位相关人员需要持有国家或教育部颁发的网络安全人员从业证书要求,截至2022年底已完成了3人次的注册信息安全专业人员(Certified Information Security Professional,CISP)和3人次教育系统网络安全保障专业人员(Cyber Security Professional for Education Industry,ECSP)培训并结业获得证书,为图书馆网络信息安全提供人力资源储备。

(3) 多措并举共合力,重点时期预部署

2019年图书馆将馆内所有信息系统逐一梳理、排查之后,按照学校计算中心要求,将对外提供服务的信息系统在北京大学网站备案系统中登记备案。备案完成之后,图书馆积极配合学校计算中心网络安全扫描工作,对于收到的漏洞扫描报告及时联系技术人员进行处理。同时定期组织第三方安全厂商对本地信息系统进行渗透测试,实现了与学校组织的渗透测试的互补,定期对图书馆系统进行信息安全检查和态势评估。

图书馆网络环境中,有多台硬件防火墙分别部署在图书馆网络出口。对于重要的系统,如图书馆主页、学者主页系统、数据库导航系统、统一认证系统等还使用WAF进一步防护。

图书馆构建多级存储体系用于数据备份。根据系统重要程度,网络安全工作小组制定了不同级别的备份策略并实施,确保了图书馆数据的安全性和系统的高可用性。

图书馆重点信息系统交互均通过SSL协议认证,保证信息系统数据交互的安全性。部署了JumpServer开源堡垒机,具有身份认证、授权控制、账号管理和安全审计等功能,实现外部人员对服务器操作的可审计和可追溯。

在特殊时期加强网络安全防护力度,提前部署工作,安排网络安全应对演习,安排网络安全工作小组进行值班,全力保障特殊时期信息系统的安全、稳定、运行。

3. 技术保障未雨绸缪,凝心聚力全力护航

专业负责的团队、安全稳定的设备、周密的部署安排,每当图书馆有重大业务活动,技术保障总是贯穿始终,提供可靠支撑。

(1) 重点活动周密部署,技术保障精益求精

五年以来,计算服务中心先后保障了北大图书馆建馆120周年国际学术研

讨会、庆祝图工委成立40周年"继承与创新：大学图书馆现代化新征程"学术研讨会、教育部高校图工委工作会议、五四科学讨论会、北京大学文信委工作会议、图书馆寒暑期战略研讨会、图书馆年终总结会等线上与线下结合的重要会议的召开。

（2）东楼重启再展新颜，信息化支撑温暖守护

为满足各业务部门在东楼重启前的信息化需求，计算服务中心提前规划布局，完成了东西楼人脸识别通道闸机系统（带测温）、信息发布系统、南北配殿多媒体播控系统、东楼会议室多媒体系统、研修专座及研讨室预约系统、访客预约入馆系统、东楼网络等信息化基础设施建设。根据学校对图书馆东楼重启日期总体安排，完成系统采购、安装、调试，为东楼重启提供了强有力的技术保障。

第三节 数据服务

张俊娥　刘丹　王一博　张乃帅　陈娜　范海红

信息时代，人们的数据意识全面增强，数据驱动行业发展和管理模式创新成为共识。《中华人民共和国国民经济和社会发展第十四个五年规划和2035年远景目标纲要》第五篇"加快数字化发展 建设数字中国"指出："迎接数字时代，激活数据要素潜能""以数字化转型整体驱动生产方式、生活方式和治理方式变革""充分发挥海量数据和丰富应用场景优势"。国家层面对数据的应用和增值服务要求已经提上日程。

高校图书馆是数据密集场所，作为人才培养、教学和科研活动以及文化事业发展的重要支撑，其服务和业务管理应尽快走向数据化和智能化。图书馆数据包括所有图书馆采购、生产、运行产生的数据，如文献资源及其使用数据、用户及其行为数据、服务业务数据、财务数据、馆员数据、科研类数据、公共基础数据、长期保存数据等。面对如此庞大、复杂的数据如何进行科学化的管理和利用，让数据发挥更大的价值，更好地服务于图书馆的管理，服务于高校的学科建设和师生的教学与科研，成为图书馆迫切需要解决的问题。数据资源增值服务是图书馆信息资源管理的新方向、资源服务一体化的新模式、信息服务创新的新基建、比较优势增强的新战略[9]。

2019年8月，北大图书馆内部组织结构调整，成立了国内第一家高校图书馆数据中心——北京大学图书馆数据服务中心，中心主要职责是开展数据增值服务、数据资源汇聚、数据仓储管理等业务，负责数据资产管理、数据产品开发、数据服务创新等工作，进一步完善数据管理和增值服务体系，为用户学习、教学与科研、管理等方面的难题求解和信息文化培育做出贡献。

3.1 数据服务体系建设

1. 数据服务框架

北大图书馆数据服务框架如图 4.1 所示,由数据采集、数据管理和数据服务组成。

数据采集,根据不同的数据来源运用不同的数据采集方式进行图书馆数据的采集。数据来源包括:① 图书馆业务系统,如图书馆管理系统、进出馆系统、图书馆门户网络、统一资源检索平台等;② 图书馆资源数据,如各业务中心在业务工作中收集的资源数据,数字化产生的数字资源数据等;③ 网络资源数据,如网络上的与图书馆相关的开放数据资源;④ 商业资源数据,如商业数据库中的目次数据等。采集方式包括系统自动采集、手工采集和商业采购等。

数据管理,是提升数据质量和提高数据可用性的保障。数据管理包括数据分析、数据规范、数据质量控制、数据关联和数据挖掘,最终形成多维度的、多层次的、丰富的成品数据。

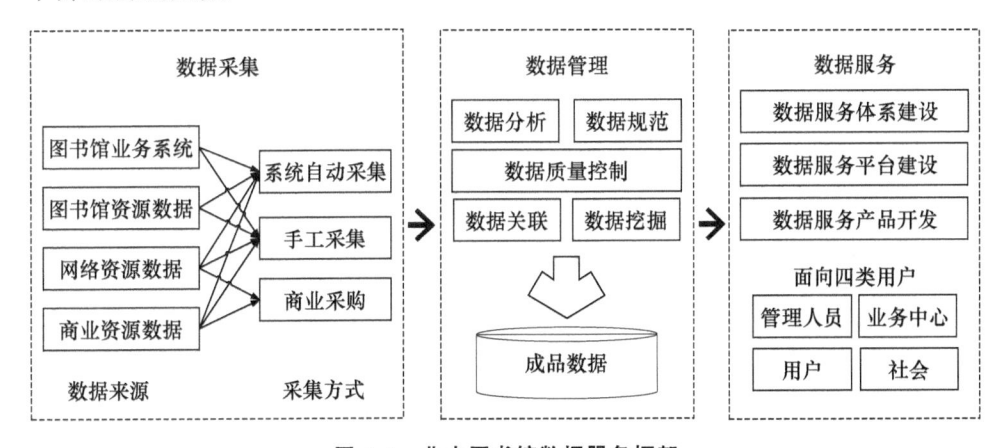

图 4.1 北大图书馆数据服务框架

数据服务是图书馆的终极目标。基于成品数据,通过数据服务体系建设、数据服务平台建设和数据服务产品开发等实践工作,面向用户管理人员、业务中心、用户以及社会提供数据服务。

2. 数据采集

在实施数据采集之前首先需要弄清楚数据采集的范围以及数据的来源。图书馆运营和管理涉及的大量数据基本是以数据孤岛的形式存在于各个应用系统之中,有的数据甚至停留在纸面上。基于多年的数据工作经验,以及对图书馆资源和业务的深入了解,立足学校"双一流"建设需求,数据服务中心对图书馆数据资源进行了全面的摸底,梳理出图书馆数据资源目录体系,在业务运行数据和文献资源数据分类的基础上将图书馆数据进一步划分为 7 类(见图 4.2):用户及其行为数据、服务业务数据、人事财务数据、公共基础数据、馆藏文献资源数据、数字化资源数据、长期保存数据。这 7 类数据涵盖了图书馆核心的、主要的、重点的数据资源，为图书馆的数据增值服务打下基础。

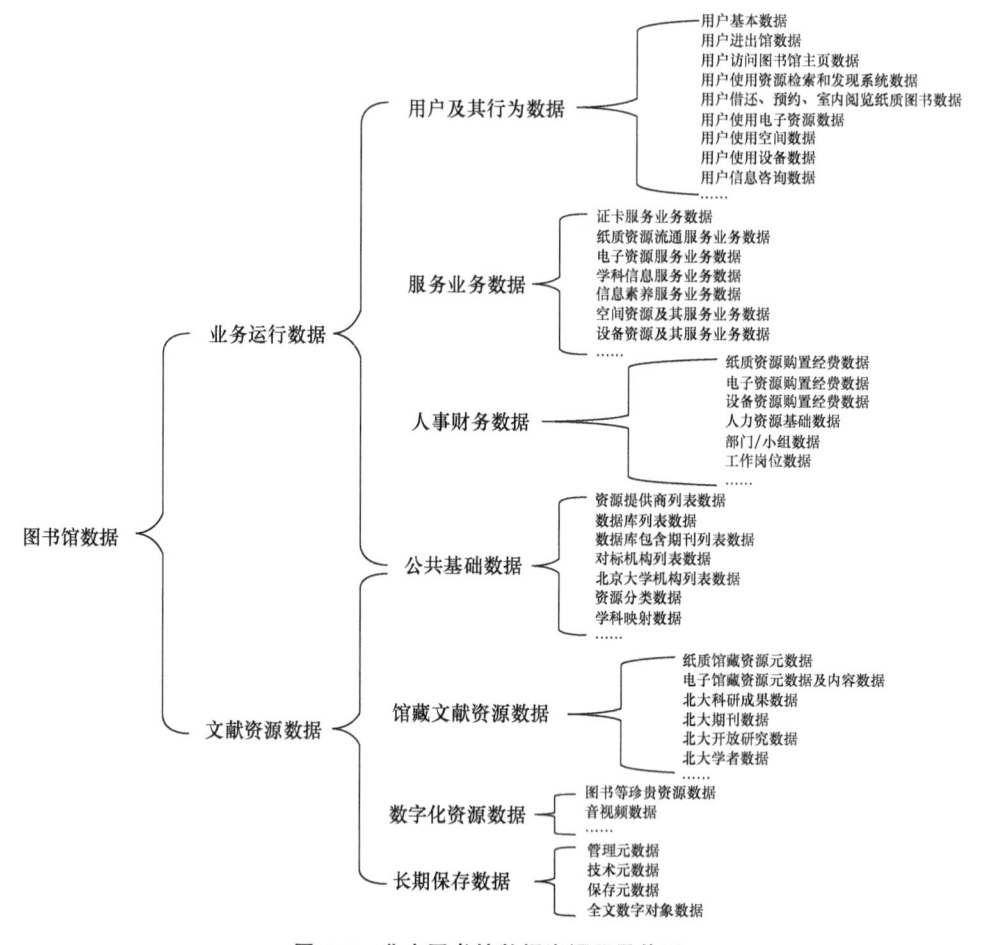

图书馆数据
- 业务运行数据
  - 用户及其行为数据
    - 用户基本数据
    - 用户进出馆数据
    - 用户访问图书馆主页数据
    - 用户使用资源检索和发现系统数据
    - 用户借还、预约、室内阅览纸质图书数据
    - 用户使用电子资源数据
    - 用户使用空间数据
    - 用户使用设备数据
    - 用户信息咨询数据
    - ……
  - 服务业务数据
    - 证卡服务业务数据
    - 纸质资源流通服务业务数据
    - 电子资源服务业务数据
    - 学科信息服务业务数据
    - 信息素养服务业务数据
    - 空间资源及其服务业务数据
    - 设备资源及其服务业务数据
    - ……
  - 人事财务数据
    - 纸质资源购置经费数据
    - 电子资源购置经费数据
    - 设备资源购置经费数据
    - 人力资源基础数据
    - 部门/小组数据
    - 工作岗位数据
    - ……
- 文献资源数据
  - 公共基础数据
    - 资源提供商列表数据
    - 数据库列表数据
    - 数据库包含期刊列表数据
    - 对标机构列表数据
    - 北京大学机构列表数据
    - 资源分类数据
    - 学科映射数据
    - ……
  - 馆藏文献资源数据
    - 纸质馆藏资源元数据
    - 电子馆藏资源元数据及内容数据
    - 北大科研成果数据
    - 北大期刊数据
    - 北大开放研究数据
    - 北大学者数据
  - 数字化资源数据
    - 图书等珍贵资源数据
    - 音视频数据
    - ……
  - 长期保存数据
    - 管理元数据
    - 技术元数据
    - 保存元数据
    - 全文数字对象数据

图 4.2　北大图书馆数据资源目录体系

在对数据资源摸底的过程中，对数据的现状进行深入调研，并对数据的采集方案、规范处理和管理，以及基于该数据能提供的数据服务、应用场景等进行分析梳理，制定了《数据采集规范》《数据处理规范》《成品数据管理规范》等相关数据业务制度，涉及图书馆业务系统数据包括图书馆集成管理系统、用户进出馆系统、古籍阅览登记系统、馆际互借系统、机构知识库、电子教参系统、学位论文管理系统等数据。建立了智能化的图书馆数据资源管理平台和数据共享服务平台，图书馆数据资源管理平台可以自动或半自动地按数据的时效性要求，以及数据所在业务系统的承受能力，按分钟或者按天的频率读取各图书馆业务系统中存在的数据。

3. 数据管理

经过 3 年多的推进,图书馆数据资源管理平台取得阶段性、关键性的进展,截至 2022 年 12 月,集成了规模庞大且质量较高、标准统一的图书馆信息数据 3 亿多条,包括资源类、用户类、服务类、科研类、数字化长期保存类、公共基础类数据等,目前数据汇集和管理工作还在继续推进、不断升级中。北大图书馆数据汇集和管理的特点:

(1) 数据质量控制

数据质量的好坏是数据应用的基础,数据采集完成后需要对数据进行有效的管理,针对具体的数据进行分析,从完整性、准确性、一致性、时效性、唯一性、规范性等 6 个方面制定数据质量控制方案,进行质量控制。数据质量控制是进行有效数据管理必不可少的环节,遵循统一的数据质量控制规范,利用数据资源管理平台,将会使数字资源发挥最大的效益。

在数据处理整个业务流程中,数据处理规范是进行数据质量控制的主要手段。数据的合格原则规则决定了数据的完整性和一致性;数据的定级原则为数据质量的提升奠定了基础;数据的查重合并原则决定了数据的完备性和冗余性;数据的定时更新原则保证了数据的有效性、时效性和可获取性。从数据收集到数据的应用服务,图书馆制定了各类数据质量控制规范,包括:用户存取数据规范、数据收登规范、数据分析和预处理规范、数据处理规范、元数据定义规范、各类取值规范、数据入库操作规范和数据使用规范等。

(2) 文献资源分类与高校学科映射[10]

建立与本校学科建设相匹配的馆藏文献学科结构,是高校图书馆馆藏建设最重要的内容之一。高校在学科、专业、硕士和博士点的申报和评估中,须按学科或专业来对文献资源进行种类和数量的统计。建立一个通用的学科分类体系与馆藏文献分类体系之间的映射关系,可以解决按高校学科分类对馆馆藏相应的文献资源进行统计的问题。

无论是按馆藏文献分类体系配置还是按学科对分类体系文献资源进行统计,目的都是为了实现图书馆馆藏资源对学科建设的支撑。经过几年的研究和实践,北大图书馆提出了以目的为导向的映射思路,即支撑高校学科建设的图书馆馆藏文献资源服务映射关系模型,如图 4.3 所示,首先通过学科建设的培养目标、专业范围和知识结构/课程体系中的内容析出主题词,利用主题分类一体化的思路,由专业编目馆员按这些主题词分配《中图法》分类号,这样就把《中图法》分类号与高校学科联系起来,然后再通过《中图法》分类号对应馆藏文献资源,实现了馆藏的文献资源与高校学科的对应。

图书馆选取教育部高等学校教学指导委员会编《普通高等学校本科专业类教学质量国家标准》、国务院学位委员会第六届学科评议组编《一级学科博士、硕士学位基本要求》《学位授予和人才培养一级学科简介》、国务院学位委员会第七届学科

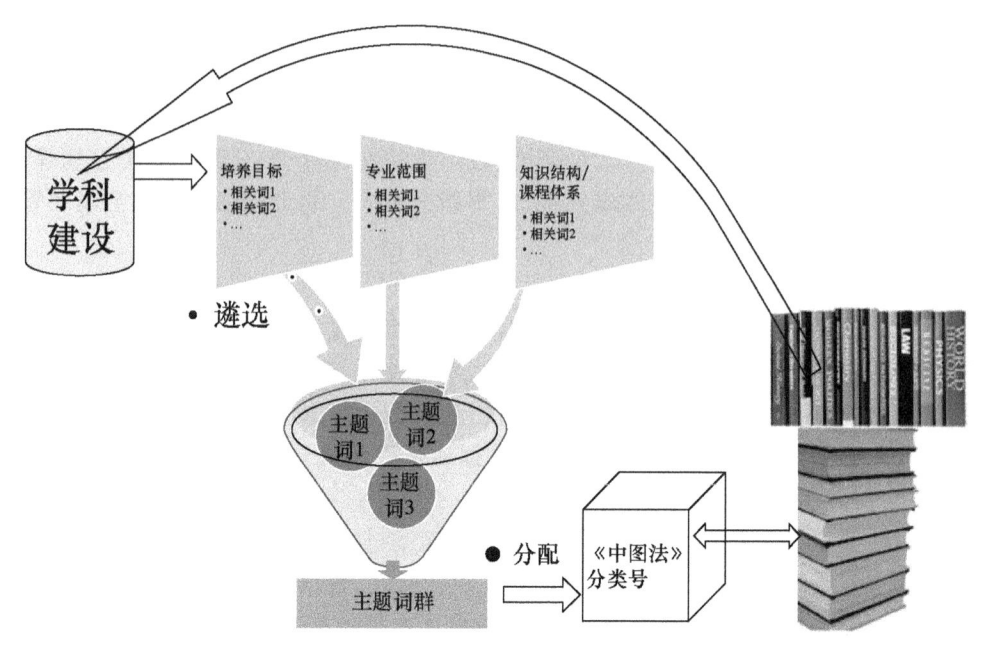

图 4.3 支撑高校学科建设的图书馆馆藏文献资源服务映射关系模型

评议组编《学术学位研究生核心课程指南（二）（试行）》作为分析一级学科建设相关内容主题的主要依据。从培养目标、专业范围和知识结构/课程体系等多角度挖掘相关内容主题。以一级学科包含的专业范围和学科方向为准，从各专业的培养目标、研究对象和知识结构要求及课程体系设置角度分别析出主题词，由专业分类人员通过主题词分配对应的《中图法》分类号，这样通过一级学科下汇总的《中图法》分类号就可以把图书馆馆藏资源匹配出来，从而把高校学科与图书馆馆藏资源对应起来。图书馆利用这种映射关系既可以按汇总的《中图法》分类号对应出支撑这个学科的文献资源总体状况，也可以按学科下的不同专业分别进行更加详细的馆藏文献资源学科结构分析，并对学校学科专业建设提供更加多样、全面的数据服务。

（3）期刊资源数据管理

期刊资源是馆藏资源最重要的组成部分，但由于期刊动态变化的特点，导致期刊资源数据的管理存在较大的难度。通过参与CALIS项目和DRAA集团采购对外文期刊资源数据的积累，以及中文核心期刊评价项目对中国出版期刊资源数据的积累，图书馆建设了北大期刊数据库，期刊资源数据包含期刊基本描述数据、期刊分类数据、期刊历史沿革描述数据、国际重要检索系统收录期刊数据、期刊评价指标数据等。期刊资源数据库建设的基本流程如图4.4所示，把国际重要检索系统收录的期刊、国内期刊管理机构和相关评价机构收录的期刊作为基础期刊数据源，通过查重合并原则形成基础期刊表，然后不断地更新期刊历史沿革信息，跟踪外文期刊数据源,定期维护图书馆的基础期刊数据,包含期刊基本信息、各种来源的期刊分类信息和期刊评价信息等。

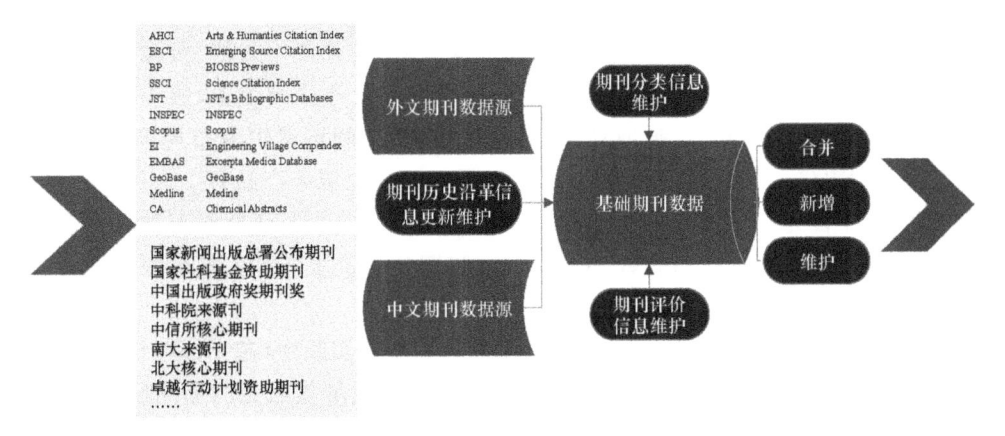

图 4.4　期刊资源数据库建设的基本流程

同时,图书馆也构建了这些不同来源的不同文献分类体系之间的映射关系,对所有统计源期刊进行学科分类标引。如图 4.5 所示,每种期刊既有国外 ESI 学科归属、WoS 分类、Scopus ASJC 分类、INSPEC 分类,也有国内的《中图法》分类、各种评价成果分类等。基于期刊文献建立的国外分类体系与国内分类体系的互操作关系使得学校及院系在进行学科发展评估和人才评估时,可以按分析对象、内容和目的等来选择合理的学科分类体系,把国内外文献资源结合起来,进行学科全球竞争力的比较和分析,为各学科建设和发展的影响力评价提供更为客观的统计数据,更好地服务于学校科研创新[10]。

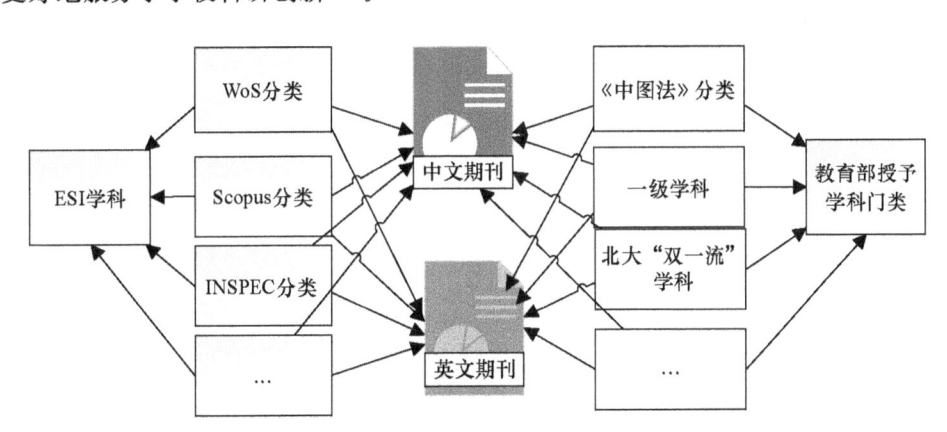

图 4.5　中英文期刊的学科不同分类标引

4. 数据服务体系

在系统梳理图书馆各类数据的基础上,根据图书馆各业务部门的数据需求,设计了北大图书馆的数据服务体系,如图4.6所示。基于数据仓储中的各类主题数据,通过自助报表平台、数据服务专员和API数据接口三大服务渠道,四大类服务对象对应不同的服务类型,包括:① 面向图书馆管理人员提供决策支持服务,服务内容及服务产品有运行数据月报、领导大屏驾驶舱、资源使用效能、资源保障率分析等;② 面向图书馆业务中心提供数据支持服务和业务决策服务,服务内容及服务产品有部门数据面板、数据库评估、馆藏采购决策、阅览室馆藏布局等;③ 面向图书馆用户提供个性化服务和智能化服务,服务内容及服务产品有个人阅读报告、用户画像、个性化图书馆资源推荐等;④ 面向社会提供数据交换服务和数据共享服务,服务内容及服务产品有数字出版平台和期刊评价服务等。整个服务过程都需要注重数据安全与隐私保护。

在图书馆数据服务中心成立3年多来的数据服务实践中,基于持续汇集、不断丰富的高质量图书馆数据,探索更快速、便捷提供数据增值服务的新途径,逐渐形成了三大服务渠道。

(1) 通过自助报表平台进行主动服务

主动服务主要针对相对固定的一些数据需求,通过可视化报表的形式进行呈现,供需求方随时随地获取所需数据。如面向图书馆管理人员提供的运行数据月报,面向文献资源服务中心、特藏资源服务中心以及知识资源服务中心提供的部门数据面板,面向北京大学师生提供的2020年个人阅读报告和2021年个人阅读报告。

(2) 通过数据服务专员提供定制服务

在主动服务的内容无法满足需求时,数据服务专员会根据需求方的特定需求进行定制服务。例如面向文献资源服务中心的商业期刊数据库质量评估、馆藏纸质期刊质量评估、北大图书馆东西楼馆藏布局规划、馆藏搬迁测算等。定制服务的一般流程如图4.7所示。

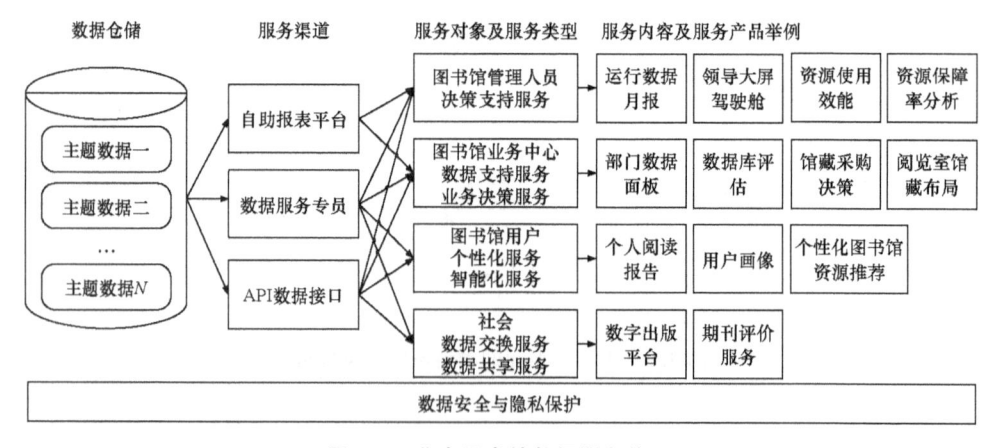

图 4.6 北大图书馆数据服务体系

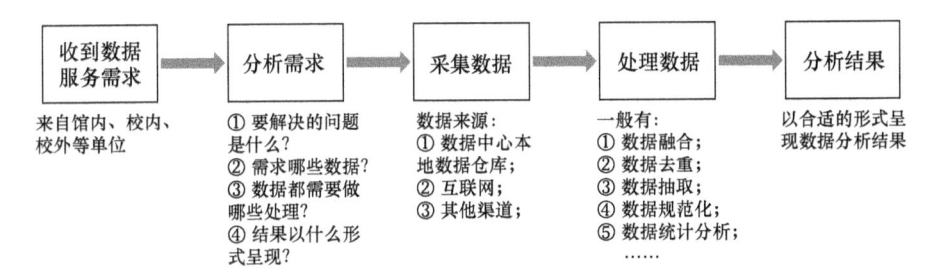

```
收到数据        分析需求        采集数据        处理数据        分析结果
服务需求
来自馆内、校内、  ①要解决的问题   数据来源：      一般有：        以合适的形式呈
校外等单位       是什么？        ①数据中心本    ①数据融合；    现数据分析结果
              ②需求哪些数据？  地数据仓库；    ②数据去重；
              ③数据都需要做   ②互联网；      ③数据抽取；
              哪些处理？      ③其他渠道；    ④数据规范化；
              ④结果以什么形                  ⑤数据统计分析；
              式呈现？                        ……
```

图 4.7 数据服务专员提供定制服务的一般流程

（3）通过 API 嵌入业务系统为用户提供需要的数据

通过 API 嵌入业务系统为用户提供需要的数据是图书馆数据服务的主要形式。用户无法接触到自助报表平台，数据服务专员也无法及时满足数以万计用户的数据需求，因此，将数据推送到各类图书馆用户服务平台是数据服务于用户的主要渠道。如为北大图书馆数字加工中心数字加工平台定制的 API 能帮助该系统自动填写图书元数据，为北大图书馆新书通报系统定制的 API 能帮助该系统展示近期新上架图书，为北京大学机构知识库推送每周北大师生新发表的论文数据，为北京大学医学部图书书目检索系统推送馆藏数据以支撑该系统的图书导航、图书检索、热门图书推荐等功能，将汇集与整理的丰富数据通过业务系统服务于用户，发挥数据的价值。

在数据服务过程中，为了妥善处理好数据共享与保护的关系，图书馆制定了《北京大学图书馆数据管理办法（草案）》，力图规范图书馆数据的共享应用和安全保障的全过程管理，保护学校公共信息资源和个人信息权益不受侵害。对数据服务的提供方、数据服务的接收方的权利和义务进行约束，明确了数据服务的范围、数据服务的步骤，保障了数据的安全。

总的来说，数据服务的宗旨是根据服务对象的实际需求以最适合的方式为他们提供需要的、可信、可查、可追溯的数据服务。值得指出的是，通过数据服务工作，数据服务中心积累了来自业务部门等需求方的大量的、真实的数据需求，为数据服务中心不断深化和完善数据服务打下了坚实的基础。

3.2 数据服务实践探索

北大图书馆在数据服务实践过程中提供的数据服务按数据处理的不同程度可分为 3 类，分别是：客观数据服务、统计分析数据服务以及评估数据服务。客观数据服务是使用规范化的数据提供服务；统计分析数据服务是对各类数据进行统计分析提供统计分析报告；评估数据服务是对数据进行评估后提供评估结果。

值得特别指出的是，北大图书馆除了在传统的学科评估中提供数据服务外，还利用多种学科体系的关联，为一流学科建设提供总体资源保障分析（思政、通识＋

专业)、专业资源保障分析、新学科(领域)自定义资源保障分析等数据服务,并且探索了纸电书刊一体的服务策略,为学校师生的教学与科研提供服务。

1. 客观数据服务

(1) 新书报道数据

新书通报系统为用户展示图书馆最新上架的新书,吸引用户来馆借阅。数据服务中心通过定制的 API 为新书通报系统每日推送前一日最新上架的新书,由新书通报系统进行数据呈现,如图 4.8 所示。

图 4.8　新书通报系统展示最新上架新书

(2) 馆藏书目数据

书目检索系统是用户使用馆藏纸质资源的重要渠道。数据服务中心通过数据同步的方式,每天定时为北京大学医学部图书书目检索系统推送馆藏书目数据、馆藏学科数据、馆藏借阅数据等,用于支撑该系统的图书导航、图书检索、热门图书推荐等功能,如图 4.9 所示。

图 4.9　北京大学医学部图书书目检索系统

2. 统计分析数据服务

(1) 运行数据月报

为了方便图书馆管理人员了解图书馆运行状况，自 2021 年 4 月起，图书馆数据服务中心推出了每月一期的图书馆运行数据月报，对图书馆的资源概况（含纸质资源和数字资源概览）、纸质资源新增情况（含新上架图书情况和期刊收登情况）、纸质资源使用情况（含当前在借纸质资源情况、纸质资源借阅概览、纸质资源预约概览、纸质资源室内阅览概览，以及馆际互借与文献传递概览）、纸质资源经费流向、电子资源使用情况（含期刊数据库使用情况、图书馆主页检索使用情况）、用户来馆与主页访问情况（含来馆概览、主页访问概览）、自建数字资源增长情况、特藏资源情况（含特藏资源总量、特藏资源增长情况、特藏自建数据库使用情况）、古籍资源服务情况（古文献阅览室用户情况概览、古文献使用情况、古籍馆影印图书使用情况）、活动举办情况、分馆资源情况等进行分析，为图书馆管理人员进行管理决策提供数据支撑。截至 2023 年 3 月 30 日，已推出 19 期。每月月报会对当月数据以及当年截至目前的数据进行分析，年底除了本年数据的分析，还会对近 5 年数据的变化趋势进行分析。

(2) 部门数据面板

在 3 年多的数据服务实践中，基于和数据需求较为频繁的知识资源服务中心、文献资源服务中心、特藏资源服务中心等业务部门的多次交流和对他们的业务深入理解，数据服务中心为这些业务部门制作了部门数据面板，对各中心日常业务工作和决策需要的数据进行可视化呈现。图 4.10 是文献资源服务中心数据面板展示的北大图书馆某月新上架外文图书馆配商平均配送时间变化趋势。

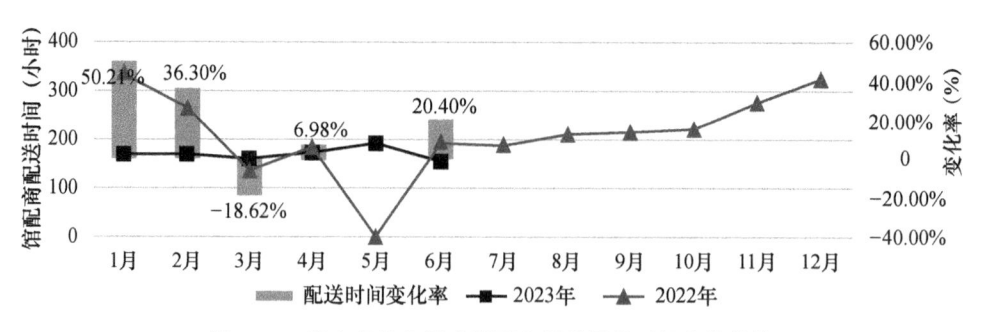

图 4.10　新上架外文图书馆配商平均配送时间变化趋势

(3) 馆藏资源布局优化分析数据

北大图书馆东楼重启前,需要对新旧馆的馆藏布局进行重新规划,数百万册的图书需要搬迁,数据服务专员把分散在各个馆藏地址的纸质资源进行了重新组织,如图 4.11 所示,按照《中图法》分类、高校学科和部分北大"双一流"学科的馆藏资源分布情况,揭示了现有馆藏资源在多种学科分类方式下对各学科的支撑情况。为东西馆馆藏资源布局提供方案,助力图书馆管理人员做出决策,将按《中图法》分类调整为按学科分类的新思路从设想走向了实践;搬迁过程中,数据服务专员提供了资源分类数据和馆藏资源数量,保障了搬迁工作的高效、顺利进行。

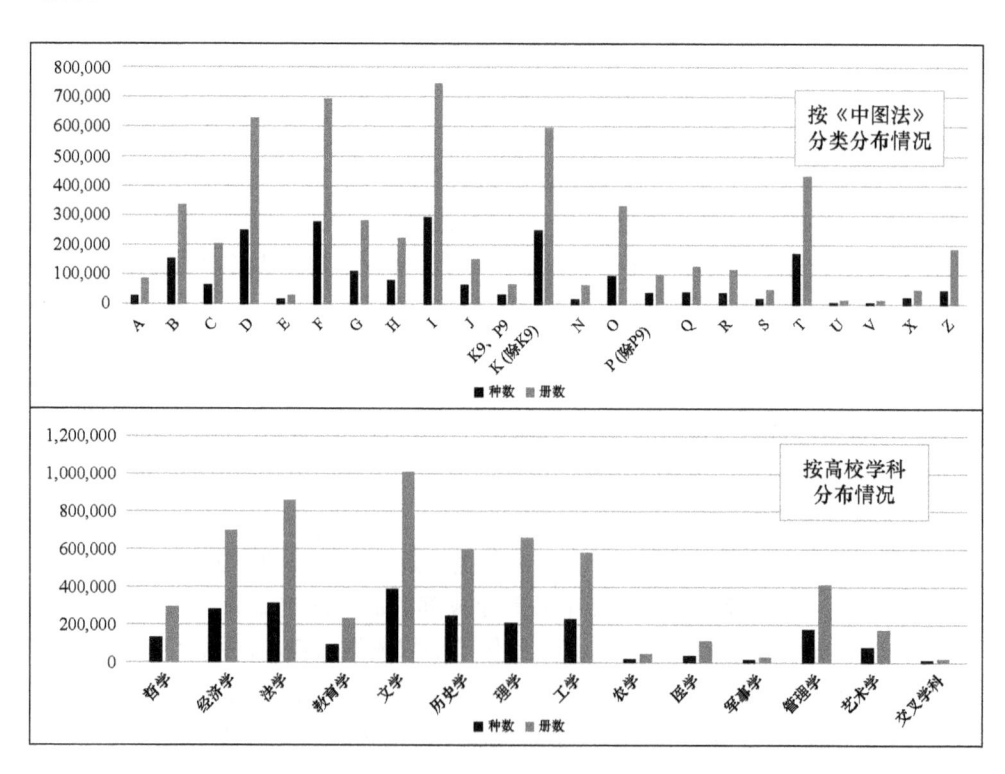

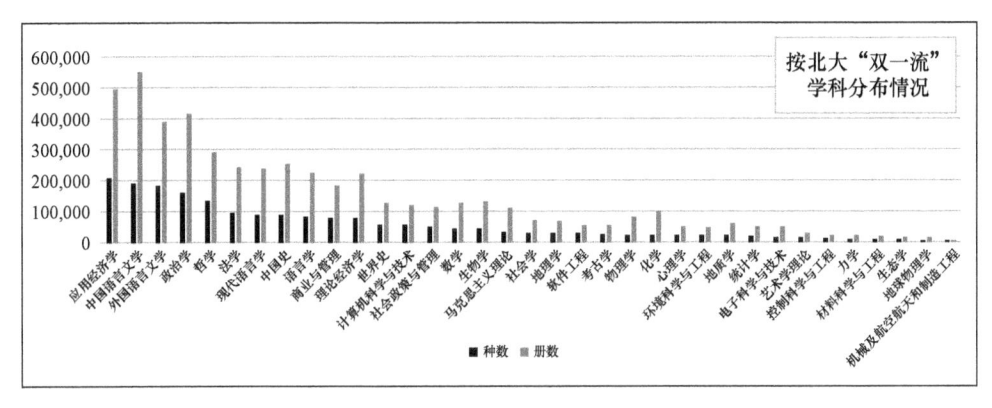

图 4.11　多种学科分类方式下的馆藏资源分布情况

(4) 学科资源保障分析数据

图书馆作为学校学科建设支撑体系的重要组成部分，服务学校学科建设、科研创新和人才培养，各院系需要了解本院系学科建设的资源情况。例如：院系要申请新增一级学科点，需要了解支撑此一级学科教学与科研的图书馆馆藏资源情况，如图 4.12 所示。数据服务中心提供了本馆目前馆藏数据资源以及与国内外其他大学图书馆馆藏数据资源的对比信息。支撑本学科建设的馆藏资源数据列出了思政类资源、通识类资源和学科专业类资源数据，助力学校院系申请新增一级学科点。

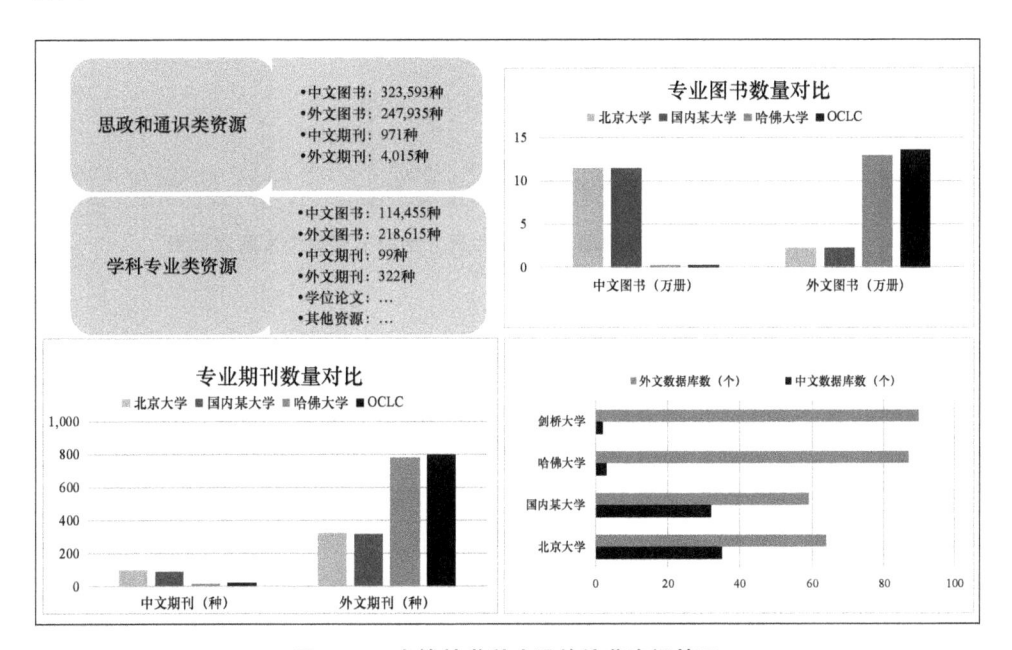

图 4.12　支撑某学科建设的馆藏资源情况

(5) 个人阅读数据

每年的读书日,数据服务中心会为每一位师生提供个人阅读报告,报告包含一些趣味性的统计数据,如:借书总次数打败同院系的人数比例、借阅及续借次数最多的一本书、等待时间最长的一本书、最喜欢的阅览室等,得到了同学们的广泛好评。如图4.13所示。

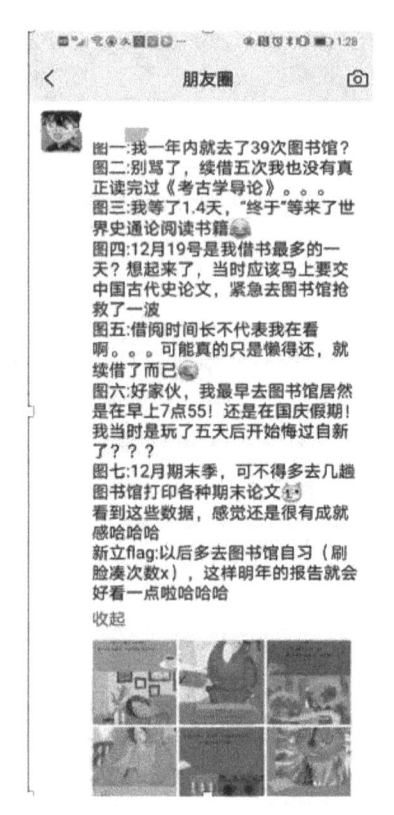

图 4.13 北大某学生发的朋友圈"在北京大学图书馆的个人阅读报告"

3. 评估数据服务

(1) 拟订购数据库评测数据

随着电子资源在高校图书馆文献资源购置费、馆藏量和使用量的增加,对其进行准确统计已经成为高校图书馆资源建设部门在选择购买电子资源时要做的重点工作。商业机构的数据库分类与《中图法》分类映射关系的建立,使得图书馆在选购商业机构的数据库时,能够对其独特性和匹配度进行检测,做到可知、可信、可靠和可用。图4.14揭示了2021年Elsevier期刊按《中图法》分类的分布情况。馆员通过数据库资源的对比,可以方便地获取到各个数据库的学科独特性数据和学科覆盖率,也可以方便地与各学科的纸质资源数据进行对比。这为图书馆检测和选购商业机构的数据库提供了决策依据。

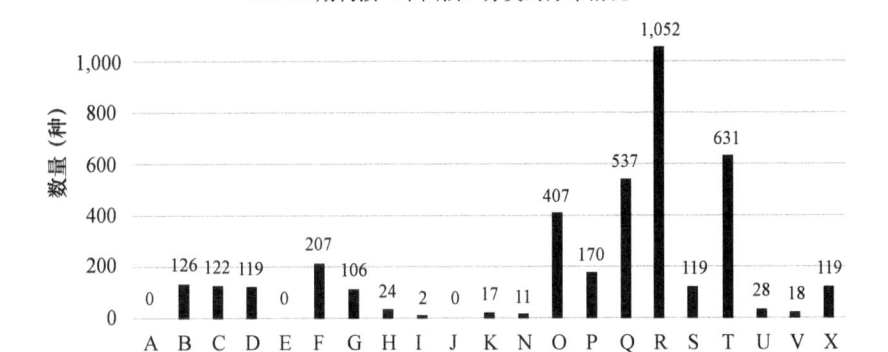

Elsevier期刊按《中图法》分类的分布情况

图 4.14　2021 年 Elsevier 期刊按《中图法》分类的分布情况

(2) 中文核心期刊评价数据

北大图书馆从 1989 年开始牵头主持中文核心期刊评价项目研究。截至目前，项目研究成果《中文核心期刊要目总览》已经出版了 9 版。在社会上引起了较大反响，图书情报、新闻出版、教育、科研管理部门对该项成果都给予较高评价，普遍认为该项成果适应了社会需要，促进了中文期刊编辑和出版质量的提高，为国内外图书情报部门评估和收集中文期刊提供了参考依据。

《中文核心期刊要目总览》在 2008 年之前每 4 年更新和出版一次，2008 年之后，改为每 3 年更新和出版一次，每版都会根据当时的实际情况在研究方法上不断调整和完善，以求研究成果能更科学、合理地反映客观实际。研究方法是定量和定性相结合的分学科评价方法，核心期刊定量评价采用被摘量(全文、摘要)、被摘率(全文、摘要)、被引量、他引量(期刊、博士论文)、影响因子、他引影响因子、5 年影响因子、5 年他引影响因子、特征因子、论文影响分值、论文被引指数、互引指数、获奖或被重要检索工具收录、基金论文比(国家级、省部级)、Web 下载量、Web 下载率等评价指标；在定量评价的基础上，再进行专家定性评审。经过定量筛选和专家定性评审，从我国正式出版的中文期刊中评选出核心期刊。

其中，2017 版和 2020 版《中文核心期刊要目总览》分别于 2018 年和 2021 年正式出版发行，每版发行近 8,000 册，受到了我国图书情报、新闻出版、教育、科研管理等部门的高度评价和广泛使用。

3.3　数据服务实际成效

2020 年 1 月 1 日—2023 年 6 月 30 日，除定期通过自助报表平台提供的主动服务和自动的 API 数据接口服务外，北大图书馆数据服务中心已累计提供了 748 次数据定制服务。

图 4.15 展示了数据定制服务次数随时间的变化情况，从提供服务的时间上

看,每年的 3 月春季开学、9 月秋季开学和 12 月年终统计时期是数据服务中心提供数据服务的高峰期,平均每个工作日都能提供 1~2 单数据定制服务,从侧面反映出用户对数据服务需求的紧迫性。

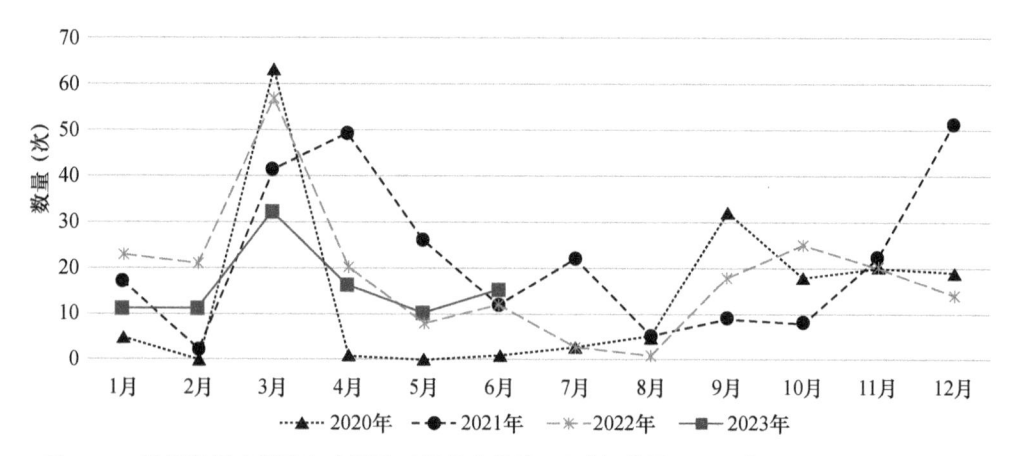

图 4.15 提供数据定制服务次数随时间的变化情况(时间范围:2020 年 1 月 1 日—2023 年 6 月 30 日)

图 4.16 展示了数据服务中心已提供的数据定制服务的用户分布情况,90% 以上的需求来自馆内部门,馆内的各部门中,以负责纸质馆藏流通和用户阅读服务的知识资源服务中心占比最高,其次是负责文献资源采购的文献资源服务中心,再次是负责各类用户服务系统、资源服务系统运维的计算服务中心。总的来看,各中心在进行日常业务工作时已离不开数据服务中心的支持。

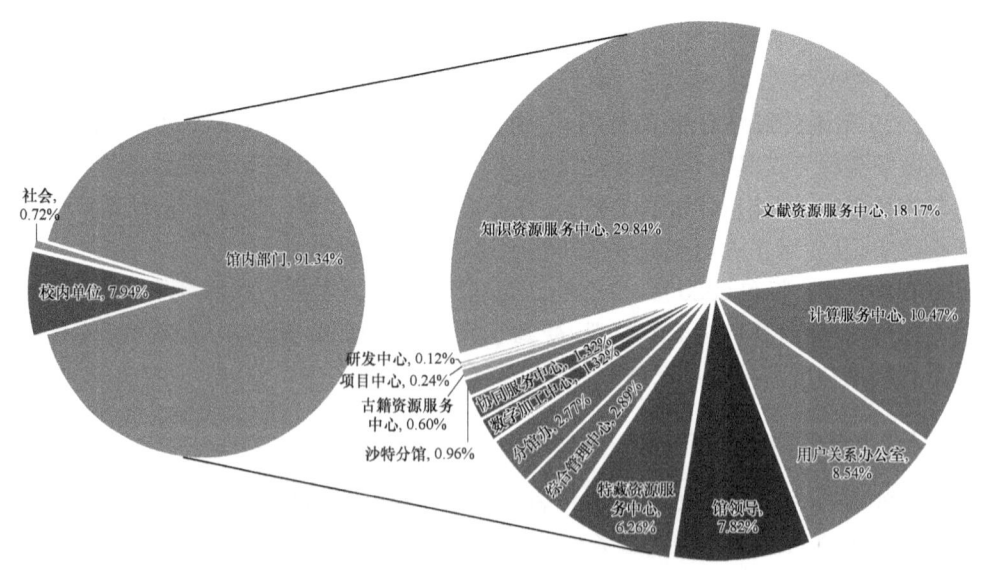

图 4.16 北大图书馆数据服务中心提供数据定制服务按服务对象分布情况(时间范围:2020 年 1 月 1 日—2023 年 6 月 30 日)

在已有数字资源的基础上挖掘形成数据资源、实现增值服务是大学图书馆的重点工作之一。北大图书馆借力数字化转型，通过数据盘点、数据汇集、数据管理和数据服务体系建设等实践工作充分释放数据价值，对数据驱动管理决策和业务优化进行了探索。从实践工作的效果来看，数据服务体系的建设使图书馆的日常运行情况更加透明化，从某种程度上促进了图书馆数据生态的自我完善和发展。

在数据服务实践工作中，我们更深刻地体会和认识到，只有加强对资源及其使用数据的管理和利用才能更好地为图书馆业务工作优化、服务创新提供支撑，因此，我们在持续汇集已有数据资源的基础上，还需要加大力度汇集更多数据，如：阅读推广、学科服务、讲座培训和空间利用、设备使用等用户交互类信息数据；我们也已经结合电子资源及其使用数据的现状和服务需求，设计了多项数据分析和评估产品，以期能为用户提供更智能化的，能有效支撑业务决策的数据服务。

第四节　共享服务

喻爽爽　吴亚平　冯英　刘娟娟　曾丽军　高冰洁　王文清

《行动纲领》中指出："适应学校的历史使命和责任担当，扎实推进北大图书馆的争先创优和示范引领方面的战略性工作，在高校图书馆信息化和现代化进程中发挥引领作用""加强同行交流合作，努力引领全国高校图书馆行业科学发展"。

北大图书馆坚持全面融入学校的历史使命和责任担当，长期致力于公益服务，履行社会责任，承担着 CALIS 和 CASHL 两个教育部重大项目的建设任务，同时也是 DRAA 秘书处所在机构。北大图书馆坚持服务高校和社会，在构建开放型学术交流服务生态、推动高校图书馆行业整体发展方面发挥重要作用，为我国高校图书馆事业发展做出了巨大贡献。

CALIS 项目由教育部投资并领导、北大图书馆牵头建设，是经国务院批准的我国高等教育"211 工程"公共服务体系建设项目之一，也是我国文献资源保障体系的重要组成部分，1998 年正式启动，历经"九五""十五"与三期建设，于 2013 年进入运维阶段。CALIS 项目秉承"共建、共知、共享"的理念，以"全面支撑、多源融合、协同创新、价值引领"为指导方针，提出并践行"普遍服务"理念，构建以 4 个全国中心、7 个地区中心、31 个省级中心为骨干脉络的三级服务保障体系，服务 1,800 多家成员馆，是全球规模最大的高校图书馆联盟之一，已建成资源丰富、服务多元、协同共建的分布式高等教育数字图书馆，引领高校间资源共建共享，为高校的教学与科研提供了有力的支撑。

CASHL 项目是教育部为加强高校人才培养和进一步繁荣发展高校哲学社会科学而设立的文献保障基础设施项目，由 1982 年设立的"高校文科图书引进专款项目"和 2003 年设立的"外文原版期刊项目"两部分组成，以国家需求、教学与科研需要为导向，以建设和运行中国高校人文社会科学文献资源共享平台为核心，以增量带动存量、强化文献资源战略储备和使用为原则，持续组织国内70家具有学科优势、资源优势、服务优势和区域优势的高等学校图书馆，有计划、成体系地搜集、引进和整合外国人文社会科学领域的优质学术文献资源，服务成员馆900余家，提升外文文献保障率和使用效益，为推动我国高校哲学社会科学繁荣发展、"双一流"建设和提升国家人文社科研究的整体国际化水平及国家哲学社会科学软实力提供了基础保障。

DRAA是2010年由中国部分高校图书馆共同发起成立，以进一步增强国际数字资源采购过程中的话语权和谈判能力，合作开展引进数字资源采购工作的联盟。DRAA坚持以成员馆需求为导向，构建起多方联动的协同共建机制和综合多元的业务管理体系，团结多方力量，共同稳步引进数字资源。

经长期坚持不懈地探索和建设，CALIS、CASHL、DRAA主导的共建共享与协同协作服务已颇具成效，有力地推动了我国高校图书馆的整体发展。近五年来，北大图书馆按照《行动纲领》的要求，依托CALIS、CASHL、DRAA三大全国性高校图书馆的联盟项目与组织，扎实推进行业交流合作，努力引领行业科学发展，取得了卓越成效。

在技术体系方面，坚持研发和升级业务与服务平台，不断提高业务管理水平与服务效能。2019年7月，CALIS馆际互借与文献传递新系统上线，变传统"业务分配"模式为"竞争协作"模式，极大提升了馆际互借与文献传递服务的效率和满足率。2020年2月，CASHL新发现系统与调度系统上线，对17家中心馆实行电子资源优先智能调度，可服务资源量逐年递增。2022年，CALIS启动研发智慧服务平台，为CALIS服务接入国家智慧教育公共服务平台与教育部信息化大平台做准备，为国家教育数字化战略行动贡献图书馆力量。

在业务研究、标准编制、国家社科基金课题等学术研究方面均有所建树，与中国科协、新闻出版署、国家文物局、国家图书馆、国家方志馆、国家科技图书文献中心（National Science and Technology Library，NSTL）合作，主持或参与了多项标准制定与课题研究，取得成果70余项。与此同时，CALIS、CASHL、DRAA也聚焦行业前沿发展与现实问题，支持成员馆开展专业性、创新性和前瞻性研究，硕果累累，引领了全国高校图书馆发展研究。

在行业交流方面，每年召开的全国性大型会议、培训、大赛达15场以上。其中，CALIS与DRAA联合举办的引进数据库培训周、CASHL中美高校图书馆合作发展论坛、CALIS中外文编目业务培训、全国高职高专院校信息素养大赛等都已形成系列，树立了品牌形象，在业内享有很高的声誉。2020—2022年疫情防控期间，行业交流也未曾停办，部分交流采用更为灵活的线上形式，参与人数屡创新高。

在管理与保障机制方面，积极推进项目制度建设。在教育部指导下，2021年

CALIS 管理中心参与完成《高等教育质量保障专项资金管理办法》的修订（同年获批准施行）；2022 年 CASHL 管理中心完成项目建设和运行管理办法以及经费管理办法的修订、征求意见与报批工作。两个项目也已建立从运行管理到业务发展，从专家到馆员的多层次人力共享与支撑机制，通过有效的质量控制和评估机制来保障项目高质量发展。2022 年 6 月，北大图书馆进行新一轮组织结构调整，成立项目管理中心，对 CALIS（含 DRAA）、CASHL 项目进行统一管理，为联盟的协同发展提供强有力的组织保障。

4.1 涵盖国内外主要学术资源建设与发展布局

学术资源是支撑教育事业的基石，CALIS 和 CASHL 项目在文献资源共建与共享、高校馆藏资源元数据仓储、机构知识库建设、数字资源引进等方面发挥着核心作用。

外文人文社科文献对于研究外国的重要性，犹如"粮草"之于"兵马"，不了解外国，既不利于当下我国人才培养、国际话语权的把握，也不利于国家长远利益的维护。CASHL 项目建设正是为解决中国高校面临的外文文献匮乏问题，推动外文社科文献从稀少到丰富的发展。一方面，采用"共建"机制，依托具有资源优势和学科优势的高校，通过协调采购，陆续引进了原版图书、期刊、数据库等优质资源，减少了不必要的重复建设；另一方面，采用"共享"机制，以"增量"带动"存量"，组织各参建高校图书馆将财政专项经费补贴购买的外国图书、期刊、数据库面向全国提供服务的同时，也将本校自有经费采购的外文图书、期刊和数据库等学术资源贡献出来为全国高校、科研院所和公共服务机构服务，从整体上盘活了高校的存量文献资源和服务。截至 2022 年，可提供服务的资源包括外文纸质图书 355.69 万种、电子书约 157.71 万种，外文纸质期刊约 5.74 万种、电子刊约 18.24 万种以及大型特藏文献 246 种，为中国高校哲学社会科学学科体系建设奠定了坚实基础。为实现经费使用效益最大化，更好地规范 CASHL 资源建设，2022 年开始，CASHL 外国图书期刊专项建设经费直接下拨到北京大学，由北京大学按照政府采购的方式，通过招标确定图书期刊采购的服务商以及相关折扣与综合费率等，降低了采购成本。此外，外文印本图书建设试行新的 CASHL 项目建设和运行管理办法，采用共建馆统一协调采购的方式按品种订购，无论协调采购或是自主采购，原则上在所有共建馆范围内同一种书不得采购复本，增加了图书品种，提高了经费使用效益。

高校馆藏信息能够精准定位资源，反映文献资源在各高校的布局，告诉用户在"哪里""怎么"得到所需文献，为共享（获得）文献资源提供了条件。CALIS 把高校馆藏信息的采集与揭示作为核心建设任务之一，截至 2022 年，已采集、整合千余所高校纸本资源和电子资源数据，高校馆藏资源元数据达 3.34 亿条，馆藏信息约 14.65 亿条，包括中外文图书、期刊、学位论文、古文献、工具书、年鉴、报纸、历史档案等多种资源类型,基本覆盖教育部普通高校全部学科,涉及中、英、日、俄、法、德、意、西、拉丁等近两百个语种的学术资源。与此同时,CALIS 高度重视数据质量,积极探索精细化数据库质量控制模式,通过系统检测与人工干预相结合的手段进行数据质量抽查与分析,优化规则与流程,提升整体数据质量。

机构知识库是教学与科研基础条件建设的重要组成部分,是图书馆基于开放理念建设的知识门户,旨在全面、系统地收集、管理、保存和揭示学校师生的科研学术成果,为师生提供学术服务。CALIS 从 2010 年开始探索高校机构知识库建设,并于 2016 年组织部分高校图书馆共同成立中国高校机构知识库联盟(Confederation of China Academic Institutional Repository,CHAIR),以汇聚高校产出的学术成果,推动学术成果的开放获取,促进学术成果的广泛应用。2022 年联盟已有 51 家会员机构,汇聚了约 286.84 万条元数据。

数字资源是高校图书馆举足轻重的资源类型,也是资源建设工作的重点。DRAA 已累计集团引进电子期刊、电子图书、全文数据库、事实和数值型数据库、文摘索引数据库及其他类型数据库共计 177 个,涉及人文、社科、理、工、农林、医学等学科,2018—2022 年累计集团采购 45,843 馆次。近年来,数据库价格持续高涨,DRAA 积极应对多变的经济和社会环境,倡议和推动数据库商、代理商提供疫情防控期间的过渡方案,向成员馆给出让利和支持,并在集团采购价格谈判和博弈中不断探索更加合理的价格模式。2021—2023 年,DRAA 启动引进数字资源综合评价工作,研究制定评价指标体系,并发布"2022 年度 DRAA 引进数据库综合评价试评报告",以评促建,推动引进数据库服务高质量发展。同时,DRAA 持续推动联盟规范化建设,通过章程和规范建章立制,守初心担使命,指导高校资源建设工作。具体包括资源百科规范化,共建资源画像,理清资源建设和发展的总体脉络;集团采购方案规范化,保权益、促效益,增强集团采购合作共赢的切实保障;统计评估规范化,提质量、促共赢,打造集团资源与服务的效用标尺;培训体系规范化,前沿、业务并重,培育集团采购的高素质人才。此外,DRAA 还积极推动联盟内图书馆与其他系统图书馆、信息产业界、国外图书情报机构之间的合作,共同推进全球学术资源的有效获取与利用。

4.2 联通馆际共享的资源发现与文献获取通道

资源共享充分发挥了 CALIS 和 CASHL 项目的建设效益,以一站式检索、馆际互借、文献传递、代查代检等服务为基础,通过完善服务体系、升级系统平台、加强宣传推广、拓展渠道、深化合作等举措有力保障了资源的共享与利用,服务覆盖面不断扩大,为高校用户提供高质量、快捷的文献获取服务。

经过三期建设,CALIS 已经构建了一套完整的文献获取服务体系,面向高校用户提供"一个账号、全国获取""可查可得、一查即得"的文献获取服务环境。近五年在高校图书馆面临服务转型的大环境下,CALIS 文献共享环境也在不断完善,通过升级服务系统、提高服务质量、扩充可服务的文献资源,力求为全国高校图书馆提供全方位的文献保障服务。2019 年 7 月,CALIS 馆际互借与文献传递系统(V6.0)全新上线,增强了系统功能,简化了操作流程,提升了易用性。系统采用服务馆"竞争与协作"模式,促进服务效率和满足率的提升;由分布式部署改为集中式云平台,降低维护成本;优化结算中心功能,实现结算流程自动化;实现了与 EDS、Primo、Summon、超星等资源发现系统的对接,完成资源发现到文献获取的系统整合,增强了共享服务能力,为高校用户获取文献筑牢"最后一道保障线"。每年通过 CALIS 平台提交的馆际互借与文献传递业务量约 4～5 万笔,满足率约为 80%。在全国高职高专院校信息素养大赛的推动下,CALIS 文献传递服务向高职高专院校用户延伸。近些年,用户获取文献的渠道和手段越来越丰富,CALIS 馆际互借与文献传递系统在帮助高校用户代查文献、获取疑难文献方面的作用更为突出。2018—2022 年 CALIS 馆际互借与文献传递业务量如表 4.1 所示。

表 4.1　2018—2022 年 CALIS 馆际互借与文献传递业务量

年度	总量			馆际互借			文献传递		
	请求量(笔)	满足量(笔)	满足率	请求量(笔)	满足量(笔)	满足率	请求量(笔)	满足量(笔)	满足率
2018	49,831	40,284	80.84%	8,159	6,113	74.92%	41,672	34,171	82%
2019	44,609	35,877	80.43%	9,564	7,233	75.63%	35,045	28,644	81.73%
2020	41,101	32,885	80.01%	6,881	4,987	72.47%	34,220	27,898	81.53%
2021	63,301	51,525	81.40%	14,511	10,310	71.05%	48,790	41,215	84.47%
2022	61,607	48,790	79.20%	10,334	6,457	62.48%	51,273	42,549	82.99%

CASHL 依托具有资源优势和学科优势的高校开展外国图书、期刊文献资源共享服务,推动高校人文社科高质量发展,提升国家人文社科研究的整体国际化水平。截至 2022 年,CASHL 馆际互借与文献传递业务总量累计达到 141 余万笔,2018—2022 年业务总量达 14.4 余万笔,其中图书业务量(含部分章节复印和借阅)5.4 余万笔,图书借阅量累计 3.8 余万笔,平均满足率 88.05%,平均完成时间 2.21 天。2020 年 2 月 CASHL 新发现系统和调度系统上线后,对 17 家中心馆全面实行电子资源优先智能调度,可服务的电子资源库逐年递增。2022 年配合 CASHL"十四五"建设及可持续资源保障任务,采用"基础保障"加"联合保障"的双重保障模式,组织协调 17 家中心馆续订和新订数据库达到 36 种,年度全文下载量超过 900 万篇/次,其中电子期刊全文下载 850 万篇/次,电子图书及全文数据库下载 69 万篇/次。2018—2022 年 CASHL 馆际互借与文献传递业务量如表 4.2 所示。

表 4.2　2018—2022 年 CASHL 馆际互借与文献传递业务量

年度	文献服务总量(笔)	图书服务量(笔)	
		图书(含部分章节复制和借阅)	图书借阅
2018	43,749	8,128	6,392
2019	45,960	9,784	7,926
2020	15,384	6,995	5,027
2021	22,442	15,828	10,875
2022	16,914	13,991	8,176
合计	144,449	54,726	38,396

CALIS、CASHL 继续和国内外其他文献服务机构开展合作,拓宽资源共享服务渠道,全面提升高校图书馆信息资源共建共享服务能力。国内的主要合作机构有国家图书馆、上海图书馆、NSTL、中国社会科学院、北京地区高等教育文献保障系统(Beijing Academic Library & Information System,BALIS)、香港特别行政区大学图书馆馆长联席会(The Joint University Librarians Advisory Committee,JULAC)、澳门科技大学等,国外的有韩国教育学术情报院(Korea Education and Research Information Service,KERIS)等。此外,CALIS、CASHL 项目的共享服务正在积极探索面向更广泛的高校师生个人用户,助力其教学与科研,扩大项目建设成果的受益面,践行"普遍服务"的理念,进一步发挥作为高等教育事业公共服务体系的作用。

4.3　支撑馆际共享协作联机合作编目服务体系

联机合作编目是信息组织与管理的一次重大变革,从真正意义上开启了从传统图书馆向现代图书馆转型的进程。CALIS 联机合作编目服务体系作为我国第一个开展实时联机合作编目的公益共享服务,通过开展联机合作编目、业务规范指导培训与编目员资格认证等举措,不仅改变了单馆编目的历史,有效提高了图书馆书目数据库建设的效率和质量,也为高校图书馆编目工作共建共享奠定了坚实的基础。

一是培育高质量书目数据根基,有力支撑共享服务。数据资源是文献揭示与服务的基础,近五年来 CALIS 联机合作编目服务体系以持续增长的高品质书目数据为高校图书馆节省人力成本、提高工作效率与质量提供了强有力支撑。如图 4.17 和 4.18 所示,截至 2022 年,CALIS 已建成拥有 838 余万条书目数据、180 余万条规范记录和 5,900 余万条馆藏信息的联合目录库,涉及印刷型图书和连续出版物、古籍、部分非书资料和电子资源等多种文献类型,涵盖中、英、法、德、西、拉、阿、日、俄文等近 200 个语种,已面向近 1,400 家成员馆提供超过 1.7 亿条次的书目数据共享服务,各文献类型书目数据的平均共享率达88%。高效良性的共享机制大大提高了成员馆工作效率,CALIS联合目录已成为成员馆不可或缺的编目数据源,也是开展资源共享、馆际互借和文献传递的基础数据库之一。疫情期间,用户的线上服务需求增长,CALIS联合目录充分发挥了服务保障作用。以2021年为例,CALIS联机合作编目面向成员馆提供上载与下载服务总计10,535,683条次,同比2019年提升了6.91%。

联合目录书目数据量统计（2018—2022年）

- 2018: 7,294,708
- 2019: 7,613,706
- 2020: 7,851,290
- 2021: 8,131,838
- 2022: 8,376,606

图4.17　2018—2022年联合目录书目年度数据量

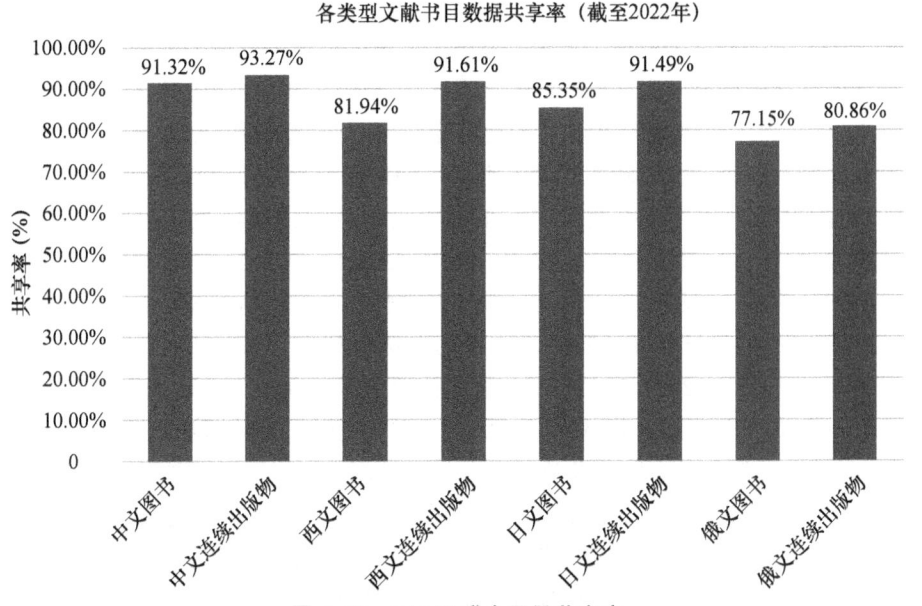

各类型文献书目数据共享率（截至2022年）

- 中文图书: 91.32%
- 中文连续出版物: 93.27%
- 西文图书: 81.94%
- 西文连续出版物: 91.61%
- 日文图书: 85.35%
- 日文连续出版物: 91.49%
- 俄文图书: 77.15%
- 俄文连续出版物: 80.86%

图4.18　CALIS联合目录共享率

二是开展"研学考评",助力高校图书馆专业编目队伍建设。CALIS通过持之以恒地强化编目业务培训、建立编目员资格认证制度和成立项目专家组/数据质量控制组等工作,培养了一批编目业务骨干,锻炼了一支高素质的数据建设队伍。近五年中外文编目业务培训从未间断,共举办培训13场次,受众近2,500人次,资格认证10批次,截至2022年共有1,700多名编目员通过资格认证。

三是促进合作交流,凝聚行业力量。CALIS与多方合作,统一标准,扩大共识,保障数据建设的标准化与规范化。同时,CALIS联合目录共建共享的影响力已扩大到海外,先后有北美东亚图书馆和韩国KERIS等加入CALIS共建共享服务体系。作为"中文名称规范联合协调委员会"发起机构之一,CALIS认真履行协调委员会成员职责,贯彻落实"协调规划、兼容标准、合作建设、共享资源"的宗旨,长期为"中文名称规范联合数据库检索系统"提供技术支持,积极推动全球中文名称规范数据资源的共建共享。

CALIS联合目录长期扎实有效的服务得到各方的一致认可与肯定,教育部经费监管事务中心在《高等教育文献保障体系专项绩效评价报告(2020年度)》中这样评价CALIS联合目录:"CALIS专项建成的联合目录数据库及高质量的标准数据,为成员馆提高编目等工作效率、节省人力、提高数据质量和开展新业务提供了有力支撑,并对数据回溯、数据清洗等多种业务提供了支持,受成员馆好评。"

4.4 推进各图书馆业务发展的学术交流与合作

CALIS和CASHL项目注重从图书馆的发展需要与实际业务的提升出发,积极开展前沿跟踪研究,推动实践,促进合作,带动发展,加强项目的引领作用。

一是以资助、承接、主持、参与等多种方式开展前沿布局和课题研究,并应用于实际工作。CALIS、CASHL、DRAA密切关注国内外图书馆研究发展新动态,近年来围绕项目建设管理、项目成果效益、数字资源与服务共建共享、数据增值与利用、新技术研发、人才培养与图书馆未来发展等方面,对专业性强、创新力高、发展动能足的优质课题进行立项支持。2019年CALIS启动研究计划,2019—2020年在CALIS全国中心、地区中心及省中心范围内组织开展课题申报,得到各中心馆的积极响应,累计立项并顺利结项20个课题。CASHL自2013年启动"新信息环境下CASHL资源与服务拓展设计研究"前瞻性课题,鼓励CASHL中心馆围绕CASHL资源、服务与管理开展短、平、快的前瞻性研究。截至2021年,共立项76个课题,其中2018—2021年CASHL前瞻性课题累计立项39项,课题内容涉及馆际互借与文献传递基础服务、资源建设、服务宣推、拓展服务、系统及平台建设五大主题,课题报告面向公众免费开放。DRAA自2015年开展前沿性研究和探讨,在理事馆范围内征集研究课题,截至2023年共立项173个研究课题,2018—2023年累计完成124份课题报告。研究课题为项目服务创新和发展提供了新思路和新方法,研究成果大多在项目服务中得到实际应用,并通过项目网站、研讨会议、论文集等形式向推广,为国内外从事信息管理和信息服务相关研究人员提供参考和借鉴。为了推进有组织、有重点的科研,2022年起,CALIS、CASHL项目资助的研究课题转型为定向委托课题形式。

承接、主持、参与的课题和科研项目最终以研究报告、专利、标准等多种形式取得成果,切实促进了行业工作。2018年以来,主持与参与的标准研制与研究项目17项,其中国家标准、行业标准研制项目7项以及国家社科基金课题1项。累计取得研究成果70余项,主要包括国家标准《数字内容对象存储、复用与交换规范》(GB/T 38371—2020)系列标准3项,《信息与文献 资源描述》(GB/T 3792—2021)、《信息与文献 馆藏信息格式》(GB/T 40205—2021)与《信息与文献 馆际互借事务》(GB/T 43514—2023)3项;行业标准《出版资源内容部件数据元》(CY/T 235—2020)系列标准10项,《新闻出版数字内容对象存储、复用与交换规范》(CY/T 102—2020)系列标准6项,《文物数字化保护核心元数据》等行业标准报批稿4个;中国出版物在线信息交换标准(CNONIX)国家应用示范工程、国家数字复合出版系统工程、国家数字方志馆工程、国家版本馆工程的相关项目技术标准41项;发明专利1项;研究报告与技术报告8篇。

二是以品牌型学术会议、业务技能培训和信息素养大赛广泛、深入地促进学术交流,推动跨机构协同发展。2018—2022年每年召开15场以上的大型学术会议和业务培训,并逐步形成了系列性会议。其中CALIS数据库培训周聚焦数字资源发展、数字资源长期保存、数字资源开发与利用、数据资源增值服务等多个主题,为高校数字资源建设把握方向,为创新发展注入动力;中、外文书刊编目业务培训探讨编目理论与实践应用,提升编目人才专业水平和业务能力;全国高职高专院校信息素养大赛推动信息素养教育体系建设;高校图书馆发展论坛汇集国内高校图书馆界翘楚及相关专业人员探讨高校图书馆事业现代化建设和高质量发展等。其他前沿交流、业务研讨会议,涉及机构知识库建设、新一代图书馆服务平台微服务开发、采编一体化、资源建设与学科服务等主题。CASHL管理中心与北美中国研究图书馆员学会(The Society for Chinese Studies Librarians,SCSL)联合举办"中美高校图书馆合作发展论坛",已经举办了六届,在特色资源、区域国别研究文献建设以及用户服务创新等专业领域进行了深入交流和探讨,已成为高校图书馆的精品学术论坛。

2020—2022年新冠疫情防控期间为图书馆学术会议的线下举办带来了很多挑战,也带来了更为灵活的会议形式。2020年和2021年充分利用新冠疫情缓和的阶段,分别在合肥、北京、贵阳和呼和浩特举办线下培训会议四次,共有来自全国各地408家单位的742位编目同行参会。2022年,在更加复杂严峻的疫情形势下,开通线上参会通道,中文图书编目业务培训参会人次达381人,创历史最高;高校图书馆发展论坛的线上参会代表达1,500余位,观看人次逾6,000人次。为了进一步扩大学术交流范围,对授权报告开通网络直播。自2020年开始对CALIS数据库培训周研讨会的授权报告进行线上直播,2020—2023 年,线上累计观看人次达 25.3 万人次,时效性和灵活性兼具,促进了业务研讨和学术交流。通过 CALIS 学术交流平台可获取部分学术报告、视频回放等会议资料。如图 4.19 所示。

图 4.19　CALIS 学术交流平台

三是积极推动多渠道、多层次的合作,包括:① 推动和行业内其他系统的战略合作。CALIS 和 CASHL 通过与国家科技文献中心、国家图书馆、中国科学院文献情报中心、高等教育出版社等行业联盟和机构的战略合作,共同推进全国资源建设和共享工作更上一层楼,支持高等教育教学与科研和人才培养,实现对专业研究人员、重大科研项目的重点保障。② 打通、整合与多类型文献服务机构的文献共享渠道。通过技术手段,将多方资源整合到 CALIS、CASHL 共享平台,将相关服务更快速、广泛地辐射到高校用户,包括以国家图书馆、上海图书馆为代表的公共图书馆,以 NSTL、中国工程科技知识中心为代表的科技情报机构,以 CADAL 等为代表的教育部资源共享项目,以韩国 KERIS、香港 JULAC 为代表的学术信息服务联盟,以及以方正阿帕比、维普、万方等为代表的商业信息服务商。③ 推动业务标准统一合作。近年来 CALIS 与国家图书馆、国家版本馆、中宣部机构服务中心(信息中心)(原国家新闻出版署信息中心)等相关机构在业务标准化和规范化方面进行合作,共同制定国家标准和业务规范等指导性文件,助力我国文献资源标准化与规范化发展。④ 继续推进书目数据在国内和国际的共享与合作。CALIS 与国家图书馆、上海图书馆、NSTL、香港和澳门的大学图书馆、哈佛燕京图书馆、日本国立情报学研究所（National Institute of Informatics, NII）和韩国 KERIS 进行了书目数据共享与合作。

4.5 面向共享服务的技术体系

近五年来，云计算、大数据等信息技术发展迅速，为 CALIS、CASHL 项目提供了新的技术手段和服务模式。CALIS 项目不仅从资源和业务角度为高校图书馆提供各类资源共享服务，也为图书馆提供技术解决方案，技术体系的建设主要体现在以下四个方面：

一是参与并制定行业技术规范，引领行业有序发展和跨行业产业链融合。为了更好实现出版社、馆配商与高校图书馆之间的上下游产业合作，CALIS 积极参加相关行业标准规范的制定，重点开展了多项新闻出版、图书馆等领域相关标准的研究，承担了科技部"国家质量基础的共性技术研究与应用"重点专项"面向数字出版的数字内容加工与传播标准研究"相关子课题，提高了项目的影响力，主持编写的《数字内容对象存储、复用与交换规范》（GB/T 38371—2020）系列标准 3 个、《出版资源内容部件数据元》（CY/T 235—2020）系列标准 10 个，为 CALIS 搭建产业链合作奠定了坚实的基础。

二是以先进技术为依托，以用户为导向，为上千家高校图书馆用户提供基于云计算和大数据的多样化、多层次应用服务。CALIS 在图书馆界率先采用微服务架构、云计算、大数据等新技术，按照平台即服务（Platform as a Service, PaaS）的模式，构建了面向全国高校图书馆用户的 CALIS 新一代图书馆服务平台，陆续推出了各项创新应用服务。2018 年，CALIS 首次推出了采编一体化服务平台，采用微服务架构和云服务模式，由图书馆联合采访服务子平台、编目前置服务子平台、馆配商 SaaS 子平台和出版商 SaaS 子平台组成，分别为图书馆、馆配商和出版商提供出版社直采、新书快速到馆、用户驱动的协同采访等创新服务。2019 年，CALIS 推出了全新的馆际互借和文献传递系统，同样采用微服务架构和云服务模式，提供了新的资源共享服务模式，大大提高馆际之间文献获取和传递的服务效率。2018—2020 年，CALIS 与深圳大学图书馆合作，推出了基于 CALIS 新一代图书馆服务平台的集采、编、典、藏、流等于一体的图书馆管理系统，并在深圳大学图书馆和其他图书馆得到实际应用，满足了图书馆业务需要。

根据 CALIS"十四五"发展规划，CALIS 于 2022 年 10 月份开始启动 CALIS 智慧服务平台的建设工作，按照智慧服务理念，采用新的前后台开发技术、大数据技术、云计算技术和信息安全技术等，对面向高校图书馆用户的各项 CALIS 服务进行统一规划，分步建设。首批推出的全新 CALIS 智慧服务系统包括智慧服务门户、高校联合目录公共检索、外文期刊文献资源检索系统、高校学位论文检索系统、高校古文献数据库检索系统。2024年陆续推出的系统还包括CALIS新一代学术资源发现系统、CALIS新一代文献获取系统等。为CALIS智慧服务平台配套的新版服务系统包括支持跨馆用户身份联合认证的新一代高校统一身份认证系统、集CALIS和CASHL服务于一体的新一代馆际互借与文献传递系统等。CALIS智慧服务平台及其配套系统的推出，使得CALIS面向高校师生的公共服务能集成到教育部国家智慧教育公共服务平台，更好地发挥CALIS共享资源在智慧教育中的作用。

CALIS为进一步提升对采编业务的协同能力和对各类资源与服务的整合分析能力，在2022年期间，先后启动了数据综合统计平台、统一日志平台、协同采访平台等建设工作，已于2023年6月提供服务。

经过五年的建设，CALIS建成了由三大平台组成（如图4.20）的新一代服务平台。其中，CALIS中心服务平台包括联机合作编目、中心资源调度与结算、数据处理与管理、数据综合统计、数据可视化展现、信息素养教学与竞赛以及CALIS智慧服务。CALIS智慧服务由智慧服务门户、高校联合目录公共检索、新一代学术资源发现系统、新一代文献获取系统、外文期刊文献资源检索、高校学位论文资源检索、高校古文献资源检索等服务系统组成。面向图书馆的SaaS服务平台包括读者门户、馆员门户、馆际互借与文献传递服务、高校古文献著录、协同采编、高校统一身份认证等。基础支撑平台包括日志采集和分析、应用监控、数据存储和管理、安全防护、应用管理、应用开放接口等。

图4.20　CALIS新一代图书馆服务平台

三是整合构建新的CALIS、CASHL项目一体化技术体系，如图4.21所示。CALIS与CASHL是分属于教育部高等教育司和社会科学司的两个项目，在资源布局、服务项目上各有侧重，但服务于高校教学与科研的文献与服务保障目标是一致的，在资源建设、服务体系、服务平台的技术架构上有共性之处。2022—2023

年，CALIS 与 CASHL 优化整合了两个项目的技术平台，对其进行了统一规划与分阶段建设，从底层提升资源与服务的互通与共享，降低重复投入。在应用系统层面，陆续对一些具有相同或相似功能的系统进行整合，开发新的系统。以高校成员馆统一认证系统为例，两个项目的成员馆和用户高度重合，原来 CALIS 和 CASHL 拥有各自独立的系统，成员馆馆员和用户分别在每个系统进行注册和管理，操作方式不一致，用户信息也不统一。按照两个项目一体化技术体系的指导思想，以用户为中心，经过整合设计和重新开发，现在两个项目共用一套新一代高校统一身份认证云平台，创新采用了双重 SaaS 模式，既包括成员馆 SaaS 模式，也包括双中心 SaaS 模式，实现了用户管理、角色管理和认证方式的整合，支持多种成员馆本地认证接入方式，从而为两个项目在资源和服务方面的深度整合和共享奠定了技术基础，不仅解决了两个项目中用户登录和认证不一致的问题，也为日后进一步建立统一的用户画像，进行大数据分析和挖掘，开展个性化服务打下了扎实的基础。此外，原 CALIS 和 CASHL 的馆际互借与文献传递系统是各自独立运行的，有各自的管理和服务入口，资源和服务共享程度低，对于馆员和用户而言使用不方便。按照一体化技术体系指导思想，以用户服务为导向，对这两个系统进行重新设计，开发出了一套统一的基于双 SaaS 模式的集中式的高校馆际互借与文献传递云平台，支持多服务中心的资源和服务共享模式。CALIS 和 CASHL 每个中心仍能各自管理自己的成员馆和用户，而同一个成员馆馆员和用户分别使用一个管理门户和一个服务门户，就能一站式管理和获取两个项目提供的馆际资源，扩大了资源共享范围，提高了资源获取服务的便利性和时效性。CALIS 和 CASHL 项目一体化技术体系还包括部署统一运行环境，建立统一的集成环境、统一的系统运行环境，以实现应用系统的敏捷开发和快速上线；建立统一的超融合服务器集群，显著提高了系统可靠性和硬件资源利用率；建立统一的云资源管理平台，对各类计算资源和存储资源进行分配和调度，实现资源的统一管理和共享；建立统一的运维管理体系，对两个项目平台进行统一运维管理，提高了两大平台的整体运维管理效率。通过上述整合和创新，既充分发挥了两个项目各自在应用、资源和服务等方面的优势，也带来"一加一大于二"的双赢效果。

图 4.21　CALIS、CASHL 项目一体化技术体系

四是全面建设安全屏障，为 CALIS、CASHL 项目运行保驾护航。针对重点应用系统的实际情况和安全防护需求，按照国家信息系统安全等级保护三级要求，从数据安全防护、关键服务访问控制、用户访问控制、数据加密传输等方面对 CALIS 和 CASHL 两大平台进行全方位的安全体系建设，规划和建设了符合自身情况的保护通信网络、保护区域边界、保护计算环境等完整的安全防护体系，建立健全了统一的信息安全策略、组织、技术和运行体系。这些建设提升了项目安全监管能力、安全防护能力与安全运维能力，保障项目信息系统能进行安全可靠的连接、数据交换和信息共享，为用户提供稳定的服务。

4.6 有效的项目运行保障机制

始终坚持"共建共享"的宗旨和有效的运行机制，保障了 CALIS、CASHL 项目的高质量建设与发展。

CALIS 打破了我国高等教育图书馆一校一馆的自我文献保障建设模式，引领高校图书馆走上共建共享的发展道路，建立了以联机编目体系、文献发现与获取体系、协同服务体系和应用软件云服务（SaaS）平台等为主干，各省级共建共享数字图书馆平台、各高校数字图书馆系统为分支和节点的分布式架构，使我国的高校图书馆共建共享体系从无到有，从印本资源共享到数字资源共享再到资源、数据、设备、软件、人力、知识的多层次共享体系，通过优化资金投向，减少重复建设，加快建设速度，提高了投资效益，推动了高校图书馆整体发展。项目的服务范围不断扩大，除高校外，还支持军队院校、科学院、公共图书馆、国家政府机关等的资源建设和信息服务，并与香港和澳门的高校合作，将服务拓展到香港和澳门，对成员高校图书馆和共建共享单位的整体发展起到了较为显著的持续引导和服务支撑作用。在教育部高等教育司指导下，2021 年 CALIS 管理中心参与完成《高等教育质量保障专项资金管理办法》的修订，该办法同年获得批准施行。

CASHL 项目以"整体建设、分布服务"为方针，有计划、系统性地整体引进国外人文社科印本图书、印本期刊及相关电子文献资源，建设组织完备、协调高效、基于信息化平台的文献资源服务体系。在 CASHL 管理中心的科学统筹和协调下，通过自主采购与协调采购相结合的方式，确保图书和期刊资源的扩容更有针对性。同时以增量带动存量，在外国图书（含教材）、期刊和电子数据库资源的基础上，整合国内重点大学和人文社科研究机构的各类文献资源，为我国人文社科的教学与科研提供全方位的文献信息资源保障，取得了良好的学术效益、经济效益、社会效益。在教育部社科司指导下，2022 年 CASHL 管理中心完成《中国高校人文社会科学文献中心建设和运行管理办法（2022 年修订）》《中国高校人文社会科学文献中心经费管理办法（2022 年修订）》的修订、意见征求与报批工作，同时组织开展各类业务规范的更新，积极完善项目制度建设。

两个项目有效的运行保障机制体现在三个方面：

首先是从运行管理到业务发展，从专家到馆员的多层次人力共享与支撑机制，在全国成员馆内选取专家和业务骨干，组建专家组和业务工作组，针对特定业务领域开展工作，充分调动和发挥成员馆的积极性，为项目建设与运行、未来发展提供专业技术咨询，协助管理中心实施项目管理。如CALIS联合目录专家组、CASHL图书馆藏发展小组分别在CALIS联合目录数据库建设和CASHL高校人文社科特色图书馆藏建设方面献计献策，CALIS馆际互借与文献传递工作组、CASHL服务工作组、新媒体工作组以及数据工作组均在具体业务方面埋头苦干，对业务发展起到了积极的推动作用。

其次是建立有效的质量控制和评估机制以保障项目高质量发展，如CALIS联合目录专家组和质量控制组制定联合目录数据库的质量要求、业务规范与技术标准、评估数据库建设质量，审定项目实施涉及的相关技术标准、协议和规范规则的执行情况，制定数据库质量评估标准，参与系统评估和数据评估等，对CALIS联合目录数据库的高质量建设起到了根本保障；CASHL每年进行的服务评估工作，从多角度以评促建，提升了整体服务质量。

最后是通过开展业务合作、技能培训、课题研究、学术交流等多种合作与交流机制，聚焦高校图书馆重点业务领域和前沿发展趋势，助力提升馆员业务能力，赋能业务创新，提升了项目的显示度、知名度和引领力。

2022年6月北大图书馆进行新一轮机构调整，根据"十四五"规划总体目标和具体建设任务，对两个项目的工作进行总体考量和统筹安排，着力将CALIS、CASHL项目整合为一个高效、有序的有机整体，使得原有业务和人员在新的组织架构之下汇集为更大的合力，进一步履行社会责任，为高校图书馆事业发展做贡献。

风正潮平，自当扬帆破浪；任重道远，更需快马加鞭。在未来的发展中，北大图书馆将继续勇担使命，建好、用好、管好CALIS、CASHL、DRAA三大联盟平台，扎实推进争先创优和示范引领的战略性工作，以更加开拓创新的胆识魄力、更加锲而不舍的执着干劲、更加求真务实的工作作风，引领高校图书馆信息化和现代化进程，推动我国高校图书馆行业的内涵式发展与高质量发展。

第五节　人类信息化生态的引领者

陈建龙

信息化驱动现代化，没有信息化就没有现代化。在中华民族伟大复兴战略全局和世界百年未有之大变局的历史交汇点，信息化为中华民族带来了千载难逢的机遇。当前，世界各国的竞争聚焦在以信息技术生态优势、数字化转型势能、数据治理能力为核心的国家创新力和竞争力的角逐。我国信息化已进入加快数字化发展、建设数字中国的新阶段,数字基础设施体系、数字技术创新体系、数字经济发展质量效益、数字社会建设、数字政府建设、数字民生保障能力、数字化发展环境等方面将助推中国式现代化迅猛发展。

长期以来,大学图书馆在多类型文献的采集、揭示、组织、利用,以及信息和文化的传播、服务、管理等业务环节,积极应用新技术,无论是信息识别技术、信息通信技术、信息处理技术、信息使用技术,都对提升工作效率和用户体验等方面提供了极大帮助,对满足师生教学与科研中的信息需要提供了极大便利,汇聚众多应用的复杂集成系统和数字图书馆更是信息化的重要应用场景,成了信息化生态系统的重要生态位。随着云计算、大数据、区块链、物联网、人工智能、虚拟现实和增强现实等数字技术和产业的发展,由信息技术、信息资源和信息服务组成的信息化生态基本结构,将带来人与信息、人与机器、人与人之间关系的巨大变革。

对照数字化进程的加快和信息化生态的扩大等情况,大学图书馆在进一步促进信息公平的同时,如何带领相关各方力量,为用户全面发展提供良好的信息环境和信息素质保障呢?以下两点要积极探索。

一是数字技术创新应用和数据资源增值服务。大学图书馆作为数字技术的应用场景,不单是某种技术在图书馆得到应用,而且是师生所需的某项服务能得到应用。数字技术的创新应用,要细分服务场景,优化信息流和工作流,要与用户协同,在已有数字资源基础上挖掘形成数据资源、数据资产和数据要素,实现增值服务。

二是信息文化和信息文明建设。在信息爆炸或信息污染的环境中,人们对信息的需要不在量而在质。现在人们每天花费大量时间用来获取、处理和使用信息,无论是主动的还是被动的,其思想观念、思维方式和行为习惯都深受影响。如果从文化视角看,这种扎根于传统文化、在现代化进程中孕育、在信息化进程中成长起来的新型文化,可谓信息文化,它是信息资源深度揭示和融合形成的产品文化,也是调节"人-机-信"关系的信息服务文化。无疑,大学图书馆将作为信息文化的发祥地和集大成者,在信息文化发展和信息文明建设中大有作为。

参 考 文 献

[1] 陈建龙,邵燕,张慧丽,等.大学图书馆现代化指南针报告[J].大学图书馆学报,2022,40(01):22-33.

[2] 陈建龙."十四五"时期图书馆发展七问[J].大学图书情报学刊,2021,39(05):3-6.

[3] 杜晓峰.高校图书馆传统业务的计算服务——以北京大学图书馆送书到楼服务项目为例[J].大学图书馆学报,2020,38(04):59-62.

[4] 深信服科技.桌面虚拟化 VDI[EB/OL].[2023-05-01].https://www.sangfor.com.cn/product-and-solution/sangfor-cloud/adesk? utm _ source =

baidu&utm_medium=cpc&utm_campaign&utm_adplace=%E4%BA%A7%E5%93%81-%E6%96%B0IT-aDesk&utm_content=%E6%A1%8C%E9%9D%A2%E4%BA%91&utm_term=%E7%A7%81%E6%9C%89%E4%BA%91%E6%A1%8C%E9%9D%A2%E6%90%AD%E5%BB%BA&bd_vid=12201001620206755363.

[5] 中华人民共和国教育部."双一流"建设学科名单[EB/OL].[2023-05-01]. http://www.moe.gov.cn/s78/A22/A22_ztzl/ztzl_tjsylpt/sylpt_jsxk/201712/t20171206_320669.html.

[6] 张元俊,王昊贤,李国俊等."信息协同"视角下嵌入数字校园的高校图书馆数字教参服务——以北京大学数字教参资料系统为例[J].大学图书馆学报,2022,40(02):27-35.

[7] 北京大学新闻网.青年文明号|送书到楼传暖意,书香迢递蕴芳华——记图书馆"送书到楼"小组[EB/OL].(2021-10-25)[2023-05-01]. https://news.pku.edu.cn/ztrd/bjdx2020%E2%80%942021nqnwmh%E3%80%81qngwns%EF%BC%88bb%EF%BC%89/927f884efbc54a1bb8289673196dda10.htm.

[8] folio. Future of Libraries is Open[EB/OL].[2023-05-01]. https://folio.org/.

[9] 高等教育文献保障系统.未来之路,你我共筑——数据资源增值服务研讨会暨CALIS第二十届引进数据库培训周顺利举办[EB/OL].[2023-03-24]. http://www.calis.edu.cn/pages/detail.html?id=bba616a5-b5ed-40a8-96ff-86457e140a7c.

[10] 张俊娥,陈建龙.高校图书馆基于学科映射的数据资源增值服务[J].大学图书馆学报,2023,41(03):19-27+18.

下篇：高效运行的一流图书馆建设

第五章 战略规划和管理

第一节 "铸鼎"战略

张春红

《说文解字》"鼎,三足兩耳,和五味之寶器也。昔禹收九牧之金,鑄鼎荆山之下,入山林川澤,螭魅蝄蜽,莫能逢之,以協承天休。"[1]"鼎"是重大之器,象征国家/至高权位,同时象征治理战略、变革更新,"铸鼎"可以说是制定最高目标战略的行为。北大图书馆对标世界一流大学的"铸鼎"战略,旨在推进图书馆现代化跃升式发展,"鼎"已初成——北京大学已基本建成综合性、创新型、智能化、标杆位的大学图书馆。

商"后母戊"青铜方鼎(曾称司母戊鼎、司母戊大方鼎)铸成于3,000余年前,"器厚立耳,折沿,腹部呈长方形,下承四柱足"[2],凝重雄伟宏大,可担"鼎"中一流,倚其四足、六面、两耳等,可铸世界一流大学图书馆之"鼎":

① 四足:四柱根基、固本培元——专业馆员、信息资源、大学校园、历史因缘;

② 六面:六方基本面——底面:管理体系;四侧面:文化体系、价值体系、业务体系、理论体系;上空面:生态体系(开放式);

③ 两耳:两类抓手——人(馆员和用户)、文(文献和文化)。

1.1 固本培元支撑战略

"四柱根基"包括专业馆员、信息资源、大学校园和历史因缘。信念坚定、结构合理、业务精湛、素质优良的馆员队伍是大学图书馆可持续发展的首要根基,多源融合、充分便捷、特色鲜明、开放共享的信息资源及其承载的文化知识是大学图书馆可持续发展的能量源泉,以用户为导向确保用户满意和以服务为天职坚持服务创新是大学图书馆可持续发展新征程上的不懈追求,积极向上的团队精神、传承创新的组织文化、高效协同的管理体系和科学规范的制度文化等图书馆文化建设是大学图书馆可持续发展的基础保障。[3]

一流大学图书馆要夯实根基,引培专业馆员、富集信息资源、根植大学校园、承续历史因缘,准确识变、科学应变、主动求变、创新驱动,不断改进资源产品、精进服务体验、增进用户信任,确保图书馆的内涵不断丰富、创新意识和能力不断增强。

1. 引培专业馆员[4]

现代化的本质是人的现代化,新时代大学图书馆的高质量发展对馆员队伍的发展提出了新的要求,不仅需要领导班子和馆员队伍在专业技能上有显著提升,又要有一支具有前瞻视野和现代化管理能力的领导班子来引领发展,也要坚持馆员能力与用户需求相统一,加快培育一批包括研究型、数据型等在内的新型馆员来解决新需求与新问题。同时,要通过和谐统一的文化价值观和合理灵活的岗位体系来营造良好的组织环境和氛围,提升馆员的归属感、责任感与工作热情,建立合理的馆员梯队。此外,思想政治素质培育也是提高馆员精神动力、增强队伍凝聚力的重要保证。

(1) 战略规划引导

以"铸鼎"战略、《行动纲领》《北京大学图书馆"十四五"发展规划(2021—2025年)》等规划引导人才队伍建设。战略规划制定过程全员参与,明确共同的价值观和目标方向。

(2) 优秀人才引进

以严密的流程引进优秀人才,包括应届毕业生招聘,社会招聘,国际、国内交流与合作等。

(3) 组织文化培育

建立科学合理的组织架构,推动图书馆服务的高效、可持续的发展;同时建立良好的组织文化,增强馆员对图书馆的认同感和责任感。

① 建设学习型、服务型、发展型、标杆型、创新型组织。

② 优化一专多能、一岗多责的岗位体系、业务体系和管理体系。

(4) 馆员队伍培养

大力培养符合新时代要求的专业馆员,组建梯队化、专业性、创新型的馆员队伍。

① 基本理念、基本方针共识:北大图书馆基本理念"用户导向,服务至上";基本方针"斯文在兹,道隐无名"。

② 四有馆员:培养"有精神、有本领、有智慧、有情怀"的馆员。

③ 四尚风气:

- 尚德集智:崇尚德行,集思广益,凝聚全馆智慧。
- 尚贤育能:崇尚贤明,育才治心,提升馆员能力。
- 尚实助人:崇尚实在,助力师生,帮助用户解决问题。
- 尚美创新:崇尚美好,创建特色,开创服务新格局。

④ 完善、系统的培训体系:

- 入职培训:为期2年、十几门课程,全岗位、全流程培训,理论与实践相结合的培训模式。
- 五四创新力报告会:针对中心副主任、业务组长骨干群体,每周举行一场创新力报告会,结合各个工作环节的经验和展望等进行汇报、交流和总结,提升馆员日常工作能力。
- 五四科学报告会:每年举行一次五四科学报告会,进行学术成果展示和交流。
- 馆员探馆活动:馆员以用户身份体验和发现图书馆,改善和提升图书馆服务及业务。
- 身边榜样评选:分期评选,树立四有馆员榜样。

2. 富集信息资源

贯彻习近平总书记关于"要运用现代科技手段加强古籍典藏的保护修复和综合利用""要加强学术资源库建设"等重要讲话精神:

① 多渠道文献采集:采购(订购、荐购、单采)、受赠、自产、采编一体。
② 多源知识聚集:同学科新的、常用的中外文书、刊、工具书(一线)等。
③ 多程数据汇集:业务数据、管理数据、系统数据、用户行为数据等。
④ 专题展阅交集:大钊阅览室、名家阅览室、通识阅览室。

3. 根植大学校园

习近平总书记指出:"人才培养体系必须立足于培养什么人、怎样培养人这个根本问题来建设,可以借鉴国外有益做法,但必须扎根中国大地办大学。"

① 扎根中国大地和学校治理体系:主动融入、强化支撑、做出贡献。
② 培植用户关系:志愿者队伍和学生社团、沟通交流机制、用户参与。
③ 移植新型服务:主动推送、展览展示、协同服务、计算服务。
④ 树立新品牌形象:"新书展阅""送书到楼(门)""古籍特藏文化活动"。

4. 承续历史因缘

① 秉承初心使命:为用户创造价值,为人类传承文明。
② 继承优良传统:校训、学风、五四精神、大钊精神。
③ 弘扬时代精神:伟大精神、图书馆精神(感人、融合、奉献、通变、至臻)。
④ 接续奋斗创未来:战略谋划、综合改革、转型发展。

1.2 协同创新治理战略

"六方基本面"包括业务体系、价值体系、理论体系、文化体系、管理体系和生态体系。业务体系主要构建于专业馆员和信息资源两柱根基之上,价值体系主要构建于专业馆员和大学校园两柱根基之上,理论体系主要构建于大学校园和历史因缘两柱根基之上,文化体系主要构建于历史因缘和信息资源两柱根基之上,管理体系和生态体系主要构建于上述四柱根基之上。

一流大学图书馆要完善体系、开放融合、优化馆员规模和结构,提升服务水平,确保图书馆内涵式发展、整体发展、高质量发展、科学发展和可持续发展,不断构建和优化新发展格局,在世界一流大学和优势学科建设中勇毅前行,协同创新。

1. 管理体系

要坚持创新引领与综合评价相统一,持续关注治理体系与治理能力问题。

在图书馆行业层面,教育部高等学校图书情报工作委员会、CALIS、协会/联盟等积极推动大学图书馆加强行业标准化与法制化建设,根据现代化发展需要制订、修订业务规范与行业标准,为图书馆事业提供包括知识产权等在内的法治保障,建立现代化治理体系。

大学图书馆自身更要积极结合理论研究改进评价指标与流程,构建科学的评估体系,优化管理机制与制度,实现规范化与人性化管理,提高用户和专家在图书馆评估制度建立过程中的参与度,形成用户与专家参与的治理结构,全面提升自身治理能力。

建立健全管理体系、优化完善治理机制:

① 建立健全"统一领导、协同管理、分类负责、全员受益"的全校图书馆体系。
② 建立健全"统一规则、集中发布、分别典藏、合理共享"的信息资源体系。
③ 建立健全"统一设计、整合流程、分步实施、合作共赢"的信息服务体系。
④ 优化和完善在校内为学校师生服务的融通机制。
⑤ 优化和完善在国内与高校图书馆和有关机构的协同机制。
⑥ 优化和完善与国际友好大学图书馆和专业组织的合作机制。

2. 文化体系

一流大学图书馆要融入校园文化建设,加强信息素质教育在人才培养中的基础性和互补性作用,提升图书馆文化育人能力,引领师生传承和弘扬大学精神,成为学校的文化交流中心和师生治心治学的精神栖息地;要围绕"立德树人"根本任务,打造文化教育和实践基地,成为教育事业发展中的服务共善地。

北大图书馆在发展中积累了博大精深的文化底蕴——中华优秀传统文化、革命文化、社会主义先进文化在这里汇聚,思想文化、科学文化、信息文化在这里交融,并在图书馆炼成了一个国家、一个民族发展中更基本、更深沉、更持久的力量,也就是文化自信。响应国家文化繁荣战略要求,努力"推动中华优秀传统文化创造性转化、创新性发展,继承革命文化,发展社会主义先进文化",坚持以文献为载体的文化传承创新,在持续加强承载着社会主义先进文化的书刊文献资源建设和服务的同时,通过馆藏文献挖掘、专题采集等方式开拓性地建设革命文献资源,尤其是红色文献资源,切实继承红色文化,通过古文献整理出版、经典阅读服务等方式创造性地转化和创新性地传承中华优秀传统文化。

传承和弘扬中华优秀传统文化,中华优秀传统文化是中华民族的突出优势,是我们在世界文化激荡中站稳脚跟的根基,我们必须结合新的时代条件传承和弘扬好,组织更大的力量开展形式多样、内容专精的中华优秀传统文化的普及、共享和宣传教育工作。

继承和弘扬革命文化,革命文化是党和国家的宝贵精神财富,是激励人民奋勇前进的精神力量,我们必须结合新的时代条件继承和发展好,组织专门力量开展丰富多彩、生动活泼的革命文化学习引导和协同创新工作。

3. 价值体系[5]

大学图书馆的价值体系是在价值创造基础上形成的反映图书馆用户导向的各种关联的整体效用坐标系。这里的价值创造指的是图书馆在国家高等教育发展和文化繁荣中发挥着重要的作用,用户导向强调的是图书馆的作用是维系各类现实和潜在用户,各种关联强调的是图书馆复杂的供需关系,整体效用突出的是图书馆工作绩效的整体性和协同性,坐标系表明的是图书馆事业发展的引领性和目标性。这样的价值体系是社会主义核心价值体系在大学图书馆事业中的体现,是大学图书馆转型发展的共同思想基础。以崇高、忠诚、亲切、满意、包容、高善等社会主义核心价值观构成的价值体系,不仅是大学图书馆历史形成的价值取向,也是大学图书馆现代化的根本参照。

(1) 崇高

图书馆事业是十分崇高的。习近平总书记给国家图书馆老专家回信中指出:"图书馆是国家文化发展水平的重要标志,是滋养民族心灵、培育文化自信的重要场所。"作为我国图书馆事业重要组成部分的高校图书馆,自觉地融入立德树人这一高校的根本任务并确立自身发展理念和工作格局,主动地立足国家高等教育事业、科技事业和文化事业并提升自身价值定位和服务效用。在现代化强国征程中,教育强国、文化强国、科技强国、人才强国等战略的实施,赋予了大学图书馆崇高的使命。

(2) 忠诚

图书馆员对图书馆事业是十分忠诚的。一代代图书馆员心系国家、矢志前行、爱岗敬业、辛勤奉献的精神品质,尤其是他们在砥砺奋进中揭示知识的才智和创新发展的力量,在各行各业中有口皆碑。新时代的高校图书馆员,越来越自觉地坚守高校图书馆的初心,承担图书馆员、教育工作者和文化传播者等多重职责,越来越主动地关注和满足青年人在"学习知识、增长才干、放飞梦想"等方面的需求,深受师生的好评。一流大学图书馆员要做"有精神、有本领、有智慧、有情怀"的四有馆员。

(3) 亲切

图书馆是特别亲切的。北大图书馆建馆 120 周年的纪念短片《力量》有句旁白:"泛黄的书页,充盈着人类亿万年积聚的智慧;风干的油墨,镌刻了世界上最新的思考;跳动的字节,链接出东西方文明的广袤宇宙。每一束光的下面,都不止一个故事;每一把椅子的上面,都不止一个身影;每一本书的背后,都不止一段传奇。"大学图书馆富集的文献资源蕴孕出了充满哲理智慧、历史故事、诗意传奇、思考身影的广袤宇宙,加上和蔼可亲、热情真切的图书馆员,令人倍感亲切。

(4) 满意

用户对图书馆是特别满意的。较为普遍的是,我国高校图书馆大多坐落于校园或校区的中心位置，图书馆的建筑在学校的建筑中也往往具有标志性，这些体现了图书馆的重要性和学校的高度重视。图书馆也是学校有现场服务的开门时间最长、人流最密集的研习场所，图书馆员的亲切服务令人难忘，在对学校众多机构的服务满意度评价中名列前茅。当前，"用户导向，服务至上"的基本理念深入贯彻落实，线下与线上服务和而不同，泛在便捷的分布式服务网点，都将进一步提升用户的满意度。

(5) 包容

图书馆工作是非常包容的。一方面，图书馆通过对多类型文献的采集、揭示、组织、利用来传承人类知识和世界文明，传承中华优秀传统文化、革命文化和先进文化，汇聚世界多元文化；另一方面，图书馆坚持以人为本的包容性发展，惠及各类用户。针对当前面临的信息资源（尤其是外文全文数据库资源）被商业垄断的风险、图书馆转型发展中遇到的多源信息融合、信息资源与服务一体化、图书馆员与师生用户的伙伴关系、图书馆转型与"双一流"建设的协同发展、校园泛在便捷服务与社会共享服务结合等实际问题，大学图书馆将迎来产学研协同发展的新局面。

(6) 高善

图书馆的发展是非常高善的。服务一直是图书馆的主旋律，尽善尽美、善作善成、成人之美、助人为乐是图书馆员的真实写照。针对当前师生用户学习方式、教学模式、科研范式的重大变化以及政治、经济、社会、文化、技术、信息等环境的重大变革，构建由图书馆员和用户共同参与的、信息由数字化经数据化到资源化、服务由网络化经个性化到协同化、技术由智能化经智慧化到人格化的多源融合、多方协同的信息服务体系，切实创造图书馆的新型价值，为学校发展和文化繁荣作出新的贡献，是大学图书馆的历史选择。

4. 业务体系

构建科学合理、系统完善、全面高效、可持续发展的业务体系，不断优化业务发展格局。

知识资源服务，开展普通文献的综合服务、阅读参考、科学典藏、充分利用等业务，负责知识资源建设、学习环境改善、阅读服务创新等工作，进一步完善知识资源管理和阅读服务体系，为用户学习、教学与科研和先进文化教育提供强力支撑及保障。

文献资源服务，开展普通文献的多渠道采集、高标准揭示、多形式组织、高水平展示等业务，负责文献资源建设、馆藏结构优化、展示服务创新等工作，进一步完善文献资源管理和展示服务体系，为学校"双一流"建设和先进文化教育提供强力支撑及保障。

古籍资源服务，开展古文献的多渠道采集、高标准揭示、多形式组织、高水平展示、严要求典藏、多方式阅览、大力度保护等业务，负责古籍和拓片资源建设、专题整理研究、保护利用创新等工作，进一步完善古籍资源管理和展示服务体系，为学校"双一流"建设和优秀传统文化的传承和创新提供强力支撑及保障。

特藏资源服务：开展特色文献的多渠道采集、高标准揭示、多形式组织、高水平展示、严要求典藏、多方式阅览、大力度保护等业务，负责特藏资源建设、专题整理研究、保护利用创新等工作，进一步完善特藏资源管理和展示服务体系，为学校"双一流"建设和特色文化培育提供强力支撑及保障。

数据服务：开展数据增值服务、数据资源汇聚、数据仓储管理等业务，负责数据资产管理、数据产品开发、数据服务创新等工作，进一步完善数据管理和增值服务体系，为用户学习、教学与科研、管理等方面的难题求解和信息文化培育做出高效融合及贡献。

协同服务：开展学科情报服务、信息素质教育、科学艺术交流服务、综合展览服务等业务，负责业务协同机制建设、服务协同体管理、情报服务创新等工作，进一步完善情报服务管理和协同服务体系，为用户学习、教学与科研、管理等方面的难题求解和信息文化培育做出高效融合及贡献。

计算服务：开展图书馆的服务平台和管理系统建设、数字化设施管理、应用软件开发等业务，负责新技术应用、信息安全监管、智慧服务创新等工作，进一步完善交融式数字图书馆和计算服务体系，为用户学习、教学与科研、管理等方面的难题求解和信息文化培育做出高效融合及贡献。

研发服务：开展图书馆的工作研究、学术研究、政策研究、战略研究、历史文献研究、新技术开发、学术交流等业务，负责《大学图书馆学报》的编辑和出版、数字图书馆研究所等研究机构的科研创新等工作，进一步完善图书馆理论体系，为图书馆现代化发展提供理论支撑。

项目管理与合作：开展重大项目的服务管理、数据管理、平台管理、绩效管理等业务，负责CALIS(含DRAA)和CASHL项目正常运行和业务创新等工作，进一步履行社会责任，为高校图书馆事业发展多做贡献。

综合管理：开展人事与馆员发展、用户关系、后勤与保卫、分馆管理、科研管理、受赠与合作、馆舍修缮、融媒体传播、发展与改革等业务，负责全馆党建和思想政治、离退休馆员服务、行政管理、财资管理、战略管理、安全管理、决策管理等工作，进一步完善全馆治理体系、全校文献保障和信息服务体系，为学校事业发展和国家文化繁荣多做贡献。

5. 创新体系[6-7]

一流大学图书馆要坚持目标导向与问题导向相统一，既要围绕强国建设目标，面向国家和学校的科技创新与决策需求，发挥大学图书馆在文献情报搜集与分析方面的优势，强化情报咨询与智库服务；又要围绕高等教育事业与学校高质量发展目标，勇于承担并充分发挥教育职能，在学科化知识服务、多元素质教育服务、通识教育与文化服务方面深入探索创新实践，有效利用资源、技术与空间，充分融入学校教学与科研、人才培养的各个环节，成为学校人才培养的组成部分；还要立足自身现代化发展目标,面向用户变化的新需求,利用智能技术持续开展服务转型与模式创新,建立智慧服务体系。

北大图书馆管理和服务创新重点工程包括:

① 战略规划管理工程:既有短期的行动计划,又有中长期的战略规划,并与学校有关规划衔接。2019—2022年行动纲领、"十四五"规划、2035愿景。

综合改革工程:进一步总结经验,深化人事、财务、机构、业务等方面的改革。

② 多类别实体图书馆建设工程,东楼修缮、西楼布局重整、昌平校区图书馆建设、医学图书馆新馆建设、校属机构分馆建设等。

③ 多渠道线上图书馆建设工程,智能图书馆系统的建设包括馆际和馆内系统、门户网站和移动服务平台、应用软件开发等。

④ 资源与服务发展一体化创新工程,优化业务流程和组织架构,强化服务,深挖资源,实现资源与服务一体化融合式发展。

⑤ 馆员与用户发展一体化创新工程,美化服务体验和用户关系,以人为本,以文化人,实现馆员与用户一体化交互式发展。

⑥ 智能化、个性化服务示范工程,在用户自助式服务平台、馆员融入式服务机制、现场美好体验、远程智能服务等方面引领示范。

6. 发展体系[6]

一流大学图书馆应贯彻落实"创新、协同、绿色、开放、共享"新发展理念。创新是大学图书馆现代化发展的动力源泉,大学图书馆要与时俱进、坚持创新,以创新激发图书馆的发展活力,满足用户不断增长和变化的需求。协同是大学图书馆现代化发展的内在需求,大学图书馆要与业内机构协作、与学校各部门合作,实现馆内不同部门之间以及资源、服务、馆员等要素之间的协同,以此实现大学图书馆的全面发展。绿色理念为图书馆实现可持续发展提供保障,大学图书馆要运用绿色技术和智能技术实现"节能减排",同时也要充分利用文献、空间、经费、人力等各类资源以及效益目标来贯彻更深层次的绿色发展理念。开放意味着图书馆资源和服务的可获得性,大学图书馆要通过资源开放、人员流动、思想交汇等来推动自身可持续发展。此外,大学图书馆还要在资源、服务、人才、技术等方面依法(法规、交易合同、协议等)共享,通过建立共享机制促进自身的全面发展。只有逐一落实好这五大新发展理念,大学图书馆才能勇立潮头。

一流大学图书馆要结合自身特点,注重现代发展内涵与核心理念研究,形成新时代现代化发展的独特价值体系;明确文献、空间、经费、人才等各类资源的优化方向;要依托《"十四五"发展规划(2021—2025年)》和《行动纲领》目标做好顶层设计与战略规划,与社会主义强国、所在学校和高校图书馆事业协同发展;要通过管理理念、动力机制创新来提升内部运行效率,并结合图书馆学新的发展理论与经典理论的融合研究新发展体系;要精准把握新时代大学图书馆的形态与性质变迁,处理好教育、服务与学术研究之间的关系,为大学图书馆科学发展提供理论依据。

一流大学图书馆要理顺生态关系,构建新发展格局。新发展格局构建需要进一步围绕主责、主业综合协调,理顺多方面的关系。这些关系包括内部的融洽关系与外部的关联关系、自身条件与目标要求的关系、传统与现代的关系等,在现代化进程中因势利导,共创美好未来。大学图书馆要理顺内外部生态环境中各方面的隶属、交互与协同关系,积极应对现实条件和理想目标之间的差距,还要用发展的眼光来处理现代与传统的历史关系,加快构建新发展格局,明确大学图书馆现代化的路径选择。

① 关于图书馆与内部生态环境。大学图书馆要理顺馆员、部门与图书馆发展之间的多元关系,要加大部门间合作与发展,重视馆员之间的沟通与协作,实现馆员职业发展与图书馆事业发展的协调统一,把握好制度建设与人性化管理之间的平衡。同时,加强党组织建设,以党建工作促进图书馆业务和事业发展,为大学图书馆的现代化发展提供和谐融洽的内部生态环境。

② 关于图书馆与外部生态环境。大学图书馆要以系统思维和全局视角来梳理自身与外部环境的关系,要将个体提升与大局发展相结合,围绕国家发展战略(包括教育强国、科技强国、文化强国等)、地方经济文化、社会发展需求、学校发展目标(包括"立德树人""双一流"建设和治理体系现代化等)来明晰自身定位,要处理好与用户(包括校内师生、校友、校外用户等)、上级相关部门(包括教育部、地方政府等上级主管和经费来源部门)、校内相关主体(包括学校各职能部门和院系等)的服务隶属和协同关系,要搭建起与商业机构(包括出版商、信息机构、技术服务商等)和业内机构(包括其他大学图书馆、研究型图书馆、公共图书馆和行业学协会等)的合作桥梁,打造与大学图书馆现代化发展相适应的、互联互促的外部生态环境。

③ 关于条件与目标。大学图书馆的现代化发展要以创新思维来面对和解决有限条件与高标准发展之间的矛盾,包括人力、技术和馆藏资源相对不足与高标准服务的关系、有限经费与持续发展的关系等,还要协调与平衡开放共享与知识产权保护、发展规模与效能提升、扩大开放与节能环保之间的关系,提质增效,逐步实现各方面关系的动态平衡。

④ 关于传统与现代。大学图书馆要不断总结经验,将已有的文献资源、服务和深厚的文化积淀作为现代化发展的基础和起点,以创新发展理念为指引,以现代化技术为手段,立足发展、深化改革、守正创新,勇担新阶段新征程带来的新使命,实现传统与现代的协同发展。

1.3 人文和谐发展战略[3][6-7]

"两类抓手"包括"人"和"文"。"人"有馆员和用户,"文"指文献和文化。以服务为基本特征的高校图书馆,其关键要素有馆员、资源、用户、服务和文化等。这些关键要素可以进一步概括为人和文两类,在高校图书馆的现代化发展中居于基础性和战略性地位。

一流大学图书馆要着力于馆员全面发展、用户全面受益、文献全面升级、文化全面繁荣,确保服务水平不断提高,持续促进人与信息、人与机器、人与人、人与文化等关系。建立人信共济、人机交融、人际相助、人文互美的和谐关系。

1. 人信共济

信息资源是大学图书馆服务教学与科研工作的物质基础和保障。大学图书馆不仅要注重特色馆藏(特藏)资源、电子资源(数字资源)和纸质文献资源等传统馆藏资源体系的建设和保存保护,同时还要加强对数据资源、开放获取资源、网络资源等新型信息资源的组织、管理和开发利用,与时俱进,从而建立起多源融合、互为补充、特色鲜明、开放共享的信息资源体系,为大学图书馆可持续发展提供能量源泉。

2. 人机交融

长期以来,大学图书馆在多类型文献的采集、揭示、组织、利用,以及信息和文化的传播、服务、管理等业务环节积极使用新技术,包括信息识别技术、信息通信技术、信息处理技术、信息使用技术对提升工作效率和用户体验提供了极大帮助,为师生的教学与科研提供了极大便利,汇聚众多应用的复杂集成系统和数字图书馆更是信息化的重要应用场景。随着云计算、大数据、区块链、物联网、人工智能、虚拟现实和增强现实等技术的发展,由信息技术、信息资源和信息服务组成的信息化生态基本结构,将带来人与信息、人与机器、人与人、人与文化之间关系的巨大变革。

一是加强数字技术创新应用和数据资源增值服务。大学图书馆作为数字技术的应用场景,不但在图书馆得到应用,在图书馆提供的服务也能得到应用。加强数字技术的创新应用,就要细分应用场景,优化信息流和工作流,要与用户协同,在已有数字资源的基础上挖掘形成数据资源、数据资产和数据要素,实现增值服务。

二是推进信息文化和信息文明建设。在信息爆炸的时代,人们对信息的需要不在量而在质。现在人们每天花费大量时间用来获取、处理和使用信息,无论是主动的还是被动的,其思想观念、思维方式和行为习惯都深受影响。从文化的角度来看,这种扎根于传统文化、在现代化进程中孕育、在信息化进程中成长起来的新型文化,可谓信息文化,它是信息资源深度揭示和融合形成的产品文化,也是调节"人-机-信"关系的信息服务文化。无疑,大学图书馆作为信息文化的发祥地和集大成者,在信息文化发展和信息文明建设中将大有作为。

一流大学图书馆要加快实现数字化转型,全面推进包括人机关系在内的多方面关系交互融合、和谐共生,确保大数据、人工智能等新一代信息技术在高校图书馆这一应用场景中发挥不可替代的作用,学术资源库、汉语知识库等数字资源成为中国自主知识体系的基础性和战略性支撑。

3. 人际相助

关于馆员要素。馆员是大学图书馆可持续发展的首要根基。一流大学图书馆必须要有一支信念坚定、结构合理、业务精湛、素质优良的馆员队伍做支撑。这支队伍结构合理，由具有现代化理念和领导力的馆长班子带领，由具有高度职业认同、文化自信和敬业精神的馆员构成，馆员具有扎实的专业知识积累、开阔的国际化视野和多元的业务能力，开拓创新、团结协作，是大学图书馆可持续发展的根基和动力。

关于用户要素。用户需求是图书馆一切工作的出发点和归宿。一流大学图书馆必须通过多种方式全面准确地了解用户需求，借助各种新型技术和先进手段改进和完善资源供给以及服务方式，不断优化用户体验，提升用户满意度，增强用户参与度，始终将以用户为导向、确保用户满意作为大学图书馆可持续发展新征程上的不懈追求。

4. 人文互美

文化是体现大学图书馆团队精神、组织特色和制度先进性的核心和基石。积极向上的团队文化和开拓创新的组织文化是大学图书馆提升团队凝聚力和工作效率的基础保障，科学规范的制度文化、高效协同的管理文化和先进实用的技术文化是大学图书馆治理能力现代化的重要标志，具有区域特色、学校特色和专业特色的图书馆文化是大学图书馆提高核心竞争力的有效途径，它们互为补充，共同为一流大学图书馆可持续发展提供坚实的保障。

人文互美是一流大学图书馆的基本底色。北大图书馆要持续努力，夯实基础，并不断挖掘和培育新的基础；要珍视历史，紧抓根本，并不断发现和构筑新的根基；要深化服务，以文化人，并不断继承和弘扬人类文明。

第二节　2019—2022年行动纲领[5][8]

张春红

高校图书馆要在中国式现代化新征程上为"加快建设中国特色、世界一流的大学和优势学科"服务中创造独特价值、提供有力支撑，进而为教育、科技、人才作为"全面建设社会主义现代化国家的基础性、战略性支撑"作出应有贡献、提供有力保障，并使自身成为现代化发展的生力军、信息化进程的主力军、数字化转型的先行军。图书馆在传播社会主义核心价值观、满足人民日益增长的美好生活需要、推进文化自信等方面大有作为，也是传播中国式现代化的社会主义文化重镇。

大学图书馆的现代化要融入国家发展战略，尤其是创新型国家建设战略。我国的创新型国家建设，将瞄准世界科技前沿，强化基础研究，实现前瞻性基础研究、引领原创性成果重大突破；将加强应用基础研究，拓展实施国家重大科技项目，为建设科技强国、质量强国、航天强国、网络强国、交通强国、数字中国、智慧社会提供有力支撑;将加强国家创新体系建设,强化战略科技力量;将深化科技体制改革,建立以企业为主体、市场为导向、产学研深度融合的技术创新体系;将倡导创新文化,强化知识产权创造、运用、保护。[8]

大学图书馆的现代化要融入高等教育发展战略,尤其是"双一流"建设战略。"双一流"建设将全面深化高等教育改革,探索一流大学建设之路,包括加强服务重大战略需求的能力、优化学科布局、建设高素质教师队伍、提升科学研究水平、深化国际合作交流、加强大学文化建设、完善中国特色现代大学制度等;将强化内涵建设,打造一流学科,包括明确学科建设内涵、突出学科优势与特色、拓展学科育人功能、打造高水平学科团队和梯队、增强学科创新能力、创新学科组织模式等。[11]

2035年,我国将"基本实现社会主义现代化",北京大学将"跻身世界一流大学前列",北大图书馆已初步完成一流图书馆建设,将继续实现内涵式发展、整体发展、高质量发展、科学发展和可持续发展,构建新的发展格局。

北大图书馆一直思考以自身文化底蕴和价值体系为基础的战略方向、工作理念和行动方针,积极融入学校的"双一流"建设战略和国家的社会主义现代化建设伟业,坚持"用户导向,服务至上"的理念,制定了"固本应变、服务转型、综合改革、立杆引领"的方针。

《行动纲领》聚焦国家和高等教育战略、承担大学图书馆的历史责任与使命,紧跟学校建设发展,精准跟进师生学习方式、教学模式、科研范式的变化,始终坚持全心全意服务用户的宗旨。北大图书馆的历史责任与使命:一是信息资源保障,担当集成各类信息资源的职业能手;二是信息服务创新,担当融通师生履职尽责的专业助手;三是信息文化培育,担当建设校园信息文化的行家里手;四是人类文明弘扬,担当传承人类精神文明的当然旗手;五是行业发展推进,担当引领全国高校同行的有为舵手。[8]

2.1 总目标

积极融入学校"双一流"建设的伟大征程,深刻领会全国教育大会精神,全面掌握师生学习方式、教学模式、科研范式的变化,牢固树立"用户导向,服务至上"的理念和全心全意服务用户的宗旨,始终坚持"固本应变、服务转型、综合改革、立杆引领"的方针,努力开创发展根基更坚实、新型服务更有效、综合改革更深入、引领作用更突出的新局面,努力实现以下阶段性总目标:

① 成为学校"双一流"建设中学术保障的信息集散地、师生校园生活中治心治学的精神栖息地、教育事业发展中立德树人的服务共善地。

② 成为高校图书馆信息化和现代化进程中共同发展的策源地。

③ 成为世界一流的综合性、创新型、智能化、标杆位大学图书馆。

2.2 固本应变行动

珍爱北大图书馆深厚的文化底蕴，深入揭示、组织、利用、传承人类知识和世界文明，全力加强信息资源按需采访、馆员队伍全面发展、服务设施智能化升级、办馆文脉创造性延伸等基础性工作，为服务学校使命和文化传承奠定坚实根基。

行动1：全力夯实信息资源基础，不断提升对学习、教学与科研的学术保障能力。

重点实施文、理、医学科信息资源全采访，特色与古籍资源的深度采访并整理出版，知识与数据资源主题揭示、组织、利用等项目。

在资源建设与服务方面，大多数专家认为大学图书馆要建立"纸电一体、保值增值、开放共享"的信息资源体系，不断提升服务能力，探索服务转型路径，建立高效、完善的知识服务体系；要积极利用新技术逐步实现智能化、智慧化的创新发展。

关于资源建设问题。在"十四五"规划和建党一百年的重要节点上，大学图书馆的资源建设逐渐在标准化基础上向特色化、数字化方向发展，要坚持文献服务与文化建设相统一。特色馆藏（特藏）资源建设被视为大学图书馆资源建设最重要的课题之一，需要大学图书馆结合所在学校与自身特色，形成特藏资源的优势品牌，提升核心竞争力。随着信息化进程的加快，大学图书馆要高度关注纸电资源一体化问题，探索纸电资源在采访、编目、揭示、利用等各环节的融合策略；也要在持续推进文献资源、知识资源、教学资源等传统资源的保障、管理与转型的同时，不断拓宽资源的范畴，创新数据资源、开放获取资源建设与增值服务，加强图书馆的协同创新，共同促进资源的长期保存与开放共享。

行动2：全面加强馆员队伍建设，不断提升职业素养和服务育人能力。

由各类专业馆员组成的馆员队伍是大学图书馆现代化发展的首要根基，图书馆要大力培养符合新时代要求的专业馆员，组建梯队化、专业性、创新型的馆员队伍；在体现大学图书馆的专业性方面，要淬炼馆员队伍，不断提升馆员的专业知识和综合技能，培养符合现代化发展要求的专业馆员队伍；要锐意改革，建立科学合理的组织架构，推动图书馆服务的高效、可持续发展，同时建立良好的组织文化，增强馆员对图书馆的认同感和责任感。

重点实施馆员全面发展与馆员手册编制、队伍体系优化与图书馆服务文化建设等项目。

行动3：全局推进服务设施改造，不断提升设施的智能化、人性化程度，以及环境育人能力。

大学图书馆将从以文献存储和开架阅览为主导的传统空间向以学习服务和文化体验为主导的未来空间转型。重新定位图书馆空间的功能，着重通过高密度存储空间建设来释放实体空间，实现实体空间的开放与共享是大学图书馆空间建设的发展方向。在此基础上,大学图书馆要挖掘用户新需求,关注空间建设的前沿问题,致力于多功能、多类型、智能化未来空间的设计与建设,结合学校与本馆特点,打造一批交互式学习空间、数字学术与协作空间、沉浸式文化空间、虚拟空间或是创新、创意与创客空间,更充分地发挥学习、学术、文化服务功能。

重点实施总馆建设与空间改造、典藏馆建设、网络服务设施升级改造等项目。

行动4：全面融入学校发展规划,不断提升办馆格局和文化育人能力。

重点实施用户伙伴关系构建、信息素质教育、信息文化培育等项目。

大学图书馆要紧跟时代步伐,以信息素质教育为依托开展通识教育,促进学生多元知识、能力以及健全人格的培养,同时充分发挥图书馆的资源和空间优势,向师生提供精神文化服务,有力促进文化传承,服务国家文化强国目标。

大学图书馆应坚决贯彻"用户导向,服务至上"的基本理念,更多地发挥个体和整体师生用户的素质导向、问题导向和效用导向作用,以信息服务为核心履职尽责,不断提升用户满意度和获得感；大学图书馆应将自身发展与学校发展相统一,满足学校各方需求,为学校的教学与科研提供服务,为学校整体发展提供支撑。

2.3 服务转型行动

拓展北大图书馆丰富的价值体系,深入了解用户需求,大力推进分布型服务格局、协同型服务事业、开放型服务生态、计算型服务价值等方面的工作,提供更加有效的新型服务。

行动5：转变信息服务的思想观念和体制机制,优化分布型信息服务格局。

大学图书馆的建设和发展应与学校的建设和发展相适应,成为学校整体发展水平的重要标志。大学图书馆要根据学校规划和用户需求不断优化资源布局,全面升级文献资源与数据情报保障体系；要全力支撑学校的科研创新和"双一流"建设,营造深度融合教学与科研需求的嵌入式服务场景,保持大学的学术核心地位。

大学图书馆要充分依托网络和技术优势,时刻关注用户需求变化,推动信息素质教育服务、多元化空间服务、文化通识教育服务、阅读服务等传统服务的转型发展,与时俱进地探索学科化知识服务、知识产权服务、数据管理服务、创新型智库服务、融媒体信息服务等新型服务,适应新时期,新使命,推动大学图书馆的可持续发展。

重点实施总分馆服务体制机制优化、上门服务系统建设等项目。

行动6：转变信息服务模式和业务流程,扩大协同型信息服务事业。

要抓住我国建设世界一流科技强国目标为大学图书馆发展带来的机遇,主动创新服务模式,使大学图书馆成为国家战略的创新基地和新型智库,服务国家科技强国目标；要加强知识产权信息服务,为创新型企业和大学科研团队提供知识产权全流程咨询和服务,促进科技成果转化,支撑国家创新驱动发展战略和知识产权强国建设目标;要通过多元素质教育培养学生的自主学习能力和创新能力,关注开放的网络环境下出版模式与学术交流方式的变化,通过创新协作方式助力教育强国目标和人才强国目标的实现。

重点实施阅读协同体系构建、学科信息服务协同创新中心建设等项目。

行动 7：转变信息服务的运行模式和共享方式,构建开放型信息服务生态。

大学图书馆服务创新是其高质量发展应高度关注的前沿课题,要坚持目标导向与问题导向相统一,既要围绕强国建设目标,面向国家和学校的科技创新与决策需求,发挥大学图书馆在文献情报搜集与分析方面的优势,强化情报咨询与智库服务;又要围绕高等教育事业与学校高质量发展目标,勇于承担并充分发挥教育职能,在学科化知识服务、多元素质教育服务、通识教育与文化服务方面深入探索创新实践,有效利用资源、技术和空间,充分融入学校教学与科研和人才培养的各个环节,成为学校人才培养的组成部分;还要立足自身发展,面向用户不断变化的需求,利用智能技术持续开展服务转型与模式创新,建立智慧服务体系。

重点实施国际前沿技术交流、信息服务社会合作发展等项目。

行动 8：转变信息服务的创新动能和发展战略,创造计算型信息服务价值。

大数据、人工智能等新技术的发展始终是推动大学图书馆技术转型的重要驱动力。在技术服务方面,大学图书馆将突破传统自动化技术的限制,以用户为中心在各模块管理系统、各场景应用、多源数据管理、移动与微服务平台等方面实现智能转型,提升用户体验,提高线上与线下服务效率与质量;在技术设施方面,大学图书馆将逐步实现智能设备与基础设施的更新换代,关注数字资源建设问题,提高信息安全防护,与智慧校园建设有机融合。

重点实施用户导向的线上图书馆系统建设、智能计算服务实验示范等项目。

2.4 综合改革行动

紧跟学校的发展与改革步伐,切实推进北大图书馆的制度建设和治理能力现代化等方面的保障性工作,深入开展综合性改革。

行动 9：研究制订图书馆章程,推进大学图书馆现代化制度建设。

重点实施《北京大学图书馆章程》的制订和现代大学图书馆制度体系建设等项目。

行动 10：研究并制订综合改革措施,推进治理结构和治理能力现代化。

重点实施《北京大学文献保障与信息服务体系管理办法》的修订与执行、《北京大学图书馆综合改革方案》的制定与落实等项目。

2.5 立杆引领行动

适应学校的历史使命和责任担当,扎实推进北大图书馆的争先创优和示范引领等方面的战略性工作,在高校图书馆信息化和现代化进程中发挥引领作用。

行动11:加强目标管理和战略管理,不断提高学校发展中的贡献度和美誉度。

重点实施评估体系建设、制定图书馆服务效用测度办法项目。

行动12:加强同行交流与合作,努力引领全国高校图书馆行业科学发展。

重点实施"教育部高等学校图书情报工作指导委员会"等全国性机构与项目协同引领、大学图书馆发展理论研究等项目。

第三节 "十四五"规划

周义刚 刘宇初

"十四五"时期是我国开启全面建设社会主义现代化国家新征程的第一个五年,习近平总书记对"十四五"规划编制工作作出重要指示。[9] 2020年10月29日,中国共产党第十九届中央委员会第五次全体会议通过了《中共中央关于制定国民经济和社会发展第十四个五年规划和二〇三五年远景目标的建议》[10],明确要求"建设高质量教育体系",为开启教育改革和发展的新征程指明了方向,并且就高等教育建设给出具体建议,"提高高等教育质量,分类建设一流大学和一流学科,加快培养理、工、农、医类专业紧缺人才",进一步明确了"十四五"时期全面深化高等教育综合改革的方向与目标。2021年10月,《北京大学"十四五"改革和发展规划(2021—2025)》经学校十三届党委六次全会审议通过后正式公布。

高校图书馆作为高校的文献信息资源中心,必须全面融入高校的使命与任务,在规划上需要与高校的整体规划保持一致,并结合自身特点予以贯彻落实。《北京大学图书馆"十四五"发展规划(2021—2025)》的编制工作自2020年8月初正式启动,8月底完成讨论稿,同时在当年的图书馆暑期发展研讨会上重点研讨,图书馆领导班子与中层干部和业务骨干就《北京大学图书馆"十四五"发展规划(2021—2025)》编制的总体方案展开深入研讨,形成了对未来发展的广泛共识。2020年9月第一次向各中心征求意见,与此同时,各中心在分管领导的带领下积极开展规划的相关调研工作,对图书馆"十三五"期间的整体发展情况与"十四五"期间发展背景进行全面梳理和分析。2021年图书馆寒假发展研讨会以"起好步,开好局——扎实推进图书馆现代化新征程"为主题,重点研讨了《北京大学图书馆"十四五"发展规划(2021—2025)》的编制方案,讨论了起草的《创新力标准的馆员队伍建设规划》《文献资源服务一体规划》《交融式数字图书馆服务体系规划》等三个专项规划的编制。经过前瞻性思考、全局性谋划和战略性布局,2021年3月,完成了《北京大学图书馆"十四五"发展规划(2021—2025)》的征求意见稿。2021年3—9月,在领导班子和全馆各中心再次征求意见。2021年5—6月,各中心主任依次向陈建龙馆长汇报了各中心的调研情况,馆长对各中心的调研工作给予了充分肯定,并对各中心的总体目标和重点业务工作等提出了意见和建议,进一步为《北京大学图书馆"十四五"发展规划(2021—2025)》的完善明确了思路。2021年9月底,由馆领导牵头,综合管理中心负责推进落实,全馆各中心合力共同完成了《北京大学图书馆"十四五"发展规划(2021—2025年)》的系统性研制,进一步明确了"十四五"时期图书馆高质量发展的方向与路径,明晰未来发展重要任务和重大创新实验项目,并按规划部署予以细化落实。

3.1 主要目标

坚守为用户研究学问、增长智慧、创造价值、创新发展服务的初心,勇担"扎根中国大地,精准采集、揭示、组织、利用、传承人类知识和世界文明,既为学校发展服务,又为文化繁荣服务"的使命,坚持目标导向和问题导向有机统一,综合考虑未来发展趋势和条件,今后五年努力实现以下目标:

1. 建成精良馆员队伍,实现馆员全面发展

优化完善人事管理制度,构建馆员全面发展培训体系,分步设计实施重点培训项目,激发馆员创新活力,加快培养一专多能复合型人才。培养和造就一支品德高尚、业务精良、素质过硬、发展有道、规模适度、结构合理的专业馆员队伍。

2. 建立新型用户关系,实现用户全面受益

以用户为中心,精准识别需求变化,引导用户积极参与,不断推进分布型服务格局调整、协同型服务事业拓展、开放型服务生态构建、计算型服务价值提升等信息服务业务体系的转型发展。

3. 建设海量数据资源,实现资源全面升级

始终重视文献资源的基础地位,持续提高文献资源保障能力,大力推进文献资源精细化建设,建成典藏完备、揭示充分、特色鲜明、效益显著的文献资源业务体系。

4. 打造和美文化殿堂,持续优化服务空间

线下服务空间多样化整合拓展、技术智能化升级,线上图书馆实现随身听读、精准服务,打造十步香草、百感交集、思接千载、视通万里的文化殿堂和文化体系。

5. 完善图书馆发展理论,深度优化科研布局

深入开展图书馆业务和事业的科学研究工作,实现图书馆的争先创优和创新引领,指导高校图书馆数字化转型和现代化建设。

6. 推进图书馆协同创新,全面优化事业生态

全面加强全校总分馆体系建设,创新对外开放共享与交流合作的方式与方法,图书馆发展的整体性和开放性显著增强,事业生态体系更加清晰。

7. 提升图书馆治理能力,构建现代化新格局

实现图书馆综合性管理体制改革,全力推进图书馆治理体系和治理能力现代

化,为充分发挥文献保障、文化育人和信息服务职能提供强有力的管理保障,全面实现服务管理现代化转型。

到"十四五"末期,全面建成综合性创新型智能化标杆位的大学图书馆,为2035年建成世界顶级的大学图书馆奠定坚实基础。

3.2 对接七大目标,奋力推进图书馆高质量发展

目标一:建成精良馆员队伍,实现馆员全面发展。

任务1:建设以大钊精神为引领的学习型、服务型、发展型、标杆型、创新型组织。

传承大钊精神,认真学史用史,巩固"队伍建设年""馆风建设年"成果,继续开展"四尚风气"建设和"四有馆员"培育,加强全校图书馆德治体系建设,推进馆员素质和素养提升,提高识变和应变能力。通过"身边榜样""创新案例"等评选活动的示范带动作用,有效激发创新潜能,显著提升整体创新力。到"十四五"末期,建设一支具有较强文献信息感知能力、学科前沿捕捉能力、信息化工具应用能力的高素质人才队伍。

任务2:完善科学的人事管理制度和以创新力为标准的考核评价和激励体系。

持续调整和优化馆员队伍规模和结构,加大高水平人才引进,强化院系分馆派驻馆员制度,到"十四五"末期,总馆硕士以上学历馆员超过75%。完善人事管理体系,科学实施岗位设置,加强各类别馆员的分类管理,推进人事档案规范化建设;构建以创新力为标准的考核评价制度和多元激励体系,注重考核成果在绩效分配、岗位评聘、级别晋升、职称评审、评奖评优等方面的科学应用。2022年、2025年分别完成两期事业编制岗位聘任工作。

任务3:有序开展分级分类的馆员全面发展培训。

分级分类制定以提升馆员综合素质为目标、以创新力为标准的馆员全面发展培训体系,加强项目、课程、师资、培训、支撑体系建设,打造一支一专多能、一岗多责的复合型人才队伍,构筑人才成长有效机制。分步设计并实施重点培训项目,形成专业馆员、中层管理、学术骨干、业务创新、专业服务、工程技术、专门技能等人才培养计划。

目标二:建立新型用户关系,实现用户全面受益。

任务1:推进基于用户画像分析的精准用户服务。

关注用户的指向性、相对性、动态性。建设用户信息系统,规范用户数据管理;基于数据深入开展用户研究,定期组织不同主题的用户调研,准确识别用户需求、及时发现服务盲点;建立及时、有效的多渠道用户沟通机制,重视校友服务,发展和谐的用户关系。到2022年完成用户数据的规范管理与用户信息系统的建设工作,初步实现用户画像的构建;到"十四五"末期,以用户信息系统为基础,为图书馆各服务平台提供全方位、多维度的用户画像。

任务 2：建设可随时随地交互使用的交融式数字图书馆。

搭建基于新一代的以用户为中心的管理系统和服务系统，完善网站、移动设备和其他多用途的服务设备，提高用户使用基础服务、咨询服务和学科阅览综合服务等的体验感和满意度；完善以机构知识库为代表的北京大学学术资产体系，为科研人员提供研究数据和个人重要数据的长期保存服务，以信息化支撑师生学术研究和学科建设决策。到"十四五"末期，完成新一代流通服务平台、咨询服务平台与知识服务平台的建设。

任务 3：打造德智体美劳全面发展的地标式教育空间。

以阅读品牌活动为抓手，开展指导性、引导性和辅助性的阅读参考服务，促进书香校园建设；加强美育教育，开展多样化的知识服务、科学交流服务、艺术鉴赏服务，拓展服务的文化内涵；逐步形成新的阅读活动与美育活动品牌。打造校园德育和劳育的重要阵地，优化志愿服务与学生助理馆员等用户参与模式，建设常态化运营模式，为学生全面发展提供有力支撑。"十四五"期间，每年开展阅读品牌活动不少于 30 场，每年举办科学、艺术等交流活动不少于 200 场。

任务 4：提供用户高质量科研创新和高效率精准决策的信息服务。

探索文献信息资源的智能化描述、揭示和组织，构建以用户画像为基础的文献信息资源推荐引擎。融入科研具体环节的专业化、个性化情报服务，关注跨学科研究与数据服务需求，辅助科研创新能力快速提升。及时、精准地融入学校重点工作，加强与校内国家重点实验室、教育部重点实验室、高校人文社会科学重点研究基地、智库等重要机构的科研合作与协同创新。全面推进知识产权信息服务体系建设。"十四五"期间，融入科研团队不少于 10 个，每年主动向用户推送各种情报分析报告不少于 12 篇。

任务 5：构建学校人才培养计划的信息素质教育与信息文化培育体系。

优化信息素质教育课程体系，拓展数字素质教育内容，充分发挥图书馆的信息文化培育阵地作用；加强信息技术与信息素质教育的深度融合，实现教学理念现代化、教学内容多元化、教学形式多样化；构建科学的信息素质教育评价体系。到 2022 年，完成信息素质教育微课程体系建设，带班图书馆员队伍达到 30 人；到"十四五"末期，完成面向新生、新教师、新馆员等多维度课程体系建设，带班图书馆员基本实现对本科新生班级的全覆盖。

目标三：建设海量数据资源，实现资源全面升级。

任务 1：强化全校文献资源保障体系和保障能力建设。

高质量完成文献资源采集与揭示任务，继续加强基础性、综合性、通识性、开放获取文献资源的建设，着力优势学科、交叉学科、新兴学科、冷门学科等方面的文献资源建设。配合学校逐步建设昌平新校区图书馆的文献资源；加大学部、院系参与图书馆资源采购的配合力度；进一步深化单采业务。建立可知、可用、可信、可靠和可测的文献资源建设体系、科学合理的评估体系和学科文献经费预算机制，稳步提升文献资源的支撑度和保障率。到2022年,单采出版社增加到10家;到"十四五"末期,总馆纸本文献累积增加80万册,分馆纸本文献累积增加15万册,单采图书上架时间缩短到1周,一流学科的核心电子资源保障率达到100%,新兴学科或交叉学科的保障率达到90%。

任务2:优化实体资源三线动态典藏模式和文献揭示体系。

实施并完善以用户借阅需求和利用程度等为依据的三线动态典藏模式。加强编目质量控制,强化网页式书目记录和数字资源揭示体系,实现异质文献信息资源的统一采编整合和智能化组织揭示。充分利用信息资源的可再生性促进服务延伸,以新书展阅、主题阅览、资源速报、数据挖掘、情报研究、智慧分享等活动为抓手,加强资源与服务的紧密衔接与深化利用。

任务3:加强以古文献资源为依托的优秀传统文化的传承和利用。

重视古文献资源的基础业务服务,持续推进古文献提善清点、全校古籍编审、北京大学古文献总目建设。到2022年,完成儒藏、中古史中心的编目审校,到"十四五"末期,完成哲学系、中文系等分馆的编审工作。搭建"古籍资源服务中心管理服务系统",更新拓片著录和发布系统。规范拓片采购收藏和二次编目工作;继续加强古文献助力教学服务。加快古文献资源数字化和专题数据库建设。探索并形成科学的古文献修复过程。到2022年,完成"服务系统"需求提交,扩大古文献助力教学规模,到"十四五"末期,初步搭建"服务系统",建设1～2个重要专题数据库,常规开展重点古文献修复工作。

任务4:打造以我国革命文献资源为依托的革命教育基地和以特藏资源整理为基础的学术展览品牌。

赓续红色血脉,传承红色基因,用心用情用力保护好、管理好、运用好馆藏革命资源。优化"大钊阅览室"的整体展陈布局和展示方式,加快文献发掘整理,开展深层次的研究工作,充分发挥"大钊阅览室"的强大育人功能。加强特藏文献的编目、揭示等工作,进一步融入教学与科研。做好"强国展厅"以及特藏展览的总体规划和具体实施,打造展览品牌。加快特藏资源数字化和专题数据库建设,探索特藏文献修复的实践与管理。到2022年,基本完成未编书刊挑选工作和非书特藏文献元数据标准,有计划开展未编书刊编目。到"十四五"末期,建成集宣传、教育、研究于一体的革命教育基地,建设1～2个重要专题数据库,初步开展特藏文献修复工作。

任务5:大力推进数字化转型和数字资源建设与服务。

加快数字化发展,推动数字资源开发利用。全面提升数字加工业务的服务效能,建设统一标识符系统,促进馆藏数字资源的有效使用,稳步推进NDPP长期保存体系北大节点建设和馆藏数字资源长期保存系统建设。到2022年,完成数字加工管理系统建设,到"十四五"末期,数字化加工能力年均增长30%,新增数字化馆藏达到800TB,整体数字化加工效率提升30%;文档、图片、音视频等各种媒体的馆藏资源保存量达到1PB。

目标四：打造和美文化殿堂，持续优化服务空间。

任务1：统筹实现以用户为中心的图书馆楼宇空间布局。

推进西区的空间改造与功能调整，以及东西区空间的整体功能重组，谋划昌平新校区图书馆文献服务新布局。完成东区、西区、古籍馆及线上与线下视觉秩序一体化建设。完善云服务和区块链等新一代的信息基础设施。到2023年，完成西区主要服务空间的改造与调整；到"十四五"末期，完成图书馆楼宇一体化布局设计，完成新一代信息基础设施的部署。

任务2：优化图书馆空间的文献保障、文化教育、信息服务职能。

优化人文社科文献资源服务区，细化自然科学文献资源服务区，按需调整书库布局，更好地满足各学科用户的专业阅读需求；开辟朗读诵读、团队研讨、科研写作等专属空间，满足不同用户群体的多元化阅读需求；设立通识阅览区，引导学生阅读，提高文化素养和品德修养；开展智能化图书馆空间试点。到2023年，完成通识阅览室的建设和使用，到"十四五"末期，建设成为资源丰富、功能多样、体验良好的新型服务空间。

任务3：充分利用视觉、听觉传播和发挥审美育人、环境育人功能。

创造更多的视听感受机会，培养用户的探索精神，增强用户的文化底蕴，以美育人、以环境育人；完善馆藏资源的展览和展示服务，探索文化展览的空间利用和服务拓展；优化迎前服务、参观服务和智能化的预约服务、前置服务，推出多样化的文创产品，传承文化底蕴，增强文化自信。

任务4：不断加强符合教学与科研、生活场景的图书馆虚拟空间建设。

加强区块链、5G、物联网、SDx、AI等新技术与图书馆资源和服务的深度融合，为用户及时享受信息服务提供便利；提供高效的在线基础设施和服务，方便用户访问数字化馆藏资源，增强数字图书馆的交流、分享、协作功能，提升个性化体验服务；运用科学化与现代化的人机交互形式，构建沉浸式阅读空间。到"十四五"末期，完成图书馆实体空间和虚拟空间的交互交融。

目标五：完善图书馆发展理论，深度优化科研布局。

任务1：大力开展图书馆现代化发展理论研究。

加强对历史经验、环境变化和发展趋势的研究，基于用户需求、场景应对、新技术应用，着力以线上与线下图书馆为场景的人与人的关系、人与机器的关系、人与信息的关系、人与文化的关系等问题的研究和解决，提出体现北大智慧、中国方案的图书馆现代化发展理论。鼓励、引导、推动科研方法创新，培育重大科研项目和成果，支持优秀成果申报国家奖项，积极发挥馆员的研究兴趣和研究特长，推出高水平的研究成果，制定馆员科研成果的呈缴、专藏制度。"十四五"期间，图书馆发展基金每年支持科研项目5~10项，副研究馆员以上职称馆员每个聘期须发表1~2篇与业务相关的高质量的学术论文。

任务2：加大以馆藏为基础的协同创新专项研究和数字学术研究。

加强对古籍、特藏等优势文献的专项研究和深度揭示，稳步推进馆藏未刊古籍的影印出版和拓片、高价值特藏资源的整理出版，深入开展革命文献、少数民族古籍的整理与研究，强化对优秀传统文化的传承、发展和创造性转化。"十四五"期间，出版高水平馆藏研究项目3~5项。开展对机构库、数据管理等支持数字学术出版和保存的研究活动。

任务3：平稳推动图书馆核心科研产品升级。

提高《大学图书馆学报》的品质，以场景应用效果、方法和思想的兼备作为遴选来稿的重要标准，增强其在图书馆学和情报学刊物中的竞争力、影响力。推动《中文核心期刊要目总览》的高质量发展，科学编制国内外核心期刊目录，建设开放、权威、高质量、高利用率的，集发展、获取、评价于一体的中文期刊资源库。到"十四五"末期，完成中文核心期刊全文服务平台一期建设目标。

目标六：推进图书馆协同创新，全面优化事业生态。

任务1：优化全校图书馆系统的总分馆管理体系和生态体系。

基于全校文献资源分布式收藏，统筹协调、共建共享，有序深化总分馆间的资源整合和业务协同。优化总分馆生态体系，统筹引领总分馆整体有序发展，积极探索分馆多元化运行机制，助力校本部与医学部融合式建设与发展。研究制定科学合理的分馆工作规范和评估办法，有效开展全校分馆评估工作。

任务2：促进图书馆与校内外机构的交流合作以及系统间的协调融合。

建设新型智库，优化支持决策的方法与产品，推进与校内机构的合作和协同服务。重视跨领域的深层次交流，与政府部门、研究机构、高新企业、出版商、博物馆、多媒体平台等行业多方位跨界合作，构建协同体，实现互利共赢。加大与馆配商和出版社的云端合作，提高资源建设的时效与质量。

任务3：充分发挥图工委秘书处、高校分会秘书处的统筹协调作用，推动高校图书馆事业高质量发展。

履行教育部高校图工委、中国图书馆学会高校图书馆分会主任委员所在图书馆、秘书处挂靠图书馆的责任，发挥高校图书馆"排头兵"的作用，进一步加强高校图书馆发展理论和规范建设，加强与兄弟图书馆的交流与合作，推动高校图书馆事业高质量发展。拓展与科技情报机构和组织的合作，筹划成立引领高校科技情报服务的组织。

任务4：发挥在国家有关设施、平台和项目建设中的引领作用。

深化CALIS、CASHL、DRAA的资源建设和整合发展，完善资源共享平台，夯实服务协作平台，尝试多元化服务路线，增强与国内外文献机构和联盟的共建共享，建成有规模、有特色、成体系、广覆盖、高效率、精准化的高校文献联合保障系统和信息服务平台。

任务5：创新国内外合作交流新途径。

坚定扩大开放，继续在我国高校图书馆的对外交流中起到带头作用，踊跃参与国际图书馆联盟、协会的治理，在大力吸收国外先进理论与实践经验的同时，向国外同行讲好图书馆发展的"中国故事"，传播中国经验，在图书馆事业的国际舞台上发挥应有作用。积极参与和联合开展国内外有关图书馆事业发展的活动和研究，探究跨地区、跨领域的专题合作。探索疫情防控常态化背景下的在线交流新模式，与国内外图书馆建立全方位、多渠道的合作交流关系。

目标七：提升图书馆治理能力，构建现代化新格局。

任务1：加强图书馆理念、体系、制度等多方面的整体提升。

坚持整体性思想指导和整体创新，实现工作理念、理论方法、战略目标、发展根基、历史使命、治理体系、重点领域的现代化发展，融入国家现代化征程。注重业务体系、价值体系、理论体系、文化体系、管理体系和生态体系的关联分析和综合保障。扎实推进图书馆法治体系建设、制度建设、文化建设，加强流程优化和关联梳理，完善"固根基、扬优势、补短板、强弱项"的服务机制，实现质量、结构、规模、速度、效益、安全相统一。到"十四五"末期，形成中国特色现代大学图书馆制度体系，基本实现大学图书馆现代化新格局。

任务2：深化数据驱动的综合管理和战略决策。

推动决策向数据驱动转变、管理向协同治理转变。完善自动化办公系统，建设图书馆档案管理系统，建成统一、开放、合作、高效的融媒体云平台。建设大数据中心，构建数据资源描述标准和数据安全防护体系，推进数据资源的全方位高效采集、规范管理、有效集成、充分融合；建设图书馆运营效能评估系统、自助数据服务和 API 服务体系、主题资源服务和数据资源开放服务，推动数据由资源向要素转化。制定图书馆综合评估和服务效用测度办法，常规化开展业务评估工作。到"十四五"末期，全面提升图书馆的决策科学化、管理精准化水平。

任务3：积极推进安全管理能力和应急管理体系现代化。

强化安全意识和责任意识，持续做好常态化疫情防控，建立网络安全、数据安全防护体系，切实做好各项安全保障工作。以准确防范风险、有效应对突发事件为核心，建立全面、具体、可操作的应急管理体系，提升安全系统智能化水平，提高风险感知灵敏度，加强风险研判准确度，加快应急反应速度，创新多方联动处置机制，健全舆情监测研判、预警、发布机制，系统推进应急管理创新发展。到2023年底，建立有效的安全网格化管理制度，确保古籍安全存储，彻底消除古籍安全隐患。到"十四五"末期，全面提高各方面的安全管理能力。

3.3 实施保障

完善保障机制，强化保障措施，确保"十四五"规划各项任务的贯彻落实。

1. 加强理论学习，健全党的工作体系

加强党建和思想政治工作，把政治理论学习摆在更加突出的位置，建立健全不忘初心、牢记使命制度，强化基层党组织作用，确保党建工作与业务工作协同推进。

2. 加强组织领导，强化责任意识

切实发挥图书馆党政班子的坚强领导作用，坚持和完善民主集中制，坚持通过党政联席会议讨论和决定本馆重要事项，优化议事决策机制，提升决策科学化、民主化水平。加强领导能力建设和班子管理，进一步落实中心主任负责制、部门主任例会等沟通机制，加强工会、教代会工作。

3. 加强统筹管理，实现协调衔接

充分发挥《北京大学文献保障与信息服务体系管理办法》的重要作用。建立《行动纲领》《北京大学图书馆"十四五"发展规划（2021—2025）》、专项规划之间相互衔接的有机体系。切实制定好年度工作要点、落实配套工作，分年度、有步骤地组织实施本规划。

4. 强化制度意识，促进规范管理

不断完善制度建设，加强对制度落实的监督。优化业务流程和部门之间的协调合作机制，使常规工作有规可依、有迹可循、有序运行。

5. 合理预算经费，科学配置资源

倡导"节约型图书馆"建设，强化预决算管理，促进经费预算与规划实施的协调一致。确保经费结构科学合理，力争做到盘活存量、用好增量、保障重点、提高效益。

6. 做好评估反馈，定期跟踪检查

定期对规划的实施进度和阶段性目标落实情况进行科学地监测评估、跟踪分析，及时纠偏、调整完善，提高规划的执行力和实施效率。建立多元评估体系，确保评估的客观性和准确性。

第四节　科学研究与寒暑假战略研讨会

邵燕

近年来，北大图书馆不断强化"用户导向，服务至上"的基本理念和"价值引领、馆员为先"的重要理念，遵循"固本应变、服务转型、综合改革、立杆引领"的方针，全面调动馆员学术研究积极性，强化对业务工作的思考和总结，以科研促进业务发展的同时，也实现馆员综合素质的提升。同时，通过常态化寒暑假举办的战略研讨会，不断加强图书馆领导班子和中层干部对国家和学校发展规划的学习、对图书馆建设愿景等方面的统一认识，准确识变、科学应变、主动求变，积极主动融入学校一流建设大局，不断加快北京大学一流图书馆建设步伐。

4.1 科研工作

科研工作是图书馆工作的重要组成部分，深入开展图书馆业务和事业的科学

研究工作,是实现图书馆争先创优和创新引领、指导高校图书馆数字化转型和现代化建设的重要途径。北大图书馆有着优良的学术研究传统,馆内多年来形成的浓厚研究氛围,加强了对馆员队伍的培养和锻炼,同时也产出了一系列高水平的研究成果,为北大图书馆成为具有一流管理、一流技术和一流服务水平的世界一流大学图书馆奠定了坚实基础。

1. 深度优化科研布局,打造多维化科研体系

北大图书馆的科学研究体系是多层次、多维度的,包括图书馆层面、图书馆部门和团队层面以及个人层面,研究课题形式既包括横向、纵向研究课题,也包括馆内自主开展的前瞻性和创新性专题,以及个人开展的主题研究。

在图书馆层面,既包括馆领导牵头、集全馆之力开展的针对未来若干年图书馆整体发展的馆级前瞻性研究,也包括多个跨机构、跨部门合作的横向研究项目,同时图书馆专门成立了两个虚体研究机构"北京大学数字图书馆研究所"和"北京大学亚洲史地文献研究中心",针对数字图书馆和亚洲史地文献两个领域开展专题研究。在部门和团队层面,2021年开始,图书馆开展"创新案例"评选活动,专设了"卓越创新奖"和"精进创新奖",鼓励以部门或者团队为单位开展创新性研究,营造良好的创新氛围,以促进业务提升和完善。在个人层面,图书馆鼓励馆员在做好本职工作的同时,积极结合个人兴趣或工作经验进行总结并形成系统的观点和思想,以学术论文或者研究著作的方式发表,同时也为馆员申报国家社科基金、北京市社科基金、教育部和相关部委资助的纵向课题和各类型横向课题创造条件,组织申报经验交流会和申报指导。

2. 大力开展科学研究,加快现代化转型发展

(1) 开展图书馆现代化研究,引领高质量发展

当前,我国大学图书馆处于现代化转型和内涵式发展的关键时期,机遇与挑战并存。如何审时度势、因需应变,推动国内大学图书馆乃至全行业的整体发展,是大学图书馆界积极探索和思考的重要命题。2021年9月,北大图书馆联合教育部高校图工委共同开展了大学图书馆现代化的相关研究,并于当年12月面向全国发布了《大学图书馆现代化指南针报告》。该研究运用德尔菲法,汇聚了全国34位大学图书馆业界、图书情报与档案管理等学界资深专家的集体智慧和宝贵经验,通过对历史经验、环境变化的全面研究,预判了大学图书馆现代化发展的未来趋势,形成了一份扎根中国、融通中外、立足时代、面向未来的趋势报告,为国内大学图书馆在人才队伍建设、用户关系构建、信息资源升级、服务创新优化、发展理论研究、治理能力保障、事业生态明晰等方面的工作提供方向指引和参考指南,成为新时代新征程上大学图书馆谋划新思路、推动新发展、构建新格局的"指南针"。

此外,策划国内大学图书馆馆长采访书记/校长系列访谈活动并结集出版《图书馆的心脏——大学图书馆馆长采访书记/校长访谈录》,特邀高校图书馆馆长采

访本校一直关心、支持图书馆工作的党委书记、校长,畅谈他们对图书馆工作的见解和期望,以便高校图书馆员全面深入地了解书记、校长心目中的图书馆,切实将图书馆工作融入学校和高等教育发展大局,更好、更快地发展。

2022年,北大图书馆联合教育部高校图工委开展了全国高校图书馆馆员队伍建设情况调研,整理分析形成调研报告,发布《大学图书馆现代化指南针报告》"人才培养"分主题报告。

(2) 加强馆藏专项研究,创新文化传承转化

加强对古籍、特藏等优势文献的专项研究和深度揭示,稳步推进馆藏未刊古籍的影印出版和拓片、高价值特藏资源的整理出版,深入开展革命文献、少数民族古籍的整理与研究,强化对优秀传统文化的传承、发展和创造性转化。开展对机构库、数据管理等支持数字学术出版和保存的研究活动。

(3) 策划系列热点研究,增强《大学图书馆学报》品质

提高《大学图书馆学报》的品质,以场景应用效果、方法和思想的兼备作为遴选来稿的重要标准,增强其在图书馆学和情报学刊物中的竞争力、影响力。推动《中文核心期刊要目总览》的高质量发展,科学编制国内外核心期刊目录。

开展全国高校图书馆在新冠疫情防控期间服务情况的调研,基于调研情况总结了全国高校图书馆在疫情防控期间为保护用户和馆员健康,保障高校在线教学与科研顺利开展而推出的一系列应急措施和创新型服务,并形成全国高校图书馆疫情防控期间服务创新情况调研报告在学报发表。结合国家政策和图书馆创新发展需求,策划并推动各高校图书馆制定本馆"十四五"规划、图工委40周年纪念、学习党的二十大精神、未来学习中心、古籍保护与利用和图书馆馆员队伍建设等多个专题系列的约稿,挖掘全国高校图书馆相关工作的现状、建设经验与亮点,探讨未来发展建议,推动高校图书馆的数字化转型和高质量发展。

(4) 协同交叉学科研究,推动事业转型发展

为加强对国家和社会重大需求的支持,以跨学科研究与学术合作推动图书馆的创新与发展,北大图书馆成立了两个虚体研究机构"北京大学数字图书馆研究所"和"北京大学亚洲史地文献研究中心"。虚体研究机构立足信息服务研究与前沿发展,针对图书馆转型与信息服务创新中的重大理论问题和现实问题,开展跨学科研究,不仅促进了文献信息资源的开发与利用,大大拓展了图书馆的发展路径,也为图书馆培养了专业人才,成为图书馆服务学校教学与科研支撑体系中不可或缺的部分。

虚体研究机构的各项管理工作由图书馆统筹安排,2022年图书馆专门设立研发服务中心(之前是由科研管理办公室负责),其主要职责是加强对虚体研究机构的服务和管理。两个虚体机构都是由本校事业编制人员组成,内部管理规范。虚体研究机构的科研活动、科研成果作为图书馆科研的重要组成部分,与图书馆的整体工作协同推进。

北京大学数字图书馆研究所于 1999 年 9 月由北大图书馆、北京大学信息科学技术学院和 CALIS 管理中心联合成立,属于研究型机构。研究所以数字图书馆研究为先导,通过与国内外同行的广泛交流与合作,针对各种类型的数字资源进行建设实践和服务,积累知识,培养人才,建立系统化的北京大学数字图书馆,为我国的数字化工程作贡献。近年来,北京大学数字图书馆研究所围绕数字图书馆研究这一主题,开展了有关数字图书馆模式、标准规范(元数据、数字加工标准等)、关键技术、互操作层与互操作标准等方面的研究,并进行了小规模应用实践,为中国高等教育数字图书馆和北京大学数字图书馆的建设奠定了技术基础,承担了多个课题、发表了大量成果。

北京大学亚洲史地文献研究中心成立于 2004 年 9 月,是在著名的历史地理学家、北京大学教授侯仁之先生的关怀和鼓励下创建的。北京大学亚洲史地文献研究中心由北大图书馆特藏中心和城市与环境学院历史地理研究所的研究人员组成,开展亚洲史地文献的搜集、整理、揭示和研究。完成了侯仁之藏书建设、北京历史地理数据库、"仁之玮瑛藏书"特色库、国家清史编纂工程等多项科研任务和多次展览会议,其中北京历史地理数据库是该研究方向第一个专题数据库,也是图书馆依靠自身力量建设的全文数据库。

虚体机构的研究工作与图书馆实际业务是密切结合的,同时,机构也会面向国家和社会的重大需求开展专题研究。例如,2019 年北京大学亚洲史地文献研究中心分析了明代吴彬绘《勺园祓禊图》捐赠人翁万戈与北大图书馆的往来书信以及相关面谈中涉及图卷的内容,对深入考察北京大学勺园原址及其历史过程,服务于北京大学的文化建设具有重要意义。北京大学亚洲史地文献研究中心岳升阳研究员课题组与民政部地名研究所、人民大学清史所合作,开展了与雄安新区有关的两项课题:《河北雄安新区地名命名规范与部分地名意向性命名方案》《河北雄安新区雄安站枢纽片区地名规划研究》,此项地名规划将体现雄安地域文化特色,服务于雄安未来发展需求,为雄安规划和建设服务。2020 年,北京大学数字图书馆研究中心开展的国家重点研发计划"医疗健康大数据挖掘与分析系统",在抗击新冠疫情和健康中国建设方面具有重要的现实意义、应用价值。2021 年北京大学亚洲史地文献研究中心联合所在的特藏资源服务中心,对馆藏近代西文文献中的北京图像进行整理,即将成册出版。还举办了"行走燕园"活动,利用历史、地理等学科优势,带领多个院系的师生实地探访、赏析北大校园中的古迹,并推荐阅读图书馆收藏的相关书籍。而北京数字图书馆研究所的"数字图书馆资源与服务绩效影响因素及评价体系研究""基于 CLSP 的学术资源发现 App 应用升级开发""中美电子资源国家标准比较研究""首都标准化战略补助资金标准制修订""数字科技文献长期保存节点项目"等项目研究,直接推动了图书馆的业务拓展与创新,对北京大学、CALIS、全国高校乃至全国文献保障体系、数字图书馆技术与标准、数字科技文献长期保存等都具有重大示范价值。同时,两个机构在研究过程中也注重突出人员培养，加大培训力度。北京大学亚洲史地文献研究中心与图书馆特藏中心的工作相结合，先后开设过"特藏沙龙""中英文手稿文字辨识活动""行走燕园"等活动，而北京大学数字图书馆研究所与北京大学信息科学技术学院联合培养硕士研究生，并依托挂靠的CALIS管理中心，联合高校图工委，通过举办会议等，对高校图书馆员进行培训。

3. 加强科研统筹管理，促进科研成果产出

北大图书馆的科研管理工作由馆长领导，由主管科研管理工作的副馆长推动落实，同时专设科研管理办公室负责全馆科研工作的日常管理与协同。北大图书馆根据《北京大学图书馆学术委员会章程》成立学术委员会（含科研秘书1名），学术委员会是图书馆科研管理工作的决策和评议组织，统筹规划科研管理工作。

科研管理与服务的主要内容包括：研究并决定图书馆内科研机构、专职科研岗位的设置、管理与撤销；制定图书馆内科研机构的管理办法，专职科研岗位的职责与上岗条件、考核办法，以及其他与科研管理相关的规章制度；调研图书馆改革发展对科研工作的需要，确定攻关方向，制定科研规划；组织申请、协调与推进图书馆的各级各类科研项目（包括自然科学基金委、科技部、全国哲学社会科学工作办公室、教育部、国家发展和改革委员会、工信部、各省市部委等上级部门资助的纵向项目、企事业单位等平行机构资助的横向项目，以及本馆科研基金资助的项目）；组织申报国家级、省部级和市厅级等各级各类专项科研成果奖励；协调、管理图书馆参与的各类科研合作项目；统计、分析图书馆的各类科研成果，完成北京大学社会科学部的年度统计和图书馆的年度科研总结；管理图书馆的科研档案；确定和指导图书馆举办的学术会议，引入先进的管理思想和前沿知识，推动馆员之间的学术交流，提升馆员的专业知识水平、专业能力和学术水平；协调和组织馆员参加各类学术交流活动，促进学术交流与馆员职业发展；根据需要开展学术评价，调查、受理学术纠纷、学术不端行为。

近年来，北大图书馆鼓励、引导、推动科研方法创新，培育重大科研项目和成果，支持优秀成果申报国家奖项，积极发挥馆员的研究兴趣和研究特长，不断推出高水平的研究成果。

近四年来，每年用于项目研究的平均经费为185万余元，其中，横向课题既包括信息保存、资源与服务推广、学术资源发现与整合、古籍整理研究等需要长期跟进研究和建设的项目，也包括面向"双一流"建设和大学教学与科研需求开展的科研人员国际流动指数研究和发文情况统计分析等研究项目，还有雄安新区大学园图书馆运营服务咨询等结合国家和学校重大需求的研究和服务项目；纵向课题主要是依托部门或者馆员自身申报的研究项目。北大图书馆员申报立项国家社科基金项目5个，其中重点课题1个，一般课题4个。申报立项北京市社科基金项目2个。

科研工作是图书馆工作的重要组成部分,科研成果产出也是衡量科研工作的一个重要指标。2019—2022年,图书馆新增科研项目46个,完成科研项目研究31个,馆员发表学术文章343篇,出版专著23部。分年度统计如表5.1所示。

表5.1　图书馆(含医学馆)科研成果汇总表(2019—2022年)

年份	增立项(个)	结项(个)	学术论文(篇)	专著/编著/教材(部)	其他文献(篇)
2019	11	8	67	12	6
2020	14	9	70	6	23
2021	14	10	84	5	9
2022	7	4	77	0	7

4. 丰富学术交流活动,拓宽视野、增进合作

(1) 图书馆的五四科学报告会

高校图书馆要不断提升自身的业务能力与管理水平,科学研究在其中发挥了重要作用。北大图书馆历来重视科研与学术交流,从20世纪90年代举办第一届五四科学讨论会(现已更名为五四科学报告会)以来,目前已先后举办了十五届。历届科学讨论会的成功举办有力诠释了北大图书馆优良的学术研究传统,见证了全馆同人为推动图书馆发展而进行的卓越创新和不懈努力,发挥着记录事业进步、检阅科研成果、启发业务创新、展望发展方向等重要作用。

每届五四科学报告会召开之前,组织方都会广泛征询图书馆各部门主任和骨干的建议,遴选会议主题,然后策划面向全馆员工的会议征文,并组织馆内外专家进行评选,优秀的论文将在报告会上进行表彰和交流,会后所有的征文结集成册,经编辑校对后印刷并收入馆藏。

每届报告会的主题都会依据当年图书馆的发展需要不断变化,征文内容也大多聚焦于会议召开前两年内图书馆推出的创新举措和关系图书馆发展的各类实际问题,主题涵盖服务创新、阅读服务、情报服务、数据服务、特藏和古籍资源建设与利用、智慧图书馆、信息组织、图书馆管理与合作等多个方面。既有立足核心业务的创新探索,也有对完善创新举措的再思考;既有对特色资源的开发利用,也有对当下工作卡点的攻坚克难;既有古今中外的对比研究,也有追踪前沿发展和环境变革的未雨绸缪。不少论文的着眼点直面用户和馆员急难愁盼的需求,提出了许多兼具想象力、谋划力和操作性的方案,体现了北大图书馆员应对挑战的经验、智慧和严谨务实的研究态度,而论文作者更是包含了从刚入馆的新馆员到业务骨干、从部门负责人到馆领导的各个层面,展现了图书馆全体同人关心图书馆发展的爱馆热情和积极改革的责任担当。

(2) 全国性学术会议与培训

除了面向全馆员工定期举办的五四科学报告会,北大图书馆还依托教育部高校图工委、CALIS 管理中心、CASHL 管理中心和中图学会高校分会等组织积极推动着高校图书馆系统内的共建共享和学术交流,每年也会组织多种主题、多种形式的学术交流活动,促进本馆馆员与全国高校图书馆的同仁们之间的学术交流与合作,在推动业务发展的同时也提高了馆员的学术研究水平。据不完全统计,2019—2022 年间,北大图书馆主办或与上述组织联合主办的全国性学术会议或培训有 25 场,与馆外其他机构合办的全国性学术交流活动有 3 场,新冠疫情前基本每年主办 10 场左右的全国会议或培训,受新冠疫情影响,2020—2021 年度数量缩减较多。而馆员受邀参加其他各类型国际或国内学术会议并进行会议发言的数量在新冠疫情前基本上每年在 100 人次左右,这些不同层面、不同范围、不同主题的学术交流活动也大大拓展了馆员的学术视野,促成了更多的学术合作,同时也非常有利于馆员学术水平的提升。

召开"继承与创新:大学图书馆现代化新征程"学术研讨会,举办"教育部高校图工委 40 年成果展",并对高校图书馆事业突出贡献者(16 名)、高校图书馆榜样馆长(40 名)、高校图书馆榜样馆员(198 名)进行了表彰。

在辽宁大连、广西南宁(线上)、黑龙江哈尔滨等地相继举办三届高校图书馆发展论坛,每届论坛都邀请数十位图书馆业界和学界的专家学者就当前和未来一段时间内高校图书馆发展的热点和难点问题向全国图书馆同仁分享宝贵的研究成果和建设经验,致力于探讨我国高校图书馆建设与发展的理论与实践,将宏观发展趋势与图书馆技术实践紧密结合,以深刻而富有前瞻性的主题、高层次的嘉宾演讲和丰硕的会议成果赢得高校图书馆界的一致关注和认可,是全国高校图书馆领域的顶级峰会之一。

4.2 寒暑假战略研讨会

自 2009 年起,北大图书馆每年秋季开学前后都会面向图书馆领导和各中心负责人召开暑期战略研讨会,自 2019 年开始,每年一次的战略研讨会增加为两次,在春季开学前后召开一次寒假战略研讨会。战略研讨会主要就党中央重要指示精神和学校年度重点规划、图书馆行业发展趋势以及图书馆年度工作等内容在图书馆领导和各中心负责人范围内进行交流和探讨,从而在全馆上下统一建设思路和发展方向,明确各部门年度和学期工作重点并部署工作任务,同时也就工作中存在的问题和困难集思广益,深入探讨解决方案,最终形成集体智慧。

北大图书馆 4 年来战略研讨会的简要情况如表 5.2 所示。从图书馆寒暑期战略研讨会的参会人员来看,最初只有馆领导班子参加,然后逐渐扩大到了各中心的正副主任,同时也会根据当年讨论的主题内容进行参会人员的扩充,比如 2019 年暑期战略研讨会因为要讨论图书馆各中心岗位设置方案,所以增加了馆内的研究馆员和博士馆员,而 2020 年的暑期战略研讨会重点讨论东楼重启与"十四五"规划的编制方案,所以还增加了医学部图书馆领导和分馆馆员。

表 5.2　图书馆战略研讨会一览表(2019—2022 年)

时间	会议主题	会议主要内容	参会人员
2019年2月17日	开启新征程，谱写新篇章	对照《行动纲领》，对2019年工作进行部署	北大图书馆领导班子成员
2019年8月12—13日	职责清晰，风清气正，创新管理求发展	重点研讨图书馆各中心的岗位设置方案	党政联席会成员、各中心正副主任、研究馆员、博士馆员
2020年8月30—31日	东楼重启与"十四五"规划：迈向标杆位、创新型、智能化的大学图书馆	重点研讨图书馆东楼重启与"十四五"规划的编制方案	北大图书馆领导班子成员、各中心正副主任、研究馆员、博士馆员，医学部图书馆领导和分馆馆员等
2021年3月5—6日	起好步，开好局——扎实推进图书馆现代化新征程	重点研讨图书馆"十四五"规划的编制方案及2021年工作要点	北大图书馆领导班子成员、医学部图书馆领导、各中心正副主任
2021年8月30—31日	新征程、新规划、新格局	学习习近平总书记"七一"重要讲话精神，结合"十四五"规划对新学期有关工作进行部署	北大图书馆领导班子成员、医学部图书馆领导、各中心正副主任、各中心组长等
2022年2月21日	新境界、新高度、新贡献：基本建成世界一流的综合性、创新型、智能化、标杆位的大学图书馆	对照《行动纲领》、结合"十四五"规划研讨今年工作要点和重大任务	北大图书馆领导班子成员、医学部图书馆领导、各中心正副主任
2022年8月29日	再立新功，再谱新篇，扎实推进岗位体系优化和人员聘任工作	传达学习北京大学第十四次党代会精神，就图书馆各中心的业务分组和岗位设置初步方案展开交流和研讨，对新学期有关工作进行部署	北大图书馆领导班子成员、医学部图书馆领导、各中心正副主任

从会议主题和主要内容来看，主要是紧密围绕"十四五"规划、习近平总书记"七一"重要讲话精神、党的二十大报告等党和国家相关重要精神，以及学校建设世界一流大学图书馆的长期目标，重点研讨图书馆中长期发展规划和阶段性目标任务，包括《行动纲领》、图书馆"十四五"规划的编制方案、图书馆东楼重启、机构改革和岗位设置方案、大学图书馆现代化建设任务以及新学年、新学期的具体工作等。

参 考 文 献

[1] 许慎.说文解字(附检字)[M].北京：中华书局，1963.

[2] 中国国家博物馆."后母戊"青铜方鼎[EB/OL].[2024-09-02].https://www.chnmuseum.cn/zp/zpml/kgfjp/202008/t20200824_247255.shtml.

[3] 陈建龙.中国式现代化新征程上高校图书馆事业的高质量发展[J].大学图书馆学报,2022,40(06):5-7.

[4] 陈建龙.高校图书馆现代化高质量发展的四柱根基(2022年高校图书馆发展论坛主旨报告)[EB/OL].(2022-11-03)[2024-09-04].http://2022gxlt.calis.edu.cn/Home/Menu/bc242020-8f6c-43d2-bd1e-6aff0f6ddc24.

[5] 陈建龙.大学图书馆现代化转型发展刍议[J].大学图书馆学报,2020,38(01):5-12.

[6] 陈建龙,邵燕,张慧丽,张璐.大学图书馆现代化的前沿课题和时代命题——《大学图书馆现代化指南针报告》解读[J].中国图书馆学报,2022,48(01):17-28.

[7] 陈建龙.大学图书馆的本来、外来和未来——以北京大学图书馆为例[J].大学图书馆学报,2018,36(06):7-12.

[8] 郑清文,梁南燕,陈建龙.基于创新力标准的北京大学图书馆馆员队伍现代化建设新探[J].大学图书馆学报,2023,41(01):5-10.

[9] 中共中央纪律检查委员会,中华人民共和国国家监察委员会.习近平对"十四五"规划编制工作作出重要指示[EB/OL].(2020-08-06)[2023-02-28].https://www.ccdi.gov.cn/toutiao/202008/t20200806_223363.html.

[10] 中华人民共和国中央人民政府.中共中央关于制定国民经济和社会发展第十四个五年规划和二〇三五年远景目标的建议[EB/OL].(2020-11-03)[2023-02-28].http://www.gov.cn/zhengce/2020-11/03/content_5556991.htm.

第六章　追求卓越和完美

第一节　专业馆员队伍[1]

郑清文　梁南燕　徐月

《大学图书馆现代化指南针报告》中提出：馆员是大学图书馆可持续发展的首要根基。大学图书馆的现代化必须要有一支信念坚定、结构合理、业务精湛、素质优良的馆员队伍做支撑[2]。2018年以来，北大图书馆坚持"用户导向，服务至上"的基本理念和"斯文在兹、道隐无名"的基本方针，树立和坚持"价值引领、馆员为先"的重要理念，凝聚共识，集智育能，全面改革，全面发展，全面创新，馆员队伍现代化建设取得了显著成效，基本建成规模适度、素质过硬、结构合理、发展有道的专业馆员队伍，事业风气明显优化，职业吸引力明显增强，人尽其才环境基本形成，创新潜能有效激发，整体创新力显著提升。

1.1　馆员队伍建设概况

北大图书馆的馆员队伍由事业编制馆员、劳动合同制馆员、劳务派遣馆员、返聘馆员组成。另外还有业务外包人员、学生助理和学生志愿者参与图书馆的服务。截至2022年底，北大图书馆现有馆员277人，其中事业编制馆员148人，合同制馆员69人，劳务派遣馆员48人，返聘馆员12人。

1. 学历分布

图书馆不同人员类别学历分布，其中事业编制馆员中博士、硕士比例最高，占比81%；合同制人员中硕士的比例最高，占比43%；劳务派遣人员中本科学历的占比最高，达到50%，具体如图6.1所示。

2. 年龄分布

图书馆不同人员类别年龄分布，其中事业编制馆员中30～39岁、40～49岁、50岁以上三个年龄段的占比相差不大，合同制馆员和劳务派遣馆员中30～39岁的人数占比最多，各占比52%和46%，具体如图6.2所示。

3. 事业编馆员职称分布

截至2022年，事业编制馆员中，副高及以上职称占比51%、中级职称占比43%、初级职称占比6%。

图书馆不同人员类别学历分布

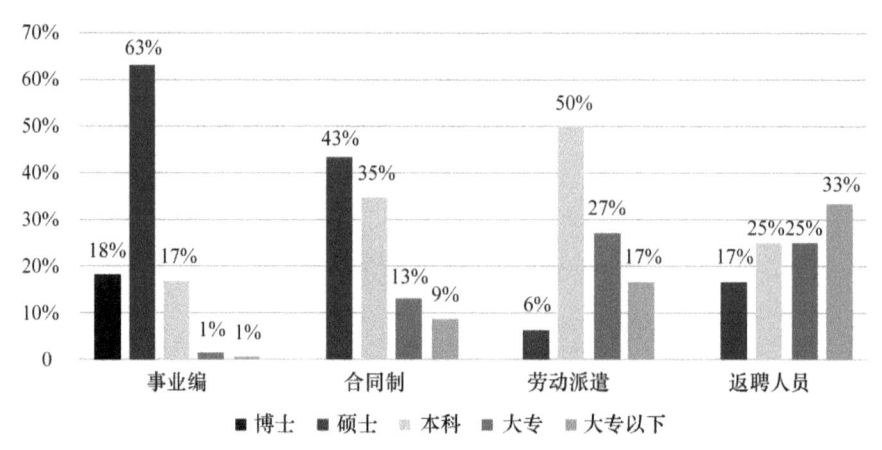

类别	博士	硕士	本科	大专	大专以下
事业编	18%	63%	17%	1%	1%
合同制		43%	35%	13%	9%
劳动派遣		6%	50%	27%	17%
返聘人员		17%	25%	25%	33%

图 6.1　图书馆不同人员类别学历分布

图书馆不同人员类别年龄分布

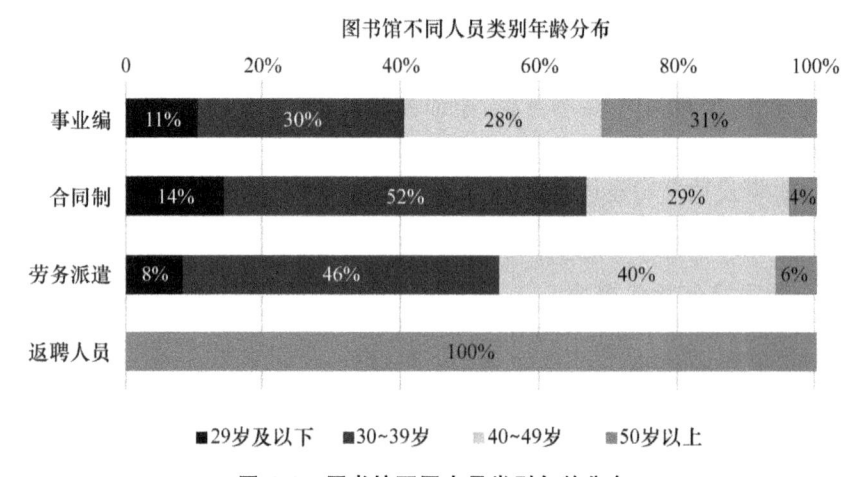

类别	29岁及以下	30~39岁	40~49岁	50岁以上
事业编	11%	30%	28%	31%
合同制	14%	52%	29%	4%
劳务派遣	8%	46%	40%	6%
返聘人员				100%

图 6.2　图书馆不同人员类别年龄分布

1.2　凝聚共识,确立专业馆员为首要根基

加强传承创新,凝聚发展共识。北大图书馆一直高度重视馆员队伍建设,把人才队伍视为现代化图书馆发展的根本性基础。庄守经先生认为,"图书馆现代化的核心是人的现代化,是专业队伍建设",要持续加强人才培养,优化队伍结构[3]。2018 年以来,北大图书馆经过积极探索和深入思考,明确由专业馆员、信息资源、大学校园和历史因缘等组成的发展根基的现代化是大学图书馆现代化的重要内涵,其中各类专业馆员和馆员队伍是首要根基[4]。在此基础上,北大图书馆着力培养符合新时代要求的专业馆员,全面加强高素质馆员队伍建设,根据发展需要制定政策和措施,用发展成果检验队伍建设的成效。

把握战略主动,凝聚思想共识。2018 年初,北大图书馆研究起草《行动纲领》,

经过全馆集体讨论、广泛征求意见,党政联席会议审议通过,明确将全面加强馆员队伍建设作为固本应变行动的重要举措,不断提升馆员的职业素养和服务育人能力,重点实施馆员全面发展与馆员手册编制、队伍体系优化与图书馆服务文化建设等项目。2021年,经过广泛研讨和意见征求,北大图书馆党政联席会议审议通过《北京大学图书馆"十四五"发展规划(2021—2025年)》,明确坚持"价值引领、馆员为先"的重要理念,要始终以"崇高、忠诚、亲切、满意、包容、高善"的价值体系引领图书馆事业发展,坚持以"四尚风气"和"四有馆员"培育完善馆员队伍建设,实现专业馆员的体系化培养,并将建成精良专业馆员队伍作为重要目标。

逐年推进落实,凝聚行动共识。在相关规划的基础上,北大图书馆党政班子研究制定馆员队伍建设的重点和步骤,确定2019年为"制度建设年"、2020年为"队伍建设年"、2021年为"馆风建设年"、2022年为"能力建设年",从不同角度逐年推进,以实际行动落地落实,大力培养符合新时代要求的专业馆员,组建梯队化、专业化、创新型的馆员队伍。

1.3 集智育能,坚持和完善创新力标准

馆员队伍建设是一项系统工程,既需要党政齐抓共管,自上而下加强顶层设计、战略谋划、整体推进,推动党建与业务的深度融合,也需要激发主体意识,自下而上汇聚全馆智慧、聚合众力、融合众智,紧紧依靠各中心和全体馆员,形成强大发展合力和持久改革动力。同时,加强馆员队伍建设,既需要做强聚力磁场,厚植育才土壤,又要育才治心并进,提升馆员能力。2017年12月26日馆长在致全体馆员老师的一封信中,号召大家一起迈上北大图书馆发展史上的"一二三四五六七"新征程,其中"四"指"尚德集智、尚贤育能、尚实助人、尚美创新"的"四尚"风气,由此开启了基于创新力标准的北大图书馆馆员队伍现代化建设新篇章。

人才是第一资源、创新是第一动力,创新力标准是北大图书馆馆员队伍建设的基础和依据。创新力包括"创新意识、创新能力、创新行动和创新效用,也就是锐意进取、追求卓越的精神风貌,保持理想信念的定力,渴求知识技能的学力,善于关联问题的张力,充分运用条件的活力,开创内生性全面发展、包容性特色发展、内涵式高质量发展的新局面"[5]。北大图书馆坚持和完善创新力标准,建立了"五四"创新力报告会制度,从2021年开始每周由馆长亲自主持,所有中心副主任、组长参加,通过专题报告、讨论交流、馆长点评等方式,引导大家弘扬五四精神、练就创新本领,从而达到"交流思想,共同成长;引领风尚,壮大力量"的目的。截至2022年底已举办40余场报告会。

坚持和完善创新力标准,既落实于人事管理体系中,又融入到专业培训体系里,最终体现在通过全面创新整体提高服务质量上。北大图书馆在建立健全人事管理体系和专业培训体系中始终坚持创新力标准,不断激发馆员个体创新意识和终身学习意识,持续提升创新能力和综合素质,促进团队创新力的形成,进而提升

图书馆整体创新力,提高服务质量。同时,且行且思,不断完善,在集体参与实践、凝聚全馆智慧过程中加强总结、不断改进,持续完善创新力标准,使之成为馆员全面发展的参照、衡量发展水平的标尺、评价服务质量的依据。

1.4 全面改革,自觉弘扬价值理性

馆员队伍建设涉及方方面面,既强调全面、系统地改革和改进,各领域、各层次、各环节系统推进,又注重相关领域改革和改进的联动和集成,整体形成良性协同机制和联动效应。北大图书馆自2019年实施《行动纲领》以来,坚持全面深化综合改革,坚持人事改革与综合改革协调并进,既与综合性、创新型、智能化、标杆位大学图书馆的要求相配套,又与实现图书馆治理体系和治理能力现代化相适应,相关政策无缝对接,提升整体效应。同时,人事管理体系与专业培训体系同步建设,机制建设与能力建设双管齐下、双向互动,协同推进馆员队伍建设,整体提升创新力。

在全面改革的实践过程中,北大图书馆在增强实践理性的同时注重自觉弘扬价值理性,崇尚价值贡献,全面壮大创造性的图书馆价值型思维理性,投身创新型国家建设,胸怀"国之大者"。"图书馆价值型思维理性是指人们在图书馆理论研究和实践中信守价值体系的意向和能力。我们要贯彻伟大建党精神和社会主义核心价值观,凝练并信守图书馆的价值体系。高校图书馆的价值体系是在价值创造基础上形成的反映图书馆用户导向的各种关联的整体效用坐标系,是高校图书馆现代化转型发展的共同思想基础,其核心价值观包括:崇高、忠诚、亲切、满意、包容、高善。"[5]

北大图书馆坚持理论与实践相结合,高度重视图书馆精神动力和价值观念的总结、凝练、提高和弘扬,在全面推进改革实践、持续优化人事管理体系中,不仅贡献了实践智慧,增强了实践理性,更是自觉弘扬了价值理性,做出了价值贡献。

1. 科学调整机构,优化岗位体系

因应发展需要,科学调整机构。2019年,图书馆根据学校"双一流"建设规划和综合改革方案、《行动纲领》和本馆实际,以"固本培元、服务转型、管理升级、协同融通"为原则,完成并实施《北京大学图书馆2019年组织机构调整方案》,成立了10个中心。

2022年,图书馆在总结经验、着眼发展基础上,根据《北京大学"十四五"改革和发展规划》《行动纲领》《北京大学图书馆"十四五"发展规划(2021—2025年)》和本馆实际,以"固本应变、服务升级、价值引领、协同创新"为原则,再次对组织机构进行优化,完成并实施《北京大学图书馆2022年组织机构调整方案》,成立了10个中心:知识资源服务中心、文献资源服务中心、古籍资源服务中心、特藏资源服务中心、数据服务中心、协同服务中心、计算服务中心、研发服务中心、项目管理中心和综合管理中心。其中综合管理中心下设7个办公室,分别是:人事与馆员发展办公室、后勤保卫办公室、用户关系办公室、分馆管理办公室、科研管理办公室、受

赠与合作办公室和综合办公室。

加强分类管理,优化岗位体系。系统开展工作分析,坚持"按需设岗、科学合理、均衡和谐"的原则,根据北大图书馆未来整体发展和部门业务发展需要,细化岗位分类,明确一岗多责,突出创新力标准和要求,健全岗位体系。同时,按照"公开招聘、竞争上岗、双向选择"原则,对事业编制与劳动合同制馆员同时进行岗位设置和聘任,构建职责清晰、合理高效的馆员职位分类管理体系,形成阶梯型的管理队伍。

2. 加强分类管理,优化队伍结构

在馆员分类上,北大图书馆馆员主要分为事业编制馆员、劳动合同制馆员、劳务派遣馆员、返聘馆员四大类。其中事业编制馆员和劳动合同制馆员按照专业馆员的要求设置岗位,在岗位要求、考核评价上逐步趋同,在薪酬待遇、绩效奖励等方面根据学校政策及时调整,在评奖评优、培训学习等方面予以同等对待。返聘馆员、劳务派遣馆员作为有益补充,在日益规范用工基础上已成为一支重要力量。在岗位类别上,既有中心正副主任(级)的中层骨干,懂业务兼晓管理,也有专职研究岗,管理经验与研究能力兼具,还有由其他馆员承担的各类岗位。

规范招聘程序,优化队伍结构。图书馆认真做好各类编制馆员的招聘和入职工作,严把入口关,规范招聘程序,同时加强思想政治素质和履职尽责能力综合考察,推进派驻制馆员的招聘与管理。2019—2022年,共完成15个批次的招聘工作,其中事业编制馆员22人,劳动合同制馆员29人。经过4年的招聘工作,事业编制馆员的硕士、博士总数比例逐年上升,由2019年的73.15%增至2022年的81.08%,劳动合同制馆员的硕士比例由2019年的21.21%上升到2022年的43.48%。

2019—2022年事业编制馆员的硕士和博士比例情况如图6.3所示,硕士和博士比例逐年上升,馆员队伍结构持续优化。

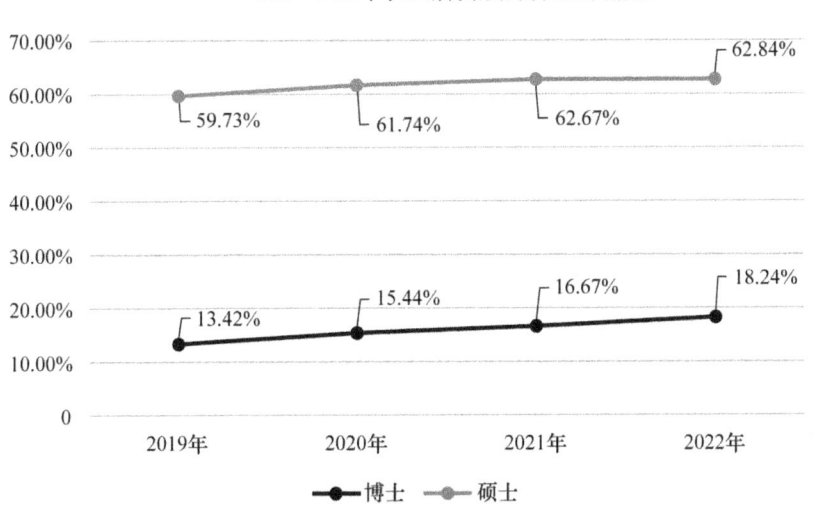

2019—2022年事业编制馆员博硕士比例情况

年份	博士	硕士
2019年	13.42%	59.73%
2020年	15.44%	61.74%
2021年	16.67%	62.67%
2022年	18.24%	62.84%

图6.3 2019—2022年事业编制馆员的硕士和博士比例情况

2019年起,图书馆调整劳动合同制馆员的队伍结构,着重招聘具有硕士学位的人员,同时规范招聘流程,近四年来,劳动合同制馆员队伍结构优化取得较大进展。2019—2022年劳动合同制馆员硕士比例情况如图6.4所示。

2019—2022年劳动合同制馆员硕士比例情况

- 2019年：21.21%
- 2020年：28.81%
- 2021年：34.43%
- 2022年：43.48%

图6.4　2019—2022年劳动合同制馆员硕士比例情况

2022年起,图书馆对项目聘馆员的管理进一步规范,和劳务派遣公司签订劳务派遣协议,把图书馆各中心项目聘馆员40人全部转为劳务派遣馆员,进一步增强了馆员人事管理工作的规范性,显著提升劳务派遣馆员的整体素质。

3. 畅通晋升通道,激发队伍活力

畅通晋升通道,明确激励导向。北大图书馆以"结构合理、增量适度、晋升有序、公正透明"为原则,制定并实施《事业编制馆员岗位级别晋升办法(试行)》,确立不同岗位级别晋升的途径与条件,以及不同类别人员岗位级别晋升的程序与办法,进一步激发馆员队伍的发展动力和活力。2021年共有13位事业编制馆员获得岗位级别晋升。同时增加青年津贴、年限津贴和到馆工作满30年津贴,稳定馆员队伍,促进经验积累。

严格聘任标准,激发队伍活力。2019年和2022年两次开展中心正副主任岗位聘任,坚持"好干部"标准和"四有"馆员要求,个人申请应聘与组织推荐应聘相结合,通过"竞争上岗、双向选择"完成聘任工作,签订岗位目标责任书。同时,进一步规范图书资料系列专业技术职务评审程序,适当调整评审导向,在符合基本要求的前提下,副高更加突出工作业绩,正高更为侧重研究能力。

4. 加强科学考核,强化双重激励

构建考核体系,加强科学评价。北大图书馆探索构建包括聘期考核、年度考核、评优考核、试用期考核等不同类型的考核体系,不断完善针对馆领导、中层骨干、普通馆员以及返聘馆员、劳务派遣馆员等不同类别馆员的考核办法,综合考虑各类岗位责任大小、任务轻重、技术含量、劳动强度、工作难度、环境条件等考核因素,注重从满意度与完成率、支撑度与保障率、融合度与贡献率、协同度与创新率等方面开展业务考核,推进业务考核与品行评估有机结合,采取个人述职、民主测评、个别谈话等方式进行全方位的考核,经由聘任委员会、党委会、党政联席会议集体评议,持续规范考核流程,科学确定考核档次,将考核结果作为岗位聘任、岗级晋升、绩效奖励、评奖评优的依据或参考。

强化双重激励,促进创新争优。探索物质奖励与精神激励有机结合,在物质奖励方面,通过绩效奖励、岗级津贴增长和岗位级别晋升对馆员形成了有效激励。此外,图书馆探索制定4A创新力优胜奖评选方案,进一步激活创新动力。在精神奖励方面,统筹发挥好优秀共产党员、青年岗位能手等校级奖励,以及教育部高校图工委、中图学会高校分会、CALIS管理中心、CASHL管理中心等行业奖励的激励作用,同时创设"馆级优秀""身边榜样""创新案例""馆员探馆"等评选活动的馆级奖励制度,明确价值导向,促进创先争优。

1.5 全面发展,系统培育"四有"馆员

党的二十大报告中指出,"中国式现代化是物质文明和精神文明相协调的现代化",提出"促进物的全面丰富和人的全面发展""人的全面发展与社会的全面发展是辩证统一的,在二者的关系中,人的全面发展既是社会发展的手段,又是社会发展的目的,而且是最高目的"[6]。人的现代化是现代化的本质,人又是现代化的主体。北大图书馆现代化建设既依靠高素质馆员队伍来完成,又在现代化过程中不断促进馆员升华思想观念、增强价值认同、提升素质能力,最终实现全面发展。

馆员的全面发展是内在追求与外在要求的主客观的统一,北大图书馆着力培育"有精神、有本领、有智慧、有情怀"的"四有"馆员,即"心系国家、矢志前行、爱岗敬业、辛勤奉献、真善为美"的高贵精神,"同舟共济、善解人意、一专多能、善贷且成、创新引领"的高强本领,"识大体、顾大局、知敬畏、守底线、闻大道"的高超智慧,"知馆、爱馆、荣馆、念馆、强馆"的高尚情怀[3]。

"四有"馆员的成长,既需要个人的主动学习,又需要图书馆创造条件,加强系统培训,在涵育精神、提升情怀的同时拓展知识、训练技能。《行动纲领》实施以来,北大图书馆建立并完善专业培训体系,开展了卓有成效的探索。

1. 融合本馆特色,深化理论学习

完善学习制度,深化理论学习。持续完善图书馆党委理论学习中心组制度,坚持专家解读、集中学习、集体参观和专题研讨等多种形式相结合,邀请专家学者开设多场讲座,组织开展"不忘初心、牢记使命"主题教育和党史学习教育的专题集中学习,组织各党支部开展红色主题教育和思想教育,持续深化党员和馆员理论学习,坚定理想信念。同时,在2019年和2022年中心正副主任聘任仪式上,馆长、书记对新上任干部进行集体谈话,明确职责要求,提升履职能力。

结合光荣馆史，感悟大钊精神。分别围绕李大钊就任北大图书馆主任100周年、图书馆120周年馆庆、李大钊同志诞辰130周年、建党一百年等主题组织参观学习、专题讲座、文献展览等系列活动，牢记初心使命，矢志接续奋斗。同时，要求新进馆员必修学校开设的"李大钊思想研究"课程，系统感悟大钊精神。

2. 加强一线锤炼，强化示范引领

加强一线锤炼，磨砺意志品质。一线锤炼是馆员成长的磨刀石和检验成效的试金石，北大图书馆重视引导馆员特别是青年党员和馆员在一线岗位锻炼中不断提升意志品质和服务能力。在抗击新冠疫情期间，北大图书馆首创"送书到楼"服务，党员和青年志愿者积极参与其中，让党旗在新冠疫情防控一线和用户服务一线高高飘扬，从2020年2月初服务开展至2020年8月6日，累计有1,640人次报名"送书到楼"志愿服务，其中党员1,198人次，青年馆员855人次。

主动应急值守，强化示范引领。在期末延长开馆期间、东楼重启关键时期，北大图书馆组织党员干部、馆员志愿者参与值班值守服务，在一线岗位为用户排忧解难，在实践中积累解决问题的经验、锻炼应急处理的能力。此外，组建"带班馆员"团队，覆盖全校所有本科新生班级，开展创新型、全程化、陪伴式信息素质教育服务。

3. 全面发展，开展专业馆员培训

聚焦新进馆员，加强系统培训。2021年北大图书馆制定"北京大学图书馆专业馆员系统培训方案"，通过通识课程、专业课程、综合课程三大模块（见图6.5），对新进馆员开展为期两年的系统培训，使之成为专业馆员。2019—2022年新进馆

课程	课程名称	课程内容或形式	课程时间	考核方式
通识课程	入职培训	图书馆10个中心进行集体参观交流，每个中心半天，持续一周	在学校新员工入职培训之后举行，视具体情况而定	提交学习心得
	新入职座谈	参观和交流全部结束后，与馆领导座谈		
	李大钊思想研究		持续一学期	课程考核
	通用技能	安全教育、公文写作、职场礼仪、沟通表达、生涯规划等培训讲座	每周两小时，持续两年	完成作业
专业课程	信息服务学		持续一学期，一般在春季学期	课程考核
	人工智能		持续一学期，一般在春季学期	课程考核
	西文编目		根据培训课程时间安排	课程考核
	中文编目		根据培训课程时间安排	课程考核
	电子资源的检索与利用		持续一学期	课程考核
	一小时讲座		每周一小时，持续一年	签到考核
	图书馆业务	图书馆的主要业务研讨	两周一次，持续两年	提出意见和建议
综合课程	综合服务见习	在图书馆各综合服务台值班，为用户提供咨询服务	一周一次，持续两年	签到考核
	阅读分享	定期举行读书分享会，交流学习心得	隔周一次，持续两年	新馆员轮流做记录，提交读书分享会要点
	社会实践	参观考察、学习调研、社会实践等	一般在寒暑假轮休期间	提交学习心得

图6.5 "北京大学图书馆专业馆员系统培训方案"课程体系

员37人全部参训,除了参加学校教职工入职培训以及选修李大钊思想研究、信息服务学、人工智能课程外,图书馆策划开展了70余场讲座培训,内容涉及馆藏布局、分类编目、数据分析、用户服务等多项业务技能,以及公文写作、职业规划、法律科普、心理咨询等多项通用技能。同时,连续两年每周安排1次新进馆员在图书馆各综合服务台值班见习,隔周开展1次集体阅读分享。经过系统培训,新进馆员在奋斗精神、专业本领、服务智慧、职业情怀等方面取得了长足进步。

借力各类资源,促进全面发展。北大图书馆每年召开暑期研讨会、寒假研讨会、"五四"科学报告会、"五四"创新力报告会等,相关专题报告面向馆员开放。同时,借助图书馆各类行业学会召开研讨会等便利条件,组织馆员收看相关专题报告,参与研讨和交流。利用学校各类培训或在图书馆举办讲座等资源,组织开展专题学习。此外,东楼重启后图书馆专门为每个中心增设小型研讨室,为馆员实时开展业务交流和培训提供便利。

4. 鼓励学习和研究,双促进共发展

调整深造政策,鼓励学习和研究。北大图书馆修订《关于员工在职学习的管理规定》,明确入职满2年可申请在职读博,自2018年起至今共有12位馆员被成功录用,研究方向均与工作内容相关,在提升学术能力的同时也促进了工作发展。

形成丰硕成果,双促进共发展。北大图书馆鼓励馆员积极申报国家社科基金、北京市社科基金、教育部以及中图学会、北京大学等设立的课题项目,2019—2022年以来馆员共成功获批课题30余项,公开发表论文240余篇,出版著作20余本。持续举办图书馆五四科学报告会、五四创新力报告会以及筹备北大图书馆同人学术成果展,营造创新氛围。同时,启动图书馆重大实验项目招标和研制工作,实现工作与研究的双促进、共发展。

1.6 全面创新,整体提高服务质量

基于创新力标准的北大图书馆馆员队伍现代化建设是一轮涉及理论创新、制度创新、文化创新、业务创新的全面创新,经过不懈努力,北大图书馆高素质馆员队伍已颇具规模,创新力显著提升,服务质量显著提高,"四尚"风气更趋浓厚。

理论创新是基础。北大图书馆在加强馆员队伍现代化建设的同时,不仅深入思考和探索解决现象问题与科学问题、前沿课题与时代命题[7],同时也加强理论思考和前瞻探索,明确馆员队伍建设在大学图书馆现代化转型发展中的定位和路径[4],同时利用各类研讨会就馆员队伍建设、全面发展培训、队伍建设规划等进行专题研讨,深化规律探索,增进理论共识。

制度创新是前提。经过制度建设年及之后的不断巩固深化,北大图书馆持续完善人事管理体系和专业培训体系的制度保障和政策支持,严管理、抓落实,不断增强硬约束。同时,严抓师德师风建设,制定《馆员老师与学生交往注意事项》,构

建融洽的伙伴关系。此外，不断完善馆员的民主参与机制，通过工会、教代会等加强关心关怀，促进凝心聚力。

文化创新是根本。大学图书馆是具有资源、馆员、校园、因缘等方面优势和文化底蕴的一个机构或单位，更是一项具有丰富价值体系和美好发展前景的高等教育事业[8]。北大图书馆既重视总结、凝练、提高和弘扬图书馆精神动力和价值观念，使之深入人心，形成广泛共识，又重视发挥以文化人的特色优势，"以环境滋养和活动培育为途径，以濡化和涵化为方式"[9]，使馆员老师在潜移默化中深化对创新力标准的认同，让创新在图书馆蔚然成风。

业务创新是关键。北大图书馆坚持"用户导向，服务至上"的基本理念和"斯文在兹、道隐无名"的基本方针，开展全方位、全流程的业务创新。2021年启动"创新案例"评选活动，并给予高额奖励，通过团队创新、团结协作持续推进图书馆现代化建设，目前已经举办两届，共有27个团队报名，评选出卓越创新奖4个、精进创新奖6个。

质量提升是目的。服务质量是图书馆发展之基和转型之要，也是馆员队伍建设的成效体现。在促进全面业务创新、不断提升服务质量的基础上，2021年北大图书馆开展"馆员探馆"活动，通过"转换角色、换位体验"的方式，鼓励馆员寻找和发现用户利用图书馆的堵点、难点、痛点问题，提出改进的意见和建议，持续提升服务精度、速度、深度、温度，提高服务质量。第一届"馆员探馆"活动共收到47名馆员的意见和建议共计265条，最终有11位馆员获得"馆员建议奖"。

"四尚"风气是标志。"作风是无形的，但又是可以感受得到的；作风是没有重量的，但力量又是无穷的。"[10]北大图书馆重视以党员和骨干的良好作风带馆风、树新风，同时加强榜样的宣传，引导馆员向榜样看齐，向先进学习。2021年5月6日，举办纪念庄守经先生诞辰九十周年追思会，引导馆员认真学习庄守经先生图书馆现代化思想、实干精神和高尚品德。2021年，组织开展"身边榜样"推选活动，经过层层推选，民主评议出三位老师当选北大图书馆"身边榜样"，通过榜样的示范带动，激励和引导广大馆员不忘初心、牢记使命，勇于担当、砥砺奋进，为北大图书馆现代化事业不懈奋斗。《行动纲领》实施以来，在各方的大力支持和全体馆员的共同努力下，"尚德集智、尚贤育能、尚实助人、尚美创新"的良好风气已经在北大图书馆形成，并日益浓厚。

馆员现代化是高校图书馆现代化的灵魂，馆员队伍是保障高校图书馆可持续发展的关键要素，队伍建设也是高校图书馆高质量发展的首要问题[11]。图书馆的馆员队伍建设已经取得了重要的阶段性成果，但是任重道远。《高校图书馆馆员队伍建设指南针报告》中提出高校图书馆馆员队伍建设的发展趋势主要表现在需要精神传承和整体创新、价值传承和协同创新、经验传承和自主创新、理论传承和万众创新、技能传承和开放创新[11]。北大图书馆将以此为指导，继续强化基于创新力标准的馆员队伍现代化建设，凝心聚力迈上建设世界顶级大学图书馆的新征程。

第二节　创新体系

黄宁　刘宇初

过去五年，北大图书馆时时秉承创新发展理念，从领导层面的顶层设计，到团队与馆员层面的激励措施，再到组织文化与创新环境的构建，各项创新激励措施竞相完备，创新型图书馆建设卓有成效，在不断实践与探索中逐步建立起了一套系统完整的创新体系框架，上承创新发展战略，下接图书馆事业转型发展，使得北大图书馆这座百廿书城在当今时代依然焕发勃勃生机与创新活力。

2.1　凝聚整体理念共识，激活创新思想引擎

1. 将创新摆在引领发展的重要战略位置

创新是一个民族进步的灵魂，是国家兴旺发达的不竭动力。2005年，国务院颁布《国家中长期科学和技术发展规划纲要（2006—2020年）》，首次阐述了国家创新体系的政策概念和内涵，明确了现阶段统筹建设技术创新体系、知识创新体系、区域创新体系、国防科技创新体系和科技中介服务体系等5个子体系的重点任务，开启了国家层面运用创新体系理论引领创新体系建设的先河[12]。

习近平总书记在党的二十大报告中强调，必须坚持科技是第一生产力、人才是第一资源、创新是第一动力，深入实施科教兴国战略、人才强国战略、创新驱动发展战略，开辟发展新领域新赛道，不断塑造发展新动能新优势。这一论述深刻揭示了科技进步、教育事业发展、经济社会高质量发展三者之间相互推进、彼此促进的耦合关系，也为提升国家创新体系的整体效能指明了方向和路径[13]。教育部等三部委2022年1月联合发布的《关于深入推进世界一流大学和一流学科建设的若干意见》中明确提出，要"完善大学创新体系，深化科教融合育人"。

作为北京大学文献保障与信息服务体系的主体，图书馆是为人才培养和科学研究服务的学术性机构，是学校信息化建设的重要组成部分，承载着服务教学与科研和创新发展的重要职责。为在发展与变化中不断适应新时代的需求和挑战，图书馆必须加强创新服务模式，促进服务转型升级，以应对日益复杂的环境和高速发展的技术变革，更好地为用户提供服务。

2. 将创新理念融入图书馆发展建设的规划

根据创新理念在国家战略层面的相关重要论述精神指引，北京大学开辟建设中国特色世界一流大学的新境界，提出了要全面融入国家创新体系，创造、实现自立自强的前沿科技，紧密对接人才强国战略，建设引领国家发展的高素质教师队伍等目标任务。高校图书馆的创新发展既是融入大学创新体系、加快学校"双一流"建设的重要支撑，也是自身迈向世界一流大学图书馆的重要举措。要立足新发展

阶段、贯彻新发展理念,以全新的姿态迎接新征程上的新使命和新挑战,融入国家和高等教育现代化进程,助力大学"双一流"建设和"立德树人"根本任务的实现,成为大学图书馆现代化发展的内生驱动力[14]。

(1) 管理理念,不断深化

北大图书馆历任领导者们都十分注重将创新作为图书馆发展的灵魂底色,锐意革新、大胆开拓。早在1920年李大钊同志就任北大图书馆主任时期,就不断改革图书馆各方面业务、服务与管理工作,将北大图书馆由一个封闭式的藏书楼,转变成中国第一所新型的近代图书馆[15],为图书馆事业发展广开新局,也是高校图书馆事业创新发展的一个里程碑。现任馆长陈建龙也在其文章中明确指出,要"更坚定地推进创新型、整体化、引领式的一流图书馆建设",并提出了全面深化中国式的图书馆现代化思想理论、全面更新新时代的图书馆整体化发展理念、全面创新战略性的图书馆智慧化服务理法、全面壮大创造性的图书馆价值型思维理性等四项创新发展理念[16],从全局发展的战略角度为高校图书馆创新提供了新的思想引擎[17]。

(2) 凝聚共识,创新引领

北大图书馆坚持"用户导向,服务至上"的基本理念和"斯文在兹、道隐无名"的基本方针,树立和坚持"价值引领、馆员为先"的重要理念,凝聚共识,集智育能,全面改革,全面发展,全面创新[18]。

2017年12月26日陈建龙馆长在致全体馆员老师的一封信中,号召大家一起迈上北大图书馆发展史上的"一二三四五六七"新征程,其中"四"指"尚德集智、尚贤育能、尚实助人、尚美创新"的"四尚"风气,"尚美创新"开启了北大图书馆推进创新实践活动的新篇章。同时,将创新定位为战略举措,融入愿景规划。将全面建成"世界一流的综合性、创新型、智能化、标杆位大学图书馆"写入《行动纲领》和《北京大学图书馆"十四五"发展规划(2021—2025年)》,从资源、服务、技术、管理等多个维度鼓励创新。

(3) 夯实根基,全面发展

高校图书馆的发展要融入现代化强国建设的整体内涵式变革和满足用户美好生活需要的高阶信息化转型。为实现中国式现代化新征程上高校图书馆事业的高质量发展,需要坚持"两类抓手"、夯实"四柱根基"、完善"六方基本面"[19]。其中,信念坚定、结构合理、业务精湛、素质优良的馆员队伍是大学图书馆可持续发展的首要根基,多源融合、充分便捷、特色鲜明、开放共享的信息资源及其承载的文化知识是大学图书馆可持续发展的能量源泉,以用户为导向确保用户满意和以服务为天职坚持服务创新是大学图书馆可持续发展新征程上的不懈追求,积极向上的团队精神、传承创新的组织文化、高效协同的管理体系和科学规范的制度文化等图书馆文化建设是大学图书馆可持续发展的基础保障。要夯实根基,引培专业馆员,富集信息资源,根植大学校园,承续历史因缘,准确识变,科学应变,主动求变,创新驱动,不断改进资源产品、精进服务体验、增进用户信任,确保图书馆的内涵不断丰富,创新意识和能力不断增强。要完善体系,开放融合,优化馆员规模和结构,提升服务效益和实力,确保图书馆整体发展,在世界一流大学和优势学科建设中勇毅前行,协同创新。

（4）价值体系,促进转型

大学图书馆的价值体系是在价值创造基础上形成的反映图书馆用户导向的各种关联的整体效用坐标系,其核心价值观包括：崇高、忠诚、亲切、满意、包容和高善,这种核心价值观不仅是大学图书馆历史形成的价值取向,也是大学图书馆现代化的根本参照。

转型发展是大学图书馆建功立业的战略问题,现代化方向可谓是大学图书馆一贯的命题,结合现代化理论和当前实际,大学图书馆的现代化转型发展需要建立以价值体系为参照的多维发展方向,包括理论与方法论、战略规划和治理体系等。大学图书馆的现代化包括工作理念、理论方法、战略目标、发展根基、历史使命、治理体系和重点领域的现代化,实现途径包括支应形、支持形、支撑形、交互形、交汇形和交融形等6种形式[20]。在大学图书馆现代化转型发展中,要创建理论体系、坚持内涵发展,构建技术体系、坚持特色发展,共建价值体系、坚持共同发展,以此促进图书馆整体创新能力的提升和创新体系的建设。

2.2 强化创新机制建设,夯实创新实践基础

1. 管理机制,引领创新

图书馆的组织管理创新与领导团队的理念变化和变革意愿息息相关,为图书馆开展探索性工作做好科学决策、制定科学战略、完善组织结构,可以促进更多业务创新。

（1）图书馆党政联席会

北大图书馆党政联席会为图书馆的最高议事决策机构,负责重大战略事项的审议和决策,负责图书馆的战略规划和愿景目标的修改和制定,是战略规划、愿景目标以及改革创新相关工作的决策机构。

（2）改革创新领导小组

为更进一步促进图书馆创新发展及整体创新效能提升,2022年图书馆成立改革创新领导小组,在图书馆党政联席会的领导下开展工作。按照党政联席会决策确定的方向,领导和组织日常的改革创新实践活动的具体落实和反馈。

2. 业务机构,优化调整

根据资源与服务一体化发展的要求,调整机构设置,优化业务流程,全面创新服务格局。为适应不同时期业务发展需要,2019年北大图书馆重新组建的业务机构主要有两大类,一是包括文献、古籍、特藏、知识资源服务中心在内的以自有资源为基础的服务机构,二是包括数据、协同、计算服务中心在内的以解决问题为目的

的服务机构[21]。

2022年7月，北大图书馆在总结过去三年运行发展的基础上，再次对组织机构进行调整，调整后的机构可分为三大类，一是资源与服务基础保障机构，包括知识、文献、古籍和特藏资源服务中心；二是从事新型服务的机构，包括数据、协同、计算和研发服务中心；三是从事管理的机构，包括项目管理中心和综合管理中心。组织机构调整的宗旨是实现图书馆内各部门之间以及资源、服务、馆员等要素之间的协同，坚持以创新激发图书馆的发展活力，实现图书馆的全面整体发展，构建图书馆现代化新发展格局。

3. 交流机制，启迪智慧

北大图书馆不断深化和完善创新思维培育工作，通过开展各种形式的学习和交流活动，调动图书馆员创新的积极性，注重全馆协同，实现馆员创新实践从点、向线、向面的拓展，逐步形成了全员参与创新的新态势。

(1) 五四科学报告会

北大图书馆历来重视科研和学术交流，自20世纪90年代至2023年底，已先后举办了十五届五四科学报告会。报告会设立目的是为了记录事业进步、检阅科研成果、启发业务创新、展望发展方向等。历届报告会见证了北大图书馆为推动图书馆事业发展而进行的卓越创新和不懈努力。

(2) 五四创新力报告会

北大图书馆于2021年9月启动创立五四创新力报告会制度，自设立至2023年底共举办76余场讲座。报告会由馆长陈建龙亲自主持，中层骨干参加，围绕"弘扬五四精神，练就创新本领"主题，在创新意识、能力、行为、效用等方面交流思想，结合工作实际更好地继承和发扬积极创新、探索科学的五四精神，共同成长、引领风尚、壮大力量，从多个角度阐述了北大图书馆创新发展思路，展示了各个业务领域的创新行动实践，围绕相关主题充分探讨了创新效用和价值。

创新型图书馆建设是高校图书馆不断追求的发展方向，也是推进高质量发展的必然路径。建立五四创新力报告会制度，对于创新驱动服务转型和发展具有重要意义，报告会本身也是对组织建设的一次有益创新。报告会制度的建立通过启发图书馆员多维度创新力，优化图书馆员之间的沟通交流渠道，对图书馆的整体创新产生了积极的影响和重要的推动作用。

(3) 战略研讨会

北大图书馆于每年寒假和暑假定期举办战略研讨会，主要就党中央重要指示精神和学校年度重点规划、图书馆行业发展趋势以及图书馆年度工作等内容，在馆领导和全馆部门负责人范围内进行交流和探讨，从而在全馆上下统一建设思路和发展方向，明确各部门年度和学期工作重点并分解工作任务，同时也就工作中存在的问题和困难集思广益，深入探讨解决方案并形成集体智慧。

2.3 推进创新实践探索,开启创新动力源泉

北大图书馆创新体系是自上而下顶层设计的贯彻与自下而上基层智慧的实践在两个方向上的有机统一,通过双向的良性互动促进创新融合发展。北大图书馆积极推行业务、管理和系统等方面创新活动的开展,创新意识与创新理念融入全馆业务和管理工作的方方面面。

1. 推进以创新力为标准的馆员队伍建设,以人为本促创新

人才是第一资源、创新是第一动力,创新力标准是北大图书馆馆员队伍建设的基础和依据,坚持和完善创新力标准,既落实于人事管理体系中,又融入专业培训体系里,最终体现在通过全面创新整体提高服务质量上。

北大图书馆正努力建设以创新力为标准的"四有"馆员队伍,促成"四尚"风气。"四有"指"有精神、有本领、有智慧、有情怀",即"心系国家、矢志前行、爱岗敬业、辛勤奉献、真善为美"的高贵精神,"同舟共济、善解人意、一专多能、善贷且成、创新引领"的高强本领,"识大体、顾大局、知敬畏、守底线、闻大道"的高超智慧,"知馆、爱馆、荣馆、念馆、强馆"的高尚情怀。"四尚"指"尚德集智、尚贤育能、尚实助人、尚美创新",即崇尚德行、集思广益、凝聚全馆智慧;崇尚贤明、育才治心、提升馆员能力;崇尚实在、助力师生、帮助用户解决问题;崇尚美好、创建特色、开创服务新格局。

针对班子成员,切实加强理论学习,积极参加上级组织的干部培训。针对中层骨干,建立五四创新力报告会制度,围绕"弘扬五四精神,练就创新本领"主题,在创新的意识、能力、行为、效用等方面交流思想,共同成长、引领风尚、壮大力量。针对每年新入职的不同学业背景的图书馆员,开展为期 2 年由 12 门功课组成的系统培训,帮助他们尽快成长为专业馆员。针对其他在职馆员有完善的在职学习、出国访学交流制度和流程。

通过不断激发图书馆员个体创新意识和终身学习意识,持续提升创新能力和综合素质,促进团队创新力的形成,进而提升图书馆整体创新力,促进服务质量的提高。

2. 注重激发创新活力与提升创新效能,以用户为中心谋创新

在《行动纲领》和《北京大学图书馆"十四五"发展规划(2021—2025)》战略规划指导下,为鼓励创新热情,支持创新实践,提升创新能力,北大图书馆 2019 年成立用户关系办公室,并建设用户参与的视觉设计工作室,组织"馆员探馆"等活动,始终坚持"用户导向,服务至上"的基本理念,注重用户伙伴关系的深入挖掘和构建,在各业务层面上都重点强调用户参与的重要性。

(1)换位体验,馆员探馆

为助力学校"双一流"建设,优化用户信息服务体验、提升服务质量、促进用户信任,打造服务创新活动品牌,北大图书馆 2021 年启动了"馆员探馆"活动。"馆员

探馆"活动每年开展1次,通过"转换角色、换位体验"的方式,鼓励馆员深入服务一线,立足用户使用角度,体验图书馆多样化服务项目与流程,发现用户使用过程中的堵点、难点、痛点问题,找准现有服务内容、方式与用户需求之间的差距,提出有针对性的整改措施,推动图书馆服务出实招、做实功、求实效,持续提升服务精度、速度、深度、温度。

(2) 用户参与,提升服务

2020年底,依托图书馆用户关系办公室成立了视觉设计工作室,面向全校师生公开招募志愿者,参与图书馆内的标识系统更新设计、讲座海报设计、活动宣传品设计等工作和服务,用户参与视觉设计既是一种创新的美育实践方式,又能从用户的角度进行针对性的设计,更好地满足用户审美需求、提升用户体验,实现美育和服务的双重提升。

3. 着力开展日常创新实践探索,以活动为抓手促创新

(1) 4A创新,优胜评选

为进一步完善馆员激励体系,增强馆员创新力,推进北大图书馆可持续、创新发展,经图书馆党政联席会研究决定,组织开展图书馆馆员"4A创新力优胜奖"评选活动,原则上每学期举行1次。4A创新力是指馆员在图书馆业务与管理工作中展现的整体创新能力,具体包括创新意识(Awareness)、创新能力(Ability)、创新行动(Action)和创新效用(Avail)四个指标。通过馆员自主申报或支部提名的方式,对馆员的四个指标进行定性或定量评价,确定优胜奖。

(2) 激发潜能,案例分享

为提高北大图书馆创新能力,推进图书馆服务的转型升级,同时激发员工积极性和创新潜能,营造一个开拓进取、团结协作的良好氛围,图书馆党政联席会研究决定,组织开展图书馆"创新案例"评选活动,以奖励为全校文献保障与信息服务体系做出重要贡献或创造价值的团队。

"创新案例"评选活动自2021年启动,已组织2021年、2022年两届评选,计划后续每两年组织开展一次。创新案例面向全校文献保障与信息服务体系进行公开征集,围绕创新性、实效性、引领性等指标,综合评选出卓越创新奖、精进创新奖以及优秀奖案例若干,获奖的案例在全馆内分享学习。

2.4 完善创新评价机制,促进创新成果推广

为更好地发挥创新评选的激励作用,推动馆员碰撞思维、活跃思路,积极参与创新实践、分享创新经验,通过组织"馆员探馆"评选、"4A创新力优胜奖"评选和"创新案例"评选等活动,以充分激发图书馆的创新力建设为导向,制定了具体活动开展的评选和奖励机制,以评促建,更好地推进创新成果的优化与推广。

1. "馆员探馆"的评选

"馆员探馆"对馆员体验过程中提出的改进问题,从新颖性、可行性、有效性和

启发性四个方面进行考核评价,评价指标如表 6.1 所示。

表 6.1 "馆员探馆"活动评价指标体系

序号	指标	考核评价标准
1	新颖性	以独特的视角和细致的观察,发现了之前未曾被注意到的服务盲点和不足,或对已知问题进行了更深入的分析和探索
2	可行性	提出的针对性意见和建议具有合理性和可操作性
3	有效性	提出的针对性意见和建议对图书馆服务质量与效果有明显的提升作用,用户有较高的认可度
4	启发性	发现的问题和提出的意见和建议对图书馆未来服务范围的拓展具有较高的参考价值

2. 馆员 4A 创新力优胜奖评选

4A 创新力优胜奖对馆员的创新意识、创新能力、创新行动和创新效用四个指标进行评价,如表 6.2 所示。

表 6.2 "4A 创新力优胜奖"评价指标体系

	问题描述	选答
创新意识	学习党的二十大报告原文:A 研读、B 精读、C 泛读、D 未读	
	关注学校"双一流"建设有关情况:A 持续、B 经常、C 偶尔、D 从不	
	了解本馆战略目标:A 很全面、B 全面、C 一般、D 不全面、E 很不全面	
	关心同事:A 很主动、B 主动、C 一般、D 不主动、E 很不主动	
	责任心自评:A 很强、B 强、C 一般、D 弱、E 很弱	
	进取心自评:A 很强、B 强、C 一般、D 弱、E 很弱	
	5 个月来完整地读过几册书(含电子书):A≥5、B≥4、C≥3、D≥2、E≤1	
创新能力	坚持用户导向,服务至上理念:A 很自觉、B 自觉、C 一般、D 不清楚	
	主持或参与本中心同事间业务讨论与交流:A 每周、B 每月、C 偶尔、D 没有	
	调研国内外同行有关进展:A 持续、B 经常、C 偶尔、D 从不	
	关注用户需求及其变化:A 持续、B 经常、C 偶尔、D 从不	
	寻求本职工作更好的解决方案:A 持续、B 经常、C 偶尔、D 从不	
	独立思考能力自评:A 很强、B 强、C 一般、D 弱、E 很弱	
	向他人推荐自己读过的书(册):A≥4、B≥3、C≥2、D≥1、E 没有	

续表

	问题描述	选答
创新行动	业余学习中联想到自身岗位职责：A 总是、B 经常、C 偶尔、D 没有	
	考虑到业务流程的前后环节：A 总是、B 经常、C 偶尔、D 没有	
	向他人善意提出意见和建议：A 总是、B 经常、C 偶尔、D 没有	
	真心采纳他人意见和建议：A 总是、B 经常、C 偶尔、D 没有	
	运用新的技术工具提高工作效率：A 总是、B 经常、C 偶尔、D 没有	
	赞赏他人的成绩：A 总是、B 经常、C 偶尔、D 没有	
	每周工作时间(小时)：A≥40、B≥36、C＜36 待补、D＜36 不愿补	
创新效用	增强了工作自信心：A 很同意、B 同意、C 一般、D 不同意、E 很不同意	
	收获了成就感：A 很同意、B 同意、C 一般、D 不同意、E 很不同意	
	总结了新经验：A 很同意、B 同意、C 一般、D 不同意、E 很不同意	
	发现了新问题：A 很同意、B 同意、C 一般、D 不同意、E 很不同意	
	做出了新贡献：A 很同意、B 同意、C 一般、D 不同意、E 很不同意	
	赢得了荣誉和好评(请简述)：	
	取得了研究成果(请列举)：	

3. "创新案例"评选

创新案例对申报单位(总馆各中心、医学图书馆等学科分馆和数学科学学院图书馆等院、系、所、中心分馆)提交的案例，通过初选和终评，对 7 个指标进行评价，如表 6.3 所示。

表 6.3 "创新案例"评价指标体系

序号	指标	考核评价标准
1	创新性	创新强度：考查是突破性创新(原创性强)，还是渐进式创新(改进)
		创新广度：考查该案例创新的体量
2	实效性	考查提高服务效能的程度
		考查可操作程度
3	引领性	考查未来一段时间内能否推动图书馆的业务或管理水平的提升
4	影响力	考查是否具有业界影响或社会效益等
5	扩展性	考查借鉴和启发价值，是否具有示范性和可推广性
6	显示度	考查案例宣讲是否表述清楚、有吸引力和良好的展示效果
7	用户评价	考查服务对象对该服务的满意程度和黏着力

2.5 构建创新支撑体系,保障创新活动开展

1. 创新制度保障

北大图书馆通过不断完善图书馆自身的制度体系和工作机制,统筹图书馆的业务体系、文化体系、管理体系、生态体系、理论体系、价值体系等方面的建设,形成一套与规则和规范相衔接、各方面紧密联系的图书馆制度[22]。

2018—2021年,北大图书馆先后审议通过了《行动纲领》和《北京大学图书馆"十四五"发展规划(2021—2025)》。在《北京大学图书馆"十四五"发展规划(2021—2025)》和《行动纲领》的指导下,各项创新实践活动先后启动并有序开展。

按照顶层创新制度的规划设计,先后制定并经图书馆党政联席会审议通过了"五四创新力报告会""馆员探馆"和"4A创新力优胜奖"等活动开展相关的管理制度,在遵循相关管理制度的前提下开展相应的工作。

2. 创新经费支持

预算是高校图书馆开展一切基础业务和创新服务的资金保障。许多新服务和新技术需要资金的支持以落实推进,特别是当图书馆进行颠覆式创新时,这些新技术和新服务可能需要投入更大的资金支持。在预算有限的情况下,在多大范围内支持创新活动、优先支持哪些创新活动可以有效促进图书馆的发展,这就需要进行基于评估的科学预算分配。

北大图书馆在综合管理中心下设专门岗位负责年度预算规划、"创新案例"征集与评选、业务项目评估及指标研究等工作,与创新的管理和支持息息相关。针对团队或项目小组举办"创新案例"评选活动,综合评选出卓越创新奖、精进创新奖以及优秀奖案例若干,并拨付专项经费支持创新案例项目的开展,为创新案例项目后续的研发和实施提供了更好的政策和资金支持。2022年图书馆还首次面向全馆征集重大创新实验项目选题,以促进更多优秀的、先进的创新思想得以实施落地。此外,通过对相关业务项目评估及指标的不断深化研究,图书馆也致力于将业务预算与评估进行有机融合,使得各项业务经费能够在有限的预算范围内更加科学合理地分配,促进整体业务的高质量、可持续发展。

3. 创新空间支持

创新活动在全馆范围内,多层次、全方位开展,因此,在相关制度和经费的支持下,还需构建创新活动所需的空间支持。这里的空间包括虚体空间和实体空间。

虚体空间:创建创新活动成果展示的内网空间,将包括但不限于与图书馆相关的"创新案例""4A创新力优胜奖""馆员探馆"等评选成果在内部网络空间上进行展示,供内部交流学习。打造创新实践的线上交流学习和鼓励宣传的虚体空间载体,发挥虚体空间的媒介作用。

实体空间:报告厅、培训教室、会议室和研讨间等为创新活动提供线下交流的

空间载体,以及员工通道等空间对创新成果提供线下宣传展示的空间载体,发挥实体空间的媒介作用。

4. 创新成果推广

对内部推广交流而言,在业务、管理或者技术等领域取得的创新成果,在进行充分交流学习的基础上,要积极引导成果在内部推广和使用。创新成果不只限于申报人的实践活动中,也不局限在成果申报和审核材料里,在条件成熟的前提下,积极推进成果在类似场景的应用和转化,在应用和转化过程中给创新成果赋予新的内涵,获得新的发展。

对外部推广交流而言,创新成果要坚持"走出去"和"请进来"相结合的方式,积极鼓励成效较好的创新案例"走出去",在图书馆业内交流,供同行借鉴。同时,通过业内交流学习等方式将好的创新成果"请进来",促进自身管理和服务的发展。

另外,通过与校内外相关机构协同合作,发挥各自优势,形成科技创新的"长板效应"。

惟创新者进,惟创新者强,惟创新者胜,在新征程上,只有不断根据新的形势精准识变,科学应变,主动求变,方能在创新中提升引领力,推进全国高校图书馆事业发展,充分发挥标杆示范和创新引领作用,全方位提升创新能力,促进图书馆事业更加深入、更可持续地发展,向建成中国特色世界一流大学图书馆的目标不断迈进。

第三节　沟通交流机制

赵飞　及桐

信息化时代,高校图书馆面临着用户需求多样化、个性化、动态化的挑战,如何有效地与用户沟通交流,了解用户需求,提升用户满意度和信任感,构建良好的用户关系,成为高校图书馆需着力思考和解决的问题。北大图书馆高度重视相关工作,深入贯彻"用户导向,服务至上"基本理念,在《行动纲领》中明确提出构建"馆员与用户伙伴关系"的行动规划,并在2019年进行组织机构改革,创造性地成立用户关系办公室,统筹协调和管理全馆用户的沟通交流工作,积极拓展用户沟通交流渠道,完善用户反馈的处理方式,提升用户沟通交流体验。

当前,北大图书馆已构建了一套相对完善的用户沟通交流机制:针对用户已表达的需求,形成高效、便捷的用户反馈收集与落实机制;针对用户潜在但未明确表达的需求,形成主动式的需求挖掘与沟通机制;同时,基于图书馆主动宣传引导,形成全程陪伴的主题活动与服务体系以及主动协同的融媒体宣传服务。用户沟通交流机制的建立与运行有效保障了图书馆服务质量与效果的提升,以及用户信任关系的增进。

3.1 高效对话——用户反馈收集与落实

保障用户的需求反馈"有处可说、快速响应、高效落实",是高校图书馆构建良好用户关系的关键。北大图书馆不仅提供了丰富的用户反馈渠道,而且注重对用户反馈的收集、分析、处理与回应,通过建立多渠道用户反馈的归一汇总管理机制、启用专业的用户反馈处理平台,实现用户反馈的全流程管理和高质量响应,有效提升了用户的沟通交流体验,增强用户对图书馆的认可度与信任感。

1. 机制创新——多渠道用户反馈归一管理

北大图书馆建立了多维度、多类型的用户沟通反馈渠道,实现线上与线下、馆内与馆外全覆盖,方便用户随时随地联系图书馆。

线下反馈渠道包括:① 综合服务台咨询反馈,在图书馆各层及主要阅览区域设立服务台口,由一线服务馆员向用户提供综合咨询、意见反馈、文献借阅等各种支持服务,每天从早上八点至闭馆服务咨询不间断;② 图书馆领导与管理部门咨询反馈,在图书馆东门入口处设立咨询台,由馆长、书记等图书馆领导班子和图书馆管理部门的馆员轮流值守,负责用户迎前接待与现场沟通咨询,以便将用户需求反馈与图书馆发展规划和综合管理工作相结合;③ 服务现场咨询反馈,在借还书、讲座、活动等图书馆服务现场均广泛受理用户的咨询建议;④ 师生专题座谈会,举办或参与制度研讨、资源建设、服务优化等不同主题的师生座谈会,充分了解师生用户的需求与建议,为政策制定与服务开展提供参考;⑤ 学生社团意见收集反馈,定期从校学生会权益提案部、图书馆之友等校内多个学生社团获取其通过不同渠道收集的学生用户群体的意见和建议。

线上反馈渠道包括:① 馆长信箱反馈,图书馆常设馆长信箱通道,用户可将对图书馆的意见和建议直接与馆长沟通交流;② 社交媒体平台咨询反馈,图书馆在微信、微博等平台设立官方账号,除设置常见问题自动回复外,每天还由专人值班及时回复用户咨询、解决用户问题;③ 电话咨询反馈,根据咨询问题种类不同,用户可直接电话咨询相应部门以获得专业解答,用户通过图书馆官方网站、图书馆微信、微博官方账号等即可快速获取相关联系方式;④ 校园论坛咨询反馈,用户可在校园论坛的图书馆版面发帖咨询或提出意见和建议,图书馆协调各部门组织成立论坛值班工作组,每天及时回复用户咨询与反馈、捕捉热点问题与需求,积极引导用户了解和支持图书馆;⑤ 用户反馈平台咨询反馈,图书馆开发上线用户反馈平台,用户通过图书馆微信小程序或扫描馆内线下二维码即可将问题或意见提交在用户反馈平台上,每天由专人负责协调图书馆各部门处理和解决,及时响应用户咨询与需求;⑥ 树洞咨询反馈,近年来高校树洞成为学生匿名交流倾诉和发表意见的热门平台,图书馆组织图书馆之友学生社团成员,及时将树洞中的学生对图书馆的意见与感受传达告知,方便图书馆及时响应并解决。

丰富多元的反馈渠道有效提升了用户联系图书馆的便捷性和可达性,但也带来一些问题：一方面，面对种类繁多的反馈渠道，用户难以根据自身需求选择最为恰当有效的渠道；另一方面，各渠道的负责部门、反馈路径与处理流程有所不同，有时无法将用户反馈信息及时有效地传递给相应的业务部门，也难以实现对所有的用户反馈处理实时跟进以及对用户提议给予充分的沟通，进而导致用户对图书馆的失望情绪与不信任感。

因此，北大图书馆成立用户关系办公室，明确将用户反馈由其统一管理，以高效的反馈响应机制，为用户提供高质量的沟通交流体验。"用户有问题，有用户问题，找用户办"，用户关系办公室全面汇总图书馆线上与线下各渠道的用户意见，积极收集用户对图书馆及图书馆服务的意见和建议，并协调一个或多个相关业务部门处理，全程跟进反馈处理进度，搭建起一个覆盖意见收集、整理、联系处理、回复用户等全流程的"用户反馈响应直通车"。这样一来，不仅可以充分发挥用户智慧，为图书馆服务和管理工作的改进与发展提供助力，而且还能通过快速的响应、需求的满足、意见的采纳、建议的实现来提升用户的信任度与沟通意愿，拉近图书馆与用户关系，形成良性循环。

2. 技术赋能——专业化用户反馈平台

除了通过用户关系办公室对处理用户反馈采取统一管理外，北大图书馆还积极开发线上用户反馈平台，实现对用户反馈处理工作的全流程、透明化管理，有效提升用户反馈处理工作的效率，保障用户反馈的广泛识别、及时响应和高效满足。

用户反馈平台是由北大图书馆自行开发的一款协助图书馆高效处理用户反馈的软件系统。该平台由用户意见提交、任务分派处理、处理进度监控、处理结果回复等功能组成，以规范合理的体系设置和透明化、可追踪的流程管理，助力用户反馈的高效处理。在用户通过平台提交反馈后，或将其他渠道的用户反馈同步到平台后，用户关系办公室根据涉及的服务类别将用户反馈的处理工作分配给一个或多个相关部门；各部门认领后，及时在平台上更新处理进度；用户关系办公室持续推进，并在各部门处理完成后，将反馈处理结果细致、友好地回复给用户，做到条条有回音、件件有着落。

用户反馈平台于2022年5月投入使用，先后实现与图书馆微信小程序、新书展阅厅内二维码等用户日常反馈入口对接，并在第二届"馆员探馆"活动中承担起全部馆员反馈的提交、处理和回复工作。当前用户反馈平台仍在持续优化完善中，陆续增加新的功能，改进使用体验。用户反馈平台以用户为中心、以效果为导向，启用该平台协助图书馆用户反馈工作，不仅推动了用户反馈响应和用户需求落实，让用户切实感受到图书馆的关注与尊重，增强用户信任，而且促进了馆内跨部门协作与沟通，为日后各部门合作开展更多服务项目奠定了良好基础。

3.2 主动挖掘——用户需求沟通与探索

与用户进行良好的沟通交流，不仅是对用户的意见或建议做到高效回应，还需对用户未表达的需求乃至尚未意识到的潜在需求进行主动挖掘。北大图书馆联合学生团体、院系、校内职能部门等多方力量，以"馆员探馆"活动、用户座谈会、对用户研究分析等多种形式走进用户、了解用户、理解用户，赢得用户的信赖。

1. "馆员探馆"活动

用户对于图书馆服务的体验是图书馆与用户沟通交流的重要内容。随着以用户为中心的服务理念不断深化，用户体验成为图书馆服务创新与发展的切入点与落脚点。图书馆需要全面深入了解用户体验，围绕用户需求进行图书馆服务改进，从而优化图书馆服务、提升服务质量、促进用户信任。

在当前实践中，高校图书馆普遍采用对师生群体进行问卷调查来获取用户体验与需求，继而制定服务优化策略，这种方式帮助图书馆在与用户沟通和服务优化上积累了一定成果，但也存在一些局限。一方面由于师生并不完全了解服务全貌，其体验很难覆盖图书馆服务的全流程和全功能；另一方面，馆员难以全面深入地了解用户对服务细节的切身感受，故以此来制定服务优化策略在有效性和可行性上可能有所欠缺。

基于上述局限，北大图书馆创新获取用户体验与需求的方式，推出换位体验，发现不足——"馆员探馆"活动，以馆员为体验主体获取感受与建议，充分发挥馆员的双重身份价值，从而帮助图书馆馆员切实感受用户体验、把握用户需求、挖掘服务盲点、细化服务设计，全面提升图书馆服务质量与效果。

（1）活动思路与流程

"馆员探馆"活动的核心理念是换位体验，聚焦服务不足与对策。活动鼓励馆员通过转换角色、换位体验的方式深入服务一线，以普通用户的身份，实际体验图书馆多样化服务项目与流程。活动围绕实际工作查找和解决问题，在收集体验感受时重点要求馆员寻找图书馆服务过程中存在的问题与不足，并提出相应的解决措施与优化建议。

北大图书馆精心设计活动思路，确保最佳活动效果。体验内容自由选择，覆盖服务各环节与全流程；馆员可在全馆所有服务中自由选择，图书馆通过预先列举服务类别与搭建灵活的体验环境，确保馆员体验覆盖更广的领域；参与形式灵活，提高了反馈的便捷性与准确性；活动采用基于微信小程序的"随手拍"方式，做到界面简洁、流程简化、操作简单，方便馆员随时随地便捷参与，同时支持多媒体形式的同步提交，使反馈传达的更为准确、清晰和丰富、生动；参与人员以点带面，确保参与的深度与广度；活动鼓励全体馆员参与，并要求图书馆各中心业务骨干必须参与，以提升反馈的专业性与服务落实效果，促进馆内横向交流协作。

在活动流程的设计上，图书馆在保证活动顺利开展的基础上，重点考虑了如何充分发挥活动的价值与效用。因此，除了前期筹备、活动参与、评优表彰外，着重增加了反馈落实环节和后续推广，如图 6.6 所示。

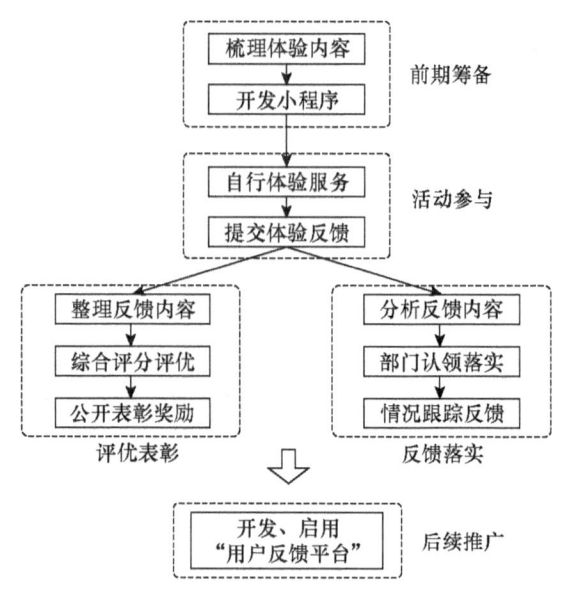

```
前期筹备:
  梳理体验内容 → 开发小程序

活动参与:
  自行体验服务 → 提交体验反馈

评优表彰:
  整理反馈内容 → 综合评分评优 → 公开表彰奖励

反馈落实:
  分析反馈内容 → 部门认领落实 → 情况跟踪反馈

后续推广:
  开发、启用"用户反馈平台"
```

图 6.6　"馆员探馆"活动流程

在前期筹备阶段，协调各业务中心做好体验内容设计与环境搭建，完成活动小程序开发。活动参与阶段为期一个月，之后进入评优表彰阶段。由各业务中心主任组成评审小组，从新颖性、可行性、有效性、启发性等四个方面对全部反馈意见进行考核评价，评出"馆员建议奖"，经图书馆党委会和党政联席会审议通过后，在全馆大会上予以表彰，为获评者颁发证书并给予现金奖励。

反馈落实工作是活动的重要着力点。"馆员探馆"活动，始于自下而上的意见反馈，成于自上而下的推进落实。图书馆党政联席会统筹推进反馈落实工作，并分工监督落实工作。为确保工作顺畅有序开展，用户关系办公室对所有反馈进行主题整合与服务类别划分、落实工作责任分配、紧要程度分级跟进。各中心一一认领，所有反馈落实情况均会及时回复给提交者。

活动结束后，将反馈提交、分工落实工作等成功经验推广，开发并启用了面向图书馆全体用户的"用户反馈平台"，帮助图书馆及时处理用户反馈，有效提升了与用户沟通的效率、为用户服务的效果。

（2）活动开展与效果

作为北大图书馆的年度项目，"馆员探馆"活动现已举办两届。首届"馆员探馆"于 2021 年 11 月 1 日—30 日成功举办，第二届于 2022 年 11 月 15 日—12 月 19 日圆满开展。

活动得到馆员的积极响应和踊跃参与，切实加深了图书馆对用户需求的了解。在探馆过程中，馆员们对图书馆空间环境、线上服务等多方面服务内容进行深入体验与感受。首届"馆员探馆"活动最终收到 47 名馆员提出的反馈共 265 条，涵盖图书馆空间环境、设施设备、线上服务、线下服务、服务宣传、其他等六大服务领域的35项细分类别,落实责任主体涉及8个中心。"馆员探馆"活动效果持续提升,第二届活动共收到52名馆员提出的反馈共345条,参与人数与反馈数量均进一步增长。在评优表彰方面,两届活动分别评选出11位和10位"馆员建议奖"得主,并在该年度北大图书馆年度总结大会上进行表彰,以精神奖励与物质奖励相结合的方式,激励更多馆员在日常工作中敏于发现、勤于思考、勇于建言。

活动的落实工作开展迅速、成效明显,高效提升了图书馆对用户的服务质量。首届活动中,图书馆2周内便完成9项服务类别的20条反馈的落实工作,反馈响应率达到100%;第二届活动则全部启用用户反馈平台完成反馈处理与回复,做到条条可追踪、件件有着落。基于用户需求与体验,图书馆原有服务不足陆续得到改善,如微信官方账号增加了空间预约、使用攻略等更多常用服务接口,研修专座与研讨间的预约系统更加清晰、美观,馆内巡查的频率与要求进一步提高等等。

(3)活动特色与意义

"馆员探馆"活动是高校图书馆用户需求沟通工作中的一次创新尝试。相较于图书馆用户需求研究的传统方式,这种转换角色、换位体验的活动模式主要具有以下特色和意义:

立足"馆员也是用户"的理念,获取更直观的需求感受。"馆员探馆"活动创新性地将馆员作为体验主体,充分发挥馆员的双重身份价值。相比普通师生用户,馆员对图书馆服务具有更专业、更深入的了解,因此不仅能体验得更全面、更细致,而且可将切身感受与专业素养结合,在亲身体会服务的不足后,提出更加有效的业务改进对策。

重在意见落实效果,推动更高效的需求响应。"馆员探馆"活动高度重视用户意见的解决,不仅要求馆员在体验后提出对策,而且要求落实工作责任明确、有序推进,以切实的服务惠及更广大的用户群体。

引导馆员换位思考,实现更深层的需求沟通。"馆员探馆"活动还对馆员具有引导和教育功效,馆员在活动中与用户心理换位和实践换位,实现了更深层的沟通交流,能够更好地理解用户、服务用户。

形成系列活动品牌,培育良好的服务氛围。"馆员探馆"活动注重自身价值,通过每年举办并精心策划,旨在成为北大图书馆的一个有吸引力、有影响力的活动品牌,促进全体馆员与用户沟通服务意识的培育和服务质量的提升。

2. 校内用户座谈会

开座谈会是图书馆的常用方式,通过双方坦诚深入的对话,图书馆可以发现平时较少了解的问题,理解用户需求的深层逻辑,对用户的需求形成更新颖、更全面、更透彻的思考与洞察。北大图书馆灵活开展多种类型的用户座谈会,以期走近多样化用户、满足个性化需求、开展人性化服务。

面向细分群体,主动开展座谈会。由于年级、专业、校区等因素的影响,高校图书馆具有多元化的用户群体,这些用户群体具有各自的特征表现与使用需求。北大图书馆深入贯彻用户全面受益的理念,认真分析用户群体构成,并对特定人群予以重点关注,主动开展针对该群体的座谈会,了解其个性化需求。例如,在昌平新校区启用后,图书馆积极联系新校区入驻院系,组织一线服务馆员到访新校区与师生代表举行座谈会,就新校区师生对图书馆使用的需求、问题以及服务措施进行充分沟通和热烈讨论。

立足特定服务,召开主题座谈会。北大图书馆在具体服务过程中,也积极召开用户座谈会,围绕特定服务听取用户意见和建议,使服务尽可能契合用户需求、满足用户期待。例如,针对馆内饮食管理问题,图书馆召开学生座谈会,双方积极交流彼此想法,共同商讨管理制度与具体细则,最终制定出台了《北京大学图书馆关于楼内饮食的管理办法(试行)》,既有力保障了图书馆文献安全与环境整洁,又相对满足了用户需求。

协同多方力量,积极参与座谈会。除自行召开座谈会外,北大图书馆还积极联合其他校内部门和团体,共同组织用户座谈会,发挥合力扩大座谈会的影响力与参与规模,使图书馆接收来自更大范围、更多类型用户的意见。例如,图书馆定期与学校总务部、保卫部等校内职能部门合作,参加学校后勤系统学生沟通会,与学生代表们就图书馆使用问题与建议展开沟通交流。图书馆也积极与学生团体合作,每学期与校学生会权益提案部座谈交流,学生会权益提案部把通过常设渠道、院系走访、"权益周"活动、提案调研大赛等多种来源收集到的图书馆用户反馈,逐一与图书馆沟通,以供图书馆后续改善,同时也将图书馆的响应传达给学生用户,成为图书馆与学生用户需求沟通的桥梁。

3. 用户研究分析

北大图书馆以数据为驱动,挖掘与探索用户需求,基于用户行为数据构建用户画像、开展用户研究,并定期组织不同主题的用户调研,以便准确识别用户需求、科学评估服务效果、及时发现服务盲点、有效指导服务开展,提高图书馆服务的满意度以及效率。

关注用户数据,让数据说话,挖掘用户特征,支撑服务决策。北大图书馆规范收集用户信息与行为数据,深入分析和挖掘数据背后的用户特征与行为逻辑,捕捉用户需求与服务切入点,为图书馆的具体服务决策提供数据支撑。例如,基于各年级学生的用户信息数据以及到馆与借阅数据,分析不同年级阶段的用户画像与服务策略;基于本科新生到馆与借阅数据,分析各院系新生的图书馆使用情况与学习状态,为开展有针对性的院系服务厘清方向;基于本科生的到馆与借阅数据,评估"带班馆员"服务的开展效果,为"带班馆员"服务的优化提供参考;基于全体用户全年借阅数据,为研修专座服务人群范围的限定提供科学依据;基于全体用户全年在借册次数据,为用户借阅权限的申请提级制度提供精准支撑。

重视用户调研,请用户表达,摸清用户需求,指导服务开展。北大图书馆积极开展用户服务需求调研、服务效果评估等多类型的问卷调查活动,深入了解用户需求、及时找准服务着力点。例如,在用户服务需求调研方面,向新校区学生发放问卷,调查其对图书馆各类资源以及培训与服务的使用情况和需求情况,以便为新校区师生提供有效的服务与支持;在具体服务效果评估方面,向新生发放问卷,调查图书馆迎新系列活动和新生入馆教育的参与效果与满意度,指导迎新服务的改进与优化;在用户参与管理方面,向图书馆学生志愿者发放问卷,了解志愿者服务过程中的问题与感受,助力图书馆学生志愿者队伍建设高质量发展。

3.3 积极引导——用户互动活动与宣传

北大图书馆高度重视面向用户的日常宣传与主动引导,通过构建全程陪伴的主题活动与服务体系以及主动协同的融媒体宣传服务,扩大图书馆资源、服务、文化等方面的传播力与影响力,增进用户对图书馆的了解,加强用户与图书馆的互动,拉近用户与图书馆的距离,深化用户伙伴关系与信任关系。

1. 全程陪伴——图书馆主题活动与服务体系

北大图书馆积极开展常态化、多元化用户互动活动与服务,每年以迎新季、春节、读书月、毕业季等为契机,进行主题系列活动的筹办,构建从入学到毕业、从学习到课余时间的全方位、多样化用户系列活动,同时深入开展"带班馆员"服务,实现对用户成长和发展的全程参与、全程陪伴,引导用户走进图书馆、了解图书馆、爱上图书馆。

在迎新季,图书馆为新生精心打造兼具教育性与趣味性的迎新主题活动,线上与线下相结合开展入馆教育,组织新生到图书馆内参观学习并发放迎新纪念套装,同时举办丰富多彩的趣味活动,如图书漂流活动、阅读启航闯关打卡活动、迎新墙留影活动等。在春节期间,为师生打造书香与年味并存的迎新春系列活动,包括定制新春书签的发放、猜灯谜、写春联、新年读书分享、幸运抽奖活动等,陪伴师生欢度佳节;在世界读书日期间,每年围绕不同主题举办阅读文化节,开展专题讲座、展览、文化体验、阅读打卡等多种阅读文化活动;在毕业季,为毕业生提供温馨难忘的毕业服务,不仅组织毕业墙、毕业留影、图书漂流、借阅纪念卡等活动,而且积极开展校友身份认证和入馆服务,为用户提供终身服务、建立长效关系。

在国庆、校庆、馆庆等图书馆的重要节日,图书馆也精心组织举办主题展览、讲座、征文、摄影等用户活动,丰富师生文化生活,助力校园文化建设,培养用户的爱国、爱校、爱馆情怀。

除主题活动外,图书馆自 2020 年起精心推出"带班馆员"服务,为所有本科新生班级配备专属的图书馆员,该馆员将陪伴学生度过本科四年,并提供图书馆使用教学、图书馆资源服务动态推介、学科资源梳理、专场讲座、实时疑问解答等多样化服务与引导。"带班馆员"服务不仅能够帮助新生尽快了解图书馆、适应大学学习生活,而且在陪伴学生本科四年的时间里,能够及时满足学生不同阶段的信息服务需求,为学生学术进阶与个人成长保驾护航。

2. 主动协同——图书馆融媒体宣传服务

北大图书馆将举旗帜、聚民心、育新人、兴文化、展形象的使命任务融入融媒体宣传服务建设全过程,优化宣传工作体系、拓展宣传工作格局、规范工作管理制度、创新传播内容形式,着力提升图书馆融媒体宣传工作的引领力、感召力、覆盖力和吸引力,强化图书馆与用户之间的沟通力度。

为形成上下互通、横向联合、齐抓共管的大宣传工作格局,2021年图书馆党政联席会议研究决定成立融媒体传播领导小组,统筹管理以图书馆的名义通过各级各类媒体平台进行的宣传活动,全面整合人力、内容、渠道等图书馆宣传力量,贯彻资源通融、内容兼融、宣传互融、利益共融的新型媒体宣传理念。

实行跨部门协同工作模式,建立融媒体宣传工作体系。融媒体传播领导小组以图书馆各业务中心骨干和党支部宣传委员为主要成员,分管宣传工作的馆领导任组长,用户关系办公室负责协调和落实。融媒体传播领导小组跨中心、跨部门采取专职与兼职相结合的管理方式,专职成员2~3名,分别负责新媒体平台的运行管理、新闻报道及宣传材料的统筹规划、舆情信息的管理监控等;兼职成员由熟悉新媒体平台特点的馆员与在校学生组成。各中心骨干和支部宣传委员负责本中心宣传素材的收集和撰写。

深化与校内相关机构的合作,拓展融媒体宣传工作格局。除加强馆内各中心间的联动外,图书馆积极与学校宣传部、团委等相关机构合作,拓展图书馆宣传工作格局,形成推进图书馆宣传工作的强大合力,共同营造良好的校园文化氛围。2021—2022年,图书馆共为北京大学新闻网供稿54篇,其中北京大学主页新闻21篇;与北京大学微信官方账号联合策划推送文章17篇,其中阅读量10万+的文章3篇,累计阅读量近200万次;联合拍摄宣传片4个。

规范宣传工作管理制度,推进融媒体宣传科学化、规范化。图书馆先后制定出台《北京大学图书馆融媒体宣传工作管理办法》《北京大学图书馆在馆拍摄管理办法》《北京大学图书馆舆情处理规定》《图书馆BBS值班工作办法》《图书馆显示屏管理办法》《图书馆融媒体宣传投稿流程》等制度文件,加强管理,改进流程,建立健全重大信息报送、新闻宣传与媒体采访、舆情管理等工作机制,进一步规范图书馆及相关单位对图书馆资源、服务、文化等方面的宣传工作。

整合资源渠道,创新内容形式,提升融媒体宣传质量效果。图书馆深入整合信息资源与传播渠道,探索传播内容形式创新,着力满足用户多样化、个性化信息需求。近年来,图书馆积极推出新闻推送、服务上新、活动宣传、学术快报、馆藏推介、学生作品展、"身边榜样"评选、抗疫短视频等多种类型的宣传作品;系统整合线上与线下传播渠道,充分发挥馆内电子屏、馆内海报、宣传板、展览区等线下载体与微信、微博、图书馆主页、学校门户、学校新闻网、学校论坛等线上载体的传播潜力,推动多渠道融合共生,打出宣传"组合拳"。2021—2022年图书馆举办线上与线下展览 20 余场;图书馆微信官方账号发布推送共计 427 条,总阅读量为 787,190 次;图书馆微博官方账号共发布微博 571 条,总阅读量 6,277,650 次。基于主动协同的融媒体宣传体系,图书馆坚持守正创新、与时俱进,开展既"接地气"又"有人气"、既覆盖面广又影响力大的思想文化宣传工作,让图书馆的声音传得更广、更深入用户内心。

第四节 安全管理体系

黄涛　范召奎

以中国式现代化推进中华民族伟大复兴已成为新时代新征程党的中心任务,高质量发展是全面建设社会主义现代化国家的首要任务。高校图书馆事业要紧紧围绕党的中心任务,扎实推进高质量发展[19]。发展是永恒不变的主题,安全更是高质量发展的必要保障和基础环境。

习近平总书记在党的二十大报告中指出:"提高公共安全治理水平。坚持安全第一、预防为主,建立大安全大应急框架,完善公共安全体系,推动公共安全治理模式向事前预防转型。"[23]北京大学第十四次党员代表大会指出,扎实抓好安全稳定工作。要始终保持"时时放心不下"的政治警觉,深刻认识北京大学政治稳定、政治安全的重大意义,贯彻总体国家安全观,严格落实意识形态工作责任制,强化阵地管理,与各种错误思潮作坚决斗争,打好主动仗、占领制高点,切实做到守土有责、守土尽责。坚持"党政同责、一岗双责、齐抓共管",筑牢各类防线。

在建设一流图书馆的征程上,追求卓越和完美的安全管理体系是高效运行图书馆的可靠保障和先决条件。安全管理不单纯针对某一件事或制度,是集责任、组织、人员、意识、文化、技术、时间、空间等多方面、多要素的综合体系,全方位安全管理体系的建设是一个不断健全完善,不断与时俱进,不断扎实推进,不断稳步发展的过程。五年来,北大图书馆不断强化安全意识和责任意识,持续做好常态化疫情防控,建立网络安全、数据安全防护体系,切实做好各项安全保障工作。以准确防范风险、有效应对突发事件为核心,建立全面、具体、可操作的应急管理体系,提升安全系统智能化水平,提高风险感知灵敏度,加强风险研判准确度,加快应急反应速度,创新多方联动处置机制,健全舆情监测研判、预警、发布机制,系统推进应急管理创新发展。

4.1 全方位安全管理体系建设的目标

1. 图书馆安全管理体系建设的基本环境

北大图书馆是学校核心的公共空间,馆内有海量的纸质图书资料,资源高度集中;馆内有 3,000 多个座位,每天入馆 6,000 多人次,属于校内人员密集场所;楼内服务开放时间长,非节假日 6:30 开门,22:30 关门,每学期考试季还会延长开门时间,线上服务全年 365 天不间断。上述客观条件使得图书馆的安全管理工作面临的情况比较复杂,涉及人身安全、财产安全、消防安全、网络安全、数据安全、舆情安全等多个方面。这也需要安全管理工作不仅要具体到各个环节、各个方面,做实做细,还要树立全方位的安全观、全局观,做好统筹协调工作。

2. 图书馆全方位安全管理体系建设目标

安全管理是针对安全的对象进行管理,根据系统逻辑、业务逻辑、管理逻辑内在关联对过程、事物、人员以及动态的、静态的各种因素进行管控,尽可能地防止风险发生。汉代刘向《说苑·说丛》提到,"患生于所忽,祸起于细微"。大意是忧患滋生于不重视,灾害起因于微小之处。海恩法则指出:每一起严重事故的背后,必然有 29 次轻微事故和 300 起未遂先兆以及 1,000 起事故隐患。事故案件的发生看似偶然,其实是各种因素累积到一定程度的必然结果。任何事故都是有端倪可查的,如果每次事故前的隐患或苗头都能得到重视,那么每一次事故都可以避免。

全方位安全管理目标就是在推进图书馆事业高质量发展的过程中,坚持安全第一、预防为主的原则,准确防范风险,及时排查隐患,有效应对突发事件,全面提升安全管理和综合治理水平,确保图书馆全方位的安全稳定。

3. 建设全方位安全管理体系的重大意义

不断追求卓越和完美的人才队伍建设体系、创新体系、沟通交流机制、安全管理体系是高效运行的一流图书馆建设的基础和保障。不断完善的全员化、全过程、全方位的安全管理体系不仅是图书馆高效运行的重要组成部分,也是图书馆高质量发展的重要组成部分。习近平总书记要求对各种风险见之于未萌,化之于未发,坚决防范各种风险失控蔓延[24]。图书馆要完整、准确、全面贯彻新发展理念,协同推动发现问题的整改落实,不断提升安全管理体系和治理能力现代化。

4.2 全方位安全管理体系建设的内容

1. 健全责任到人的全员化安全管理结构

(1) 落实责任到人的安全管理责任制

北大图书馆党政联席会、党委会高度重视安全管理工作,根据多年经验建立起馆长、书记第一责任人,中心主任一岗双责,从馆领导到中心馆员全员参与的安全管理责任体系。馆长、书记每年与中心主任签订"安全责任书",中心主任与馆员签订"安全责任清单",全体职工分工明确,职责清晰。在日常管理中,党政负责人始终把安全管理放在第一位,每周党政联席会都要讨论安全工作,主要领导负总责,分管领导具体负责,管理人员执行落实,全体馆员共同参与,形成"党政同责、一岗双责、齐抓共管"的局面,通过不断实践,持续优化管理"边界",落实到人,进一步完善领导责任、监管责任、主体责任,建立了横向到边、纵向到底的管理模式。

（2）健全工作有力的安全管理组织结构

北大图书馆不断完善和健全安全管理的组织架构，织好安全管理的网络，做到人人各司其职，守土有责、守土尽责，坚定落实管业务就管安全，坚决贯彻准确防范风险、预防为主的方针，倡导全员安全管理理念，重点抓落实整改，不断寻找安全上盲点并逐步完善解决，筑牢安全底线。

北大图书馆在决策层面建立了由班子成员组成的安全管理领导小组，在指挥层面建立了由主管副馆长、各中心主任组成的安全管理工作小组，在日常管理层面于2019年成立后勤保卫办公室，针对安全管理内容不同，专业特性不同，还成立了消防安全、出入管理、网络管理、数据管理、意识形态管理等多种管理及应急处置小组，于2020年成立融媒体小组，统筹协调舆情相关事务。各中心根据本部门业务特点建立相应的安全管理小组，做到安全工作逐级管理、全员管理、网格化管理。除计算服务中心的网络安全小组，古籍资源服务中心、特藏资源服务中心、知识资源服务中心的书库安全管理小组，物业部门的微型消防站外，2022年图书馆又组建了由中心主任、中心组长、事业编制馆员为主的馆员夜间驻馆值守小组，实现全天24小时有馆员在馆。

（3）打造"四有"精神的全员保障队伍

管理工作是由人来落实，最终着力点是队伍建设。北大图书馆在建设全方位安全管理体系过程中紧密围绕培养"四有"馆员的方向，注重全员参与，让事业编制、合同制、劳务派遣馆员和物业人员等充分认识到安全管理工作不是一个部门的事情，而是全馆共同的事情。人人都守土有责、守土尽责，管业务就要管安全，需要做好属地管理，守住安全底线。班子成员、中心主任、副主任、组长以高度的责任心，做好安全统筹协调和联动，中心馆员、微型消防站人员、物业工程人员也根据各自岗位业务流程中风险因素进行专项分解，做到每一项细分工作落实到具体人，形成全面覆盖、全员参与、全员保障、全员防控的新局面。

2. 建立预防为主的全过程安全监督体系

（1）重在事前预防的全过程管理

目前整体安全管理的观点已经从针对事件的应急处置逐步转向对事前预防的关注，习近平总书记在党的二十大报告中提到，要"推动公共安全治理模式向事前预防转型"[23]。北大图书馆积极采取事前预防的管理方式来全面推进安全管理的高质量发展。安全管理制度是保障，应急预案是基础，隐患排查则是有效化解事前风险的有力抓手。通过对风险类型的划分，对隐患排查任务的逐级分解，对工作流程中要素的逐层梳理，结合不同层级、不同侧重的检查、排查来排除隐患，形成分级分类台账，作为后期整改的有力依据。北大图书馆杜绝预案写在纸上、挂在嘴上、贴在墙上，重点抓落实整改，每年五一、国庆前组织由馆领导班子带队进行安全卫生大检查；每学期寒暑假前组织主管领导带队的全馆安全检查；每个月由后勤保卫办公室与物业联合对全馆重点部位进行检查；每天各中心对自己工作区域进行检查,物业对全馆进行巡查;2021年开始,启动全体馆员参与"馆员探馆"活动,也包含对全馆安全管理工作的互查,取得了良好效果。除此之外,还积极参与北京大学组织的每年一度的安全管理标准化检查、每季度的消防安全专项检查等。

(2) 加强全链条全天候的安全管理

图书馆的安全管理涉及方面不仅多,而且每个方面都具有其独立性、专业性,各个方面之间又彼此关联,北大图书馆在全方位安全管理中,对业务特别是新开展业务进行全链条的梳理分析,评估潜在风险,做好研判;对临时性展览、施工地、拍摄地进行重点安全评估,实行全过程监管;对毕业季、考试季、重大节日的安全意识、人流疏散做好应急储备、精准防控预案;除此以外,从时间上继续延伸管理,实现全天候有馆员在馆,牢牢把握安全管理中业务逻辑主动权。

在2020年北大图书馆的"送书到楼"服务中,根据当时新冠疫情的形势和用户需求,制定详细的服务流程,做好送书志愿者口罩、面罩、手套等防护以及书籍的除菌、无接触传递等措施。以东楼重启后的珍稀文献展览为契机,图书馆全面加强并完善布展施工、展览保障、身份核验等与施工、展览相关的安全要素管理措施,对布展、施工过程中临时用电、人员疏散、施工噪声等明确责任方、监管方进行规范管理,完善舆情、核验、疏散等临时应急措施和处置流程。2022年正式实行的馆员夜间驻馆值守制度,开启了图书馆全天候24小时均有馆员在馆的模式。夜间值守由中心主任、副主任、组长及中青年事业编馆员组成,每天负责晚上闭门、夜间值守、早上开门等方面协调联动、监督管理、应急备勤等工作,进一步完善图书馆全方位安全管理体系。

(3) 推进完善可操作性强的应急管理

北大图书馆牢牢把握风险防范、有效应对突发事件,不断完善应急管理体系这个主线,针对安全管理的方方面面做好与之匹配的应急预案,做到宁可备而不用,不能用而无备。遵循事务的系统逻辑,业务的发展逻辑,兼顾单位、部门的管理逻辑,注重可操作性,针对风险类型制订应急预案,建立应急处置机制,储备应急处置力量,提高馆员应急处置能力,准备应急物资,通过演练来完善预案的可操作性,特别是应急过程中人、物、流程之间的统筹协调,应急指挥、应急操作、事后善后等之间的协同配合。各部门根据本中心业务特性制订了相对独立、更加细化的应急处置办法。

部分预案做成一目了然的流程图,颜色鲜明,重点清晰,便于在紧急情况下节省时间,提高反应速度。通过演练,使馆员掌握基本应急处置流程,提高应急处置效率,及时总结经验,加强预案的可操作性。除了常规的消防安全演练,还根据新冠疫情防控需要,组织计算服务中心、数据服务中心、综合管理中心联合进行人员轨迹排查演练、病例转运演练。2022年12月,根据上级指示,紧急排查病例及密接人员的身份及在图书馆的轨迹,应急小组启动预案,在馆领导统一指挥下,驻馆党员支援下,齐心协力奋战四个小时,排查20余人的身份及馆内轨迹,用"实战"检验了应急预案的可操作性。

3. 建设齐抓共管的全方位联动机制

（1）持续健全安全管理制度

全面的、全流程的安全管理制度、管理规范是加强和落实安全管理工作的有力保障，也是安全管理工作日常遵循的准则。北大图书馆安全管理工作包含诸多方面，涉及所有部门，有传统的水、电、暖、安全保卫、消防等方面的安全管理工作，也涉及非传统的新冠疫情防控、出入馆管理、临时出入证管理、网络、数据、保密、舆情等方面的安全管理工作。日常工作中的业务流程、服务流程都涉及上述安全管理范畴。长期以来，图书馆积极建立并不断完善规章制度来规范日常工作，2019年，在北大图书馆"制度建设年"中，对现行安全管理体系相关制度进行全方位的修订调整，重新调整了《图书馆安全保卫制度》《图书馆突发事件应急预案》《图书馆安全用电规定》《图书馆设备点检巡检规定》《网络安全管理规定》《图书馆工作保密管理办法》等制度，2020—2022年，根据新冠疫情防控要求，先后制订了《图书馆新冠肺炎疫情防控工作应急预案》《图书馆新冠疫情防控应急处理流程》《图书馆应急排查楼内人员轨迹处理流程》等预案和流程。

（2）不断加强安全技能培训

北大图书馆全方位安全管理建设过程中始终围绕预防为主的原则，积极贯彻"下先手棋，打准备仗"的思路，把安全防范的"关口"前置，注重改变导致不安全行为的环境，从而减少或消除不安全的行为，而人是不安全行为产生的主要因素。通过全方位的培训提升馆员的基本应急能力、风险识别能力、安全防范意识等，提高馆员对风险的感知和预判能力。安全管理涉及的方面多、范围广，水、电、暖、消防、安全保卫、网络、数据、舆情都有其独立的专业性，北大图书馆每学期组织一次安全培训，邀请保卫部、计算中心、宣传部等老师来馆开展针对新冠疫情防控、网络、数据、舆情等专项讲座，后勤保卫办公室组织安全知识有奖问答，119全国消防日体验等，充分调动馆员对安全知识掌握的积极性，从"要我参加"逐步转变为"我要参加"，形成自觉增强安全能力的长效机制。

（3）加快提升现代化、智能化水平

北大图书馆坚持"技防""人防"相结合，保持"技防"设施完备有效，做到定期维护和更新，并逐步提升安全管理系统智能化水平。消防设施、设备、应急照明、疏散指示标志、自动消防系统、气体灭火系统、安防监控系统等运行正常是安全管理的基础。随着科技的发展，特别是网络技术的进步，安全管理涉及的设备已经从消防、安防、数据机房等逐步延伸到环境监测、电气火灾、不间断电源、人脸识别、网络监控、入侵探测等智能化、现代化方面。通过智能化系统之间的有效联动，获得更高的风险感知度，增强风险研判的准确度，提高应急反应的速度，成为提升风险防控能力的一个重要趋势。一方面，以2020年东楼修缮为契机，完成西楼安防监控设备的全面升级，升级门禁系统和人脸识别系统实现用户区与办公区隔离，完善重点书库、展厅入侵报警系统,增加重点区域水浸检测,让安全管理体系的"硬件"硬起来;另一方面,通过专业的技术培训、规范的操作流程,合理调整配置、动态调整权限等让安全管理体系中"软件"也硬起来,实现科学、合理、高效地利用设备,发挥智能化优势。

(4) 创新推进全方位联动机制

安全管理是一个日趋复杂、多方联动、不断发展的体系,北大图书馆从多角度、全方位进行自我诊断、自我完善,从执行层面、制度层面、系统层面建立有效的、实用的联动、处置、监督机制,督促隐患问题整改到位,加强应急预案的可操作性,落实全员安全管理责任制度。2020年以来,在每学期进行的全体馆员安全培训基础上,进一步把安全管理与新馆员入职培训结合,提升新馆员的安全意识,掌握常态化管理与应急管理的基本常识。2021年首创的"馆员探馆"活动,让全体馆员从用户的视角来体验图书馆的服务和保障,进一步发现图书馆在安全管理中存在的问题。新冠疫情期间,图书馆严格落实各项疫情防控制度,成立多个工作专班保障图书馆正常服务,在2022年两次组建"馆员志愿者队伍"留校驻守,启动应急预案,第一时间成立"疫情防控与坚守服务工作专班",克服馆内人员少、服务多的困难,馆长和书记每晚牵头会商管理和服务中的问题,及时协调各部门力量推进解决,积极发挥党员模范带头作用,全方位落实特殊时期的安全管理和服务保障制度。

4.3 全方位安全管理体系建设的保障

全方位安全管理体系是图书馆高质量发展的重要组成部分,也是一流图书馆高效运行的重要保障,在北大图书馆全方位安全管理体系建设中,不断加强全员安全管理理念,提高站位、增强意识,积极寻找安全上的盲点;扎实推进以预防为主的策略,不断完善监督机制,保障安全管理资金投入;注重传统安全与非传统安全的统筹协调,用高质量发展的思路来推进全方位协同发展。

1. 提高政治站位,增强安全意识,筑牢安全防线

海恩法则强调两点:一是事故的发生是量的积累的结果;二是再好的技术,再完美的规章,在实际操作层面,也无法取代人自身的素质和责任心。改变导致不安全行为的影响因素,减少不安全的行为才会让安全管理工作取得实效。北大图书馆强化政治站位和底线思维,压实主体责任,关注馆员的安全行为、安全意识、心理状态,降低馆员自身不安全行为的内驱力。

全体馆员对风险的认知的敏锐度以及在应急情况下的处置的快捷度,对安全管理工作尤为重要。图书馆通过多种形式的、针对不同的应急情境进行培训,培养馆员在应急情境下的安全应对能力,提高在应对突发事件时的处置和善后能力,并且根据"关口"前置的条件,逐步提升馆员对安全风险的识别能力,将安全风险识别融入日常管理和服务中,以提升馆员应对安全危机、安全风险的认知能力。

2. 强化监督检查,做好资金保障,守住安全底线

北大图书馆始终坚持问题导向与目标导向相统一,强化监督检查,重视整改落

实,严格执行台账制度,做好全方位安全管理体系的建设,减少甚至杜绝风险发生,健全舆情研判、预警、发布机制,系统推进安全管理创新发展。相对而言,安全检查较为简单、容易,而安全隐患的整改或治理则是烦琐、复杂的,需要投入大量的物力、人力、财力进行。图书馆对学校安全检查、图书馆安全自查、夜间值守巡查、"馆员探馆"活动中发现的问题、隐患如实记录,并分类整理到台账,明确责任部门及责任人、整改方法、整改期限,并定期复查,确保安全问题能够得到有效解决。图书馆根据每年安全管理工作具体要求,编制安全管理相关预算,做好消防、水、电、暖、网络等设备的常规检测、更新维护,以及舆情监控、数据安全防范、安全宣传教育培训等方面的资金支持。

3. 树立新安全观,推进创新发展,紧握安全主线

随着时间和外部环境的变化,全方位安全管理体系建设要与时俱进,不断完善、调整。过去图书馆的安全只涉及一些基本的安全,如防火防盗、设施设备的安全和珍贵文献的安全,而如今图书馆已进入大安全管理阶段,需要考虑到网络的安全、数据的安全、信息的安全以及最重要的文化的安全[25]。王世伟认为,必须以总体安全观进行谋划和应对,构建深度安全化的发展格局。除了对水患、火灾、地震、盗窃、医疗救助、高空跌落等传统安全问题要防范,要对各类建筑安全问题予以特别重视,还需要把流行病防控、文化安全、信息安全、网络安全、数据安全特别是个人信息安全等一些非传统安全问题提上规划的议题。以超前的全局思维和科学的预案设计积极主动、自信从容地应对各类安全问题[26]。

全方位安全管理体系是图书馆高质量发展的重要组成部分,北大图书馆在建设一流图书馆的过程中,追求卓越和完美的安全管理体系是高效运行图书馆的可靠保障和先决条件。安全管理不单纯是某一件事或某一项制度,而是集责任、组织、人员、意识、文化、技术、时间、空间等多方面、多要素的综合体系。全方位安全管理体系的建设是在"用户导向,服务至上"基本理念和"斯文在兹、道隐无名"基本方针指引下的一个不断健全完善,不断与时俱进,不断扎实推动,不断稳步发展的过程。图书馆将以更大视野的安全观,始终坚持问题导向与目标导向相统一,把全方位安全管理体系融入图书馆日常管理和服务中,全力推进图书馆治理体系和安全管理能力的现代化。

参 考 文 献

[1] 郑清文,梁南燕,陈建龙.基于创新力标准的北京大学图书馆馆员队伍现代化建设新探[J].大学图书馆学报,2023,41(01):5-10.

[2] 陈建龙,邵燕,张慧丽,等.大学图书馆现代化指南针报告[J].大学图书馆学报,2022,40(01):22-33.

[3] 陈建龙.庄守经先生的图书馆现代化思想初探[J].大学图书馆学报,

2021,39(03):6-10.

[4] 陈建龙.大学图书馆现代化转型发展刍议[J].大学图书馆学报,2020,38(01):5-12.

[5] 陈建龙.教育部高校图工委的坚守与担当[J].大学图书馆学报,2022,40(01):11-21.

[6] 杨鲜兰,程亚勤.论习近平对人的全面发展理论的创新发展[J].湖北社会科学,2020(04):12-17.

[7] 陈建龙,邵燕,张慧丽,张璐.大学图书馆现代化的前沿课题和时代命题——《大学图书馆现代化指南针报告》解读[J].中国图书馆学报,2022,48(01):17-28.

[8] 陈建龙.大学图书馆的本来、外来和未来——以北京大学图书馆为例[J].大学图书馆学报,2018,36(06):7-12.

[9] 郑清文.试析立德树人视域下高校图书馆以文化人的途径、方式与机制[J].大学图书馆学报,2022,40(03):39-47.

[10] 习近平.领导干部要带头树立八个方面的良好风气[J].党建研究,2007(05):6-8.

[11] 陈建龙,邵燕,刘万国,张璐,李峰.高校图书馆馆员队伍建设指南针报告[J].大学图书馆学报,2023,(01):28-36.

[12] 贺德方,汤富强,陈涛,等.国家创新体系的发展演进分析与若干思考[J].中国科学院院刊,2023,38(2):241-254.

[13] 佘惠敏.自立自强完善国家创新体系[N].经济日报,2023-01-24(001).

[14] 陈建龙,邵燕,张慧丽,等.大学图书馆现代化指南针报告[J].大学图书馆学报,2022,40(01):22-33.

[15] 北京大学图书馆.李大钊[EB/OL].[2022-05-21].https://www.lib.pku.edu.cn/portal/cn/bggk/bgjs/lishiyange/lidazhao.

[16] 陈建龙.引领大图齐创新发展学术成体系[J].大学图书馆学报,2022,40(1):1.

[17] 刘宇初,李峰,刘素清.高校图书馆创新能力提升策略研究——以北京大学图书馆创新实践为例[J].大学图书馆学报,2023,41(01):87-93.

[18] 郑清文,梁南燕,陈建龙.基于创新力标准的北京大学图书馆馆员队伍现代化建设新探[J].大学图书馆学报,2023,41(01):5-10.

[19] 陈建龙.中国式现代化新征程上高校图书馆事业的高质量发展[J].大学图书馆学报,2022,40(06):5-7.

[20] 陈建龙.大学图书馆现代化转型发展刍议[J].大学图书馆学报,2020,38(01):5-12.

[21] 陈建龙.贯彻"两个结合",开拓高校图书馆服务创新[J].大学图书馆学

报,2021,39(6):3.

[22] 陈建龙.教育部高校图工委的坚守与担当[J].大学图书馆学报,2022,40(01):11-21.

[23] 习近平.高举中国特色社会主义伟大旗帜为全面建设社会主义现代化国家而团结奋斗——在中国共产党第二十次全国代表大会上的报告[EB/OL].(2022-10-25)[2023-03-06].http://www.gov.cn/xinwen/2022/10/25/content_5721685.htm.

[24] 新华社.习近平主持中央政治局第四次集体学习并发表重要讲话[EB/OL].(2023-03-31)[2023-04-01].http://www.gov.cn/yaowen/2023-03/31/content_5749429.htm.

[25] 柯平.公共图书馆高质量发展的十个新主题[J].图书与情报,2021,(01):001-010.

[26] 王世伟."十四五"时期公共图书馆高质量发展应具备的五大指向[J].图书馆理论与实践,2021,(01):001-005.

第七章　保障有力和持续

第一节　党建和思想政治工作

徐月　梁南燕

坚持党建工作与业务的融合发展是图书馆实现高质量发展的重要保障。近年来，在学校党委的正确领导下，图书馆不断健全党政集体领导、分工合作、协调运行、科学发展的工作机制，完善党委会和党政联席会议议事规则，着力发挥好图书馆党委的政治核心和保证监督作用、党支部的战斗堡垒作用和党员的先锋模范作用，扎实推进党建工作与业务工作同谋划、同部署、同推进、同考核，凝心聚力、团结奋进，取得了显著成效。2019年，图书馆党委连续第4次被授予北京大学"党务与思想政治工作先进集体"光荣称号。

2019年春，图书馆启动党委换届工作，4月26日，校党委正式批复图书馆党员大会选举结果，产生新一届委员会委员11名（按姓氏笔画为序）：朱本军、刘素清（女）、别立谦（女）、张乃帅、张丽静（女）、张海舰、陈建龙、周春霞（女）、郑清文、姚晓霞（女）、童云海，其中郑清文同志为党委书记，周春霞同志为党委副书记。2019年10月，图书馆在机构调整之后完成支部调整和换届工作，坚持"支部建在中心"上，设置了9个支部，并选举产生了新的支部委员。2022年10月，伴随新一轮的机构重组，图书馆再次对支部进行调整，选举产生了新一届的支部委员。截至2023年5月，图书馆党员人数177人，其中，在职党员118人，占在职馆员（含事业编制、合同制、劳务派遣制人员）的45%；在职事业编制党员96人，占在职事业编制馆员总数的65%。

1.1　深入学习贯彻，夯实思想基础

1. 强化理论学习，深化思想认识

图书馆认真贯彻落实上级党委的部署要求，结合图书馆实际落到实处，将党的领导贯穿于办馆、治馆全过程。同时，系统组织各类理论学习活动，不断提升党政领导班子成员和全馆党员的思想政治素质和理论水平，教育引导广大党员用习近平新时代中国特色社会主义思想武装头脑、指导实践、推动工作，深刻认识"两个确立"的决定性意义，筑牢"四个意识"，坚定"四个自信"，做到"两个维护"。

2019年，扎实开展"不忘初心、牢记使命"主题教育，牢牢把握"守初心、担使命，找差距、抓落实"的总要求，深入学习贯彻习近平新时代中国特色社会主义思想，锤炼出领导班子忠诚干净担当的政治品格。2019年，图书馆党委围绕主题教育开展丰富多彩的学习活动，组织多场理论学习讲座，包括韩毓海老师主讲"青年毛泽东与北京大学"等，同时组织10场专题理论学习，系统学习习近平总书记关于"不忘初心、牢记使命"的重要论述。

2020年，继续坚持政治建设"提高度"，思想建设"拓广度"，巩固深化"不忘初心、牢记使命"主题教育成果，推动班子成员持续深入开展理论学习，完善理论学习中心组制度，推动图书馆学习型组织建设，开拓学习资源、创新学习方式，促进学习的系统化和常态化，做到学思用贯通、知信行统一。

2021年，高标准高质量抓好党史学习教育，争当学习急先锋。严格落实党史学习教育各项要求，深入学习贯彻习近平新时代中国特色社会主义思想，坚持个人自学与集体学习相结合，同时组织了多次集中学习，既有学校组织的多场专题讲座，也有图书馆专门举办的多场党史学习教育讲座，通过集中学习研讨深化思想认识。

2022年，坚决落实学校党委的决策部署，把迎接、宣传和贯彻党的二十大和学校第十四次党代会作为全年工作的主线。发挥融媒体矩阵优势，充分利用图书馆及学校的融媒体平台和校内外其他宣传阵地，发挥联动效应，及时、全面传达党的二十大相关精神，营造喜迎党的二十大胜利召开的浓厚氛围。同时，全面梳理党的十八大以来的重要举措、重大进展和重要成果，与党委宣传部联合举办"喜迎二十大 奋进新时代——北京大学改革发展十年成果图片展"，参展人数逾万人。

2. 结合本馆特色，弘扬大钊精神

2014年5月和2018年5月，习近平总书记两次在北大考察时，都曾谈到北大与马克思主义传播、与中国共产党成立的紧密关系。习近平总书记指出，"中国共产党的主要创始人和一些早期著名活动家，正是在北大工作或学习期间开始阅读马克思主义著作、传播马克思主义的，并推动了中国共产党的成立。这是北大的骄傲，也是北大的光荣。"2021年6月25日，习近平总书记在北大红楼参观"光辉伟业 红色序章——北大红楼与中国共产党早期北京革命活动"主题展时指出，"北大是新文化运动的中心和五四运动的策源地，最早在我国传播马克思主义思想，也是我们党在北京早期革命活动的历史见证地，在建党过程中具有重要地位。"

共产主义运动先驱李大钊和领袖毛泽东与北大图书馆有着不解之缘。图书馆有着悠久的革命文献收藏传统和丰富的革命文献资源，图书馆党委注重结合自身特色和光荣历史，在组织整理和创新利用革命文献中深挖革命文化内涵，多渠道、多方式让党员和馆员深刻感悟光荣革命传统，同时连续多年围绕李大钊同志英勇就义90周年、就任图书馆主任100周年、诞辰130周年以及庆祝中国共产党成立100周年等组织开展系列活动，深入学习和弘扬大钊精神。通过组织党员和馆员学好党史、校史、馆史，让大家更深刻理解中国共产党为什么"能"、马克思主义为什么"行"、中国特色社会主义为什么"好"，进而切实增强"四个意识"、坚定"四个自信"、做到"两个维护"，守初心、担使命、传精神、明责任，汲取奋进之力，转化为努力奋斗的行动自觉。

图书馆党政班子坚持以习近平新时代中国特色社会主义思想为指导，主动融入大局，服务立德树人，加强政治引领和思想建设，促进党建工作与业务工作的融合发展，凝心聚力推进革命文化教育工作，始终坚守为党育人、为国育才的初心使命，把常态化长效化学习党史的过程作为增强政治意识、强化党性锻炼、不断提升"政治三力"的过程，大力弘扬大钊精神，在深刻认识"要把立德树人的成效作为检验学校一切工作的根本标准"以及"传承红色基因，赓续红色血脉"的重要意义的基础上，北大图书馆明确自身所肩负的历史使命与时代责任，找准定位，发挥优势，大力推进革命文献的整理与利用和"大钊阅览室"的建设服务，使之成为常态化长效化开展党史学习教育的基地和平台。

1.2 落实主体责任，全面从严治党

1. 严格意识形态，构建宣传体系

一是图书馆党政班子高度重视宣传工作，树立"大宣传"工作理念，推动图书馆宣传工作机制的创新。制定《北京大学图书馆融媒体宣传工作管理办法》，成立融媒体宣传小组，由各中心骨干和支部宣传委员参加，将宣传思想工作与业务工作紧密结合，形成上下互通、横向联合、齐抓共管的大宣传工作格局。同时，融合多种媒体资源，把握好时、度、效，弘扬主旋律、传播正能量，切实增强吸引力和感染力。二是严格落实意识形态工作的主体责任。组织制定图书馆党委意识形态工作责任制实施办法、实施方案以及新媒体、讲座论坛报告管理办法，加强书目推荐、资源采购、学者主页等规范管理，不断增强政治意识、责任意识和阵地意识。三是在人员聘任、聘期考核、综合评价、职称评审等环节中把好思想关和政治关。

2. 落实主体责任，严格"一岗双责"

一是进一步加强主体责任教育，强化主体责任意识，持续深入推进全面从严治党。对重点领域、关键岗位的廉洁风险防控机制进行梳理和完善，落实"一岗双责"，锲而不舍落实中央八项规定精神。二是进一步发挥好馆党委和各支部纪检委员的常态化监督作用，提升监督实效，对纪检委员分工进行调整，使得常态化监督更加深入。三是加强师德师风建设，建立师德委员会，制定馆员与学生交流注意事项。

3. 加强整改落实，强化作风建设

一是认真落实巡视整改任务要求，组织专题学习和民主生活会，查摆问题，逐项整改落到实处；二是将"问题导向"贯穿每年民主生活会始终，细化整改清单，狠抓整改落实；三是强化宗旨意识，及时解决群众的困难和问题，努力形成尚德集智、

尚贤育能、尚实助人、尚美创新的良好风气。北京大学党委第七巡察组于2020年6月28日至7月17日对图书馆(含医学部图书馆)开展了巡察工作,这是对图书馆各项工作的"全面检阅"和有力促进,体现出对图书馆的高度重视。图书馆党委严格按照学校要求,积极配合巡察组做好各项巡察工作。10月19日顺利召开巡察反馈会,进入全面整改阶段。图书馆党委牵头对整改落实方案进行反复研究,对情况和问题再梳理,对方案和措施再完善,对重点难点问题再审视,建立了问题清单、责任清单和整改台账。11月3日召开巡察整改专题民主生活会,全面检视剖析问题,坚持问题导向,强化宗旨意识,以实际行动推动巡察整改落到实处,推进全面从严治党向纵深发展。2021年,认真配合学校党委做好迎接巡视相关工作,推动巡察反馈意见整改不断向纵深发展,落实主体责任,全面从严治党,持续抓好整改落实,以不断推动图书馆各项事业的改革发展来巩固和深化巡察工作的成效。

以作风带馆风、树新风。2021年,组织策划纪念庄守经先生诞辰90周年追思会,既是要在共同追忆中共寄哀思,更是要回顾和总结庄守经先生的杰出贡献和高尚美德,以此激励全体馆员传承思想、弘扬精神,为图书馆现代化事业不断接续奋斗。同时,2021年和2023年组织开展"身边榜样"推选活动,树典型、高标准、正导向,着力培育"四有"馆员,促进形成"四尚"风气。

1.3 筑牢党建根基,建强战斗堡垒

1. 严格制度建设,抓实基层党建

一是严格落实"三会一课"制度,推进支部标准化规范化建设。馆党委组织各支部严肃认真开好组织生活会、落实主题党日制度,实现组织生活的规范化。二是严格落实领导干部双重组织生活制度,完善图书馆党委委员联系党支部工作制度,党委委员积极参加相关支部活动。三是严格落实民主评议制度,认真开展民主评议党员和党支部评议考核工作,将支部考核结果与评先评优等挂钩,强化党员意识和党性观念,确保了党员的先进性和纯洁性。

近年来,为推进"不忘初心、牢记使命"主题教育以及党史学习教育的常态化制度化,各支部积极组织开展了丰富多彩的主题党日活动。比如多支部联合开展"《共产党宣言》与共产党人的历史使命""享誉百年、蜚声中外——李大钊先生的图书馆实践与思想""李大钊与北京大学"等专题讲座,以及参观改革开放40周年纪念展、参观李大钊故居、"不忘初心、长忆峥嵘"主题电影赏析活动等。

2. 加强队伍建设,增强示范引领

图书馆党委坚持将支部建在中心上,选优配强支部书记,由中心副主任担任,同时鼓励政治能力强、个人素质高、业务能力优、群众信誉好的优秀党员参与支部工作,担任支委。2019年10月和2022年10月,分别在图书馆机构调整的基础上进行支部调整和换届工作,进一步发挥好支部的战斗堡垒作用。

严把党员发展质量关,认真做好党员发展和转正工作。图书馆党委通过示范

引领和思想交流，吸引多名优秀馆员向各支部递交了入党申请书。2020—2022年新入职事业编制员工16名，其中党员14名，占比88%，在此基础上，图书馆党委坚持做好在优秀馆员中发展党员的工作，包括1名中心主任和1名副主任。2019年，古籍中心支部发展1名新党员、转正1名预备党员。2020年，古籍中心支部和计算中心支部各转正1名预备党员。2021年，成功发展3名党员，吸收1名入党积极分子。2022年，春季学期1名预备党员转正，发展1名党员，同时3名馆员提交入党申请书。

3. 坚持抓实激活，推动党建创新

图书馆党委积极推动支部加强党建创新。2018年，图书馆党委积极探索支部共建，加强主题联学，比如资源建设支部与中国图书进出口公司支部、古籍特藏支部与中华女子学院图书馆支部开展了共建，在共同交流学习中，不仅深化了思想认识，而且交流了业务工作，创新了党建工作形式。2019年，综合管理中心支部与保卫部支部开展共建，古籍中心支部与新华社阿语支部开展共建。

图书馆党委指导各支部积极参与党建课题申报和党建创新立项，深入推进党建与业务工作的融合发展。2019年，成功获批北大基层党建创新立项6项，其中重点立项1个，一类项目1个，二类项目1个，三类项目3个，覆盖所有党支部，并顺利结项。其中古籍特藏支部配合图书馆党委承担了党建重点立项课题，负责革命文献的整理、揭示和宣传推广工作。这些党建课题和创新项目，从实处着眼，在形式上创新，促进了党建与业务工作的"双促进、共发展"。2020年4月，图书馆党委积极申请基层党建创新立项，并成功获批10项，其中重点项目1个，覆盖调整后的所有9个党支部，10月所有项目顺利结项。2021年1月，图书馆党委积极申请基层党建创新立项，并成功获批9项，其中重点项目1个，覆盖调整后的所有9个党支部，11月所有项目顺利结项。同时图书馆党委组织申报2项北京大学"双一流"建设攻坚克难案例（《培育"四有"馆员，让党旗飘扬在服务"双一流"建设的第一线——北京大学图书馆探索加强青年人才队伍建设》《以数据驱动管理服务创新，推动数字化转型，赋能高质量发展》）。2022年，图书馆党委申请北京大学党建研究重点课题"党建引领推进革命文化教育常态化长效化——基于大钊阅览室的实践研究"，特藏中心党支部和计算中心党支部联合申报《强化党建引领，促进协同增效，推进李大钊文献资源数据平台建设》、数据中心支部申报《党史研究专题期刊文献整理、分析及资源库建设》均获立项，并于2023年春季顺利结项。

1.4 加强党政协同，推进融合发展

1. 加强政治建设，健全制度机制

图书馆注重加强政治建设，落实"三重一大"，健全集体领导、党政分工合作、协调运行、科学发展的工作机制，完善党委会和党政联席会议议事规则，努力发挥好图书馆党委政治核心和保证监督作用，加强先行把关，把党的领导贯穿办馆治馆全

过程,推进党建与业务工作同谋划、同部署、同推进、同考核。同时注重班子自身建设,形成常态化沟通机制,认真召开民主生活会,加强批评与自我批评,促进形成团结有力的领导集体。

2. 聚焦主责主业,抓党建促创建

图书馆党委与图书馆行政一起协同推进"制度建设年""队伍建设年""馆风建设年""能力建设年""团队建设年"相关工作,推动《行动纲领》和《"十四五"规划》的落实。2021年顺利完成党建创新立项重点项目《培育"四有"馆员,激发青春力量,促进融合发展——图书馆党委探索推进青年人才队伍建设》。2022年,党政协同推进以创新力为标准的"四有"馆员队伍建设,设立"4A创新力优胜奖",优化五四创新力报告会制度,开展"创新案例"评选活动,举办专业馆员系统培训讲座40余场。同时,全面总结《行动纲领》实施成效,基本建成综合性、创新型、智能化、标杆位大学图书馆。

在2020年上半年新冠疫情防控阻击战、下半年东楼重启大会战中,图书馆党委与图书馆行政一起第一时间成立疫情防控五个工作小组、东楼重启四个工作专班,落实学校部署,推进整体工作。同时充分发挥支部战斗堡垒作用,协助各中心做好新冠疫情防控和服务保障、东楼重启和服务转型等各项工作。此外,在新冠疫情防控期间组织"送书到楼"服务,动员党员同志走在前列、干在实处,让党旗在图书馆新冠疫情防控一线和用户服务一线高高飘扬,累计有1,640人次报名"送书到楼"服务,其中党员超过七成。同时,毕业季动员各支部党员到学校快递点、学生宿舍区完成上门还书。2020年,图书馆共有9位馆员老师获评"北京大学抗击疫情先进个人"。此外,东楼修缮期间,组织以支部为单位在工地现场紧盯施工进度和项目质量,确保东楼如期重启,同时组织年轻党员积极参与东楼重启之后相关展览的值晚班和综合服务台咨询值班工作,为服务提质提供保障。

3. 做好相关工作,加强凝心聚力

坚持人民至上是我们党百年奋斗的成功经验,也是中国共产党人的最高价值追求。新时代基层党建工作,必须把服务群众作为根本出发点和落脚点,将人民至上理念贯穿党建工作始终。图书馆党政班子坚定不移走群众路线,贯彻"用户导向,服务至上"的基本理念,将用户的需求和馆员的期待作为管理和服务工作的硬指标,不断筑牢群众基础,集思广益,凝聚共识。一是积极支持民主党派开展活动和发挥作用,每年召开新春座谈会。二是做好工会、教代会工作,开展好运动会、年终总结会等活动,及时关心和协助职工解决问题。2020年获北京大学工会群众体育工作先进单位一等奖(2019年度),2021年获北京大学模范工会委员会(2019—2020年),2021年获北京大学工会系统精品活动奖(2018—2019年),2023年获北京大学春季运动会(教工组)第1名。三是做好离退休工作,每年组织党员和年轻馆员以上门走访等方式将馆里的慰问和问候送到每位离退休馆员手中。2022年底,图书馆党委和图书馆行政班子统筹协调全馆力量做好200余位离退休馆员的

新冠疫情防控工作,支部参与,党员带头,24小时热线值班,特别是对于高龄、空巢等离退休馆员,及时关心,尽力帮助,充分彰显了人文关怀。

第二节 治理制度

邵亚雄　周义刚

2.1 治理制度概述

1. 管理与治理

管理的含义因研究领域、研究视角不同而存在差异,但无论从哪个角度来说,管理侧重于因"管"而实现"理"的状态。治理理论来源于西方,其理论的共性是治理的目的是在各种不同的制度关系中运用权力去引导、控制和规范公民的各种活动,以最大限度地增进公共利益。[1]党的十八届三中全会作出了推进全面深化改革的重大决定,提出了国家治理现代化的重大命题。继而,党的十九届四中全会发布了《中共中央关于坚持和完善中国特色社会主义制度　推进国家治理体系和治理能力现代化若干重大问题的决定》,强调构建系统完备、科学规范、运行有效的制度体系,进一步打破了西方治理话语霸权,引领创造中国之治的奇迹,建立自治、法治、德治相结合的基层治理体系,建设共建、共治、共享的社会治理制度,实现善治状态。[2]

作为高等教育系统重要组成部分的高校图书馆,也必须与时俱进,建立一套完善的治理制度体系,以实现高校图书馆可持续的良性发展,为高校人才培养和高等教育事业发展提供强有力的支撑。

2. 图书馆治理

"图书馆管理"属于"运营"的范畴,其核心是在图书馆治理的框架内开展计划、组织、协调、指挥、控制和监督等活动,以维持图书馆的有效运行。"图书馆治理"属于"制度"范畴,核心是建立一个制度体系,科学合理地界定图书馆主要利益相关者的权利、职责和利益关系,从而实现图书馆公共利益最大化。同时,图书馆治理又具有一定文化外向性,通过制度规范着、影响着馆员、用户,将治理制度蕴含的价值外化进而内化为人们认可的价值,这对推动图书馆的进步,促使图书馆由人治管理转向法治管理,成为高度理性化的图书馆,有着深远的、至关重要的意义。

3. 图书馆治理制度构建

党的二十大报告提出,"健全共建共治共享的社会治理制度,提升社会治理效能""建设人人有责、人人尽责、人人享有的社会治理共同体"。制度是治理的依据和结果,治理是制度的实践和创新。治理直接倚重的是制度。图书馆治理制度的完善,也是制度建设的过程。图书馆治理制度不能简单看成是与图书馆相关的各项规则、章程、制度、标准、程序及办法的总称,而是一个体系化的架构,为实现图书馆的目标,围绕图书馆运行规律形成的一套系统完备、科学规范、运行有效的制度体系。图书馆治理制度将关联着各种不同的利益相关方有效组织,各项制度单元和制度体系之间相互嵌套,形成多重而交叉的联系,进而提高图书馆治理效能,保障图书馆事业的可持续发展。图书馆治理制度构建应通过设立有机协调的治理架构,形成科学完备的规章制度体系,进而不断将治理制度的价值体系浸润于图书馆相关的各方主体。

2.2 有机协调的治理架构

1. 团结奋进的领导班子

《荀子·君道》称:"法者,治之端也,君子者,法之原也。"足见领导班子在治理制度中的重要性。教育部《普通高等学校图书馆规程》指出:"图书馆在学校授权范围内实行馆长负责制。"北京大学图书馆建立"集体领导、党政分工合作、协调运行"的工作机制,[3]同时切实发挥好馆党委的政治核心和保证监督作用,持续推进党建与业务工作的融合发展,将党的领导贯穿于办馆、治馆全过程。

2017年6月,学校党委任命陈建龙为北大图书馆馆长;同年7月,任命郑清文为北大图书馆党委书记;2019年1月,换届产生图书馆新一届行政班子;同年4月,批复同意中共北大图书馆新一届委员会委员并产生新一届书记班子。领导班子通过建立系列制度不断加强自身建设,制定并完善了《北京大学图书馆党政联席会议议事规则》《北京大学图书馆党委会议制度与议事规则》,修订完善了《图书馆党政领导班子落实"三重一大"决策制度实施办法》,进一步规范决策行为,提高决策质量,防范决策风险,推动图书馆治理能力的现代化。

2019年11月,北京大学文献保障与信息服务发展委员会完成换届,开展《北京大学文献保障与信息服务体系管理办法》的修订工作,对文献信息服务体系的定义、定性和定位,指导思想和主要办法,总分馆职责分工以及文献信息体系的机构设置进行准确阐述。2020年2月,《北京大学文献保障与信息服务体系管理办法》由校长办公会议审议通过,对完善图书馆制度建设,开拓文献保障与信息服务体系发展新局面,推动和完善现代大学治理体系有着深远的意义。

2021年,图书馆开拓性地开展了"馆员探馆"活动,实现了"自下而上"的创新,推进图书馆治理制度的完善,通过充分调动和发挥馆员的主体性、能动性,进一步彰显治理主体主人翁地位,有效激发责任意识,以"智治"支持并增强图书馆治理动力。

2. 不断优化的组织机构

数字化转型是现阶段全球发展的主要态势,图书馆作为重要的信息文化场所,持续探索并推进数字化发展,加快线上与线下服务融合。面对外部环境的巨大变化,图书馆在深化传统服务转型发展的基础上,与时俱进地探索学科化知识服务、知识产权服务、数据管理服务、创新型智库服务、融媒体信息服务等新型服务。

为了更好地实现并促进图书馆高质量、内涵式发展，2019年、2022年分别完成两轮组织机构调整和岗位聘任工作，经过科学调整组织机构，形成了能充分激发治理活力的组织机构（见图7.1）。既有基于传统服务基础上设立的，又有着眼未来，适应新时期新使命实现服务升级，推动图书馆的可持续发展的业务中心。同时成立项目管理中心，以项目化管理推动中国高等教育文献保障系统（CALIS）和中国高校人文社会科学文献中心（CASHL）项目创新性发展，并不断拓展社会责任项目，助力高校图书馆事业全面发展。开创性成立用户关系办公室、受赠与合作办公室，有效地将用户、捐赠方及合作伙伴纳入图书馆治理体系，成为其中重要一环。

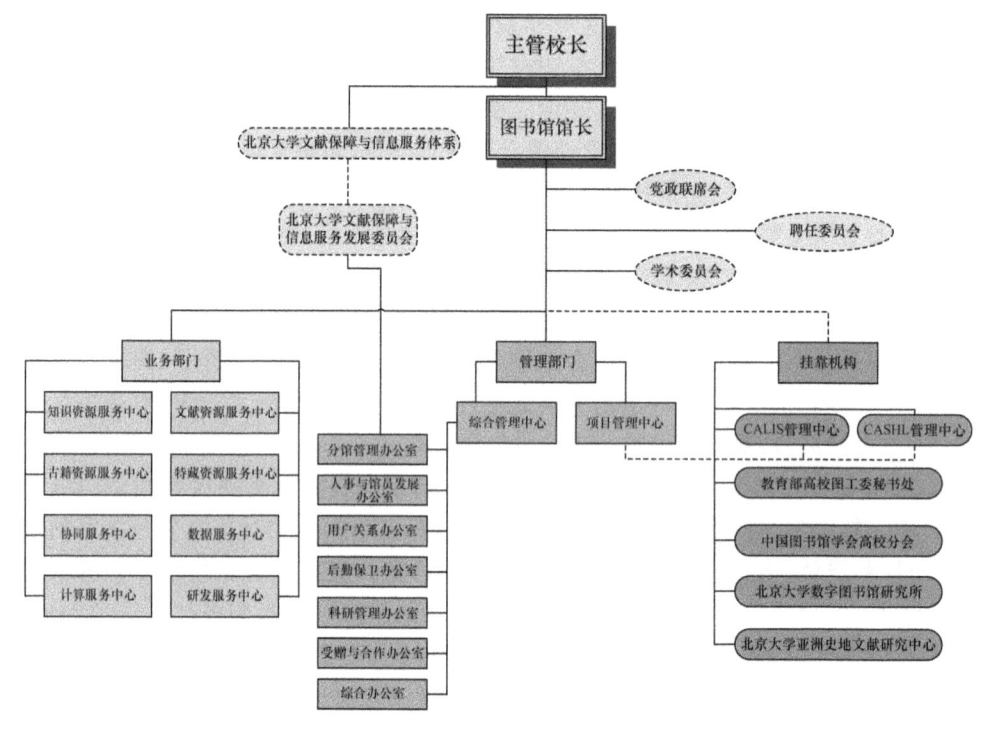

图7.1 北大图书馆组织机构

成立整体联动的3个领导小组：改革创新领导小组、馆舍修建领导小组、融媒体传播领导小组，以跨部门的小组制度作为图书馆宏观层面运转的重要手段，以灵活的组织机制，实现对图书馆常规性工作规划与前瞻性、战略性规划的平衡，进而完善治理体系和提升治理能力现代化。

通过设立学术委员会、聘任委员会，推动学术治理、人事管理水平迈上新台阶。加强工会、教代会工作。建立并完善业务工作的中心主任负责制，进一步落实中心主任例会沟通机制,搞好综合协调,确保政令畅通。

在组织机构调整的基础上,北大图书馆不断深化人事制度体系改革,强调一专多能、一岗多责,逐步构建了职责清晰、合理高效的馆员职位分类管理体系。

2.3 科学完备的制度体系

图书馆治理体系不是一项项制度的汇聚和叠加,而是各项制度间有机联系的整体。不同层级的制度之间相互联系、相互作用,共同保证制度功能的有效发挥。

2019年北大图书馆启动"制度建设年"活动,经过不断发展、完善,北大图书馆制度建设取得丰硕成果,制度体系更加完善。图书馆根据组织机构调整的变化和高校图书馆发展的新环境、新变化、新特色,对现行各规章制度从业务及管理流程全方位予以合理规划和调整,逐条逐项推进规章制度的"立、改、废"工作。之后持续巩固"制度建设年"成果,建立图书馆基本制度、重要制度、具体制度三级规章制度体系,建设首个高校图书馆规章制度数据库,系统性优化馆内各项规章制度的制定、修订和清理工作,不断提高图书馆治理的制度化、科学化水平。

1. 规章制度信息化管理

图书馆规章制度是图书馆管理过程中制定的各项规范性文件。传统的规章制度建设是将规章制度按照图书馆运行的方式,将各类规章、条例、细则等汇编成册。这种传统的编撰方式具有简单、清晰的优点,但同时也具有一定的局限性。

(1) 手册厚重利用率低

汇编成册的规章制度大都较为厚重,无法做到人手一册。一般保管在各中心负责人处,工作人员无法做到随用随取,执行效率较低。

(2) 更新迭代较为缓慢

在规章制度手册印发后,因实际工作的变化,各中心发布了很多规章制度,但相关规章制度散落于各部门、各中心小组手中。这种散落状态不利于宣传,最终可能造成规章制度约束力下降。

随着信息技术的进一步发展,2019年图书馆启动了规章制度修订工作。此次修订工作不是简单地对规章制度条文的修修补补,而是对整个管理体系的重构。充分利用现代信息技术,开发北大图书馆规章制度管理信息平台,实现对规章制度制定、发布、利用、修订、废止等全流程的管理。修订后:

① 涵盖内容广泛、内容层级清晰。信息平台相较于手册在管理方式上具有延展性,在内容上具有可扩展性。可以突破书籍形式的局限,将国家法律法规、部门规章条例、北京大学颁布的,与图书馆密切相关的规章制度均纳入信息平台统一管理,方便寻找上级制度,也可作为本馆制定规章制度的依据。

② 通过设置不同状态,可视化实现规章制度全生命周期管理。规章制度汇编的重要工作之一是清理、剔除或重新修订各种已不合时宜的规章制度,仅收录符合当下管理现状的文本。规章制度修订在通过之初确有其制度的合理性,因事、因时

变迁导致不合时宜,故而需要调整。从更广阔的时空视角审视该规章制度,仍可发挥"后事之师"的作用。通过规章制度库建设,能充分实现规章制度从拟稿、草案审核、上会审议、制度发布、运行、修订、废止的全周期、一体化管理。通过管理信息平台建设,可以将所有规范性内容均纳入管理范围,同时可以通过数据标定,对同一内容不同时期的版本在平台内归集,形成规章制度"数据仓库",借此能看到规章制度的演变流程。

③ 通过信息化实现规章制度的动态管理。规章制度汇编是一个耗时耗力的系统性工程,需举全馆之力进行修订,因此每一个汇编版本的出台都经历了一个较长的周期。规章制度库可实现对规章制度的动态管理。信息化管理可以实现在规章制度框架稳定不变的情况下,实现内容的随时扩展。将统筹规划、草案审核、印制发布、清理汇编业务的过程,从整体的"1"精准到个体的"1",实现一案一发布,随时可更新的状态,以管理的灵活性实现制度发布的及时性。

④ 发布范围广,查找方便快捷。通过规章制度库实现规章制度发布,管理者可通过身份认证的方式授权发布范围。图书馆员在需要查找相应规章制度时,无须寻找纸质汇编手册进行核准,可通过登录、检索的方式随时查取。当图书馆员离职后,可通过账户清理的方式及时收回相应权限。

2. 规章制度体系化构建

传统规章制度的编排通常是按照图书馆具体业务类型组织的,方便根据具体业务进行查找。但同时出现不同层级、效力范围的规章制度混杂的现象,缺乏整体性、全局性,进而导致不同规章制度之间可能存在冲突、适用的偏差。

规章制度体系不是单个规章制度的累积,而是各规章制度之间形成的有机联系的整体。不同层级的制度之间相互联系,相互作用,不同规章制度之间存在辩证统一关系,共同保证规章制度功能的有效发挥。党的十九届四中全会提出,中国特色社会主义制度是在根本制度、基本制度和重要制度(具体制度的总和)三个不同层面展开的制度体系。[4] 相较于大国体制,图书馆作为具体而微的场景,同样存在不同层级、不同效力范围的规章制度,只有通过有效组织、构建,才能发挥整体作用。

北大图书馆规章制度库整体框架分为三个层级:国家法律法规和纲要、北京大学规章制度、北大图书馆规章制度。国家法律法规和纲要包括国家颁布制定的与图书馆事业发展相关的法律法规以及针对高校图书馆建设和发展而制定的规则和章程,如《中华人民共和国著作权法》《普通高等学校图书馆规程》。北京大学规章制度是学校在办学自主权范围内按照规定程序制定并发文公布,在全校围内具有普遍约束力且能够在一定时期内反复适用的,规范学校各项管理工作的规范性文件,是全面推进依法治校的重要手段。国家相关法律法规和纲要、北京大学规章制度是北大图书馆规章制度不可或缺的顶层设计,是图书馆自觉将自身事业的发展融入现代化强国建设、学校发展蓝图的应然之路。

北大图书馆规章制度则按照基本制度、重要制度、具体制度等几个层次进行细化。

(1) 基本制度

基本制度是对北大图书馆的发展起着基础性作用,并具有长期性、稳定性的制度。包括校级制度、各类章程和发展方略。

校级制度是指由图书馆牵头制定的并经校长办公会审议通过,在全校范围内遵照执行的制度。目前校级制度有两项《北京大学文献保障与信息服务体系管理办法》和《北京大学校园网电子资源使用管理办法》。

各类章程,是组织、社团经特定的程序制定的关于组织规程和办事规则的规范性文书,是一种根本性的规章制度。教育部颁发的《依法治教实施纲要(2016—2020年)》亦强调章程的统领性作用,对下位阶规章制度的制定有监督评价作用,是深度渗透治理理念的重要保障。2022年,《北京大学图书馆章程》起草完成,这是北大图书馆史上首次起草的章程,对北大图书馆的使命、目标、职能、机构、人员等形成了全局性、纲领性文件。《北京大学图书馆章程》的起草标志着图书馆治理体系和治理能力又迈上新台阶。《北京大学图书馆聘任委员会章程》《北京大学图书馆学术委员会章程》则是聘任委员会、学术委员会的宪法性文件,运行活动的基本准则。《网络安全管理章程》则从图书馆作为学校信息资源管理和信息文化建设的重要阵地的角度,将信息安全提升到战略高度。

发展方略是对未来发展的总体规划和策略,是对未来发展的行动纲领和指向性文件,是对未来美好发展蓝图的绘就。2018年,在全体馆员老师积极参与下,经过"四下四上",并在全校各部门和院系主要领导以及师生代表、国内外同行专家中征求意见后制定了《行动纲领》,这是指引图书馆朝着成为独具价值、高效运行的一流图书馆目标奋进的指南针。《北京大学图书馆"十四五"发展规划(2021—2025年)》是图书馆站在向第二个百年奋斗目标进军的新征程上,凝聚共识、谋篇布局、承上启下,朝着2035年愿景有规划地进一步推进落实。

(2) 重要制度

重要制度是由基本制度决定的派生性制度,规范着图书馆治理中的具体事务,为基本制度的落实提供基础性的保障。重要制度的组织按照党章党规和国家法律法规、图书馆战略发展和运行管控模式,根据业务和制度体系实际,以党的建设→图书馆基本职能及使命担当→图书馆人员→管理支持→内部监督为主线,按照党政建设、文献保障、信息服务、文化教育、用户服务、人力资源管理、馆员发展、行政管理、内部控制九个模块有效组织各项重要制度,构建了与图书馆发展模式相适应的重要制度框架。

党的建设是各项重要制度中提纲挈领的篇章,从制度上保障党对图书馆事业发展的领导性作用。习近平总书记在学习贯彻党的二十大精神研讨班开班式上发表重要讲话强调,"党的领导直接关系中国式现代化的根本方向、前途命运、最终成败"。

重要制度紧扣《北京大学图书馆章程》这一纲领性文件展开。《北京大学图书馆章程》明确北大图书馆的基本职能包括：文献保障、文化教育、信息服务。人员因素可分为，图书馆运行的重要保障馆员以及引领馆员工作的馆长、副馆长；文献资源、文化教育、信息服务的个人或机构使用者，即图书馆用户。

重要制度的架构由三大基本职能、两大人员类型以及文献保障、信息服务、文化教育、用户服务、人力资源管理、馆员发展六大模块组成。这种架构打破了以部门或业务为模块的传统组织形式，紧密围绕章程设立的顶层架构进行组织，着眼于图书馆战略发展，同时兼顾发展过程中各个因素之间的彼此联系，形成上下呼应、左右兼顾的组织效果。

图书馆行政事务是图书馆运行过程中产生的日常管理事务和各项服务，如办文办会、收支买办、后勤安保等方方面面的工作，是图书馆高效运转、职能目标实现的重要保障。近年来，图书馆大力提升行政管理信息化、智能化、系统化建设，推进北京大学图书文献资产管理系统、图书馆服务单系统、图书馆会议平台、用户信息系统等，并于2022年正式上线图书馆综合信息管理平台，深化数据驱动的业务综合管理，实现人、财、物、信息资源管理的一体化，运营决策科学化，治理能力现代化。

内部控制是组织机构有效防范风险、规范权力运行的重要手段和支撑，更是推进治理体系和治理能力现代化的长效保障机制。党的十八届四中全会、党的十九届四中全会都对"强化内部流程控制，防止权力滥用""建立并有效实施内部控制的责任"做出重要部署。

行政管理与内部控制共同作为重要制度体系的支撑，形成运行与监督相互制约又相互配合，形成事事都有据可查，有章可循的制度体系。

（3）具体制度

具体制度是具体工作过程中需要的，边界清晰、实操性较强的规范和流程，可根据实际业务分工进行划分、调整和扩展。截至2022年底，已确定的具体制度包括：文献资源建设、文献资源加工整理、文献资源典藏与管理、特藏资源服务、古籍资源服务、数据服务、信息资源建设、人力资源管理、行政管理等。

北大图书馆规章制度通过基本制度、重要制度、具体制度三个部分，进行纵横层面的有机衔接，形成全面、完整、先进的网格化规章制度体系。北大图书馆规章制度库则利用信息化技术将图书馆的发展有机融入国家、学校的发展战略和治理体系中，形成共融共通的规章制度体系。

2.4 日臻完善的价值体系

如果说组织架构设计、规章制度实施是一种硬治理，其背后体现的价值观念就是一种软治理。基于治理价值的"软治理"，既可以弥补刚性管理制度的局限性，还可以提高成员对组织价值理念的认同感。

图书馆的价值体系是根植于"用户导向,服务至上"的基本理念进而构建出一系列紧密关联、以用为中心的多维价值体系,是图书馆现代化治理转型发展的共同基础。《北京大学图书馆"十四五"发展规划(2021—2025年)》,明确坚持"价值引领",要始终以"崇高、忠诚、亲切、满意、包容、高善"的价值体系引领图书馆事业发展。

治理价值体系的建立是一个长期而稳步推进的过程。图书馆党政班子确定2019年为"制度建设年"、2020年为"队伍建设年"、2021年为"馆风建设年"、2022年为"能力建设年"、2023年为"团队建设年",逐年推进,从不同角度、不同侧面不断丰富和完善图书馆治理机制内涵,进而巩固图书馆治理制度建设成果。[5]

第三节 新技术应用

王昊贤 韦成府

北大图书馆始终对新技术的应用给予高度重视,历年图书馆界大大小小的技术论坛、研讨和交流,图书馆基本都会派相关馆员参加。在技术馆员的岗位职责里,也要求馆员时刻关注新技术的发展动态,广泛调研,收集有关新技术资料,在中心内或馆内进行交流学习、充分总结,以期能够运用合适的新技术来解决问题和推出新的服务,这也与北大图书馆"队伍建设"的理念相辅相成。在过去五年的时间里,新技术是保障图书馆信息化(包括网络、平台、应用、安全四个体系)可持续发展的一个基本要素,以北大图书馆为例,它主要体现在软件开发与平台技术、人工智能技术、虚拟化与分布式技术、物联网技术和网络与信息安全技术等五个方面。

3.1 软件开发与平台技术的应用

软件开发与平台技术主要包括:微服务架构、前端技术、后端技术、数据库技术、搜索引擎技术和平台技术等,主要应用场景为 PC 端和移动端各种应用的开发,包括图书馆服务平台、古文献管理与服务平台、一站式读者服务平台、送书上门系统、闭架叫号系统等。

1. 简介

(1) 微服务架构

微服务(Micro-Services)是一种软件开发技术,面向服务的架构(Service Oriented Architecture,SOA)的一种变体和升华,它提倡将单一应用程序划分成一组小的服务,服务之间互相协调、互相配合,为用户提供最终价值。每个服务运行在其独立的进程中,服务与服务间采用轻量级的通信机制互相沟通(通常是基于 HTTP 的 RESTful API)。微服务架构强调的是业务彻底的组件化和微服务化,原有的单个业务系统会被拆分为多个可以独立开发、设计、运行的微服务,这些微服务之间通过 API 完成交互,如图 7.2 所示。

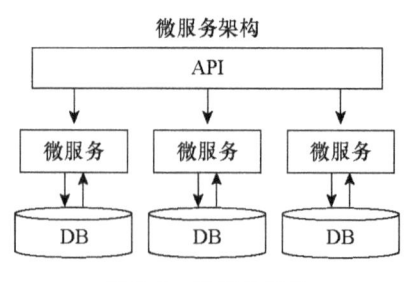

图 7.2 微服务架构

基于微服务架构,发展出前后端分离的开发技术,前端主要负责与用户交互与展示,后端主要负责业务处理以及与底层交互等。微服务的特性使其在系统设计与开发中具有一定的优势,并且越是在规模庞大的软件项目中其优势越明显。优势包括:

① 独立性。不同的服务间耦合程度低,有明确的任务和功能。

② 技术选择灵活。服务间通过 API 进行通信,开发团队可根据自身情况,选择合适的架构和开发语言。

③ 独立部署。更便捷地借助容器(如 Docker)独立部署,且进程隔离。

(2) 前端技术

前端技术主要用于在系统开发中与用户直接打交道的用户界面(User Interface,UI)部分,新的技术为满足用户需求提供了视觉友好、交互流畅、开发便捷的方式。

① HTML5 和 JavaScript 是前端技术发展的基石。

HTML5(HyperText Markup Language 5,H5),是构建以及呈现互联网内容的一种语言方式,由不同的技术构成,其在互联网中得到了非常广泛的应用。与传统的技术相比,HTML5 的语法特征更加明显,并且结合了 SVG 的内容。这些内容在网页中使用,可以更加便捷地处理多媒体内容,而且 H5 中还结合了其他元素,对原有的功能进行调整和修改,进行标准化工作。

基于 H5 的开发主要用于微信小程序应用嵌入、移动端应用,例如,将空间预约系统等嵌入图书馆一站式读者服务平台(微信小程序)、图书馆主页的移动端等等。H5 将多种元素活灵活现地展现在用户面前,同时将较为复杂的用户交互过程变为现实。

② 前端开发主流框架:Vue.js、React、Angular。

Vue.js、React、Angular 等前端框架为前端开发提供了基础。

Vue.js 是一款用于构建用户界面,可以独立完成前后端分离式 Web 项目的 JavaScript 框架。它基于标准 HTML、CSS 和 JavaScript 构建,并提供了一套声明式的、组件化的编程模型,助力高效地开发用户界面。Vue.js 的两个核心功能:声明式渲染和响应性,可以轻松处理大多数 Web 应用的场景,几乎不需要手动优化,并且 Vue.js 完全有能力处理大规模的应用。

React 起源于 Facebook 的内部项目,由起始的 JavaScript MVC 框架扩展成一套前后端 Web 应用解决方案,主要用于构建 UI,可适用于服务器、浏览器和移动终端。React 的核心思想是封装组件,各个组件维护自己的状态和 UI,当状态变更,自动重新渲染整个组件。开发中,React 可以与任何其他的库集成使用,如 jQuery 等。

Angular 是 AngularJS 的重写,采用 TypeScript 语言编写,是 ECMAScript 6 的超集。AngularJS 是一款构建用户界面的前端框架、应用设计框架与开发平台,用于创建高效、复杂、精致的单页面应用,通过新的属性和表达式扩展了 HTML,实现一套框架、多种平台,适配移动端和桌面端。AngularJS 有着诸多特性,最为核心的是软件设计模式(Model-View-ViewModel,MVVM)、模块化、自动化双向数据绑定、语义化标签、依赖注入等。

③ 组件库:Ant Design、iView。

Ant Design 是蚂蚁金服体验技术部出品的基于 React 的 UI 库,包含设计原则、控件规范和视觉尺寸以及配套的前端代码实现方案等,满足了多用户适应不同终端的需求。Ant Design 致力于提升"用户"和"设计者"使用体验,它模糊了产品经理、交互设计师、视觉设计师、前端工程师、开发工程师等角色边界,将用户体验(User Experience,UE)人员和 UI 设计人员统称为"设计者",利用统一的规范进行设计赋能,全面提高中台产品体验和研发效率。

iView 是一套基于 Vue.js 的高质量 UI 组件库,主要服务于 PC 界面的中后台产品,具有高质量、功能丰富、友好的 API,自由灵活的使用空间等特性。

(3) 后端技术

系统后端主要为系统逻辑处理与存储层交互的部分。后端技术在各种后端处理程序语言的基础上形成新的框架,方便调动服务器底层资源,与系统交互,并提供一定的通用模块,例如安全模块等,为后端开发奠定基础。

Spring Boot 是由 Pivotal 团队提供的框架,其设计目的是用来简化新 Spring 应用的初始搭建以及开发过程,使用了特定的方式来进行配置,从而使开发人员不再需要定义样板化的配置。

Node.js 是一个基于 Chrome V8 引擎的 JavaScript 运行环境,使用了一个事件驱动、非阻塞式 I/O 模型,让 JavaScript 运行在服务端的开发平台,并对一些特殊用例进行优化,提供替代的 API,性能好,用于方便地搭建响应速度快、易于扩展的网络应用。

Gin 是一个 Golang 的微框架,封装比较优雅,API 友好,源码注释比较明确,具有运行速度快、分组的路由器、良好的崩溃捕获和错误处理、非常好地支持中间件和 JSON 等优点。

MyBatis 是基于 Java 的持久层框架,支持定制化 SQL、存储过程以及高级映射,避免了所有的 JDBC 代码、手动设置参数以及获取结果集,MyBatis-Plus 是 MyBatis 的增强工具,封装了常用的增加、删除、修改、查找操作,同时具有代码生成、自动分页、自动填充等扩展功能,提高了开发效率。

(4) 数据库技术

数据库技术主要为系统的存储层,在部分系统中承担了一定的业务逻辑处理。

MongoDB 是一个基于分布式文件存储的数据库,介于关系数据库和非关系数据库之间的产品,是非关系数据库当中功能最丰富、最像关系数据库的,它的最大特点是支持的查询语言非常强大,其语法有点类似于面向对象的查询语言,几乎可以实现类似关系数据库单表查询的绝大部分功能,而且还支持对数据建立索引。

PostgreSQL 是一种特性非常齐全的对象-关系型数据库管理系统,支持大部分 SQL 的功能并且提供了很多其他功能,如复杂查询、外键、触发器、视图、事务完整性、多版本并发控制等,也可以用许多方法扩展,例如增加新的数据类型、函数、操作符、聚集函数、索引方法、过程语言等。另外,因为许可证的灵活,任何人都可以免费使用、修改和分发。

Neo4j 是一个高性能的 NoSQL 图形数据库,是嵌入式的、基于磁盘的、具备完全事务特性的 Java 持久化引擎,它将结构化数据存储在网络(从数学角度叫作图)中而不是表中,也可以被看作是一个高性能的图引擎,该引擎具有成熟数据库的所有特性。

(5) 搜索引擎技术

搜索引擎是根据用户需求和一定的算法,运用特定策略从资源中检索出指定信息反馈给用户的检索技术,广泛应用于资源的检索和发现。

Solr 是高性能,采用 Java 开发,基于 Lucene 的全文搜索服务器,实现了可配置、可扩展,并对查询性能进行了优化。Solr 支持分面、群组检索、检索词高亮、检索建议、配置多分词器等功能,同时提供了完善的功能管理界面。

Elasticsearch(ES)同样采用 Java 开发,以 Lucene 为基础,是开源、分布式、高扩展、高实时的搜索与数据分析引擎,通过 JSON 和 Java API 提供其所有特性。与 Solr 相比,ES 更重视搜索的实时性,可以近乎实时的存储和检索数据。

(6) 平台技术

① 微信小程序。

微信小程序(Wechat Mini Program)是一种不需要下载安装即可使用的应用,用户扫一扫或搜一下即可打开应用,经过近两年的发展,已经建立了新的微信小程序开发环境和开发者生态。小程序开发者可以快速地开发一个小程序。小程序可以在微信内被便捷地获取和传播,同时具有出色的使用体验。

图书馆主要使用"一站式读者服务平台"小程序,充分利用了微信用户的红利,通过手机微信的操作,让用户便捷地享受了图书馆提供的各种服务。同时,微信公众平台也提供了对移动设备、用户基本信息的统计情况等服务,为图书馆对用户更进一步的了解提供了便捷的方式。

② FOLIO 平台。

FOLIO(The Future of Libraries is Open)项目成立于 2016 年,由图书馆、开发者和服务提供方共同发起,并于 2019 年发布 Aster 版本。FOLIO 平台采用微服务架构,如图 7.3 所示。数据层支持 PostgreSQL、Oracle、MongoDB 等多种数据存储技术;系统层主要负责索引、日志、租户配置等;OKAPI 是 FOLIO 平台的网关,负责租户和 App 之间的通信;应用层为应用程序,包括采访、编目、流通等传统模块,以及支持扩展模块;UI 层可以运用 React、Vue.js、Angular 等技术开发用户界面,以适应不同用户在不同场景下使用的需求。其中 OKAPI 是 FOLIO 平台的核心,各业务功能被划分成相互独立的微服务,将 RESTful API 接口信息以及代理或托管信息提交到 OKAPI。用户访问 OKAPI HTTP 服务,OKAPI 通过接口 URL 确定用户需要调用的 API,然后通过代理或托管信息找到实际服务的地址,将请求转发到实际服务的地址。

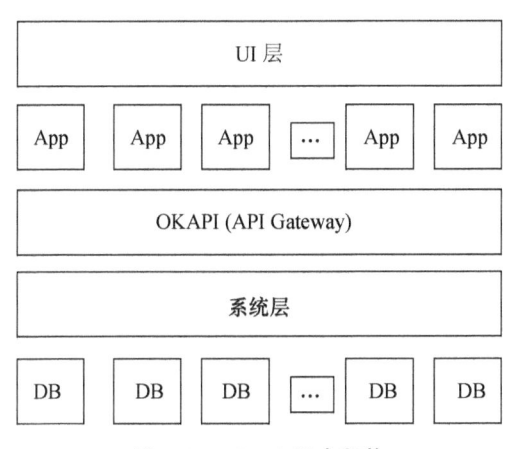

图 7.3 FOLIO 平台架构

FOLIO 最初是基于 OKAPI,开发了叫号系统、送书上门平台、阅览室登记系统等,解决了新旧系统更替阶段用户新的需求较难满足的问题;在后续的探索中,利用大部分基础模块,例如典藏、流通、用户等等,兼顾老系统的运行,采用"双流通"模式,提供了基于新平台的服务,对新技术领先使用,是最早利用 FOLIO 平台发布的应用,引领了业界新技术潮流。

③ 若依框架。

若依是一套开源的快速开发平台,集成了用户管理、菜单管理、权限管理、字段管理等常用功能,可根据项目需求,复用相关功能,直接进行二次开发,减轻了前后端基础框架搭建的压力,效率更高。前端使用了Vue.js框架,具有响应式数据绑定、组合的视图组件的特点,使用了Element UI作为UI组件库,其提供了大部分常用的组件库,有统一的UI设计,使用该组件库可使Web界面风格更整洁统一,并能减轻开发压力,提高效率。后端采用了Spring Boot、Spring Security、Redis、JWT(JSON Web Token,目前最流行的跨域身份验证解决方案)等技术。

2. 应用与意义

在新系统建设中广泛应用微服务架构,例如:馆内流通系统(叫号系统、特藏图书预约系统、昌平报刊工具书预约系统等)、新一代图书馆服务平台(双流通)、一站式读者服务平台、古文献管理与服务平台。将不同的功能模块划分为各个微服务,并注册到网关层,再由前端UI统一为用户提供服务。用户的需求出现爆发式增长,图书馆因原有系统存在的一系列问题,在面对新需求时显得捉襟见肘,在提供新服务的同时,对旧系统的生命周期会有所顾虑。"老系统"一旦终止服务,新的服务是否会受到影响？影响程度如何？"老系统"终止服务的正确时机又在何时？微服务架构的设计有可能最大限度地解决这些问题,将新的服务与旧系统通信的部分包装成独立的服务,进行数据获取、业务处理等,并向新服务提供RESTful API,当新老平台进行切换时,运用同样的API接口,仅需对此服务进行切换,对新服务影响不大。

前端技术的应用场景基本涵盖了所有的新应用,主要包含叫号系统、送书到楼平台、新电子教参系统、物理学院综合信息管理平台、知识产权服务平台、一站式读者服务平台、古文献管理与服务平台、新统一认证等。新的前端技术的应用,很大程度上降低了前端开发的工作量,并提供了适应用户习惯的交互方式,使得系统对用户更加友好,降低了造轮子的时间成本。

后端技术的应用场景同样基本涵盖了所有的新应用,其中闭架叫号、电子教参、双流通、一站式读者服务平台、古文献管理与服务平台、新统一认证使用了Spring Boot,"送书到楼"平台的开发使用了Node.js,知识产权服务平台使用了Gin。

新的数据库技术应用场景主要包括:机构知识库、双流通平台、学科分析、科研分析等。在数据结构、数据索引、可视化等方面均有较大的帮助。

搜索引擎技术广泛应用于图书馆资源、服务的检索和发现,场景包括:机构知识库、新版OPAC、古文献管理与服务平台、电子教参、知识产权服务平台、双流通平台、一站式读者服务平台等。

新的平台技术主要应用场景包括一站式读者服务平台、双流通平台和古文献管理与服务平台,一站式读者服务平台和双流通平台的后台管理部分,例如系统管理、应用控制、可视化统计等。古文献管理与服务平台整体依托若依框架搭建,并基于此开发修复、典藏、流通等功能。

简单来说,目前北大图书馆应用的开发基本就是结合当前流行的前后端技术、数据库技术、平台技术以及于微服务架构。微服务架构因其高内聚、低耦合特性，使面向服务的软件更加稳定有效，再加上面向服务软件的不受平台的影响，在图书馆系统集成和软件发展中得到广泛应用，现已成为北大图书馆运用系统集成和开发新系统的重要措施。

3.2 人工智能的应用

人工智能(Artificial Intelligence,AI)是当今技术带来革命的最重要的技术。如今，从智能手机到汽车以及其他各种电子装置，人工智能正在被广泛使用。人工智能是一种能够基于给定的数据，对一些人们所需的数据进行合理预判或者估算的算法，这种算法不仅来源于人们对感知主体的研究，也可以来源于其他任何具备此性质的生物行为或者自然规律。其内容主要包括：机器学习、知识图谱、自然语言处理、人机交互、计算机视觉、智能服务等。

1. 简介

(1) 人脸识别技术

人脸识别技术是基于人的脸部特征，对输入的人脸图像或者视频流，首先判断其是否存在人脸，如果存在人脸，则进一步地给出每个人脸的位置、大小和各个主要面部器官的位置信息。并依据这些信息，进一步提取每个人脸中蕴含的身份特征，并将其与已知的人脸进行对比，从而识别每个人脸的身份。

(2) 深度学习与推荐算法

深度学习(Deep Learning,DL)是机器学习(Machine Learning,ML)领域中一个新的研究方向，它被引入机器学习使其更接近于最初的目标——人工智能。深度学习是学习样本数据的内在规律和表示层次，这些学习过程中获得的信息对诸如文字、图像和声音等数据的解释有很大的帮助。它的最终目标是让机器能够像人一样具有分析和学习能力，能够识别文字、图像和声音等数据。深度学习是一个复杂的机器学习算法，在语音和图像识别方面取得的效果，远远超过先前相关技术。深度学习在搜索技术、数据挖掘、机器学习、机器翻译、自然语言处理、多媒体学习、语音、推荐和个性化技术，以及其他相关领域都取得了很多成果。深度学习使机器能够模仿人类的视听和思考活动，解决了很多复杂的模式识别难题，使得人工智能取得了很大进步。

ChatGPT(Chat Generative Pre-trained Transformer)是美国 OpenAI 研发的聊天机器人程序，于 2022 年 11 月 30 日发布。它能够理解和学习人类的语言与人类进行交流，甚至能完成写邮件、写视频脚本、定文案、翻译、写代码、写论文等任务。

推荐算法是人工智能常用的一种算法，它能推测出用户可能喜欢的东西，应用推荐算法比较好的地方是网络。所谓推荐算法就是利用用户的一些行为，通过一些数学公式，推测出用户可能喜欢的东西。推荐算法的分类包括：基于内容、基于协同、基于关联规则、基于效用、基于知识、组合推荐。

2. 应用与意义

人工智能在图书馆的主要应用场景包括：通道闸机和预约空间，用户和文献画像，学科分析、图书推荐、资源推荐等。

为完善用户数据管理与服务，推进图书馆现代化治理能力建设，为全校师生入馆提供便利，2019年图书馆将人脸识别技术应用于通道闸机、研讨室、研修专座和预约空间等服务中。通道闸机和预约空间使用图像处理算法，采集用户若干个特征值并进行多层的训练，实现不同角度、不同光线、不同遮挡程度下的人脸识别。图书馆人脸识别通道闸机系统的应用，可以有效且快速解决图书馆的安全管理问题，有效识别进出图书馆人员的身份并对其出入进行监管，防止非法人员进入，为维护师生的人身及财物安全提供更多保障；在新冠疫情期间，可对刷脸进馆人员进行测温，对体温异常的人员及时报警并阻止其进入馆内，并可根据要求有效控制在馆人数，助力新冠疫情防控，为图书馆构建一个安全的屏障。实现刷校园卡、预约人员刷身份证通行，在通道闸机上安装校园卡、身份证读卡设备，教职工、学生、预约人员刷卡联动闸机通行。实现了人脸和校园卡入馆时的有效的验证，避免转借卡带来的管理困难。通过通道闸机系统的应用，确保进入图书馆的人员都是有效人员，且人员信息都有据可查，一旦发生问题，结合视频监控系统进行实时查看，可以快速定位，便于安保人员及时排除险情并指挥调度。研讨室、研修专座等预约空间服务采用人脸识别设备签到并联动解除门禁，实现了师生从预约到签到使用的闭环管理，也极大地提升了管理效率。

在用户和文献画像中采集并训练用户和文献多维度的特征，充分描述和了解用户和文献，为推荐奠定基础；学科分析、图书推荐、资源推荐中运用基于深度学习的算法，计算图书、资源的相似度，资源与用户的匹配程度，为用户找到合适的资源，将资源主动推荐给需要的用户。

总之，人工智能的发展推动了传统图书馆的变革，智慧图书馆应运而生。在图书馆中运用人工智能，满足了用户的个性化阅读需求，提高了图书馆的服务水平。人工智能在数字图书馆信息服务中的应用，可以进一步加快数字图书馆服务的现代化和服务模式的创新。通过人工智能的应用，图书的检索效率得到了极大的提升，同时也降低了服务成本。

3.3 虚拟化与分布式技术的应用

虚拟化技术的本质在于对计算机系统软硬件资源的划分和抽象。计算机系统高度复杂性，通过对各层的抽象来控制，每一层都通过层与层之间的接口对下一层进行抽象，隐藏下一层具体实现而向上层提供较简单的接口。

随着计算机技术的进步，无论是服务器市场、桌面市场，还是嵌入式市场，处理器的处理能力和处理速度都取得了巨大的进步，使得虚拟化技术再次迅速发展起来,从最初的裸机虚拟化技术开始,演化出主机虚拟化、混合虚拟化等更复杂的虚拟化模型,并在此基础上发展出了当下最热门的云虚拟化技术,极大地降低了信息技术的成本,增强了系统的安全性、可靠性和可扩展性。

1. 简介

(1) 虚拟化技术

计算机虚拟化是指将计算元件在虚拟的基础上运行,通过虚拟化技术将物理计算机虚拟为多台逻辑计算机。虚拟化平台是将多个物理服务器、存储资源等进行虚拟化并整合到一个系统,实现资源共享和统一管理,在虚拟化平台中,可以同时运行多个逻辑服务器,这些逻辑服务器具有独立的操作系统、运行资源和应用程序。虚拟化技术指的是软件层面实现虚拟化的技术,典型的代表有开源虚拟化软件 Xen 和 KVM,商业虚拟化软件 WMware 和 Hyper-V 等。

(2) 云桌面

云桌面是通过虚拟化技术,将原本在传统计算机本地运行的桌面和应用以及存储的数据全部迁移至数据中心统一管理,将服务器的 CPU、内存、数据根据不同用户的需求虚拟成一个个桌面虚拟机,将操作系统界面以图像的方式传送到用户的接入设备,为用户提供与计算机使用方式相同的桌面环境。图书馆云桌面虚拟化平台建设已初现规模,持续为用户及工作人员提供高效率、高质量的桌面虚拟化服务。

(3) 多媒体展示平台应用

图书馆东楼的南北配楼和中厅影壁采用了画面云分布式显示系统,以分布式架构为核心,结合音视频编解码技术,所有音视频信号通过分布式输入节点机进行采集,以网络化的方式接入系统交换机,最终通过分布式输出节点机输出到大屏实现拼接显示,各节点机通过千兆网络互相连接通信,可实现信号的快速共享、转发和一体化调用,可视化的触控操作方式可对显示信号进行跨屏、叠加、缩放、漫游等操作,操作信号和大屏展示画面可在后台管理系统中可实时预览,真正做到"所见即所得"。

2. 应用与意义

虚拟化与分布式技术的主要应用场景包括:办公计算机、远程跳板机、用户上机服务、培训教室、应用服务器、开发测试等。

为了解决信息系统繁多、服务器架构各异、操作系统及应用软件多样和运维复杂的问题,图书馆基于 WMware 构建了本地虚拟化平台,将 20 余台物理服务器纳入统一管理,通过虚拟化技术构建了 300 余台虚拟服务器,将图书馆绝大多数信息系统纳入统一管理,全面支持了 Windows Server、CentOS、Ubuntu 等多种操作系统,大大提高了硬件使用效率和灵活性,简化了软件的管理过程,为在线图书馆提供了稳定支撑,并以此为基础探索云计算平台,推动计算服务体系建设。

图书馆引入云桌面，一是实现了对服务器、存储和GPU等资源的有效整合和利用；二是大大减轻了运维人员的维护负担，只需采用虚拟机模板安装的方式，就可以达到对桌面的快速生成和维护，免去了平台一台台进行安装和维护的烦琐步骤，极大提升了工作效率；三是可以通过备份策略对云桌面进行自动备份，防止数据丢失。

云桌面在图书馆有多个应用场景：一是用于用户检索机。基于云桌面快速生成的特性，可以灵活地、迅速地在图书馆多个点位布置用户检索机供用户进行图书检索；二是用于图书馆培训教室，可以针对培训讲师对软件的需求，快速实现批量下发新的软件，满足不同课程的需求；三是新冠疫情期间，针对图书馆员远程办公的需求，快速生成了一批装有专业办公软件、可用于远程办公的云桌面，解决图书馆员远程办公的问题；四是针对用户使用的电脑，利用GPU虚拟化实现计算资源灵活分配，探索为用户提供具有一定算力的高性能虚拟化终端，以满足用户对计算机图像处理、艺术设计、视频剪辑、统计计算、机器学习、深度学习等依赖GPU的小规模计算需求。

多媒体展示平台多次用于北配殿科学报告厅、南配殿多功能厅举办的国际会议、综合性会议、大型学术报告、系列讲座、学生活动时，实现跨空间的音视频共享，并可同时在馆内信息发布屏幕实时转播。

总之，虚拟化与分布式技术解决了图书馆运算资源、存储资源紧张的问题：

① 物理服务器的利用率明显提高。从原来的20%～30%提高到现在的60%～80%，充分利用了物理服务器的硬件资源。

② 采用虚拟化平台后，减少了物理服务器的数量。既节省了经费，又降低了能耗，节约了空间。

③ 采用虚拟化平台后，各数字化应用可以被快速地安装、备份和恢复。通过虚拟机模板安装的方式，就可以在几分钟内将数字化应用安装或恢复完毕。

④ 提高了安全性。虚拟化平台通过减少物理网络连接的数量，降低了通过物理网络被攻击的潜在风险，提高了安全性。

3.4 物联网技术的应用

物联网传输数据不需要人与人或人与计算机的互动，它通过连接各种设备创建了一个虚拟网络，这些设备通过监控中心来收集和分享的数据。

1. 简介

(1) 二维码和NFC技术

二维码又称二维条码（Quick Response Code，QR Code）是一种编码方式。它比传统的条形码能存更多的信息，也能表示更多的数据类型。它是用某种特定的几何图形按一定规律在平面（二维方向上）分布的黑白相间的图形用于记录数据符号信息。在代码编制上巧妙地利用构成计算机内部逻辑基础的"0""1"比特流的概念,使用若干个与二进制相对应的几何形体来表达信息,通过图像输入设备或光电扫描设备自动识读以实现信息自动处理。它具有条码技术的一些共性:每种码制有其特定的字符集;每个字符占有一定的宽度;具有一定的校验功能等。

近场通信(Near Field Communication,NFC)是一种新兴的技术,使用了 NFC 技术的设备(例如移动电话)可以在彼此靠近的情况下进行数据交换,是由非接触式射频识别和互联互通技术整合而来的,通过在单一芯片上集成感应式读卡器、感应式卡片和点对点通信的功能,利用移动终端实现移动支付、电子票务、门禁、移动身份识别、防伪等应用。

(2) RFID 技术

无线射频识别即射频识别(Radio Frequency Identification,RFID)技术,是自动识别技术的一种,通过无线射频方式进行非接触双向数据通信,利用无线射频方式对记录媒体(电子标签或射频卡)进行读写,从而达到识别目标和数据交换的目的,其被认为是 21 世纪最具发展潜力的信息技术之一。

根据通信距离,可分为近场和远场,为此输入/输出设备和电子标签之间的数据交换方式也对应地被分为负载调制和反向散射调制。

2. 应用与意义

在教参阅览室、新书展阅厅的自助借还设备、馆员工作站和防盗仪等使用了 RFID 技术,同时为移动终端的工作提供了支持。

二维码为图书馆实现跨媒体的服务提供了可能,可以改变图书馆的传统服务方式,在各种服务载体之间建立有效通道。手机二维码目前已经得到广泛应用,图书馆根据自身特点,逐步推出基于二维码的服务方式,为用户提供极大方便。

NFC 应用于图书馆的用户认证、图书借阅、入馆和移动支付等,实现图书馆服务的创新,是实现智能化管理的有效手段。

RFID 技术应用于追踪和保护图书馆的文献资源,实现文献资源的借还、顺架、查找、馆藏盘点的智能化,提高了图书馆的工作效率,实现了图书馆的信息化管理。

物联网技术可以实现在人与人之间、人与图书馆(包括实体设备和虚拟空间)之间、人与文献资源之间、文献资源与文献资源之间、图书馆之间互联互通,用户可以在任何时间、任何地点随心随意地访问和利用图书馆文献资源。

3.5 网络与信息安全技术的应用

第 4 版互联网协议(Internet Protocol Version 4,IPv4)最大的问题是网络地址资源有限,从理论上讲,IPv4 技术可使用的 IP 地址有 43 亿个,其中北美约 30 亿个,而人口最多的亚洲只有不到 4 亿个,中国只有 3 千多万个。IP 地址不足,严重制约了我国互联网的发展。

信息安全技术是指保证自身正常获取、传递、处理和利用信息,而不被无权享用的他方获取和利用这些信息的一系列技术的统称。在信息技术快速发展的时代,网络攻击、信息泄露的情况一触即发,提高互联网信息安全技术势在必行。

网络与信息安全面临着新的挑战,新一代信息技术发展的一个重要突破,就是极大地提升了数据处理能力。与此同时,被互联网记录和存储的个人、企业等数据更容易被泄漏和传播。因此网络与信息安全攻防战是一场长期博弈,技术越进步,网络与信息安全保障体系就越需要加固。

1. 简介

(1) IPv6 协议

互联网协议是网络运作的规则和标准,当前,IPv4 地址池已接近枯竭,严重制约了互联网的应用和发展。

第 6 版互联网协议(Internet Protocol Version 6,IPv6)是由因特网工程任务组(Internet Engineering Task Force,IETF)设计,用于替代现行的 IPv4,除了充足的地址池之外,IPv6 还可以提高路由器传输数据的速度,简化网络管理,增强网络安全性,并且易于扩展。

(2) SSL 证书

安全套接层(Secure Socket Layer,SSL)协议是利用加密技术在网络通信过程中提供数据完整性和数据保密性的一种安全协议,适用于点对点的信息传输,常用于 Web 服务。

SSL 证书是利用 SSL 协议,通过在客户端浏览器和 Web 服务器之间建立一条 SSL 通道,实现信息在客户端和服务器之间的加密传输,可以防止信息的泄露。SSL 证书保证了双方传递信息的安全性,而且用户可以通过 SSL 证书验证网站是否是真实可靠的。

2. 应用与意义

网络与信息安全技术应用于所有的 Web 服务。为积极响应国家 IPv6 规模部署行动,配合通信基础设施的标准化和物联网建设,图书馆持续实施 IPv6 规模部署和应用,已经完成了图书馆门户网站、新书通报网站、数据库导航系统、图书馆域名服务等主要对外服务站点的 IPv6 改造行动,全面推进其他业务系统对 IPv6 网络的支持。图书馆承载着信息资源的搜集、整理和传播的任务,服务内容的广泛性和用户的复杂性是图书馆信息服务的一个重要特点,所以网络与信息安全是图书馆的关键工作。图书馆积极推进 IPv6 规模部署相关工作,促进了互联网的升级和健康发展,也为学校师生的教学与科研提供了更为优质的网络资源。

图书馆自 2018 年开始购买 SSL 证书,同时满足网页端和移动端需求。图书馆的重点信息系统交互均通过 SSL 证书认证,实现了数据加密传输,防止在数据传输过程中被泄露和篡改;通过查验 SSL 证书状态,浏览器可以向用户展示网站认证信息,防止用户访问钓鱼网站。

第四节 受赠与合作

季梵

受赠与合作工作，其所谓"受赠"既包括图书馆作为接受主体而获得的普通文献捐赠、古籍文献捐赠、特藏文献捐赠，亦包括雕塑、字画等艺术品、工艺品、研究报告、数字资源等非正式出版的特色文献，同时还涵盖了仪器设备、办公耗材、电子产品、家具等实物捐赠和资金捐赠；其所谓"合作"既包括了国内合作、国际合作，也包括对口支援的相关工作。

在现代化图书馆建设的过程中，"用户"逐渐成为图书馆关注的焦点，原有的以"文献"为中心的工作思路和业务安排逐渐在向"用户导向，服务至上"基本理念转变。站在此角度思考受赠与合作，可以发现，受赠与合作工作，加之在受赠与合作工作过程中时常伴随的融媒体宣传与对外宣传工作，面对的沟通对象往往是非图书馆用户身份的"校友"、图书馆界的国内外同行及对图书馆或学校有了解意愿和支持意愿的社会各界其他人士。图书馆面向用户开展的各类服务，虽与他们或许无直接关联，却是他们极为关心、极为关注的方向。

因此，一流图书馆在受赠与合作工作中的资源建设、关系建设、品牌建设，是互相关联、互相促进的。在受赠与合作工作中做好资源建设，加强信息服务保障；做好与捐赠方或合作主体的关系建设，加强情感联结；做好北大图书馆品牌建设，加强对捐赠人的关系维护。这些是在一流图书馆建设过程中强调的重点，也是未来将进一步深化拓展的方向。

4.1 改革机构，完善制度：整合中的受赠与合作

多年的诚意访求和校友师生、社会各界的慷慨支持，共筑起图书馆如今蔚为大观的馆藏受赠资源，各部门也陆续总结出相应的工作流程规范，保障捐赠工作的有序、透明开展。然而，一方面，捐赠的文献包括普通文献、特藏文献、古籍文献等，捐赠人有时无法准确判断类别，为了便于捐赠人在赠前联系、图书馆在受赠后的年度统计和重大捐赠活动流程中的沟通处理等，需要全馆层面的统筹、规范与管理；另一方面，对受赠的文献、实物和资金，图书馆需设立清晰的捐赠鸣谢制度，认真履行受赠工作中的验收程序，加强对各类型捐赠内容，尤其是非文献资源捐赠的协调管理。

1. 制度为基，整合有关管理办法

为了鼓励捐赠，规范文献捐赠和受赠行为，保护捐赠和受赠双方的合法权益，实现受赠文献的价值，作为北大图书馆规章制度修订工作的延续，图书馆根据上级部门有关文件精神，结合图书馆实际，不断对受赠与合作工作的相关规章制度进行

修订和补充,将《北京大学图书馆接受捐赠办法》《古文献捐赠接受工作条例》《名人赠书管理规则》整合为《北京大学图书馆文献受赠管理办法》,提升了相关工作的规范化和透明度。后又依据《中华人民共和国慈善法》《中华人民共和国高等教育法》《中华人民共和国公益事业捐赠法》《中华人民共和国公共图书馆法》《基金会管理条例》等国家相关法律法规和学校规章制度,将《北京大学图书馆文献受赠管理办法》与《北京大学图书馆接受资金及非文献类物资捐赠管理办法》等进行修订,形成《北京大学图书馆受赠管理办法(草案)》(以下简称《受赠管理办法》)。《受赠管理办法》的制定使得北大图书馆在接受文献和资金等非文献类物资的捐赠、运作及管理流程得以规范,有利于充分发挥捐赠文献、资金和非文献类物资的效益,实现捐赠人意愿,是在原有规章制度基础上对于文献、资金捐赠和非文献类物资捐赠有关制度的补充,规范了统一的捐赠鸣谢制度,并为各分馆的接受捐赠工作提供了制度规范,明确提出北京大学文献保障与信息服务体系下的各分馆接受文献、资金及非文献类物资捐赠时严格按照上述办法执行。

同时,结合图书馆实际,对国际合作与国内合作相关审批及管理规章制度进行不断完善,加强对国际合作与国内合作工作的管理,进一步规范工作审批程序和经费使用,提升图书馆国际合作与国内合作工作的规范化和透明度。一是根据《北京大学因公出国审批与管理规定》《关于对教学科研人员因公临时出国实施区别管理的通知》《北京大学中层领导人员出国(境)审批程序(暂行)》等文件精神,制定《图书馆因公出国审批与管理细则》草案,对于学校统筹安排的出访任务、代表图书馆作为正式成员参加国际学术组织履职及会议的出访任务、参加学术交流的出访任务、根据业务发展和工作需要主动派遣的出访任务等四类访问均按公务出国管理,并按因公出国办理审批手续,进一步规范出国申报流程和费用管理等工作。二是根据《北京大学章程》《北京大学国际合作管理办法(试行)》《北京大学国内合作管理办法(试行)》,制定了《北京大学图书馆国内、国际合作管理办法》,用于管理以北大图书馆名义与国内、国外政府、高校、科研机构或其他社会组织等通过签订协议、合同、意向书和备忘录等方式开展的各类合作,加强和规范图书馆国内、国际合作工作,提高国内、国际交流与合作水平。

2. 组织为本,统一有关管理机构

此前在实际受赠工作过程中,根据捐赠内容的不同,通常会有文献中心、古籍中心、特藏中心、综合管理中心等部门分别对接,分别管理。为实现相关工作的统一规范、统一对接、统一评估、统一管理,图书馆在2022年的组织结构调整中增设受赠与合作办公室,统筹协调全馆受赠项目和国内、国际合作,配合学校开展相关重点活动,积极落实相关行动计划,将受赠与合作工作结合,强调同校内相关主体和业内机构的深度协同,在受赠与合作工作中做好北大图书馆品牌建设。

受赠与合作办公室一方面注重多方协同,整合并推动关系拓展,将文献受赠、资金受赠和非文献类物资受赠等工作统一对接、管理,并根据图书馆建设发展需要开展捐赠研究,做好重要捐赠项目的跟进、落实与执行;捐赠相关文书及筹资项目书的撰写与制作;相关活动和仪式的组织筹办以及重要捐赠人的来访接待。另一方面,受赠与合作办公室继续推进与其他国内外高校及相关单位的交流合作,统筹和协调国内外各类来访人员的接待工作,建立来访交流预约制度,优化团体来访和入馆参观预约渠道。此外,受赠与合作办公室还负责国际会议相关数据统计、调研工作和全馆因公证照管理,配合学校相关部门及馆内其他部门做好重要对外合作项目的跟进、执行、落实与反馈。

受赠与合作办公室的成立,是图书馆强调在合作中拓展新的捐赠关系的体现,同时图书馆也将融媒体传播工作和受赠与合作工作整合,旨在依托图书馆丰富的文化资源和独特的交流途径,与图书馆战略规划相结合,以受众需求为导向,充分发挥图书馆内容优势与渠道优势,以图书馆信息资源、服务、文化为抓手而开展的可持续性的、长期性的、战略性的、品牌性的传播行为,充分做好受赠与合作内容的管理、揭示和服务。

4.2 兼容互需,诚意访求:受赠工作的链条完善

1. 积极推进珍贵文献的募集工作

文献资源一直以来都是图书馆受赠工作极为重要的组成部分,社会各界对图书馆的支持也极大地丰富了图书馆的馆藏资源。改革开放以后,尤其是 21 世纪以来,北大图书馆借鉴西方发达国家学术图书馆的经验,将向海内外私人募集作为谋求发展的策略之一[6]。近五年来,图书馆继续积极推进珍贵文献募集工作,尤其加大对北大著名学者的藏书、手稿和外国知名学者所藏珍贵海外文献的访求力度,接受了大量具有极高文献价值和文化价值的文献,涵盖文学、历史、哲学、艺术、社会科学、自然科学等领域。

访求的主要北大名家捐赠包括顾颉刚、邓广铭、梁漱溟、侯仁之、宿白、黄楠森、黄右昌、李亦家属的捐赠,内容涉及中文图书、外文图书、线装书、期刊、印谱、手稿,及毕业证书、毕业论文、毕业同学录等珍贵档案材料。此外受赠内容还包括孟华教授所藏 19 世纪法国版画等兼具美学价值和学术价值的资源。图书馆还积极扩展与校友会等团体的对接工作,接受燕京大学校友会捐赠燕大校史资料 153 册,燕大校友会照片集 9 册。对于受赠内容,图书馆也积极开展整理、揭示、研究工作,完成 600 余页名家手稿、7,000 余页老北大和老燕大同学录、毕业年刊的数字化,举办"先生之风　山高水长——纪念顾颉刚先生诞辰 130 周年暨顾颉刚先生手稿捐赠展"等活动。

海外文献资源也是北大图书馆近年来接受文献捐赠的重要工作方向之一,主动联系或在相关院系的支持下完成多批国际图书捐赠项目。具体受赠内容包括在西方古典学中心协助下受赠的德国知名古典学家梅塔(Hans-Joachim Mette)先生的藏书;在历史学系协助下受赠的哥伦比亚大学教授埃里克·方纳(Eric Foner)的

藏书；在中国语言文学系比较文学研究所协助下受赠的芝加哥大学教授、蒙田和法国文艺复兴专家菲利普·德桑（Philippe Desan）的藏书；在国际汉学家研修基地协助下受赠的法国汉学家汪德迈（Léon Vandermeersch）的藏书等。此外，还包括傅泾波子女捐赠的司徒雷登相关文献和泰康人寿捐赠的司徒雷登在华期间和返回美国后的部分日记、手稿、信件以及司徒雷登故去后，其家族同傅泾波先生家族的往来通信248件。这些来自海外的图书、期刊、手稿等珍贵资源对于北京大学的历史学、文学、哲学、语言学、国际政治、文化教育等领域的学术研究具有重要参考价值。

此外，对于方志、年鉴等大套书，受赠是图书馆相关馆藏建设的重要渠道。近些年也接受了《儒典》《八闽文库》《重庆历代方志集成》《四川历代方志集成》《湖北省志（1979—2000）》《江苏省历代方志全书》《处州文献集成》《永嘉学派丛书》《郑州金石志》《日本足利学校藏国宝及珍稀汉籍十四种》《中国音乐大典文论编》《孙文全集》等来自各级政府、美术馆、博物馆、高等院校、出版社等机构或个人的大套书捐赠。除了积极对接机构或个人完成大套书捐赠工作，图书馆也对关注到的具有重要学术价值的大套书主动联系捐赠。

2. 深入优化文献保障与信息服务体系下的受赠工作

在《受赠管理办法》为分馆提供接受捐赠的制度规范的基础上，北大图书馆在接受文献捐赠时也将分馆文献需求纳入统一考量，接受大套书捐赠时主动为有需要的分馆请求追加捐赠，或在接受文献捐赠时综合考虑总分馆整体的文献收藏政策、收藏范围、馆藏空间和专家意见等因素，确定受赠文献及所藏馆址秉承"物尽其用""藏研结合"的原则，向其他分馆以适当方式提供受赠文献的收藏、保管和服务。例如在接受我校西南联大时期校友李国香教授的亲属捐赠藏书的过程中，主动与家属沟通文献的多馆保存的可能性，并最终与北京大学附属中学分馆沟通收藏其中中英文图书资料、期刊、工具书等复本千余册；将湖北省文化和旅游厅捐赠的《湖北省志（1979—2000）》在总馆入藏一套后，其余两套分别放于建筑景观设计学院分馆、国际汉学家研修基地分馆提供服务；将接受捐赠的《罗锦堂曲学研究丛书》《韩美林艺术大系》等书和复本分别藏于总馆和中国语言文学系分馆、哲学系分馆等。

此外，图书馆也在积极协助分馆完成受赠工作的拓展工作，让受赠不止于文献，成为分馆与捐赠人之间沟通的桥梁。例如在接受北京大学法律系第一任系主任、中华人民共和国第一部宪法参与起草者、中国近代罗马法教育的开创者黄右昌先生家属捐赠的黄右昌先生的诗稿清稿本的过程中，图书馆主动与法学院校友会沟通，促成其《黄右昌诗稿笺注》及其他资料在法学院图书馆的入藏，又恰逢学院即将迎来120周年院庆，法学院也以此为契机得以与黄右昌先生家属建立联系，邀请其参加"赓续法科血脉，传扬文化思想"主题学习会活动。又如协助建筑景观设计学院分馆在接受中国古代建筑相关研究文献之时，完成与捐赠人、作者的沟通，分馆也以文献为依托，对接后续相关讲座、展览、文化工作坊在分馆的开展，为相关学院师生提供形式多样、多元融合的课堂实践和文化传播活动。

3. 受赠内容的拓展与受赠关系的建设

受赠与合作办公室成立以后,着力于对原有"捐赠人—捐赠内容—受赠人"的受赠工作流程进行拓展,在赠前与学校教育基金会、校友会合作,多方协同,推动关系拓展,并根据图书馆建设发展需要开展捐赠研究,继续推进与其他高校及相关单位的交流合作,在合作中拓展新的捐赠关系;在捐赠过程中,做好重要捐赠项目的跟进、落实与执行,捐赠相关文书及筹资项目书的撰写与制作,相关活动和仪式的组织筹办以及重要捐赠人的来访接待;在赠后持续做好与捐赠方的关系维护,包括深入挖掘捐赠内容的文献价值进行专题宣传、制定相应的捐赠鸣谢制度等。

在规范制度指导下,近年来,图书馆在资金受赠方面无论在形式还是数量上均实现了显著突破。依据捐赠人的意向和图书馆的需求,在北京大学教育基金会设立了专项基金,确保资金的专门用途,由图书馆负责项目的具体落实,并指定专项基金负责人管理基金审批,定期向捐赠人汇报财务状况。自2021年起,图书馆接受的重要资金捐赠如1987级校友筹资设立的"北京大学图书馆1987校友捐赠项目",该项目资助了新书展阅厅的建设、资源采集和服务等活动,开创了图书馆接受广泛校友资助的先河,吸引了600多位校友参与,捐赠人数占当年级总人数近三分之一,覆盖所有院系;燕京大学北京校友会捐赠的人民币100万元,专项用于整理、研究、保存和展示燕京大学相关文献史料;以接受陈惠君校友、杨旸校友资金捐赠为契机设立的图书馆发展项目,全方位支持图书馆的资源建设,服务科研、学科建设和人才培养。

实际上,对捐赠关系的维护有助于新的捐赠关系的拓展,图书馆面向用户的细致服务同样也有助于捐赠关系的维护和对新的捐赠关系的拓展。北大图书馆也开展了一定程度的捐赠鸣谢尝试,设计了全新的中英文受赠证书和校友捐赠纪念卡,完成向参与1987级捐赠项目的校友寄送带有个人姓名的专属校友捐赠纪念卡,向参与图书馆发展项目捐赠的捐赠人寄送捐赠纪念卡和图书馆纪念文创产品,礼物虽轻却因其寄托了各位校友对母校的深厚感情而得到校友广泛好评。

4.3 应对挑战,持续拓展:合作工作的变革创新

多年来,北大图书馆将把握学校特色、深度融入国家战略放在首位,紧紧围绕学校和图书馆的中心工作,加强各领域间的协作,深化多维度交流,拓展、搭建多样化交流合作平台,激发馆员创新创造活力,不断加强与国内外顶尖高校的学术型交流合作,参与图书馆资源共建共享,助力国内高校图书馆国际化进程,为我国高校图书馆事业的发展做出积极的贡献。对于图书馆的对外合作工作而言,这五年间在合作形式创新和合作关系拓展上都遇到了很多挑战,尤其是在常态化疫情防控的背景下,图书馆不断创新模式,构建新型合作关系,在探索国内合作、国际合作及

对口支援工作新举措上取得了许多进展和成绩。

1. 发挥优势，增进互动，深入推进国内合作

图书馆坚持以学校"双一流"建设为指引，注重与兄弟高校图书馆的交流研讨，积极为国内高校图书馆事业发展做出贡献。一方面，带着问题走出去，组织馆员开展专项调研；另一方面认真完成兄弟高校图书馆的来访、交流座谈的接待，2019—2022年接待清华大学图书馆、浙江大学图书馆等来访调研团76个、共计803人次，最多时全年接待调研团42个、549人次，研讨的问题涉及知识产权信息服务、学科情报服务、文献资源建设、古籍特藏保护修复与服务、文化空间建设、智慧图书馆建设、馆舍空间改造、馆员队伍建设、机构设置及其他部门业务开展情况等，在交流中双方对图书馆的新服务、新举措进行了深入探讨，对共性的焦点、难点问题"把脉问诊"，探索更具针对性、可行性、创新性的方式方法，携手共促发展。

图书馆也依据合作协议全方位对口支援，在资源共建共享、馆员队伍培养和用户服务方面对受援单位进行了大力支持，加强受援图书馆馆员队伍建设，提高受援图书馆的管理水平，加快受援图书馆资源共建共享的步伐。主要对口支援项目包括以教育部高校图书情报工作指导委员会"高校图书馆服务创新西部行"活动为依托，与西藏农牧学院图书馆开展合作共建，参与西藏农牧学院图书馆"尼洋河畔书屋"建设工作；签订《对口援藏工作协议》，对西藏大学及该地区其他高校免费开通CALIS共享资源与服务平台，包括联机编目、外文期刊目次库、馆际互借等，并开展有计划的馆员培训、学科资源服务（查收、查引和学科评估服务）、特色库建设和研究项目合作等；签订《北京大学图书馆—山西大学图书馆合作交流协议书》，在文献资源建设、学科发展支持服务、人才培养支持服务、科研与学术交流、队伍建设等方面对山西大学图书馆提供支持，助力山西大学图书馆引领山西高校图书馆的发展。

在提升对口支援实效方面不断深化探索，致力于开辟对口支援的深度合作新途径。一是注重帮助其夯实人才基础，通过组织来馆交流、跟岗学习以及专家现场讲座等多种形式，为来自西藏、新疆、甘肃、青海、重庆、山西等地的31所高校图书馆培育了近百名骨干人才，尤其是培养了能开展新型服务的中青年人才。作为"CASHL/Emerald西部馆员培养与交流合作项目"培训基地，不断为西部高校图书馆人才的成长提供支持，安排西部馆员与北大图书馆各部门及分馆交流学习，熟悉文献资源采购流程、馆际互借与文献传递系统及服务架构、学科服务、信息素养教育的组织和开展形式、分馆建设情况等，组织西部馆员参加学术讲座和学术会议，提升对口支援高校图书馆馆员业务素质和服务水平，培养一批懂专业、有经验、会管理的高素质馆员队伍。二是注重帮助提升创新服务能力，优化服务结构和体系，例如安排馆员赴山西大学图书馆主讲"晋图讲坛"系列学术讲座；与山西大学图书馆合作设立"教育部科技查新工作站Z01—山西大学分站"等。三是注重为受援

高校图书馆搭建国际合作平台,如协助山西大学图书馆成功承办"中文文献资源共建共享合作会议第十三次理事会会议"等。

2. 深化交流,促进共赢,拓展创新国际合作

近年来,图书馆在与国际合作方面不断创新,深化多维度的交流模式,持续拓展线上交流途径,稳步推进与国际的合作与交流。在此过程中,图书馆主办和承办了国际研究型大学联盟(International Alliance of Research Universities,IARU)图书馆馆长会议、纪念北京大学图书馆建馆120周年暨"用户导向的信息服务"国际学术研讨会、中美高校图书馆合作发展论坛等多项重要的国际会议,通过这些平台,围绕图书馆未来发展、运行模式、信息服务、数字人文等诸多热点话题,与全球高校图书馆界的专家学者进行了深入的交流和探讨,加强了国际的专业交流,也为图书馆的发展注入了新的国际视角。

图书馆还建立了一系列重要的国际合作关系,进一步扩大了全球影响力,包括国际研究型大学联盟(IARU)馆际交流项目,美国加州大学洛杉矶分校图书馆、多伦多大学图书馆的合作项目,促进资源共享及知识与经验的互换。这些合作关系不仅增强了图书馆的国际合作网络,也为图书馆提供了宝贵的学术资源和研究支持,助力图书馆服务的全面提升和学术研究的深入发展。

除国际会议外,图书馆还通过多种方式进行国际交流。在出访交流方面,组织馆员参加国际图书馆协会联合会年会(International Federation of Library Associations and Institutions,IFLA)、环太平洋研究图书馆联盟年会、牛津大学图书馆建馆700周年纪念研讨会等线上高水准国际会议,赴哈佛大学、斯坦福大学、剑桥大学、牛津大学、多伦多大学等图书馆进行考察和学术交流,学习先进理论,开阔国际视野。

来访交流方面,积极邀约来自国外的顶尖专家学者到图书馆进行学术交流和访问,包括邀请美国艺术与科学院院士,哲学学会院士,哈佛大学卡尔·福兹海默讲座教授、图书馆名誉馆长罗伯特·达恩顿(Robert Darnton),美国乔治华盛顿大学图书馆馆长吉纳瓦·亨利(Geneva Henry),以及康奈尔大学图书馆馆长杰拉尔德·比斯利(Gerald Beasley)等到馆进行讲座;接待马来西亚医学图书馆联盟、欧盟驻华代表团公使、欧盟委员会科研与创新总司、特多国家图书馆和信息系统管理局等来访交流,以资源与技术为媒介,在交流研讨中分享业务工作经验。

在国际传播方面,充分利用新媒体,为北京大学官方海外传播平台提供内容,合作推出中英双语的推文、宣传片和直播活动,参与韩国广播公司(Korean Broadcasting Sytem,KBS)纪录片《图书馆的时代》等国际纪录片的策划、制作,持续运营图书馆英文主页,切实提高自身的传播力、引导力和影响力。

图书馆也积极组织馆员参与国际图书馆组织。五年内,陆续有四人在国际图书馆协会联合会馆际互借专委会、管理与营销专委会、知识管理专委会、数字人文/数字学术专业组任职,一人在环太平洋研究图书馆联盟(Pacitic Rim Research Libraries Alliance,PRRLA)任职。

4.4 价值共生,协同共进:品牌建设与形象塑造

高校图书馆具有空间传播、空间育人的功能,开展的文献资源传递、文化交流等活动是重要的传播渠道,这使得图书馆成为大学增进对外交往的重要桥梁和纽带。由于受众会在有意或无意中整合从不同渠道获取的品牌信息,因此协调所有手段以塑造统一的品牌形象变得十分必要[7],图书馆的品牌形象不仅对于图书馆自身,对于学校而言也有着重要意义。北大图书馆设立的受赠与合作办公室,创新性地将受赠与合作工作与图书馆融媒体传播工作相结合,因为与融媒体传播工作相类似,在受赠与合作工作中,面对的对象既包括本校师生,也包括对北大图书馆业务或北京大学文化感兴趣的同行或更为广泛的群体。"立足关键要素,实现可持续发展"是当前大学图书馆现代化的前沿课题之一,馆员、信息资源、用户、服务、文化等关键要素是大学图书馆最为基础和必要的组成部分[8],大学图书馆受赠与合作工作也应以这些关键要素为根基和抓手,加强与学校党委宣传部、国际合作部、校友会、教育基金会等机构的协同,持续推进图书馆的品牌建设和形象塑造,进而不断提升影响力,力争赢得更多的支持。

基于对品牌建设的共同关注,图书馆将受赠与合作工作与展览、知识竞赛、换书大集等阅读文化活动和专题报道相结合。一是展览,这其中既包括对受赠文献进行整理、挖掘和展出,例如北大图书馆将泰康人寿捐赠的司徒雷登的日记、书信等珍贵手稿文献整理策划的"书翰留余韵,纸间现风云——泰康人寿捐赠司徒雷登文献展";也包括对受赠非文献物品进行的扩展性文化展示,例如北大图书馆东楼重启之际,山东华建铝业集团向北大图书馆赠送的山东临朐红丝石《钟灵》,已经成为北大图书馆的重要文化标识,随后在2022年,图书馆联合中共临朐县委、临朐县人民政府举办《灵气所钟——山东临朐红丝砚历史文化展》,展出了校内外35名学者型书画家的70余幅诗画题跋作品、临朐大唐红丝砚博物馆提供的红丝砚艺术精品60余方以及北京大学图书馆馆藏砚谱、地方志、拓片类古籍、特藏文献等,并接受其中34幅红丝砚拓片作品的捐赠。二是知识竞赛、换书大集等阅读活动,例如同样是前述的展示革命老区临朐县象征红色文化的红丝砚,北大图书馆举办了红丝砚历史文化展创意文案征集大赛,在开展校园美育的同时更好地激励青年学子发扬中华优秀传统文化、传承红色基因;此外图书馆在与捐赠人沟通时,对于馆藏复本较多的书籍,会在得到捐赠人允许的情况下,与图书馆换书大集等活动相结合,让捐赠文献的价值得到充分体现,例如在接受北京大学西方语言文学系校友、商务印书馆原副总编、《英语世界》杂志社原社长徐式谷先生捐赠的过程中,其亲属表示了对图书馆换书大集活动支持,同意将其中馆藏复本较多的语言学、文学相关文献及辞典等工具书纳入其中,供有需要的师生换取使用。三是专题报道,例如北大图书馆与学校党委宣传部合作推出"大师书房"系列报道,对将私人藏书较为完

整捐献给北大图书馆的学者,就其学术成就和藏书内容进行报道,既体现受赠文献的学术价值,又呈现学者专属的治学思想。目前已围绕侯仁之、邓广铭、顾颉刚等名家赠书在北京大学官方微信等校级融媒体矩阵进行了宣传。

对于品牌建设意义的强调,是新形势下图书馆受赠与合作工作的方向指引,也是图书馆现代化进程中的重要环节。只有结合图书馆自身定位和发展规划需要的、内外协同的受赠与合作,以图书馆信息资源、服务、文化为抓手而开展的可持续性、长期性、战略性的受赠与合作,才可以在受赠与合作工作中做好北大图书馆品牌建设。加强对捐赠人的关系维护,对接受的捐赠进行深入挖掘、宣传,可以有效地以捐赠服务品牌建设,以品牌建设推进关系拓展,实现多项业务的正向促进、多方工作的合作共赢。

第五节 文献保障和信息服务体系

赵璐 王亚林 游越

"图书馆是大学的心脏",哈佛前校长艾略特教授曾如是说。大学图书馆作为学校的文献资源集散中心和信息化建设的主战场,在人才培养、教学与科研、文化建设等方面都起着至关重要的作用。如何更好地为机体"供血",如何利用图书馆文献资源服务教学与科研活动和学科建设,发挥图书馆的教育职能与信息服务职能,保障师生在学术道路上的长足发展,是每一名图书馆从业者的一道必答题。为了实现这个目标,在为用户提供文献保障和信息服务而搭建的图书馆总分馆体系中,总馆作为信息资源服务网的中心节点,分馆作为分支节点或服务网点,彼此脉络相互交织,资源共建共享,共同构建起图书馆文献信息服务平台,为高校教学与科研和人才培养提供助力和保障。

北京大学高度重视文献信息资源的重要保障作用,构建由总分馆组成的文献保障和信息服务体系(以下简称文献信息体系),协同建设覆盖全校的文献信息资源网络,为学校培养高素质人才、提高教学与科研水平、提升学科竞争力提供支撑与服务。为实现学校立德树人的根本任务和"双一流"建设目标,文献信息体系的建立以全校总分馆体系为基本架构,以文献保障、文化教育和信息服务为基本职能,以"统一领导、协同管理、分类负责、全员受益"为指导方针,牢固树立"用户导向,服务至上"的理念和全心全意服务用户的宗旨,积极助力人才培养,深度服务教学与科研、协同促进学科建设,持续推进高校图书馆的现代化建设,为学校实现高质量发展目标奠定坚实基础。

总分馆体系是文献信息体系的根本架构,由总馆以及医学图书馆等学科分馆和数学科学学院图书馆等院(系、所、中心)分馆组成(分馆目录见表7.1)。在这个体系中,总馆负责文献信息体系的全面规划与建设,提供文献资源与服务的综合性和战略性保障;学科分馆面向一个或几个一级学科,采访、揭示和组织相关学科的文献资源并提供服务;院(系、所、中心)分馆针对专业教学与科研需求,采访和组织相关专业的文献资源并提供服务。在体系的运行上,坚持总分馆一体化发展思路,总馆与分馆分工协作,共同发展,按照"全校一盘棋"的战略指引,构建起覆盖全校的文献信息体系,实现文献资源的共建共享,协力为学校的教学与科研活动与人才培养提供助力与保障。

表7.1 41个院(系、所、中心)分馆目录

所属学部	数量	分馆名称
理学部	5	数学科学学院分馆、物理学院分馆、城市与环境学院分馆、地球与空间科学学院分馆、建筑与景观设计学院分馆
信息与工程科学部	3	信息科学技术学院分馆、工学院分馆、软件与微电子学院分馆
人文学部	7	中文系分馆、历史系分馆、考古文博学院分馆、哲学系分馆、外国语学院分馆、艺术学院分馆、对外汉语学院分馆
社会科学学部	9	国际关系学院分馆、法学院图书馆、信息管理系分馆、社会学系分馆、政府管理学院分馆、马克思主义学院分馆、教育学院分馆、新闻传播学院分馆、体育教研部分馆
经济与管理学部	2	经济学院分馆、光华管理学院分馆
跨学科类	2	国际数学中心分馆、燕京学堂分馆
医学部	7	医学图书馆、第一医院分馆、人民医院分馆、第三医院分馆、口腔医院分馆、肿瘤医院分馆、第六医院分馆
其他	6	中古史中心分馆、校史馆分馆、汉学分馆、儒藏分馆、国际学生学者中心分馆、北大附中分馆

5.1 文献信息体系的制度建设——《北京大学文献保障与信息服务体系管理办法》的颁布

在制度与机制建设上,为加强全校文献信息体系的建设和管理,充分发挥文献资源的效用,更好地服务于学校"双一流"建设和改革发展目标,2020年由图书馆起草,北京大学文献保障与信息服务发展委员会制定并广泛征求意见,最后由校长办公会审议通过,在全校范围内正式颁布了《北京大学文献保障与信息服务体系管理办法》(以下简称《管理办法》)。此版《管理办法》是2008年版《北京大学文献信息资源体系管理办法》的修订版,明确了文献信息体系的建设方向、目标任务和各方职责,为全校总分馆体系的建设和发展提供了管理规范和理论指导,为新时代高校图书馆文献信息体系的发展纲领和实施规范提供了重要参考。文献信息体系的运行和发展以《管理办法》为指导,日常工作遵循《管理办法》展开。

与旧版相比,新版《管理办法》对理论依据、机构设置、工作内容、人员管理等各

个方面的内容都进行了更新和完善。① 新版《管理办法》更加突出了国家及学校政策导向的内容,充分体现了《管理办法》制定的政治引导和理论依据。② 在体制与机构设置上,明确了总分馆体系的主体地位和总馆与分馆的具体职责。③ 在文献保障方面,强调了文献保障的基础性地位,突出院系文献资源建设小组的重要性和院系组织本学科资源论证和决策的内容。④ 在信息服务方面,明确了开馆和自助服务时间:总馆馆员服务由70小时增至98小时;分馆馆员服务时间由40小时增至50小时;强调了总分馆在数字化与信息化建设的协同作用,增加了分馆提供通借通还和阅读辅导的服务内容。⑤ 在人员聘任及管理方面,规定专业馆员数量不低于总数的50%以及提出馆员教育背景及专业技术能力的要求;创新探索分馆馆员派驻制,提出派驻制馆员的轮岗条件。⑥ 在经费来源与使用方面,增加了学校总体预算中须有分馆建设专项经费以及校拨经费由总馆统筹管理。

在机制建设与保障上,图书馆确立了党政领导班子与各学部的院(系、所、中心)分馆的联系机制,班子各成员分别联系人文学部、社会科学学部、理学部、医学部、信息与工程学部、经济与管理学部、跨学科类的院(系、所、中心)分馆,完善总馆与各分馆的协同联动机制,共同为全校文献信息体系的建设与发展提供坚实保障。

5.2 文献信息体系的组织建设——文献保障与信息服务发展委员会的建立

在组织建设上,为保障文献信息体系的高效运行与长远发展,学校设立北京大学文献保障与信息服务发展委员会(以下简称"文信委"),文信委前身为北京大学文献信息资源战略发展委员会和北大图书馆工作委员会(以下简称"两委会"),2020年3月,根据新版《管理办法》,将两委会合并调整为文信委,同时在职能上也有所变化,两委会中由战略委员会负责咨询决策,工作委员会负责管理和执行,而合并后的文信委在综合两者职能的基础上,还着重强调了其协调监督职能。

在人员构成上,文信委主要成员由学校分管校领导、图书馆馆长、相关职能部门负责人、院系学科建设和教学与科研负责人、馆员、学生和校友代表组成。与两委会人员构成对比,文信委增设了学生和校友代表,取消了校外业内专家,人员配置上更加突出学科建设和教学与科研成员构成。在机构设置上,文信委常设秘书处,与总馆的分馆管理办公室(以下简称"分馆办")合署办公,负责文献信息体系的日常事务与相关精神的落实。分馆办前身为文献典藏与分馆办公室,2017年将分馆文献资源建设工作内容归入业务部门,名称调整为分馆建设办公室,并入综合管理与协作中心统一管理,主要承担全校分馆建设的规划管理、咨询指导、业务培训等方面的工作,2019年将相关业务工作内容全部归口至具体业务部门管理,名称调整为分馆管理办公室(综合管理与协作中心名称调整为综合管理中心),工作内容调整为侧重分馆管理与组织协调。此外,分馆办在图书耗材的代采、文献数字化加工、信息化技术支持、总馆配给的信息基础设备的维护、图书管理系统数据的获取等日常管理工作上为分馆提供支持与帮助。同时,分馆办负责统计所有院系、中心分馆年度工作总结，年度工作量和文书存档工作，每年年终各分馆需要向分馆办提交年度工作总结和业务统计数据，之后由分馆办汇总数据并向相关统计口填报。分馆办以文信委秘书处的名义每年向文信委提交分馆发展相关报告。

作为全校文献信息体系的咨询议事和协调监督机构，文信委按规定每年召开一次工作会议，听取图书馆工作报告，协调全校文献信息体系工作中的重大事项，群策群力共同为发展中出现的问题提供意见和建议。2019年，图书馆在英杰交流中心组织召开文信委换届筹备工作会议，与会人员在会上集体讨论并通过了文信委换届方案，并主要就新版《管理办法》的修订与变化要点展开研讨，此次会议的顺利召开为2020年新版《管理办法》的颁布奠定了基础。近几年，在文信委组织召开的年度工作会议中，针对年度工作进展集中讨论并解决了多项在实践中面临的问题，包括在疫情期间推出的一系列文献保障的创新服务举措、分馆评估指标体系的制定与分馆评估工作、全校总分馆体系在协同开展文献资源建设和用户服务上的新型探索等，为文献信息体系的发展与完善起到重要推动作用，为学校的"双一流"建设提供更强有力的支撑。此外，以《管理办法》为指导，图书馆在会上向各参会人员介绍本年度图书馆的工作要点，近几年工作重点着力于全校图书馆思想建设和组织体系建设、全校分馆评估工作和分馆多元化运行机制的探索、业务和设备与技术上的支持和保障、校本部与医学部融合式建设与发展、昌平新校区图书馆建设等。每年重点工作均平稳有序推进并取得一定成效，为持续推动全校文献保障与信息服务一体化发展保驾护航。

5.3 文献信息体系一体化发展

1. 文献保障工作

文献保障工作在文献信息体系中占据基础性地位，是实现大学图书馆高质量发展的重要支撑。总分馆体系下的文献资源建设遵循"统一规则、集中发布、分别典藏、合理共享"的原则，通过采购、受赠、交换、共享等方式全面采集各类文献，建设和配置学校学科建设所需的普通文献、古文献资源和特藏文献，同时为图书馆用户提供以文献资源为内容的高品质服务，包括馆藏资源快捷检索、便利使用、通借通还等，实现资源与服务一体化发展。

文献资源建设是文献保障工作的基础，根据教学与科研和"双一流"学科建设的需要，总分馆协同合作，采购纸本资源和电子资源，以及做好大套书的校内协调工作，为教学与科研活动和文化传承创新提供文献保障。在具体分工上，总馆负责学校基础性、综合性文献资源以及跨学科文献资源的建设，分馆负责本领域的专业性文献资源的建设，并注重本专业非正式出版的学术性文献和本院系师生学术成果的收集。

总分馆充分重视普通文献的典藏、保护和修复，建立科学有效的全校文献典藏分级体系，保障纸质资源的长期使用。分馆馆藏资源建设以本专业的学科建设为主要目的,是对总馆文献资源的重要补充。在对馆藏编目工作上,总分馆按照统一的编目规则,及时对新入藏文献进行加工整理和上架,同时完成回溯编目任务,并对书目数据和馆藏信息进行及时维护,保证数据和信息的准确有效。总馆与分馆共用一个自动化系统,共建书目数据库,全面实现统一检索和文献资源的共建共享。鼓励分馆在总馆的统一培训和指导下,自主开展编目工作,对于不具备自行编目条件与能力的分馆,总馆提供相应协助。另外,总馆可以为有需求的分馆提供特藏资源的数字化建设和数据加工服务,对纸本资源进行扫描、整理和保存,并在遵循知识产权相关规定的前提下发布资源,与用户开放共享。

除了纸本文献,在对数字资源与数据库的建设与管理上,总分馆共同致力于原生数字资源的收集与保存,由总馆负责数字资源的收集、整理、购买、发布、保存、维护以及用户培训与后续的服务支持,并与计算中心协调共同保障服务覆盖全校所有用户;分馆则负责收集本院系用户需求,推荐本专业数字资源与数据库,协助总馆组织培训,开展数据库评估,并及时反馈使用中出现的问题。另外,分馆自筹经费购买的数字资源,在购买前要向总馆申请报批,并在使用时纳入总馆的揭示与发布系统,在全校范围内开放共享。值得一提的是,除了纸本资源和数字资源的保障之外,在新冠疫情期间,图书馆还开启了一系列包括"送书到楼"服务、毕业生异地还书服务,确保了师生教学与科研活动的正常进行。在疫情结束后,图书馆依旧推动"送书上门"服务常态化开展,将其固定作为一项重要服务,与其他服务一起共同为用户提供文献资源保障。

总分馆高度重视古籍资源与特藏资源的整理、保护、研究、使用,持续开展总分馆古籍资源一体化建设工作。总馆与院系合作开展利用古文献助力课堂教学,创造教学与科研协同服务新模式,推进分馆古籍编目审校和数字化工作,并取得突出进展。分馆办协同古籍资源服务中心,开展分馆古籍编目情况调研,组织总馆专家深入汉学分馆、儒藏分馆等实地开展古籍文献编目审校,并协调组织总馆数字加工部门进驻儒藏分馆,着重开展重点文献的数字化加工工作,协调沟通驻场工作的配套流程及规范。上述工作满足了疫情期间师生对古文献资源的需求,并且在长远上为全校师生提供了更加现代化和多样化的文献保障服务;在对特藏资源的建设上,总分馆就专题资源开展深度共建与合作,将特藏资源服务融入院系教学与科研,深度参与多项特藏资源建设项目,包括:联合院系参与国家社科重大项目的文献整理工作;为特藏文献的检索和数字化建设提供支持;协同院系结合总馆大钊阅览室的特藏文献进行现场教学,实现理论与现实、历史与文献的深度融合,并在之后形成院系固定课程内容,为教学活动的开展提供文献保障服务。

为进一步服务学校"双一流"学科建设,满足用户的学科文献资源需求,在文信委的领导下,由总馆文献资源服务中心牵头推动建立院系文献资源建设小组,向本院系各个二级学科建设的代表教师搜集学科文献资源需求,各院系资源建设小组由院系主管副院长任组长,院系各二级学科教师为主力,协同审议制定符合本院系专业特点与长远发展规划的文献采购、典藏和受赠方案,打造专业文献资源宝库,为教学与科研和学校"双一流"学科建设提供保障。截至2023年6月,已有16个院系成立资源建设小组,同时持续推进其他院系加快建设的步伐。

2. 信息服务工作

在文献信息体系下的信息资源服务工作根据用户导向的服务准则,遵循"统一设计、整合流程、分步实施、合作共赢"的指导方针,以实现信息资源的共建共享为主要目标,保护用户合法、平等地获取使用图书馆信息资源的权利,为用户提供信息资源相关的全方位服务,建立科学、健全的信息服务体系。

在信息资源服务体系中,总分馆协同建立信息资源、共享信息资源服务。总馆负责信息资源服务的整体设计与协调,加强无障碍环境建设,组织开展全校基本公共服务和协同服务活动,同时积极拓展服务领域,创新服务项目,促进信息服务转型发展;分馆在配合总馆落实相关服务政策的基础上,面向用户需求提供信息资源相关服务,并根据本馆具体情况创新服务新举措。总馆主页开设分馆服务专题栏目,内容包括各分馆基本情况介绍(包含馆址、开馆时间、开放范围、联系方式)、新闻动态以及借阅规则,并提供分馆主页链接及时满足用户访问需要,同时在分馆主页建设上,总馆为多个分馆在主页功能调整、数据导入、系统维护、网络安全升级等方面提供技术支持。

在技术和设施保障上,图书馆一向致力于采用开放创新的服务策略,积极运用新技术和创新手段为信息资源服务赋能,提升总分馆的协同服务能力。这对图书馆数字化转型工作的开展具有积极意义,也是智慧校园建设规划的重要组成部分。图书馆大力推广并持续优化图书馆的全校性自助服务平台,运用物联网、云计算、大数据、人工智能等技术助力图书馆信息服务,向用户提供刷脸进馆、自助借还、云端电子图书借阅、移动端深度整合等服务。总馆为各院系分馆配备自助文印设备,日常响应分馆提交的维护需求。2021年,在图书馆"我为师生办实事"活动中,分馆办深入各院系分馆开展自助文印设备巡检工作,针对BBS等渠道获取分馆及用户反馈意见,调研实际情况,提供业务指导与技术支持。此外,图书馆还开辟了多项面向全校的信息资源服务项目,包括信息素养教育、学科信息服务、数据科研服务以及知识产权服务,这一系列的信息资源服务项目全方位助力提升了用户的信息素养能力,为教学与科研活动和人才培养提供支持与保障,同时对科研成果的转化和创新也起到了积极的促进作用。

3. 馆员队伍建设

馆员队伍建设和人才培养是文献信息体系持久发展的动力与源泉,总馆充分重视分馆团队建设和馆员专业技能的培养。在队伍构成方面,分馆馆员队伍主要由两部分组成,一部分为院系或中心指定教职工作为分馆的负责人和馆员,保障分馆的日常运行;另一部分为"派驻制馆员",由总馆向院系或中心分馆派驻专业馆员担任分馆负责人或服务岗馆员,承担分馆建设与日常服务工作。"派驻制馆员"是图书馆人事管理工作的创新性举措，人员构成包括事业编制馆员和劳动合同制馆员，其人事关系隶属总馆，由总馆派驻到院系或中心分馆服务，在分馆工作时间应达到3年及以上，必要时实行岗位轮换。总馆负责"派驻制馆员"的招聘、续聘和考核评估工作，并对"派驻制馆员"的工作进行规范性管理。"派驻制馆员"的探索和发展既保障了分馆馆员的专业素养，又可以根据情况灵活调整馆员，保证了分馆工作长远发展。如今，总分馆体系下共有六名总馆馆员分别被派驻到中文系分馆、外国语学院分馆、汉学分馆、儒藏分馆、国际学生学者中心分馆五个分馆，承担分馆建设与管理工作。另外，在分馆和馆员考核评估机制方面，图书馆加强"以评促建"，制定科学有效的分馆和馆员工作规范和考核评估办法，逐步组织开展全校范围的分馆和馆员的考核评估工作，对评估结果为优秀的分馆和馆员给予奖励，在指标内容和指标权重上精心设计，重视师生对分馆服务的满意度评估，并结合学科差异性，设置特色化的指标，形成科学合理的分馆评估机制。

在人才培养上，总馆充分重视分馆馆员的专业技能培养和馆员队伍的荣誉体系建设。在馆员培养上，总馆将分馆馆员纳入图书馆专业馆员培养整体规划，鼓励分馆馆员参加主馆举办的专业培训课程和业务技能讲座。近年来，总馆举办的中西文编目培训课程效果显著，多位分馆馆员在培训后通过了CALIS联机编目考试，取得了编目员资格，其所在分馆便可独立承担起分馆的编目工作，这对馆员业务技能的提升和自身发展都起到促进作用。同时总馆积极探索专项培训项目，鼓励分馆馆员撰写论文、参加学术会议，全面提高分馆馆员的理论知识水平、业务技能和专业素养，在理论武装与实践操作上帮助馆员更好地开展工作，促进馆员全面发展。在职称评定上，分馆馆员的专业技术职称晋升工作与总馆馆员一起进行统一评定，在评奖评优方面，2021—2022年相继开展的第一届、第二届北京大学图书馆"创新案例"评选活动面向全校分馆开放，进一步激发了分馆馆员的积极性和创新潜能。此外，2023年第二届图书馆"身边榜样"评选活动也将分馆馆员纳入评选范围，并有一位分馆馆员入围初步候选人（共5位），这鼓舞了分馆馆员的士气，激发了他们工作的工作热情。图书馆将创造更多条件提升分馆馆员的归属感与荣誉感，充分调动馆员自身积极性和能动性，打造一支具有凝聚力和战斗力的专业分馆馆员队伍，为全校图书馆体系的建设与发展提供人才保障。

北京大学文献信息体系将进一步牢固树立"全校一盘棋"思想，坚持总分馆发展一体化和资源与服务一体化发展目标，总馆需加强与各分馆之间的工作联动，在资源上共建共享、互为补充，在服务上分工合作、协同发展，为将分馆建设成为学科信息资源丰富、用户服务水平先进的专业化图书馆共同努力。在未来，总分馆将继续深化共识，加强合作，携手构筑高质量的中国特色世界一流大学文献保障体系，全面助推学校"双一流"建设的伟大事业，实现中国式现代化新征程上高校图书馆事业的高质量发展。印度图书馆学之父阮冈纳赞曾说过："图书馆是一个生长着的有机体。"在当下高校图书馆正面临现代化转型的关键时期，我们应充分重视创新理念和新兴技术对新时代图书馆文献资源与信息服务起到的科技赋能作用,积极探索契合大学发展战略的信息服务新模式,实现文献资源的合理配置和开放共享,统筹文献资源管理,全面提升信息服务水平,构建开放多元的大学文献保障与信息服务体系,进一步推动总分馆体系向数字化和智慧化迈进,为国内大学图书馆乃至全行业的整体发展提供新思路,为实现国家教育现代化和教育强国的伟大目标做出积极贡献。

参 考 文 献

[1] 俞可平,治理与善治[M],北京:社会科学文献出版社,2002:5.

[2] 舒国增,正确认识制度和治理内涵及两者辩证关系[N],中国纪检监察报,2019-11-14(5).

[3] 陈建龙,邵燕,刘万国,张璐,李峰.高校图书馆馆员队伍建设指南针报告[J].大学图书馆学报,2023,41(01):28-36.

[4] 肖希明,石庆功,构建中国特色的公共图书馆治理制度体系[J],中国图书馆学报,2020,249:4-21.

[5] 郑清文,梁南燕,陈建龙.基于创新力标准的北京大学图书馆馆员队伍现代化建设新探[J].大学图书馆学报,2023,41(01):5-10.

[6] 张红扬.《勺园祓禊图》归藏勺园述记——兼论海外中华文化遗产捐赠回归之成因[J].遗产,2021(02):235-247.

[7] Kitchen P J, Brignell J, Li T A O, Jones G S. The emergence of IMC: a theoretical Perspective[J]. Journal of Advertising Research, 2004, 44(01): 9-30.

[8] 陈建龙,邵燕,张慧丽,张璐.大学图书馆现代化的前沿课题和时代命题——《大学图书馆现代化指南针报告》解读[J].中国图书馆学报,2022,48(01):17-28.

后　　记

　　《北京大学一流图书馆建设纪实》一书即将付梓，这是在上级部门和学校领导高度重视、校内各部门与师生以及社会各界鼎力支持下，北大图书馆全体馆员以习近平新时代中国特色社会主义思想为指导，深入学习贯彻党的十九大、二十大精神，紧紧围绕学校"双一流"建设目标，成功实施《北京大学图书馆2035愿景与2019—2022年行动纲领》、携手基本建成综合性、创新型、智能化、标杆位大学图书馆的真实写照。在2023年开展学习贯彻习近平新时代中国特色社会主义思想主题教育期间，北大图书馆组织"行思·致远"同题共答活动，全馆共同撰写《北京大学一流图书馆建设纪实》一书，这既是对过去五年富有成效工作的阶段性总结，又是对如何在中国式现代化新征程上实现高校图书馆事业高质量发展的前瞻思考，进一步坚定全面深化改革的决心和信心，全面推进图书馆现代化，以开启更加美好的未来。

　　本书在体例上主要以上下两篇和七个章节的形式加以展开。上篇为"独具价值的一流图书馆建设"，从文献中心、育人平台、文化殿堂、服务圣地四个方面，系统呈现五年来北大图书馆在文献资源服务、知识资源服务、古籍资源服务、特藏资源服务、协同服务、数据服务、计算服务、项目管理等领域的探索实践和改革成果，全面彰显在为"加快建设中国特色、世界一流的大学和优势学科"服务中北大图书馆创造的独特价值。下篇为"高效运行的一流图书馆建设"，从战略规划和管理、追求卓越和完美、保障有力和持续等方面，全面展现北大图书馆在综合管理、人事管理、馆员发展、用户关系、科研管理、研发服务、受赠业务、合作交流、后勤保障、分馆建设等方面的工作优化与制度创新，有力体现北大图书馆不断推进治理体系和治理能力现代化的有益经验。

　　本书正是对这五年奋斗历程的全面记录，以翔实的数据、丰富的资料，全方位、多角度展现了北大图书馆在深化各领域综合改革中所取得的成果。而其撰写过程，也是凝聚了全馆上下的智慧和汗水。2022年12月29日，《北京大学一流图书馆建设纪实》一书编撰启动会在图书馆114室召开，陈建龙馆长向与会其他馆领导和各中心负责人详细阐述了本书的撰写思路和提纲结构，在热烈的研讨交流中大家深化了共识、明确了目标、确定了分工。之后，各中心迅速行动，认真梳理资料、整理文档，展开讨论、理清思路，并着手开始稿件撰写。2023年4月，各中心完成初稿，并发给分管馆领导征求意见。5月，各部门根据分管馆领导反馈意见完成修改，并形成二稿。6—7月，在陈建龙馆长指导下，郑清文书记分别与各中心负责人和相关撰稿人召开了十余场讨论会，明确了各章节内容的修改意见，统一了行文风格和数据统计标准。8月初，各中心修改返回三稿，郑清文书记在此基础上进行了统稿。8月底，陈建龙馆长审定终稿，之后书稿提交至北京大学出版社。

在本书成稿之时，我们迎来了北京大学图书馆建馆125周年。基于此书，北大图书馆于2023年10月28日—12月31日专门在西区一层华彩展厅举办"北京大学一流图书馆建设成就展"，通过"独具价值的一流图书馆建设"和"高效运行的一流图书馆建设"两大板块，全方位呈现图书馆这五年的奋斗历程和发展成就，引起了广泛关注和好评。

本书的撰写得到了学校领导的高度重视和大力支持，郝平书记和龚旗煌校长在百忙之中联合为本书作序，对北京大学一流图书馆建设成果给予了充分肯定，并对图书馆未来发展提出了殷切期望。这进一步激励了北大图书馆全体馆员接续奋斗，向着全面建成世界一流的综合性、创新型、智能化、标杆位大学图书馆不断迈进。

本书的撰写得到了全馆上下的广泛参与，从馆领导到各部门负责人以及相关业务骨干，参与人员超过70人。陈建龙馆长主持本书编写，确定本书主要思路和体系框架，执笔部分章节，并负责全书统稿和审定；郑清文书记负责全书撰稿的统筹协调和统稿修改，并执笔部分章节；别立谦、刘素清、童云海、姚晓霞、周春霞分别负责所分管领域的稿件修改与审校；其他各章节初稿执笔人见本书正文。撰稿者大多为长期奋战在一线的业务骨干，亲身参与了《北京大学图书馆2035愿景与2019—2022年行动纲领》的实施过程，大家既以精益求精的态度努力做好工作，积累了丰富的实践经验，又以严谨认真的态度加强研究和思考，提升了自身的理论认识，在集思广益、相互砥砺、协同配合中一起完成了本书的撰写，在此一并表示感谢。

此外，还要特别感谢北京大学出版社党委书记夏红卫、社长马建钧、总编辑汲传波、副总编辑陈小红以及理科一室编辑王华等老师，本书的顺利出版得到了他们的高度重视和大力支持。

由于编写者水平有限，本书中相关工作的总结和经验的凝练难免有不当或疏漏之处，恳请同仁和读者批评指正。

本书编委会
2024.6